杭州电子科技大学浙江省信息化发展研究院文库

家族企业管理控制与绩效研究

辛金国　著

国家自然科学基金项目"家族企业代理行为与绩效评价研究"（70792119）资助
浙江省哲学社会科学研究基地重点课题"温州家族企业代际传承中的家族价值观传承研究"（13JDWZ02Z）资助
浙江省自然科学基金项目"家族企业所有权结构、薪酬激励与绩效：基于双重委托代理理论的分析"（LY13G020027）资助
温州人经济研究中心自设重大课题"基于社会情感财富视角的温州家族企业创新研究"资助（15JDZS03ZD）

科学出版社

北京

内 容 简 介

本书首先梳理关于家族企业管理控制模式与绩效的国内外文献,并就家族企业控制权配置模式的经济后果(企业风险承担、过度负债)的国内外研究做了详细分析;其次从实证分析的角度研究家族企业所有权结构、"金字塔"类公司股权结构、家族控制性因素、家族企业政治联系和家族超额控制对企业绩效等方面的影响;最后提出健全家族企业管理控制及提升企业绩效方面的政策性建议。因此,本书对重视家族企业管理控制、合理设置内外部所有权结构,从而有效地促进家族企业绩效提升具有重要作用。同时,对家族企业保持合理的风险承担水平、顺利完成代际传承也有着一定参考价值。

本书可供研究我国家族企业管理控制、控制权结构与绩效的学者及研究生研读参考,也可作为实践工作者的参考用书。

图书在版编目(CIP)数据

家族企业管理控制与绩效研究 / 辛金国著. —北京:科学出版社,2020.7

ISBN 978-7-03-051190-4

Ⅰ. ①家… Ⅱ. ①辛… Ⅲ. ①家族-私营企业-企业管理-研究-中国 Ⅳ. ①F279.245

中国版本图书馆 CIP 数据核字(2016)第 321180 号

责任编辑:杭 玫 / 责任校对:贾娜娜
责任印制:张 伟 / 封面设计:无极书装

科 学 出 版 社 出版
北京东黄城根北街 16 号
邮政编码:100717
http://www.sciencep.com

北京盛通商印快线网络科技有限公司 印刷
科学出版社发行 各地新华书店经销

*

2020 年 7 月第 一 版 开本:720×1000 B5
2020 年 11 月第二次印刷 印张:20 3/4
字数:400 000

定价:188.00 元
(如有印装质量问题,我社负责调换)

前　言

近年来我国民营企业数量不断增长，截至 2017 年底，已逾 2700 万家，其产生的经济增加值占我国国内生产总值（gross domestic product，GDP）的份额已高于 60%，而其中 90% 的企业均为家族企业。家族企业是国民经济的重要支点，特别是改革开放以来，家族企业焕发了新的生机，成为我国经济发展的主力军。

家族企业在不断发展壮大的同时也逐步迈向证券市场，上市意味着家族企业原来的治理模式要发生根本性的变化，即企业从封闭的内部治理模式转变成由公众和监管部门监督的外部治理模式，家族将由对企业的绝对控制模式演变成两权分离模式。环境不确定性加大了企业经营的风险，深刻地影响了企业经营管理的实践活动。在这种情况下，许多民营企业都认识到，内部管理效率问题固然重要，但更重要的是企业管理控制模式的设计要适应这种不断变革的环境，制定并有效实施管理控制战略。管理控制模式的设计受到外部环境、组织结构、企业规模及文化等因素的影响。管理控制环境是管理控制模式形成和演变的基础，不同的管理控制环境会形成不同的管理控制模式。管理控制模式的形成受到一个区域社会、经济、文化、政治和历史等多方面的影响。在企业具备一定规模寻求再发展时，往往需要涉足多元化，因此家长式管理模式已无法满足企业对人才的更高需求，也无法适应企业跨区域、跨行业发展，可现实中不少民营企业这一"跨"弄不好就成为一"垮"。其原因不在于多元化战略上的问题，而在于民营企业缺乏跨区域、跨行业发展的人才优势、管理优势，以及潜规则太多。快速成长的家族企业需要管理控制的支持，并且当企业发展到一定规模后，更需要管理控制的支持。国外的美国世界通信公司造假事件、安然造假事件、施乐和默克制药造假事件，还有国内的"麦科特""蓝田股份"等上市公司会计造假案纷纷见诸新闻媒体，成为人们关注的焦点。这些一流企业的衰败再次验证了管理控制的重要性。近年来，理论界和实务界都加强了对企业管理控制的研究。但遗憾的是，这些研究大多以现代企业制度为中心，停留于公司治理制下即完全代理制下的管理控制研究，缺乏家族治理下即不完全代理制下的管理控制模式研究，特别是缺乏有关针对家族企业管理控制模式的产生、发展、作用机理的深入研究。因此，本书以影响管理控制模式的因素为切入点，从权变理论角度实证研究了家族企业管理控制模式对绩效的影响，并在此基础上提出了一些观点和建议。

我国上市家族企业均以"金字塔"形的股权结构为主，因此家族企业常常面临控制权与现金流权分离的困境，终极控制人为了在集团内获得更多的控制权和管理权而采取的行为易引发一系列的委托代理问题。家族企业所集中体现出来的冲突本质和利益斗争，引发了学者关于上市家族企业核心代理问题的深入思考，不管是其良好的经营绩效或利益诱惑，还是不合理的管理行为，都可能与各自所拥有的所有权结构安排紧密相关。由于家族企业所有权结构决定了其最终控制权的分配、股权结构及企业的治理结构，所有权结构的安排、变动及比例配置也将必然引起各个大股东利益取向的改变和行为决策的调整，且其中也会伴随着小股东的利益得失，这些改变都将作用于企业绩效。企业最终肯定希望可以促进其绩效的提升，优化所有权结构有益于公司更好、更快地发展。

因此，重视对当代中国家族企业，包括海外华人家族企业管理控制模式和所有权结构的研究，可以使人们加深对企业组织制度形式与组织行为及与环境之间的互动变迁关系的认识，引发我们去深入探讨中国传统文化规则与企业管理控制制度的衔接点、结合点，提升家族企业合理配置所有权结构的意识，以设计出适合我国家族企业发展的管理控制模式及合理的所有权结构安排，从而有效地促进家族企业绩效提升。因此，系统和深入地研究我国家族企业管理控制模式及所有权结构安排具有重要的现实意义和理论意义。同时，研究家族企业内外部所有权结构对于提升企业绩效、保持合理的风险承担、顺利完成代际传承也有着重大意义。

本书除绪论外分为三篇，第一篇为国内外研究现状篇，由第一章至第六章组成；第二篇为实证研究专题篇，由第七章至第十三章组成；第三篇为政策建议篇，由第十四章组成。

（1）第一篇包括六章。主要内容是家族管理控制模式与绩效的国内外相关研究，就与家族企业绩效密切相关的家族企业管理控制模式、"金字塔"结构、家族控制性因素、内外部所有权结构、政治联系等领域的国内外研究动态进行综述分析，并详细回顾和论述了国内外有关家族企业绩效的代表性研究成果。这些成果为家族企业研究提供了较好的理论研究基础。同时，第一篇就家族企业控制权配置模式的经济后果（企业风险承担、过度负债）的国内外研究做了详细分析。但从国内外相关研究中也发现了一些不足之处，主要包括：①现有研究缺乏对家族企业管理控制模式的产生、发展、作用机制的研究，因此，本书以影响管理控制模式的因素为切入点，从权变理论角度实证研究了家族企业管理控制模式对绩效的影响。②关于家族企业所有权结构、薪酬激励与企业风险承担研究方面，国内与风险承担相关的研究多数围绕银行等金融机构展开，而少数针对非金融类机构的风险承担研究主要集中在影响风险承担的因素及其所带来的经济后果这两方面，无论在研究范围还是在研究深度上均存在一定的局限性，并且鲜有直接研究终极所有权结构如何影响家族企业风险承担选择的文献。而已有关于薪酬激励与企业风险承担关系的研究以国有控股企业为主，较少涉及家族企业的高管薪酬激励问题。因此，以中国家族企业为对象，研究其所有权结构、薪酬激励与企业风险承担之间的关系具有很大的价值。③关于"金字塔"结构与家族企业绩效的研究，国内外学者已对家族企业所有权结构与企业绩效的关系进行了不同角度和层次的研究。现有绝大部分文献（除特别说明外）中提到的家族所有权结构都是指家族外部的所有权结构，把家族企业的内外部所有权结合与绩效进行研究的文献极少。在股权结构方面，国内外学者主要从股权集中度和股权制衡程度出发，分别研究其与企业绩效的关系，但是尚未得出较为一致的结论。此外，还没有学者对内外部所有权集中度的交互、内外部管理权集中度的交互、内外部两权分离度的交互进行系统的分析和讨论。因此，本书试图从这几个方面进行深入展开，以丰富现有家族企业所有权结构与企业绩效的研究成果，这对理论和实践有着重要的指导价值。④关于家族控制性因素与绩效的研究，目前对家族企业的研究很多只是简单地探讨家族企业独有的特征，以及与非家族企业相比较所具有的优势或劣势，而没有建立家族企业的具体特征与企业绩效的联系。而且分析家族企业的目前发展状况，揭示影响家族企业成果的独特性因素，并预测其今后发展趋势方面的系统研究还为数不多。因此，本书就家族控制性因素对企业绩效产生的影响展开研究，希望帮助企业管理者更加重视家族涉入对企业管理的影响，从而让企业管理者更好地处理企业内外关系，同时有助于企业更好地进行战略管理。⑤关于家族企业政治联系与传承绩效的研究，现有研究多数基于演绎推理，较少直接定量研究企业政治联系与家族企业代际传承联系二者之间的关系，并且关于社会资本与企业绩效的研究多数只关注社会资本的静态效果，有关企业动态成长过程中社会资本及其动态变化与企业发展演化关系的研究十分欠缺。基于此，本书试图从已经发生传承的家族企业样本入手，讨论企业政治联系与传承绩效关系，希望可以对相关理论进行丰富，同时指导实践，帮助企业完成平稳过渡。⑥关于企业控制权配置与企业过度负债水平的研究，现有文献多是从股东层面切入，鲜有学者能够综合地从股东会、董事会及经理层这三个层面系统探讨家族超额控制权的整体配置状况，并研究其与过度负债之间的关系。而且国内外关于社会资本的研究，多数聚焦于社会资本中的政治联系这一研究维度，并得出社会资本有助于提升企业绩效的结论。然而，社会资本是否真的只会给企业带来益处，仍值得商榷。因此，本书试图从家族企业以上三个层面的控制权着手，建立超额控制权综合配置模型，以系统而全面地研究创始人社会资本、家族超额控制与企业过度负债之间的关系。这些都为本书提供了理论和实践上进一步研究与突破的空间。

（2）第二篇共七章，分别从家族企业管理控制模式、家族企业所有权结构、家族企业内外部所有权结构、"金字塔"类股权结构、家族控制性因素、家族企业政治联系与传承、家族超额控制七个方面入手，通过实证研究、文献查阅、对比分析等方法，研究各个方面对企业绩效的具体影响。其中，第七章发现了家族企业管理控制模式具有独特的阶段性发展特征并会受环境变量的影响，对绩效起着积极的推动作用。第八章分别检验了家族企业所有权结构、家族企业薪酬激励与企业风险承担的关系。同时，货币薪酬激励对家族企业现金流权与企业风险承担具有调节作用，高管持股对家族企业两权分离度与企业风险承担间及"金字塔"层级与企业风险承担间具有调节作用。第九章的研究结果表明，内外部所有权对企业绩效有着不同程度的影响，同时二者交互也将作用于企业绩效。第十章研究结果表明家族企业的股权集中度与企业绩效呈现显著的倒"U"形关系，股权制衡程度与企业绩效负相关，并且上市途径不同，家族企业绩效也不同，直接上市的家族企业绩效整体上比间接上市的家族企业绩效好。第十一章分别研究了家族文化维度、学习交流维度、组织行为维度、战略决策维度与企业绩效的关系。第十二章研究发现，家族企业在发生代际传承之际，企业绩效不可避免地呈现显著下降的趋势。家族企业领导权交接时两代企业家政治联系的差异引起企业政治关联度普遍减弱，进而导致家族企业传承绩效下降。第十三章研究发现，家族股东会超额控制的强化会提升企业过度负债水平，创始人在建立其政治联系、金融联系及业缘联系后容易导致企业过度负债水平上升，家族企业过度负债水平的上升会造成绩效下降。

（3）第三篇共一章，为第十四章。该篇在第二篇实证研究的基础上提出相应的建议。分别从调整企业不同阶段的管控模式、调整家族企业所有权结构、优化家族企业内外部所有权结构、优化"金字塔"类公司的股权结构、管控家族控制性因素、完善家族政治联系、减轻过度负债等七个方面入手，结合我国家族企业特点及实际情况，提出相应建议，从而提高公司的经营绩效。其中，第一节提出在家族企业发展的不同阶段和不同区域，由于家族企业的产权制度、企业文化的不同，管理控制模式会呈现出不同的特点，企业要根据不同的特点制定不同的控制策略。第二节提出按发展阶段调整所有权结构，保持适当的两权分离，调整高管薪酬结构，实行长短期结合的薪酬激励机制，完善股东对高管的约束机制等具体的建议，从而保持合理的风险承担水平。第三节提出家族企业所有权结构决定了其最终控制权的分配、股权结构及企业的治理结构，因而所有权结构的安排、变动及比例配置的改变都将作用于企业绩效。第四节提出我国家族企业股权比较集中，且两权分离程度较高，因此建议家族企业保持适当的股权集中度，实现股权制衡，大力引入机构投资者，进一步加强对终极控制人的监督和制约，从而提高公司的经营绩效。第五节提出应当通过家族控制性因素的管理来提高企业绩效，并且提出企业应该提高对非家族成员的公平性，在企业中营造良好的学习交流氛围，促进职业经理人模式的发展，提高企业愿景的共享程度等相应的建议。第六节提出应当完善传承计划，并确保政治资源在家族中的顺利传承，弱化个人政治资本作用，注重建立非人格化的政治联系，才能够以此促进企业持续、稳定发展。第七节研究提出家族企业必须充分意识到家族超额控制与企业过度负债水平之间存在的相应联系，并且优化家族超额控制权配置，合理运用企业社会资本，保持合理的负债水平，优化企业资本结构，才能维持企业健康、持续发展。

　　本书是国家自然科学基金项目"家族企业代理行为与绩效评价研究"（70792119）、浙江省哲学社会科学研究基地重点课题"温州家族企业代际传承中的家族价值观传承研究"（13JDWZ02Z）、浙江省自然科学基金项目"家族企业所有权结构、薪酬激励与绩效：基于双重委托代理理论的分析"（LY13G020027）和温州人经济研究中心自设重大课题"基于社会情感财富视角的温州家族企业创新研究"（15JDZS03ZD）的阶段性研究成果。在本书写作和出版过程中得到了许多人的帮助，特别感谢作者指导的硕士研究生潘小芳、乐毕君、吴雪婷、沈芊男、韩秀春、张梅等对本书写作所做的工作和付出，作者在此向他们表示衷心的感谢。

辛金国

2019 年 6 月 30 日

目　录

第二篇　实证研究专题篇

第三篇　政策建议篇

第一篇　国内外研究现状篇

第一章 管理控制与家族企业控制模式的相关文献研究

第一节 管理控制的概念界定

关于控制的内涵最经典的解释出自控制论。控制论诞生于 1984 年，由美国 Norbert Wiener 专著的《控制论》的出版代表着控制论的诞生。Norbert Wiener 认为控制论就是关于动物和机器之中存在的控制与沟通的科学。控制论是一门探讨各式各样的系统信息利用、转换与控制之间存在的共同规律的学科，涉及的范围较为广泛。

《控制论》中提出：控制是需要根据组织内部外环境的多种变化进行相应的整顿的一个系统。由此可见，控制是一个动态的过程，它和所有能够互相联结、关联并能够成为整体的要素共同存在于一个开放的系统当中。由于系统的开放性较强，其面临的不确定性也会加强，正如阴晴不定的大自然无法长久地保持一个相对稳定的状态，此时控制便起到了调节和关联的作用，能够减轻系统中存在的不确定性。本书的控制，可以看作与影响、调节等类似作用的概念。会计学一般从广义角度理解控制的概念。所谓控制活动是指帮助执行管理指令的政策和程序，它贯穿于整个组织及各种层次和功能之中，包括各种活动，如批准、授权、证实、调整、经营效果评价、资产保护和职能分离等。管理控制是使企业按一定目标前进的内部管理过程，是对企业内部活动进行调节并产生控制效果的反馈，也可称作前馈系统。可见，控制论为管理控制的制定和实施提供了可靠的理论依据。所以内部控制（管理控制）是在控制论、信息论、系统论的基础上建立起来的（陈良民，2004）。

一、管理控制的内涵

管理控制行为从古代便已存在，但是对于管理控制体系的内涵较为权威的概念是 Anthony 界定的：管理控制体系是指管理者通过获取和使用有关资源而达到组织目的的过程。这是学术界对管理控制体系的首次定义，与任务控制和战略控制的定义有所不同。Anthony 认为管理控制是指"那些正式的、系统的数据处理系统，用来帮助管理者确保资源与组织目标保持一致"（Anthony, 1965）。Anthony 把控制分为三类，详见表 1.1。

表 1.1 Anthony 对控制的分类

类别	成本	例子	控制信息	技术	学科基础
战略规划	承诺	资本投资	定量	时间价值风险分析	经济学、数学
管理控制	管理	管理行为	定性	判断说服	社会心理学
运营控制	工程	直接产品成本	定量	标准成本差异分析	经济学、物理科学

资料来源：Emmanuel C, Otley D, Merchant K. 1992. Readings in Accounting for Management Control[M]. Berlin: Springer

在会计控制成为管理控制主要部分的时期，Anthony（1965）在管理控制系统中引入社会心理学作为基础学科，并考虑了管理行为和管理动力的问题，这对 20 世纪七八十年代会计的研究工作产生了较大影响。随后，有学者通过控制循环理论对人际控制进行了研究，着重研究了人的意图、沟通、行为选择等行为特征，发现人的思想、行为、行为信息的传递、对信息的接受和解读等多个方面的复杂性和多变性都会影响管理控制的有效性。由此可见，人际控制的复杂性与机械控制的单一性是无法相提并论的。Anthony 从人的行为视角对管理控制进行研究，实现了研究视角的创新，但由于模型的简化，仅采用了二人模型，使得管理控制出现了单项、封闭的特点。在后续的研究中，管理控制的研究将不再局限于机械控制观，将逐步引入更多社会性学科，如社会心理学、组织行为学、组织社会学等。

随着研究范围的扩展，管理控制也有了更综合的界定。Lowe（1971）认为设计的系统是为了能够实现组织对外部环境的灵活适应。这种更广义的概念界定者认为管理控制系统的控制范围更为广泛，能够使得组织在多变的内外环境下达到相对稳定。Lowe 和 Machin（1983）延续了 Anthony 的研究路径，分别对"管理""控制""系统"三个术语进行了进一步研究，Lowe 和 Machin 认为："管理控制是管理者为了达成组织的既定目标，有效率地摄取并运用各种资源的一个过程，而管理控制系统正是为了实现这个目标而设计的一种系统。"

管理控制体系可以分为正式控制体系和非正式控制体系。正式控制体系通常通过书面的规章制度，对员工的行为进行约束和改正，进而达到组织目的。而非正式控制体系的研究侧重于组织文化。在正式控制体系中的控制表现为明确性和成文性；而在非正式控制体系中，组织文化被作为一种无形的控制手段，其中组织文化管理的核心要素应是组织的使命。

综上所述，管理控制概念的界定可分为广义和狭义两种定义。从广义上看，管理控制是指在实现组织目标的过程中，对组织内部成员实施控制从而达到目标的所有方法，具体表现形式为特定的组织结构、组织文化和人力资源规章，该论点强调的是管理的控制职能。从狭义上看，管理控制是一种信息反馈回路，包含了确定基准、评估情况、改正偏差等几个方面，该论点主要运用了控制论的相关理论。我们认为管理控制是管理者根据组织的目标，在内外部环境发生变化时及时对收集的组织信息进行分析和处理，通过设定一系列基准对组织内部成员的行为进行约束，通过组织文化的设定与传播对组织内部成员的思想进行统一，并通过协调各部门的发展使组织保持相对稳定的状态，最终能够顺利地实现组织目标的过程。管理控制包含一系列行动，如制订计划、协调组织、信息沟通、业绩评价、纠正偏差等，所有行动的最终目的都是实现组织目标。

二、管理控制理论的形成及发展

管理控制理论的原型出自19世纪初的管理思维。为了改进生产流程、提高生产效率，后续学者们对生产过程、生产技术、各环节费用等方面进行了全面的分析和改善。随着成本信息重要性和管理需要的加强，成本会计体系在1874年应运而生。芬克建立了一种能够进行信息记录、成本划分、成本统计和成本控制的成本管理体系，能够对成本进行较精确的计算，这是后续管理控制理论发展的一大重要基石。

管理控制和组织的发展紧密联系，Scott（1981）从两个方面对此进行了研究。一是发现了组织系统从封闭到开放，这是系统论思想的体现。在19世纪60年代以前，学术界大多假定组织系统是封闭的，不受外界影响的，大多控制活动只需关注内部发生的事件即可，随着管理控制理论的逐步发展，人们开始意识到外界环境影响的重要性，实际上组织的形态是与外界环境息息相关的，于是便将组织系统设定为开放系统。二是将组织系统分为理性组织系统和自然系统。理性组织系统是指具有明确的组织目标，在目标的引领下进行相关的控制活动，并设计相关控制制度的系统。而自然系统偏向于自发性和随机性，在企业运营的过程中，对企业中发现的各种随机事件通过控制进行关联和修正。这种划分模式适用于封闭系统和开放系统，并可将管理控制理论的发展之路分为四个阶段：封闭、理性阶段；封闭、自然阶段；开放、理性阶段；开放、自然阶段。

1. 封闭、理性阶段

封闭、理性阶段的组织系统属于封闭系统，通常不关注内外部环境变化，同时控制目标清晰，具有确定的标准制度，管理者的职责是执行控制活动。该阶段的研究重点主要集中在封闭且理性的组织系统上。比如，Hofstede（1983）研究发现美国企业在业绩评价和管理控制方面广泛采用了预算控制，但运用效果并不是很好，导致管理者对预算产生了厌恶情绪；而在欧洲，虽然预算控制得到了认可，但企业对其运用较少。

2. 封闭、自然阶段

封闭、自然阶段的组织系统依旧是封闭的，同样较少关注内外部环境变化，但在管理控制的运用上体现了自然观念，即无明确的组织目标，管理者可以通过对随机事件获取的信息进行处理分析，从而确定并更正目标。在 20 世纪 70 年代初期，众多学者开始了控制系统运行和使用等领域的研究。其间，关于管理绩效评价的研究逐步兴起。Hopwood（1972）立足于管理者使用各异的会计信息方式，研究其对组织内部员工行为和组织绩效的作用效果；而关于会计控制信息究竟有哪些运用方式，后来有学者对此展开了研究，发现环境是其中一个十分关键的影响因素。虽然早期的权衡理论是在封闭系统中体现的，但一直到 20 世纪 70 年代晚期，权衡理论才渐渐在开放系统中体现出来，这正好符合了组织理论的发展过程。

3. 开放、理性阶段

开放、理性阶段的组织系统开放性大大增强，该阶段的组织系统已成为开放系统，开始较多地关注内外部环境变化，但在理性观念的指导下，组织目标是明晰且可以量化的，管理者不可随意改变组织目标。开放系统的观念是在 20 世纪 70 年代早期出现的。Lowe 和 Machin（1983）发表的 *New Perspectives in Management Control*，在理论方面以摘要的形式进行了梳理和研究。其中，部分学者将神经生理学引入了管理控制理论的相关研究中，从而拓宽了控制论的视野，对其进行了更全面、更深入的分析研究。这一阶段最主要的发展是权变理论的引入和运用，同时外部环境的不确定性推进了开放系统的出现。

4. 开放、自然阶段

开放、自然阶段在采用开放性系统的基础上又做了进一步的更新，不再受固定的组织目标限制，而是将目标制定的决定权交给管理者，随着内外部环境的变化进行实时调整和改进。有学者指出管理控制理论有两大发展：一是意识到权变因素并不能决定管理控制系统的形态，环境的变化也是重要因素之一，并且可以通过恰当的控制对其进行管理。二是发现了组织行动具备一定的政治特点。在控制系统运行的过程中会出现内外权力行使问题。Scott在对这四大阶段进行总结后发现，管理控制系统的发展是由封闭系统转向开放系统，从理性系统转向自然系统的。可见是否注重内外部环境的变化是区分这几个阶段的重要因素，也可以看出内外部环境在管理控制理论的发展过程中扮演着十分重要的角色。

纵观管理控制理论的发展历程可以发现：①是否注重内外部环境的变化在管理控制理论的发展中起到了决定性的作用；②外部经济环境与内部管理控制模式密切关联，外部经济环境的变化推动了管理控制体系的发展；③如果外部环境不变，组织的根本目标就是相同的，但企业内部环境各不相同，采用的管理控制体系也会有所不同，因此要综合考虑内外部环境的影响；④具有不同内部环境的企业虽然采用的管理控制方式多样，但应根据实际情况选择不同的侧重点，根据企业的特定特征选择不同的管理控制体系。

三、国内关于管理控制理论研究的回顾

我国有关学者对内部控制进行了相关的研究。朱荣恩和贺欣（2003）、樊行健和肖光红（2014）以国内外文献为基础，系统分析了内部控制的产生与发展过程，厘清了内部控制的发展脉络。

在西方管理控制理论相关研究的传播与熏陶下，我国也开始了相关研究，其中以张先治、陈佳俊、池国华等为代表。张先治（2003）把管理控制放入内控领域之中，组建了由四部分构成的管理控制框架：制度控制系统、预算控制系统、考评控制系统和激励控制系统。陈佳俊（2003a）在其博士学位论文《企业战略、管理控制与业绩评价的权变分析》中指出，企业制定的战略应能够应对内外部环境的变化，如技术、组织结构、企业规模、组织文化、竞争战略等变化，在确定企业考评标准时要与企业的战略相适应。另外，刘炜（2019）提出，业绩评价不仅要以企业战略为重点，还应对战略过程中的评价、对外部市场的分析考核引起重视。池国华（2005）从权变理论和组织背景的角度提出了管理控制系统框架，该框架主要包括四个子系统：预算子系统、信息与沟通子系统、业绩评价子系统和激励子系统。后来，预算子系统变更为战略规划子系统（池国华，2005）。刘炜（2019）强调了预算管理在管理控制中的重要性，认为企业的管理体系应以预算为中心。以预算结果来进一步分解和细化组织目标，再通过沟通和协调传达给各部门，设定一定的业绩评价标准对员工行为进行评价并实行奖惩政策。而冉秋红（2007）给出的框架则有所不同，她将管理控制划分为五个部分——战略规划、战略目标的分解与绩效目标的确定、预算编制与执行、业绩评价和激励、信息与沟通，并随着时代的变化进一步纳入了知识资本，从而构建了知识导向型的管理控制框架。综上所述，可以发现我国对于管理控制的研究也取得了一定的研究成

果，但总体上不如西方，研究较为碎片化并且侧重于单项管理控制工具的研究，且只停留在工具本身，较少考虑控制过程中管理者的行为等社会性因素（张相洲，2003）。

第二节　管理控制模式

管理控制模式是指管理控制目标、内容、方法、程序等选择的整体导向。由于管理控制核心的不同，将会形成具有不同管理控制模式的企业，而管理控制模式都与企业所处的内外部环境相适应，并且能够使企业和组织正常地运行，从而使企业实现盈利。

管理控制模式的内涵是不断变化的。Ouchi 和 Maguire（1975）将组织控制分为行为控制（behavior control）和产出控制（output control）两类，前者建立在直接监督之上，后者建立在一种对最终结果的衡量之上。Ouchi（1979，1980）进一步将组织控制区分为市场控制（market control）、官僚控制（bureaucratic control）和家族控制（clan control）三种类型，前两者实际上丰富了其过去所提出的行为控制和产出控制，并为后来的大量研究所引用（Gencturk and Aulakh，1995），而家族控制则是后来补充的维度，实际上只是代表了人格化控制的一个方面，在后来的研究中逐渐具体化为对非制度关系控制的研究。

在此基础上，Daft（2002）进一步将管理控制系统划分为三种模式：制度模式、市场模式与关系模式。他认为管理控制系统的主要功能是解决企业所面临的两大困难：一是业绩衡量的不准确性；二是员工目标与企业目标的不同向性。由于现代企业业务广泛，部门繁多，很难判断某一部分对整体收益的边际贡献，这就产生了业绩衡量的不准确性问题。此外，企业是一个完整的个体，其目标是收益最大化，但是对于某位员工来说，其行为是使自身利益达到最大，员工个人目标与企业目标的冲突将会影响企业发展。由于企业组织面临的问题不一样，就需要采用不同解决办法对企业的活动进行调整。总而言之，当业绩模糊性低、目标不一致性高时，选择市场控制模式；当业绩模糊性、目标不一致性均相当高时，选择制度控制模式；当业绩模糊性高、目标不一致性低时，选择关系控制模式。

Anthony 和 Govindarajan（1998）从其他领域得到启发，把责任作为组织结构的核心，在预算的编制、结算、考核、激励等过程中融入了会计指标，因此形成了基于会计控制的管理控制模式框架，虽然该模式仅对预算进行控制，而对会计信息的使用只是其中某一部分。基于此，Kaplan 和 Norton（2008）在管理控制的研究中引入了平衡计分卡，特别是引入了财务与非财务指标，从而加快了会计知识在管理控制模式中的应用。我国著名学者谷祺和张相洲（2003）提出了内部控制的三维系统观，将内部控制划分为制度控制、市场控制和文化控制三种类型，他们认为文化控制的功能在于使激励内部化，使组织目标和个人目标一致及减少不确定性。王满和姜洪涛（2018）提出外力可以推动管理会计的发展，如消费水平、竞争压力和技术进步等。

一、制度控制内涵界定

制度有广义、狭义之分。广义的制度是指涉及社会、政治和经济的一种行为规则。狭义的制度是指企业的官僚制度，在一些论文中，它是指与市场机制相互替代的交易治理机制。人们所指的制度经常是狭义上的制度——企业的官僚制。制度控制是一种最常见的控制方式，它伴随着很强的输入和输出控制，是一种过程控制。制度控制方式适用于组织绩效因果关系明确、市场环境稳定且周期相对较长的组织。制度控制方式最大的缺点是其不能根据市场的变化做出及时的反馈。

综上，本书将制度控制定义为：制度控制（他控制）是通过建立一系列明确且必须得到遵守的制度、正式层级和职位权力来控制企业各领域的业务活动，同时它也是协调人员之间、制度的各构成要素之间关系的规则体系，客观上规范和约束着会计人员及其他管理者的工作行为。其目的是保证标准确定系统、业绩衡量系统、偏差纠正系统正常运行，确保经营数据和财务数据的正确性，保证企业经营活动正常进行。

制度控制的要素主要有：①详细的规章制度和程序。从制度控制角度而言，详细的规章制度和程序有助于企业的生产经营过程有条不紊地进行，有利于保证会计及其他信息资料的正确性和可靠性，有助于促进企业经营效率的提高和经营目标的实现，有助于促进企业相关经营方针的贯彻与执行。由于规章制度包括的内容广泛，以至于我们在提到管理控制的时候，经常会把管理控制特别是制度控制等同于企业建立的规章制度和程序。这种认识是不全面的，制度控制还包括计划的执行系统，以及执行中偏差的纠正系统等。②自上而下的权力、正式层级和职位权力。为实现企业的战略，企业必须要有自上而下进行控制的权力，并依靠正式层级和职位权力，企业就会拥有比较正式的控制系统。正式结构是实行制度控制的基础，正式结构指由企业组织内部的职、权、责组成的三位一体的体系，一般由组织法规或规章明文规定。在企业内部，由于分工不同，会出现不同的权力、职位，也就有了自上而下的层级划分，这种层次划分在企业内部是非常有必要的。企业生产经营和管理活动需要有一定的员工来完成工作任务，而由于每个岗位所涵盖的工作内容及其在企业中所处地位不同，就呈现出不同的层级，各自负责的工作内容和范围也相应有所不同。③用可衡量的标准定义最低效果水平。

企业为了达到组织目标的要求，一般都会对相关的任务进行一定的解释说明并设定衡量标准，以求员工能够明确地了解和贯彻企业的经营方针。企业为了对员工的工作成绩制定一个比较明确的考核机制，一般会用具体的可衡量标准来定义工作效果，以使员工明确如何才能更好地完成工作任务。④监控产出、报告、差异分析和业绩评价系统。制度控制重视过程控制，经常使用差异分析和业绩评价系统及时发现偏差，并采取措施纠正偏差。总之，制度控制运用相关规则来约束人们的活动，通过一系列手段对过程和结果进行控制，并注重行为过程的控制，是事后的一种控制方式。其中，预算是制度控制的一种主要手段，全面预算是管理控制的基础，管理控制要依靠全面预算来落实，全面预算对管理控制有一定的统驭作用。池国华和邹威（2015）认为全面预算是企业内部管理控制的主线，可以将各个职能部门的工作组合串联起来，从而提高企业整体的管理效率。

二、市场控制内涵界定

在市场控制方式下，可利用市场竞争和供求关系等外力来控制管理企业。市场控制就像一双"无形的手"，可用来调节组织内资源的重新分配。输出控制往往是市场控制的关键，市场会通过判断组织决策的正确性，并为管理者提供信号来改进管理者的行为，它是一种结果控制。在市场控制方式下，转移价格、横向关系、议价和管理补偿组成了最重要的控制系统。Arrow（1964）认为，因为横向关系和议价在组织机构中发挥了重要作用，所以转移价格是控制系统的核心。初始价由猜测确定，如果中间产品的输入与输出相匹配，则定价是合理的；相反，就要重新确定定价。通过持续不断地调整，最终会在组织内部形成满意的价格关系。

总之，市场控制是一种价格控制手段，它以财务和经济信息为基础来调节组织的行为活动。采取此模式的企业，它的每一部分都被作为交易的主体而成为考核的核心，每一个业务部门都会成为利润中心，组织内部通过这样的机制实现资源的重新分配。

三、关系控制内涵界定

关系控制是指为了追求企业利益和员工利益的最大统一，减少目标实施偏差，利用企业内部人员的共同价值观、信念、行为标准来协调不同人员，并对组织内部的个人和群体行为施加控制的活动。关系控制主要通过理念和价值观、管理哲学、经营风格、放权、柔性组织、柔性激励、企业文化、全面沟通等方式实现企业的道德控制、责任控制、组织控制、人事控制、团队控制和冲突控制，其目的是提高企业员工的自觉意识，以实现员工对企业及企业经营行为的自控和自律。关系控制包括文化控制和人本控制。人本控制是指以满意的工作来提高生产率的。文化控制是指通过神话、礼仪这样的文化操纵以影响员工的工作积极性并以此来提高生产率。王清刚（2014）认为企业文化可以提高企业的竞争力和推动企业的可持续发展。企业文化是企业的灵魂，是企业最高的精神枢纽，反映了企业以人为本的管理理念。企业可以利用文化控制提高员工的归属感、积极性，可以用无形的文化力量形成一种行为准则、价值观念和道德规范。

一般来说，企业的管理控制模式并非是纯粹的制度控制模式、市场控制模式或关系控制模式，而是这三种模式的有机结合（图1.1），但是具体采用哪种控制模式还是要根据企业所处的环境进行分析。

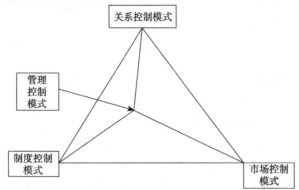

图 1.1　制度控制模式、关系控制模式、市场控制模式关系图

第三节　家族企业管理控制模式

一、家族企业概念的界定

家族是指以血统关系为基础而形成的社会组织，其具有一定的血缘关系但是彼此在生活和经济上又相对独立。Littunen 和 Hyrsky（2000）认为要研究家族企业控制行为首要的问题是如何定义一个家族企业，至今还没有一个可以被广泛接受的关于家族企业的标准定义。

1. 从所有权角度来定义

盖尔西克（1998）提出现实情况下很难定义一个企业是否是家族企业，无论其企业是以家庭命名的还是在高层领导机构中有多名亲属存在。而 Barnes 和 Hershon（1976）认为，如果一个企业的所有权是由一个人或一个家庭的成员控制，且成员的后代也继承其管理权，那么它就是一个家族企业。那么企业资本究竟在多大比例上归家族成员拥有才可以界定为家族企业呢？一个家庭（或家族）成员拥有企业 60%的财产所有权，那么其就是一个家族企业（Donckels and Fröhlich，1991）。Cromie 等（1995）等学者也提出占比 50%是家族企业区别其他企业的界限。但不同家族企业的文化、地区差异可能会导致其标准的不同，所以是否可以用一个确定的数值去界定家族企业，还有待商榷。

2. 从经营控制权角度来定义

与盖尔西克等不同的是，孙治本（1995）提出要以经营权为核心来定义家族企业。余立智和金祥荣（2002）则倾向于用创业家族手中掌握的企业控制权程度来区分一个企业是不是家族企业。也有部分学者认为如果企业董事会主要由家族内部的成员构成，那么该企业就是家族企业。

3. 从所有权与控制权统一角度来定义

家族企业可以由临界控制持股的比率来划分，台湾学者叶银华（1999）认为只要满足三点就可以认为是家族企业：家族的持股比率大于临界持股比率，家族成员或具有二等亲以内的亲属担任公司董事长或总经理和家族内成员或具有三等亲以内的亲属担任公司董事席位超过公司全部董事席位的一半以上。家族企业可以被看成是家族内成员对企业的权力保持在一个连续分布的状态而不仅是一部分，一旦超出了这个状态，家族企业就转变成了公众公司（储小平，2000）。支持两权统一论的学者还有 Rosenblatt 等（1985）、Hollander 和 Elman（1988）等，他们认为家族企业就是至少有一个家庭成员拥有并管理的企业，其中要求家族掌握其企业的所有权。

4. 从家庭关系或家族契约角度来定义

Churchill 和 Hatten（1987）认为家族企业与非家族企业的重要区别是带入了家庭关系，并且权力的交接也是以成员亲疏为基础而不是以市场为导向的。

郭跃进（2002）通过引入家族成员之间的"血亲关系距离"概念，提出以业主或法人代表中心确定家族成员的亲等指数，由此构建家族企业家族化水平的方法模型，并以此作为确定家族企业的标准。贺志锋（2004）将家族企业定义为不是以交易为连接而是以家庭为契约组成的企业组织，家庭契约是信任感较强、长期和连续的公平关系，他认为家庭契约基于信任，具有为他人服务的特质，并且由于信任存在于家族内部从而产生了差序格局、关系取向和关系运作。

本书将家族企业定义为：以血缘和婚姻关系为基础，家族成员拥有企业所有权和控制权，并且所有权和控制权可以合法地在家庭内部进行传承的组织。

二、家族企业管理控制模式分析

1. 家族性特征

Habbershon 和 Williams（1999）首次将资源观的理论框架运用于家族企业。他们提出家族性是家族企业拥有的资源和能力束，来源于企业的家庭、其个体成员和企业的系统作用。Habbershon 等（2003）进一步把家族企业的系统理论与企业的资源观结合起来论述了家族对企业影响积极的一面，并创造了家族性的系统理论。这个系统理论将家族性如何产生竞争优势、如何创造财富理论化。Habbershon 等（2003）的家族性研究实际上涵盖了独特的家族资源和能力影响企业竞争优势或劣势进而影响企业绩效的整个过程。为了将概念具体化，Habbershon 等（2003）定义了来源于系统协同作用的家族控制性因素，从而使得概念清晰化。因此，家族企业的形成依赖于一组复杂的因素，这些因素对于家庭和家庭所在地社会环境、文化环境及经济环境来说都是特定的。

由于家族企业的家族性特征，在家族治理上表现为非正式治理，非正式治理在组织中十分重要。近年来许多研究者将这些非正式治理定义为"关系治理"（Mustakallio et al., 2002）。各种形式的关系治理和正式治理一起构成了家族企业内部治理的全部内容，而不是过去单一地强调正式治理的作用，家族企业正式治理和关系治理这两种控制手段的运用并不一定是均衡的，常常出现偏重于一方而忽略另一方的现象。

我国家族企业内部重视"关系"并以关系控制为基础，管理控制模式也以家族成员的亲疏关系为依据，与一般以规章制度和科学原则为机制的企业有所不同。具体表现在领导者会从多种角度区别对待家庭成员和一般职工。某些家族企业在管理控制上主要表现为家族关系、亲缘化特征，管理层几乎由家族成员担任，实行集权化领导、专制式决策，不注重业绩考核的晋升机制。在具体管理过程中，通常以伦理规范代替行为规范，表现为两个极端：一些企业没有任何规章制度，这主要是指小规模家庭作坊式民营企业；另一些企业制度非常健全和完善，具有现代意义上的管理控制体系，这些企业是指少数的大规模企业，但在其发展过程中需要不断进行完善。两个极端中间是制度控制发挥一定作用的中型企业。

2. 家族企业管理控制系统

家族企业的管理控制系统分两个层次：第一个层次以家族关系为纽带，管理层以家族成员为主，管理人员受制于道德观念约束，家庭成员拥有决策权、管理权、所有权；第二个层次是由家族成员有限，以委托代理理论为基础、经营权与所有权相分离的控制权。前者的约束力基本上来源于对家族文化的认同，主要作用于管理层，甚至还包括基层员工。家族企业管理控制的主旋律是自律控制，制度控制次之。而这种以家族关系建立起来的企业组织使得管理层和成员的联系十分紧密，舞弊行为相对于其他企业较少发生。在我国，在传统文化的熏陶下十分忌讳成员之间的讨伐，这也就使家族制民营企业有对他人监督和揭发舞弊的积极氛围。因此，虽然家族企业并不以规章制度为主，但是道德力量却发挥了很大的作用，从而提高了企业的效率。

综合以上的分析，我们认为家族企业管理控制应包含两方面的内容：一是制度控制，二是关系控制（道德自律控制）。家族企业的管理控制和现代企业的管理控制侧重点有所不同，现代企业侧重于制度控制、市场控制，关系控制作为补充；而家族企业侧重于关系控制（道德自律控制），制度控制、市场控制作为补充。COSO[①]报告的控制环境首先强调的就是诚信的原则和道德价值观，从而把非正式制度的作用摆到了重要位置，形成了一个制度控制与关系控制相互作用的管理控制体系。

3. 家族企业管理控制模式特征

从家族企业的定义来看，家族化管理控制模式与其他控制模式相区别，主要表现在以下几个方面。

1）具有浓厚的家族化色彩

中国是一个家族观念相当深厚的国家。这样一种文化特征，必然对家族企业的成长产生直接的影响。我国目前大多数私营与民营经济实体，不仅是在家族的支持下发展起来的，也是在家族的治理下运行的。

2）具有很强的凝聚力

创业时期，凭借家族成员之间特有的血缘和亲情关系，可以直接低成本聚集人才。家族成员更容易也能够为了家族利益而相互配合，共同努力奋斗，甚至可以不计报酬，这能够使企业在很短的一个时期内获得竞争优势和资本积累，因此有助于在企业内部形成较强的凝聚力。

3）形成了集权式的组织模式

儒家思想对我国企业具有深远影响，敬畏权力的中国历史和文化成为组织变革的障碍之一。一般来说，下属总是让上级（总裁或总经理）来做决策，唯恐工作出差错。这种行为的好处是下属对领导的决策和指示执行力强。不利之处则表现在：一是员工失去了做决策的机会；二是员工不见指令不行动。可见，组织的权力等级制度占了主导地位。这一表现在家族企业中尤为明显。

---

① COSO 是美国反虚假财务报告委员会下属的发起人委员会（The Committee of Sponsoring Organizations of the Treadway Commission）的英文缩写。

4）企业用人内外有别

与非家族企业比较，家族企业在用人上的一个典型的特征就是内外有别。家族企业其内外有别的用人表现主要是：一是家族企业重要的岗位基本上由家族成员担任；二是家族企业的用人有别表现为对于外人的不信任。任人唯亲可能导致的经营不善，对家族企业而言是难以摆脱的恶性循环（任人唯亲→排斥异己→人才流失→人才匮乏→经营不善→家族危机），这种家族企业特有的现象使得家族企业的竞争优势丧失殆尽。

5）制度化管理困难

家长作风、任人唯亲等积习使家族企业难以进入到不以个人意志为转移的职业化管理的现代化企业阶段。很多家族企业的家族成员不能成为企业制度的带头推动者，有时候甚至会成为制度的破坏者。而辞退家族成员的代价又过高，在家族成员的亲情面前，制度可能只是一纸空文。因此，家族式管理的一个重大弊病是亲情代替规则，情大于管理制度，"人治"大于"法治"。

第二章 家族企业所有权结构与企业风险承担的相关文献研究

第一节 风险承担的概念界定

企业风险是指企业在生产经营过程中所面临的各种结果的不确定性。从理论上看，假如企业事先能够掌握比较全面的信息，而且能够根据市场和时间变化对信息变化的趋势有所了解，就能在一定程度上解除风险。然而实际上，受信息来源的渠道和时间所限，企业各项决策的结果均存在较大的不确定性，这些不确定性可能已经得到预测，也可能尚未被预测到或者预测不准确。那么，企业风险承担就是企业对决策过程中已经预测到或尚未预测到的不确定性的承担意愿。例如，企业考虑是否对某个项目进行研发投入时，主要依据是其对各种可能产生的结果的接受程度。风险不会自动解除，并且不同企业对不同风险的接受能力也有差别，有的企业对待风险的态度是完全回避。由于市场领域所产生的高额利润通常归愿意承担风险的企业所有，在这种情况下，企业若想获利，首先要有承担风险的意愿。

企业的风险承担意愿首先影响企业的生产经营决策，决策的不同会导致企业面临不同程度的风险，所以可以通过企业意愿承担的风险大小来衡量企业的风险承担水平。本章用于评价企业承担风险大小的主要依据就是资产收益率的标准差。

第二节 企业风险承担现状

随着我国经济结构的调整，家族企业粗放式的生产经营模式受到了日益严峻的挑战，特别是家族企业经营者由于短视通常不愿意或者较少进行创新等风险投入。以研发投入为例，2016年发布的《中国上市家族企业创新报告》指出，2010~2014年家族企业在研发投入力度上略低于民营非家族企业，图2.1为民营企业研发投入比率的变化情况。

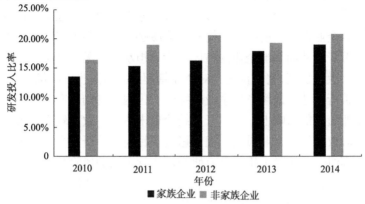

图2.1　民营企业研发投入比率变化情况

由图2.1可知，2010~2014年民营企业的研发投入比率总体呈上升趋势，尽管家族企业与非家族企业的差距在2013年和2014年有所减小，但家族企业研发投资力度不足而导致企业风险承担过低的情况依然存在。《中国上市家族企业创新报告》同时指出，有研发投资的家族企业的利润率要明显高于没有研发投资的家族企业的利润率，如图2.2所示。

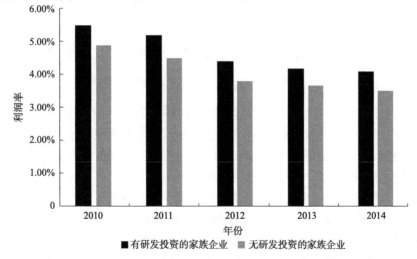

图2.2　家族企业利润率情况

由图2.2我们可以发现，加大研发投资力度有利于提升企业经营绩效，而研发投资力度的加大必然会使企业承受一定风险，在这种情况下，提升企业的风险承担水平有利于企业经营绩效的提高。然而，企业的风险承担水平与企业绩效并不是简单的线性关系。当股东为提升企业绩效采取激进的风险投资决策时，过高的企业风险承担水平反而会损害公司利益。因此，家族企业只有保持合理的企业风险承担水平，既不过分保守又不过于激进，才能促使企业健康、持续地发展。

对于家族企业而言，所有权结构和薪酬激励机制在很大程度上影响着企业管理层的风险偏好，从而影响企业的整体风险承担水平。无论是家族企业的所有权结构还是薪酬激励机制，它们首先会对企业管理层的风险投资决策行为产生影响，继而这种决策行为才会最终影响企业的绩效。国内学者的研究主要集中在货币薪酬激励对企业绩效的影响上，且对于其结论也未达成一致。较少学者关注管理层持股尤其是股权激励对企业风险承担的影响。目前多数研究文献忽视了影响企业绩效的中间枢纽——风险承担，已有研究证实管理层的风险承担行为会影响企业的持续发展。企业风险承担决策是家族企业经营中的重要决策之一，是企业成长的核心，也是企业业绩与生存的基础。所以，理解企业风险承担决策将不仅有助于揭开企业业绩与成长的神秘面纱，掌握企业生存与演化的基因密码，而且有助于增进我们对一个社会经济增长和发展规律的把握。

第三节　家族企业所有权结构、薪酬结构与企业风险承担相关文献研究

一、家族企业所有权结构与企业风险承担相关文献研究

（一）控股家族现金流权与企业风险承担的研究

理论上，现金流权对控股家族风险承担行为同时存在两种相反的治理效应——激励效应（支持效应）和堑壕效应。所有权比例代表着控股家族能够享有的风险投资收益的剩余索取权比例（Mishra et al.，2001），所有权比例的提高，有利于激励（支持）控股家族的风险承担行为。彭文伟和刘恋（2013）研究发现所有权增大时，若其他影响因素不变，则企业投资将减少，表明所有权增大可以抑制过度投资，体现了所有权的激励效应。Holderness 和 Sheehan（2003）基于家族企业独特的产权结构及股权分置改革，深入研究了现金流权和股份转让权对企业风险承担的影响，并发现股权的流通性与企业风险承担正相关。另外，所有权比例的提高，控股家族资产的非分散化投资风险越高，风险投资失败对整个家族社会情感财富的危害也就越大，因此增强了控股家族选择保守投资策略的行为倾向。Paligorova（2010）指出，相较于中小股东，控股股东持有较高比例的公司股份，

在公司风险中将承担更高的潜在损失，因此为避免承担损失，控股股东更倾向于保守的次优决策，放弃能提高公司绩效的高风险性投资项目。彭文伟和刘恋（2013）认为若其他因素不变，控制权比例增加会导致过度投资加重，终极股东可能侵占其他股东利益，导致投资决策有效性降低，进而导致企业收益减少。张玉明等（2015）基于代理理论、资源基础观与社会情感财富理论，利用1745个中国家族上市公司年度观测值，实证检验了家族涉入与研发投资的关系。结果表明，家族涉入程度会随着家族控制权的增加而提高，企业研发力度却会随之降低。国际化战略可以缓和家族涉入对研发投资的阻碍作用，而产品多元化战略则会加剧家族涉入对研发投资的阻碍作用。石本仁和毕立华（2018）研究发现家族涉入程度越高，为保护社会情感财富，家族战略决策更具长期导向，更希望通过多元化分散风险以实现可持续发展。

刘鑫等（2014）认为公司控股股东在公司的现金嵌入程度越高，则公司风险承担水平会变得越低，直至达到某一拐点时公司风险承担水平才会变高。这意味着，当控股股东现金流接近于完全嵌入到公司时，控股股东将对公司的经营、发展和战略决策负责。在这种情况下，控股股东要审慎地衡量项目风险，既要避免承担过高风险，又不能做出完全保守的决策而使公司错过价值增长的机会。在这一过程中，其他可能对公司决策造成影响的股东、利益相关者及内部经理人，也会对公司风险承担水平和公司对风险项目的决策造成影响。

（二）控股家族两权分离度与企业风险承担的研究

随着家族企业所有权与控制权的分离，一方面，与中小股东的"搭便车"行为不同，控股家族具有足够的动机和能力监督管理层的机会主义行为，从而帮助缓解第一类代理问题（Jensen and Meckling，1976）；另一方面，控股家族也可能为了最大化自身利益而侵害中小股东的利益，特别是在中国等投资者法律保护制度远不够健全的转型经济国家（陈胜蓝和卢锐，2018；姜付秀等，2015；肖作平，2012）。而马云飙等（2018）指出在集中的股权结构下，实际控制人掌握着企业资源支配权。涂国前和刘峰（2010）、赵国宇和禹薇（2018）分析指出，在中国，股东之间相互制衡更有利于降低控股家族的侵占水平。因此，家族企业现金流权与控制权的分离和"金字塔"层级进一步放大了两种竞争的治理行为——监督和侵占，从而影响了家族企业风险的承担。窦炜等（2016）指出两权分离是上市公司投资效率损失的内在动因。潘清和李猛（2011）则主要针对上市公司的投资行为来分析其与两权分离程度之间的关系，研究结果发现，投资不足所引起的非效率投资普遍存在于样本公司中，且上市公司的投资缺口会随着大股东的两权分离程度不断扩大而有所缓解。唐跃军等（2012）以企业的经营战略为研究视角，假设公司的现金流权和控制权被分离，控股股东就会借助于控制权将现金流用于投资，从而积极对外扩张。也有其他学者持不同意见，认为控股股东会因为多数现金用于公司经营而减少风险投资行为。侯剑平等（2013）通过实证检验发现，若家族控制权不变，所有权越高，企业风险承担水平越低；若家族所有权不变，控制权越高，企业风险承担水平越高；控制权与所有权分离程度越高，企业风险承担水平也越高。刘鑫等（2014）认为在两权分离加剧的情况下，公司管理层因受制于控股股东，可能会选择投机性投资为公司带来短暂的收益，从而导致企业的投资风险大大增加，这会严重损害公司价值和其他股东的利益。而如果两权分离度不高，公司管理层受控股股东的影响较小，那么公司管理层往往会选择更加稳妥的方案，这可能会使得公司不会优先考虑有可能带来高收益的高风险投资项目。

（三）"金字塔"结构与企业风险承担的研究

毛世平和吴敬学（2008）研究发现，由最终控制人通过"金字塔"结构进行控制的上市公司占比达 95.19%。"金字塔"控股结构下的公司业绩波动既能代表我国多数企业的风险特征，也在一定程度上反映出了"金字塔"结构在我国公司的内部治理情况。李增泉等（2008）的研究成果显示，"金字塔"层级的增加可能会对下一级的上市公司产生不利影响，具体地说，"金字塔"结构意味着企业负债的增多。所以，控股股东会要求下一级的上市公司优先采用高风险的投资项目，这可能会造成下一级公司过高的风险承担水平。韩亮亮等（2008）认为，随着"金字塔"层级数和链条数的增加，其结构也愈加复杂，控股股东的身份隐蔽性也就越好。所以，监管部门、社会舆论和各种投资主体及相关利益取得者在终极控股人对下一级上市公司在利益的分配上很难做到有效制约。刘运国和吴小云（2009）对上市公司在"金字塔"层级结构的研究更为深入，他们认为"金字塔"层级与两权分离度是正相关的关系，两权分离程度越高就会使得控股公司加剧对下一级公司的内耗程度。公司所承担的风险来源于那些预计收益未知的项目，"金字塔"形式的股权结构会增加中间层级的代理成本，促使下一级公司选择高风险的高收益项目，这使得公司未知的风险加大。张瑞君和李小荣（2012）通过实证研究发现，企业的业绩波动性会随着"金字塔"控制链条数的增加而加大，但在国有企业中，这种影响关系并不明显。另外，企业业绩波动程度的加大还会对企业的贷款额度带来影响。李丰也和孙丹（2015）认为"金字塔"的层级结构与上市公司的风险承担水平是正相关的关系；相对于国有性质的上市公司，民营性质的上市公司在风险选择上更偏爱于高风险、高回报的投资项目，这就使其在公司风险承担的表现上更为突出。苏坤（2016）的研究结果表明，在国有企业中，"金字塔"层级数的增加会在一定程度上削弱政府的干预程度，这不仅有利于提高企业的自主决策权，也有利于提升企业经营活力和创新动力，从而提高国有企业的风险承担水平。在国有企业"金字塔"层级与企业绩效的关系中，风险承担发挥了极为有效的中介效应。

二、薪酬激励与企业风险承担关系的文献研究

（一）货币薪酬激励与企业风险承担的研究

西方学者对薪酬激励和企业风险承担关系的研究普遍围绕股票期权激励展开，较少关注货币薪酬和管理层持股对企业风险承担的影响。对于固定工资而言，Gao（2005）认为授予管理者高额的报酬会导致其为保护当前收入而避免投资高风险、长周期的项目。绩效奖金通常也被归类为短期薪酬激励，这种单一的短期薪酬激励所带来的结果便是管理者会过多关注影响公司短期利润的投资项目，而导致长周期项目投资不足的短视现象（Narayanan and Avanessian，1984）。因此，类似年终奖金的短期薪酬激励会在一定程度上促使管理者避免选择收益周期较长的高风险投资项目。Nikoskelainen 和 Wright（2007）指出，尽管高额的固定报酬会给优秀的管理者带来巨大的吸引力，但提高公司风险承担水平的唯一方法是授予管理者股权，只有这样，管理者才不必担心高风险投资失败所带来的固定货币报酬的损失。他们的实证结果表明，管理层货币薪酬与企业风险承担水平呈负相关，管理层持股与企业风险承担呈正相关。

与国外学者的研究结论不同，部分国内学者以我国上市公司为样本进行的相关研究结果表明，高额的管理层货币薪酬会提高企业的风险承担水平。周嘉南和黄登仕（2006）以增长机会的高低为标准将我国上市公司分为两类进行研究分析，研究结果表明，在低增长机会的企业中，高管薪酬业绩敏感性与企业风险承担呈负相关；在高增长机会的企业中，高管薪酬业绩敏感性与企业风险承担呈正相关。一般来讲，企业研发支出的增加必然会提高企业的风险承担水平。唐清泉和甄丽明（2009）以中国上市公司为样本的相关研究表明，公司的薪酬激励机制会极大提高管理层对研发支出投入的意愿，而且以货币薪酬为主的短期激励效果要远远优于以管理层持股为主的长期激励，相较于管理层持股等长期薪酬激励方式，货币薪酬等短期薪酬激励方式使管理层承受更小的风险，因此更具吸引力。王燕妮和胡振江（2010）的实证研究同样证实我国上市公司目前普遍施行的货币报酬等短期薪酬会激励管理层加大研发投入力度，进而支持了上述结论。曹廷求和钱先航（2011）对高管薪酬激励对企业风险承担的影响机制进行了进一步分析和解释，他们认为当公司管理层拥有固定的货币报酬时，其投资决策通常表现为风险厌恶型，因为即使公司的经营业绩因管理层的投资决策得到提升，管理层除了本身的固定报酬外也无法得到相应的补偿；反之，一旦公司经营业绩下滑甚至导致企业破产，管理层将承担失业或高额损失的风险。在这种情况下，股票期权激励和管理层持股等长期薪酬激励的运用会减少由此产生的代理成本，从而提高管理层进

行风险承担的意愿。张瑞君等（2013）认为，在当前薪酬制度改革背景下，我国上市公司普遍实行管理层货币报酬与企业当期及未来经营绩效相挂钩的薪酬激励制度，其实证结果表明，货币薪酬激励机制会极大地提高企业的风险承担水平，即两者呈正相关关系，且这种正相关关系在不同性质的上市公司间有不同的效果，结果显示在非国有上市公司和成长性较高的上市公司更为显著。

综上，国外学者普遍认为在货币薪酬激励机制下，高管为保护自身固有的收入安全，通常在投资决策行为上表现为风险规避型。但国内学者认为，有效的货币薪酬激励同样能提高高管承担风险的意愿。上述两种大相径庭的结果，主要应归咎于国内外企业管理层不同的薪酬激励机制，相较于以股权激励为主的西方国家，我国当前公司管理层的薪酬激励机制主要以货币报酬等短期薪酬激励机制为主。这种完全不同的高管激励依赖的方式，在很大程度上影响了高管的风险承担意愿。

（二）高管持股与企业风险承担的研究

作为典型的长期薪酬激励方式，股权激励的关键在于通过授予高管股权的方式使管理层的薪酬水平与企业绩效相挂钩，与公司共享利润、共担风险，减少甚至消除高管代理成本，从而促使管理层以公司利益最大化为前提进行公司的生产经营活动。有关股权激励的实施效果，国内外学者存在一定异议。

部分学者认为高管持股与公司风险承担水平呈正相关关系。国外学者 Jensen 和 Meckling（1976）认为授予高管股权的薪酬激励方式使高管薪酬水平直接与公司股价挂钩，这将极大地调动高管承担风险的积极性，以提高公司的经营业绩。Chen 等（1999）发现高管持股与企业风险承担水平呈正相关关系，这为"财富转移假说"提供了有力支撑，随着高管持股比例的增加，高管与股东的利益趋同效应增强，在利益驱使下高管会主动提高公司的风险承担水平，以便更顺畅地将债权人的财富转移给公司股东。国内学者解维敏和唐清泉（2013）研究发现授予高管股权能显著提高公司的风险承担水平，唐清泉和解维敏（2013）支持了上述结论。苏坤（2015）以我国非金融上市公司为样本进行实证研究，深入探讨了高管持股对公司风险承担的内在影响机理，其研究结果表明，授予高管股权有利于高管克服风险规避的倾向，可以加大高管对公司长期经营业绩的重视程度，有利于减少公司代理成本，从而提升公司的风险承担水平。

然而 Smith 和 Stulz（1985）提出高管持股属于线性报酬，在高管薪酬因公司股价上升而增加的同时，其同样要承担由过高的企业风险所导致的企业股价下滑所带来的损失风险。授予高管股权的薪酬激励方式会加强其对企业股价波动的敏感程度，高管出于保护自身薪酬的考虑，可能会倾向于做出保守的投资决策（Core and Guay，1999）。尽管高管持股有利于提高高管对企业长期经营绩效的敏感程度，但这种无法消除股价下滑而增加高管薪酬风险的激励方式反而会导致高管规避高风险项目。Lefebvre 和 Vieider（2013）的研究结果支持了上述结论，他们认为授予高管股权的薪酬激励方式有利于降低过高的企业风险。国内学者周杰和薛有志（2008）通过对高管持股与董事会结构对研发支出投入力度影响的研究分析，认为高管持股与企业的研发支出投入力度存在显著的正相关关系。

有别于上述学者得出的两者呈线性关系的结论，Sugase 等（2007）认为高管所持公司股票的价格与公司的风险承担水平之间并不是简单的线性关系，而是呈倒"U"形关系。当公司授予高管的股权比例较低时，高管可以通过投资高风险项目以提高企业经营绩效，从而提高自身薪酬水平；而随着高管持股比例的不断增加，到达一定程度时，由于高管单一的财富组合，且无法有效分散报酬风险，为降低其自身的报酬风险，高管通常会选择保守型的投资决策。解维敏和唐清泉（2013）的实证研究发现，公司的治理效果会影响企业的风险承担水平，且两者呈正相关关系。外部董事占比的增加会提高企业的风险承担水平，而高管持股比例与企业风险承担水平呈"U"形关系，这意味着高管持股比例只有在一定范围内，才有利于提高公司的风险承担水平。李小荣和张瑞君（2014）认为，高管持股与企业风险承担水平呈倒"U"形关系，当高管的持股比例被控制在某一范围时，随着高管所持股权比例的增加，高管与股东的利益趋同效应逐渐增强，然而当高管持股比例超出某个范围时，持股比例的增加意味着高管控制权的增强，此时由于高管受到的约束减少，容易产生侵占公司资源等壕沟效应。

通过对国内外有关所有权结构、薪酬激励和企业风险承担的文献梳理，我们可以发现国内的家族企业普遍采用"金字塔"控股模式，目前家族企业存在的核心代理问题便是由"金字塔"层级所引发的控股家族的掏空行为，这不仅应归咎于我国家族企业独特的所有权结构，而且与家族企业特殊的制度环境密切相关。通过已有研究可以看出，对于提高公司的风险承担水平，长期薪酬激励发挥着无可替代的作用。然而，目前国内家族企业的薪酬激励机制仍然以固定报酬和绩效奖金等短期薪酬激励为主，这在一定程度上造成了家族企业普遍的投资短视现状，忽视了对周期较长的风险承担项目的投资。国内目前已有关于薪酬激励与企业风险承担关系的研究主要以国有控股企业为主，较少涉及家族企业的高管薪酬激励问题。不同于国有控股企业，家族企业独特的治理模式会如何影响企业薪酬激励机制？在这种背景下薪酬激励是否能发挥有效的激励效应？都值得学者们予以关注。

国内与风险承担相关的研究多数围绕银行等金融机构展开，而少数针对非金融类公司的风险承担研究主要集中在影响风险承担的因素及其所带来的经济后果这两方面，无论在研究范围还是在研究深度上均存在一定的局限性。然而，关于所有权结构这方面的研究，目前在学术界仅有少数几篇文献间接涉及，还没有发现明确地、直接地研究终极所有权结构如何影响家族企业风险承担选择的文献。因此，以中国家族企业为对象，研究其所有权结构、薪酬激励与企业风险承担之间的关系具有很大的价值，同时也有利于我们对家族企业所有权结构和薪酬激励在企业风险承担中所发挥的作用有更深入的认识。

第三章 家族企业内外部所有权结构与绩效的相关文献研究

第一节 "金字塔"股权结构的相关概念界定

我国家族上市公司普遍存在"金字塔"形的股权结构，并且该结构使得终极控制人的控制权与现金流量权发生分离。控制性家族通过"金字塔"结构可以在其集团内各企业中最大限度地获得控制权和管理权，然而这很有可能会引发一系列的委托代理问题。与此同时，对其所控制的企业进行资源调配也可能会引发所有权层面的代理问题，最终使中小股东的利益受到损害。与非家族上市公司相比较，我国家族上市公司内部治理不是很完善，缺乏自我监管机制，因此可能存在更为严重的委托代理现象。

可见，"金字塔"股权结构的存在给我国家族企业的健康发展带来了巨大的困扰。因此，本章将研究对象锁定为包含"金字塔"股权结构的家族上市公司，通过考察我国"金字塔"结构类家族上市公司的股权结构状况，以及其与企业绩效的关系，从而找出家族企业绩效的影响因素，同时也希望通过我们的研究，能够探讨出有利于证券市场和上市公司发展的股权结构，对完善家族上市公司的内部治理和优化企业的股权结构提供一定的指导和借鉴意义。

一、相关概念的界定

（一）"金字塔"股权结构

La Porta 等（1999）指出，若某种股权结构为"金字塔"股权结构时，则必须满足以下两个条件：一是该公司存在终极控制人；二是在终极控制人与最底层公司之间的 10%或 20%的持股比例水平的控制链上，终极控股股东与最底层公司之间至少存在一个公开上市的公司。国内外多数学者接受了 La Porta 等（1999）对"金字塔"股权结构的定义。此后有些学者放宽了 La Porta 等对"金字塔"股权结构定义的条件，他们将控制链条中中间公司为非公开上市公司纳入"金字塔"股权结构的范围中。如图3.1所示，处于中间层级的公司A、公司B等可为非公开上市公司。图3.1便是多数学者所描述的典型的"金字塔"股权结构。

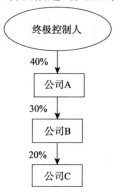

图 3.1　典型的"金字塔"股权结构

　　除了以上两种单一控制链条的"金字塔"股权结构的定义之外，终极控制人还有可能通过较为复杂的多条控制链来实现对最底层公司的控制，并且其中每一条控制链均可被视作一个垂直单一控制链的"金字塔"股权结构，这就形成了多控制链条的"金字塔"股权结构。因此，我们将这三种"金字塔"股权结构下的家族上市公司作为本书的研究对象。衡量企业"金字塔"股权结构的变量主要有控制权、现金流权与两权分离程度。图3.2为多层次、多控制链的"金字塔"股权结构示例图。

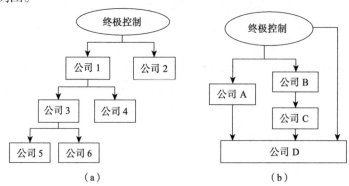

图 3.2　多层次、多控制链的"金字塔"股权结构

　　控制权（control rights）一般是相对于企业的所有权而言的，它是指终极控制人对公司重大事项和决策的表决权与支配权，并不一定对企业拥有所有权，它所

体现的是终极控制人对公司实际控制的能力，包括直接表决权和间接表决权。在计算控制权时，本章采用 La Porta 等（1999）对控制权的计算方法，即终极控制人所拥有的控制权是各控制链条中各层级持股比例最小一层或最小一层之和，即

$$\mathrm{Con} = \sum_{i=1}^{n} \min(\alpha_{i1}, \alpha_{i2}, \cdots, \alpha_{it}),\ \alpha \in (0,1) \tag{3.1}$$

现金流权（cashflow rights）是指终极控股股东按其投入资本占公司总投资额的比例所享有的分享剩余资产或收益的权利，本章同样采用 La Porta 等（1999）方法计算终极控制人的现金流权（将终极控制人与上市公司的每条控制链上的现金流权比例相乘或现金流权比例相乘之和），即

$$\mathrm{Cash} = t = \sum_{i=1}^{n} \prod_{t=1}^{t}(\alpha_{i1}, \alpha_{i2}, \cdots, \alpha_{it}),\ \alpha \in (0,1) \tag{3.2}$$

因终极控制人的控制权大于现金流权而发生的两权分离现象是"金字塔"股权结构的最显著特征。本章在实证研究中将采用 Claessens 等（2000）用控制权与现金流权之比来衡量企业的两权分离程度。由定义可知其值越大，则表示终极控制人以较小的现金流就可以获得上市公司较大的控制权，即两权分离程度大。下面我们将举例说明控制权、现金流权和两权分离度是如何计算的。假设终极控制人直接拥有 A 公司 30% 的股份，B 公司 30% 的股份，同时 A 公司拥有 B 公司 20% 的股份（图 3.3），那么按照前面列示的计算方法，我们可以得出：终极控制人对 B 公司的控制权=min（30%，20%）+30%=50%；终极控制人对 B 公司的现金流权=30%×20%+30%=36%；其两权分离系数=50%/36%≈1.39。

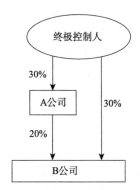

图 3.3　终极控制人控股比例图

（二）股权集中度

股权集中度（concentration ratio of shares）是指公司的全部股东因其持股比例的不同所表现出来的股权相对集中还是分散的数量化指标。该指标是反映企业股权分布状况的核心指标，该指标的取值越大表示企业股权越集中，取值越小表示

企业股权越分散。

衡量企业股权集中度的指标主要有：一是 CR 指数，该指数是最常用的用来衡量企业股权分布的指标。本章使用 CR1、CR5、CR10 来表示企业的第一大股东持股比例，前五大股东持股比例和前十大股东持股比例。如果企业的 CR 值比较大，则表明企业的大股东对该企业的发展前景非常有信心，他们会继续持有股票。如果 CR 值较小，则表明企业的大股东不看好企业未来的发展，他们有可能会减少对该企业股票的持有量。因此，股权集中度指标还可以反映企业未来发展的稳定性。二是赫芬达尔指数（Herfindahl Index），本章将用家族企业前五大股东持股比例的平方和来计算该指数，该指数被认为是在衡量股权集中度方面比 CR 指数更好的代理变量。其优势就在于对股东的持股比例取平方后，能够产生马太效应，即赫芬达尔指数突出了股东持股比例的差距。赫芬达尔指数越大，公司的股权越集中；赫芬达尔指数越小，股权越分散；若该指数的值接近于 1，则表示企业的股权集中在少数股东的手中，股东持股比例的差距就越大。

（三）股权制衡程度

股权制衡程度（也称股权控制程度）是指大股东共同享有公司的控制权，并且通过各大股东的相关利益牵制，使得任何大股东都无法单独决定企业的经营决策，从而达到互相制约、抑制内部人掠夺控制权的股权模式。它用来衡量企业控股股东与外部股东相对实力的强弱，这种模式既能保留股权相对集中的优势，又能有效地防止大股东通过控制权攫取私人收益，从而抑制大股东对上市公司利益的侵害。

股权制衡的计算方法是第一大股东的持股比例与第二、第三、第四、第五大股东持股之和的比值。即 Z5=CR1/（CR5−CR1），该比值越小意味着企业的股权制衡度越高，即第二、第三、第四、第五大股东对第一大股东制衡作用越明显。或者采用 Z10，即第一大股东的持股比例与其他前十大股东持股之和的比值，该比值越大则表明股权制衡度越低，一股独大的现象更加明显。

（四）家族成员所有权集中度的界定

本章对于家族成员所有权集中度这个变量的研究，参考了 Schulze 等（2003）研究家族企业中股权分布状况时，使用的赫芬达尔指数，用 VRD 表示。由于本章所研究的上市家族企业中家族成员和非家族成员都存在持股现象，为了对家族企业中的所有权集中度进行更为精确的测量，本书首先将各家族成员在上市家族企业中所占的股权比例 sh_i 转化为家族成员间的相对比率 vr_i（ $vr_i = sh_i / \sum sh_i$ ），进而再通过赫芬达尔指数进行测量和计算。具体计算公式如式（3.3）所示：

$$VRD = \sum \left(vr_i \right)^2 = \sum \left(sh_i / \sum sh_i \right)^2 \qquad (3.3)$$

VRD 越小，则表明家族成员的所有权集中度越低。

（五）家族内部成员管理权集中度的界定

家族成员管理权集中度（MPD），是基于控制权下的管理权集中度。考虑到企业中不同的职位显然有着不同的影响力，本章引用贺小刚和连燕玲（2009）调查得出的职位等级系数（主要存在 14 种职务类型）来量化管理权。本章根据第 i 位家族成员的任职情况确定其职位等级系数 pos_{i-ij}，再计算出该家族成员的相对管理权 mp_i（ $mp_i = pos_{i-ij} / \sum pos_{i-ij}$ ），最后同样采用赫芬达尔指数进行计算和衡量。具体计算公式如式（3.4）所示：

$$MPD = \sum \left(mp_i\right)^2 = \sum \left(pos_{i-ij} / \sum pos_{i-ij}\right)^2 \qquad （3.4）$$

（六）家族成员权力偏离的界定

PDV 是指家族企业内部现金流权、管理权、投票权这三种权力的偏离程度。不合理的家族企业权力分配容易造成家族企业的内部所有权和管理权不对称现象，使得家族矛盾不断攀升，代理成本也随之增加。因此，有关家族内部成员所有权和管理权对等性这个问题一直是研究重点且其与绩效有着密不可分的关系。本书选取的计算方法是将每位家族成员的相对所有权减去对应的相对管理权，再确定其差值的绝对值并将其加总求和，最后除以总人数计算得出最终结果。具体计算公式如式（3.5）所示：

$$PDV = \sum \left(|vr_i - mp_i|\right)/n \qquad （3.5）$$

（七）直接上市和间接上市

我国家族企业上市主要有直接上市和间接上市两种途径。直接上市是股票市场上最直接、最规范的上市途径，且 2004 年深圳中小板和 2009 年香港创业板的成立无疑为我国正在发展的中小家族企业提供了良好的融资平台，使得直接上市的家族企业数量日益增多。即便如此，我国证券市场本身存在的缺陷和问题使得发行新股时手续多、耗时长、费用高、不确定性大，从而导致部分中小家族企业无法通过发行新股达到上市的目的。

间接上市是指企业通过收购已上市的公司，再对其进行资产重组，从而达到公司上市的目的。它并不需要像发行新股那样经过严格的审批程序，因此该途径具有自主性比较强、耗时短的特点，也成为家族企业实现最终上市的重要途径。但企业在买壳上市前后文化、理念等方面的差异，使得家族企业在未来持续经营中也面临着一些问题。

二、"金字塔"股权结构存在的现象及原因研究

（一）"金字塔"股权结构存在的现象研究

对于"金字塔"股权结构在现代企业内是否普遍存在，国外相关学者们首先在西欧、北美等地区进行了分国别的比较研究，验证了"金字塔"股权结构普遍存在，其次在亚洲等新兴的资本市场国家也得到了证实。La Porta 等（1999）研究了 27 个发达国家中每个国家的 30 个公司的控制链链条，并按单个股东股权是否超过了 20%将公司分为存在终极控股股东的公司和股权分散的大众公司。研究表明，有接近 2/3 的公司存在终极控股股东，并且通过"金字塔"股权结构控制上市公司。Claessens 等（2000）对东亚 9 个国家和地区的 2980 家上市公司做了类似调查，在所有国家和地区中，控制权总是通过"金字塔"股权结构和交叉持股超过企业的现金流量权，有接近 2/3 的公司被单一股东独家控制。研究结果发现，除日本外，平均均有 38.7%的公司属于"金字塔"持股结构。Bianchi 等（1999）通过研究意大利公司的治理结构发现，一半以上的工业行业上市公司存在"金字塔"股权结构。Faccio 和 Lang（2002）以欧洲 13 国 5232 家上市公司为研究对象，研究发现存在"金字塔"股权结构的企业占到了 19%，其中挪威最高，达到了33.9%。Volpin（2002）研究发现，在意大利米兰证券交易所上市的公司中，存在"金字塔"式股权结构的企业超过了 50%。Bertrand 等（2003）通过研究印度企业发现，其家族控制人也利用"金字塔"股权结构使企业的控制权和现金流权分离，从而实现对集团内各企业的超额控制。刘芍佳等（2003）从终极产权的角度研究所有权结构问题，在 930 个调查样本中将近 90%的公司通过"金字塔"结构实现间接控制，而 930 个样本都是由政府控制的。这说明"金字塔"式持股结构在我国国有上市公司中普遍存在。苏启林和朱文（2003）得出，中国家族上市公司存在"金字塔"式股权结构的结论。韩志丽（2007）在研究我国民营上市公司的治理结构的过程中发现，94.51%的民营上市公司采用"金字塔"股权结构。

（二）"金字塔"股权结构存在的原因

为什么"金字塔"股权结构能在全球长期而普遍存在？La Porta 等（1999）认为两权分离使得终极控制人通过隧道行为来侵占社会中小股东的利益，这种现象在投资者保护较弱的国家更严重。Almeida 和 Daniel（2006）得出的结论认为投资者法律保护水平也是"金字塔"股权结构出现的重要原因，并且"金字塔"股权结构在金融市场不繁荣和缺乏对中小投资者保护的国家十分普遍。Johnson等（2000）认为控股股东利用"金字塔"股权结构使控制权与现金流权相互分离，并通过隧道行为来侵占社会投资者的利益。Bae 等（2002）发现韩国企业"金字塔"股权结构中也存在着严重的隧道行为。Bertrand 等（2003）发现印度家族企

业也存在这种现象。Attig 等（2004a）也认为终极控制人的寻租行为是导致"金字塔"股权结构产生的重要原因之一。终极控制人通过控制权获取私人收益的可能性越大，企业采用"金字塔"股权结构的可能性也就越大。

但是，如果终极控制人通过"金字塔"股权结构来侵害中小投资者的利益，为什么那些社会股东还依然看好并愿意投资这些公司呢？Riyanto 和 Toolsema（2008）认为，因为终极控制人的隧道行为和支持行为不会分开，二者紧密地交织在一起，所以才会使"金字塔"股权结构普遍存在于各个国家中。Friedman（1991）认为终极控制人虽然有掏空底层上市公司的动机，但是当底层上市公司发生财务危机时，终极控制人也有实施支持行为的可能性，从而可以保护广大中小投资者的利益，其隧道行为和支持行为是对称存在的。因此，终极控制人的支持行为是社会股东投资于"金字塔"股权结构公司的重要原因。李成（2016）研究发现，我国企业的法定税率、"金字塔"层数、税收规避三者之间存在逻辑关系，这三者的关系也是民营企业选择"金字塔"结构的原因。企业使用的法定税率越高，企业集团"金字塔"结构层数就越多，而层数越多的公司，企业税收规避的概率就越高。

第二节　家族企业内外部所有权结构与企业绩效关系的文献回顾

一、控股家族现金流权比例与企业绩效的研究

国外关于现金流权方面的研究相对较早。Yeh（2005）在对我国台湾地区 404 家上市公司进行实证研究时，也得出类似的结论，即当控股股东掌握较高的现金流权时，对企业绩效会产生激励作用；反之，则会造成负面壁垒效应的增加。

在国外研究的基础上，现金流权理论在我国也得到不断发展。许永斌和彭白颖（2007）研究了上海与深圳的民营企业，选取了 2007 年度 238 个样本进行实验检验，得出正相关的结论。但是，谷祺等（2006）对 121 家上市家族企业进行实证研究，得出现金流权和公司价值之间存在负相关关系，并进一步提出该现象可能与各控股股东的"掠夺性分红"有密切关系。

二、控股家族两权分离程度与企业绩效的研究

现金流权与控制权的比例及其分离程度是公司组织架构和治理结构的最重要构成要素，最终会对企业的行为和绩效产生重大的影响。

国外学者认为两权分离的情况下，容易在企业投资项目、规模扩张及控制权转移等方面出现巨大的代理成本，其中不乏出现因掠取控制权而对中小股东进行利益侵害的现象（Morek and Yeung，2004）。Claessens 等（2002）以 100 多家东亚上市公司为研究对象进行企业绩效的实证研究，发现两权分离程度与上市公司价值之间呈现负相关关系。Brenner 和 Schwalbach（2009）持相同的观点，发现现金流权和控制权的分离度越大，越会导致更多的负债融资，从而使公司的破产风险急剧上升，公司价值则呈下滑趋势。Cronqvist 和 Nilsson（2003）研究得出，控制性家族通过"金字塔"股权结构攫取控制权私人收益，企业价值随之降低。Attig 等（2004b）指出"金字塔"持股结构既有可能降低企业的价值，也有可能提高企业的价值。

Claessens 等（2002）研究为国内其他学者拓展了关于"现金流权与控制权分离"的相关研究领域。在对家族上市公司股利政策的研究中，得出我国家族上市公司两权分离程度普遍较高（邓建平和曾勇，2005）。控制权收益产生的根本原因在于现金流权与控制权的偏离，林峰国和郭葆春（2005）进一步对控股股东与中小股东的契约进行博弈分析，提出有效的政府监管、较高的股东掠夺经济成本和法律风险是抑制控制权收益、保护相关利益者的主要措施。"金字塔"持股和交叉持股是两权分离的两种基本形式，并且为大股东侵害中小股东提供了更为强烈的动机（徐晋等，2005）。在控制权和现金流权分离的条件下，家族终极控股股东对高现金持有量水平的偏好则成为其侵害中小股东及其他利益相关者的动机（沈艺峰等，2008）。根据两权分离程度与投资之间的关系，进一步分析与企业绩效的关系。程仲鸣（2011）分析了控制权和现金流权分离对投资效率的影响机制，研究得出两权分离会在很大程度上对公司投资效率产生双向影响，但其并未进一步分析所引起的非效率投资类型。潘清和李猛（2011）则主要针对上市公司的投资行为来分析其与两权分离程度之间的关系。研究结果发现，投资不足所引起的非效率投资普遍存在于样本公司中，且上市公司的投资缺口会随着大股东的两权分离程度不断扩大而有所缓解。

国内学者对于两权分离度与企业绩效的关系持不同的观点。苏启林和朱文（2003）通过实证分析得出控制权和现金流权的分离系数与企业实际价值之间呈负相关关系，并进一步指出家族上市公司的控制性与外部股东的代理冲突尤为严重。宁宇新和柯大钢（2005）认为，较高的现金流权会降低终极控制人对上市公司的侵害，有助于与社会中小股东之间的利益趋同，从而产生激励效应。而高度控制权会增强终极控制人对公司的侵占能力，这种侵占能力也会随着两权分离程度的加深而越来越高，最终导致公司价值越来越低。许永斌和彭白颖（2007）发现我国民营上市公司终极控制人的控制权比例较高，并且控制权与现金流权存在偏离现象，得出终极控股股东的控制权与现金流权的偏离程度与公司业绩显著负相关，现金流权与公司业绩显著正相关的结论。杨淑娥和苏坤（2009）研究表明，现金流权对公司具有激励效应，控制权与现金流权的偏离对公司具有堑壕效应，研究还发现，随着现金流权的提高，堑壕效应会显著降低。然而，孙健（2008a）则研究了不同性质的终极控制权往往导致不同程度的两权偏离度，并且若为民营性终极控制权时，则两权偏离度与超额现金持有水平显著正相关。进而，邹平和付莹（2007）通过对资本结构、企业价值等的回归分析发现，绩效与现金流权之间显著正相关，而与控制权比例显著负相关，并得出若我国上市公司最终控制人的控制权保持较高水平，则两权分离的程度也相应增加。朱松（2006）的研究结果表明，企业价值与控制权呈正"U"形的非线性关系，而与两权分离度关系不显著。马忠（2007）研究认为，在"金字塔"股权结构的企业中，最终控制权在30%~50%时，控股股东对上市公司和中小股东的利益掠夺行为最明显。

三、股权结构与企业绩效的研究

目前在公司治理研究领域中，主要热点问题集中于股权结构及其对公司业绩的影响。股权结构的迥异直接影响了上市公司的业绩，因此在对股权结构与企业业绩关系的研究中，多个大股东股权结构成为目前研究的主要突破点。对于股权分散型企业来说，因为小股东与职业经理人之间常常会因各自的利益诉求而产生委托代理冲突，所以公司财务研究领域关注的重点就主要集中于股权结构是否能有效提高公司的治理效率上。

（一）股权集中度与企业绩效的研究

国内外对股权集中度与企业绩效研究的结果尚没有得出一致的结论，目前主要有正相关、负相关、非线性关系和不相关等四种结论，下面将对这四种结论展开综述。

1. 股权集中度与企业绩效正相关

Berle 和 Means（1932）认为股权集中度与企业绩效正相关。Grossman 和 Hart（1986）也认为相对集中的股权结构对企业发挥其监督和激励机制更有利，分散的股权结构不利于对企业经理人员的监督。Cubbin 和 Leech（1983）对英国企业研究后发现，相对集中的股权结构有利于企业绩效的提升。Zeckhouser 和 Pound（2009）研究发现，在容易受到监管的行业中，公司市盈率与股权集中度正相关。Pedersen 和 Thomsen（2003）对欧洲 12 个国家共 435 个样本研究后发现，股权集中度与企业的资产收益率正相关。刘祺阳（2018）研究发现，在中小板及创业板样本公司中，股权集中度与公司绩效显著正相关，且内部控制在其中起着部分中介作用。姚贝贝和林爱梅（2018）、王丹和彭晨宸（2018）的研究结果也说明股权集中度与企业绩效正相关。

2. 股权集中度与企业绩效负相关

刘国亮和王加胜（2000）研究发现，公司绩效与股权结构的分散性正相关。李成和秦旭（2008）以我国前十大上市银行 2007 年的数据为研究样本，发现上市银行的股权集中度与绩效显著负相关。李刚和侯晓红（2015）发现股东的控制权超过现金流权的程度越高、转移资源越多，就越会导致公司价值下降。当两权分离程度越高时，对于外部投资者保护制度的约束作用更加明显，而对公司内部盈利水平的制约作用却在下降。

3. 股权集中度与企业绩效存在非线性关系

McConndll 和 Servaes（1990）将企业价值视为其股权结构的函数，研究发现托宾 Q 与股权结构之间呈现倒"U"形的关系。Shleifer 和 Vishny（1994）实证研究后得出企业的托宾 Q 与大股东持股比例之间存在"N"形关系，大股东持股比例在区间（0，5%]、（5%，25%]、（25%，100%]内，企业价值与大股东持股比例之间分别呈现正相关、负相关、正相关关系。Cho（1998）研究发现，企业价值与内部股东持股比例以 7% 和 38% 为拐点，分别呈现正相关、负相关、正相关的相关关系。孙永祥和黄祖辉（1999）以 1998 年底沪深 A 股上市的 503 家公司为样本，以托宾 Q 为绩效衡量指标，研究得出股权集中度与企业绩效之间存在微弱的倒"U"形关系。熊风华和黄俊（2016）认为，股权集中度与公司绩效呈左低右高的"U"形关系，在一定范围内股权集中度的提高有利于企业的绩效增加，但如果继续上升也可能导致其对中小股东利益的侵害。苑德军和郭春丽（2005）分别以净资产收益率反映企业财务绩效，以托宾 Q 反映企业市场绩效来研究股权集中度与上市公司绩效关系，研究结果发现其企业绩效均与第一大股东持股比例呈"U"形关系。丁寅寅（2017）以中小板 688 家上市公司为研究样本，发现股权集中度与公司绩效呈显著的非线性关系。郑毅等（2016）则认为二者之间存在倒"U"形关系。

4. 股权集中度与企业绩效不存在相关关系

Mehran（1995）研究发现股权结构、资产收益率、托宾 Q 三者并没有相关关系。Holderness 和 Sheehan（2003）对不同股权集中度下上市公司的业绩进行对比后发现，反映企业价值指标的会计利润率和托宾 Q 值之间并无明显差异，由此得出股权集中度与公司业绩不相关的结论。Demsetz 和 Villalonga（2001）以美国 233 家大公司为样本，研究后发现股权结构是内生的，并且与企业业绩之间不存在显著相关关系。朱武祥和宋勇（2001）以 8 年的数据为研究样本，实证检验后得出家电行业的股权结构与企业价值之间并不存在相关关系。谷祺和于东智（2001）

通过对 1999 年底 923 家 A 股上市公司的数据进行研究后发现，股权集中度与企业绩效的相关性不明显。唐睿明（2005）对 2002 年在沪深 A 股上市的 121 家家族上市公司研究后表明，家族上市公司即使股权集中度较低，控股股东也不会以公司的价值最大化为最终目标；而在股权集中度较高时，中小股东也不存在利益冲突的情况。

（二）股权制衡与企业绩效的研究

国外学者通过大量实证研究，发现多个大股东的股权制衡具有普遍性和稳定性，该类上市企业占样本总数的 37.5%。Bennedsen 和 Wolfenzon（2000）认为，上市公司的创建人更倾向于在封闭型的企业结构中选择多个大股东的股权结构。此外，部分国外学者以芬兰的上市公司为研究对象，得出的结论是上市公司若采用股权制衡策略，其年终绩效往往会高于非制衡型公司。

国内多数学者认为多个大股东间的股权制衡有助于更好、更快地提升企业价值。陈信元和汪辉（2004）在对 2001 年上市公司的实证调查中也得到类似的结论。徐莉萍等（2006）指出在面对一股独大、各利益相关者之间缺乏相互制约和监督机制的情形时，企业的中小股东利益容易遭受控股股东的侵害；反之，若出现持股比例牵制，则企业价值也将随之攀升。贾钢和李婉丽（2008）的研究成果表明多个大股东间的股权制衡有助于更好、更快地提升企业价值，保护小股东的基本利益。佟岩和陈莎莎（2010）首先以 2004~2006 年的上市公司为样本，以股权制衡、一股独大为分类标准对样本数据进行研究，发现采用股权制衡的上市公司在经营业绩、企业文化等企业价值方面明显高于一股独大的公司。吕怀立和李婉丽（2011）则进一步指出，多个大股东间的相互制约和监督可以有效防止控股股东侵占其他中小股东利益的现象发生，并且有助于提升公司的经营绩效。陈德萍和陈永圣（2011）的研究也表明，股权制衡从根本上有助于企业绩效的改善。李婧和贺小刚（2012）收集了 2004~2008 年制造型企业的面板数据，通过划分企业所有制性质、检测股权集中度等方法来反映其各自对企业创新绩效的影响作用。研究结果显示，在各类所有制企业中股权集中度对企业创新绩效的影响程度各不相同，家族企业中的股权集中度越高则对企业创新投入的阻碍作用越大。蒋弘和刘星（2012）在对上市企业并购行为的研究中发现，若控股股东与企业高管进行协同管理，则企业内部的股权制衡度相对较高；而在整个并购过程中，高管所能得到的控制权私有收益则相对较少，最终可以起到提升公司并购绩效的作用。

然而在对股权制衡是否能提高企业绩效的问题上，国内学者尚未形成统一的结论。部分国内学者对股权制衡能有效改善公司业绩持反面观点。例如，赵景文和于增彪（2005）通过对上百家上市企业的实证研究后得出，若企业存在一股独大现象，则该企业业绩表现优于股权制衡的企业。朱红军和汪辉（2004）研究指出，在企业经营效率方面，股权制衡型企业并不比一股独大型企业更有效率，这也从侧面表明了在提高我国民营上市公司的治理效率问题上，实施股权制衡不一定就能起到改善作用。

此外，还有学者提出了倒"U"形的观点。例如，冯根福和温军（2008）实证分析了国内 343 家公司，发现一定程度上的股权集中可以更好地提高企业创新绩效且两者呈现倒"U"形关系。

四、上市方式与企业绩效的研究

Mishra 等（2001）以挪威 120 家直接上市和间接上市的家族企业对比研究，得出了家族企业通过间接上市的绩效比通过直接上市的绩效要低。原因是直接上市的家族企业经理人更有能力将与控制权和现金流权有关的风险降到最低。Anderson 和 Fraser（2000）研究认为直接上市的公司是一种有效率的企业组织形式，因为在企业和行业特征限定之后，通过发行新股直接上市的家族企业在市场业绩和会计业绩方面都比间接上市的家族企业好。王化成（2006）研究我国民营上市公司"金字塔"股权结构与公司绩效时，将样本分为创始家族控制的民营上市公司和非创始家族控制的民营上市公司两大类，研究结果表明这两类不同上市途径的民营上市公司的"金字塔"形股权结构与公司价值关联性有所不同，其在企业行为与价值上也均存在显著差异。许永斌和郑金芳（2007）在研究企业的控制权特征与公司绩效的关系时，认为上市公司的绩效会因其控制权取得途径的不同而产生差异。通过直接上市方式取得控制权的企业绩效要优于通过买壳上市等间接方式取得控制权的企业绩效。

五、家族成员所有权集中度与企业绩效的研究

总的来说，目前家族企业的所有权大致可以分为如下三种模式，即集中于创业者、与兄弟姐妹分享、与表亲及其他加入的准家族成员进行分享。国外很多学者认为所有权的分配在一定程度上可解决家族成员心理上的不平等问题，即较低的所有权集中度对企业绩效产生有利的影响。但 Schulze 等（2003）的观点是家族内部的矛盾问题和代理现象等必然会随家族成员所有权的分配而随之增加，并进一步指出，所有权越分散，获得家族成员对重要决策支持的难度就越大，对企业绩效的影响越不利。

现已初具规模的中国家族企业大多已从仅由业主及其核心家族成员控制的治理模式转变为由一个复杂的家族联盟控制的治理模式（贺小刚和连燕玲，2009）。李维安和武立东（2002）认为家族企业中所有权和管理权是两权合一的，家族内部成员除了持有高度的所有权外，还掌握着绝对比例的管理权。有部分学者认为

所有权集中度越高，越可以促进企业绩效的提升。例如，周立新和黄洁（2012）认为，通过让家族成员持有家族企业中的较高所有权，从而使其感觉到对企业财富享有法定的索取权，这可以在一定程度上缓解家族企业内部成员间的冲突和斗争。但是也有部分学者持反对意见。例如，贺小刚和李新春（2003）对过度集中所有权所引发的一系列问题进行了详细的阐述和分析，研究指出所有权的过度集中不仅容易诱发自我控制问题，使家族成员做出损人不利己的行为，而且会使其他无权力的家族成员产生搭便车的想法，从而放弃对企业的精心管理和生产性投资，久而久之则会使家族矛盾日益激化。

六、家族内部成员管理权集中度与企业绩效的研究

从很多个案和相关文献中可以得出，为加大对整个家族企业的管理，家族企业的领导者通常会担任企业管理人员，而关于该行为是否会提高企业绩效，一直在学术界存在争议。

部分国外学者认为管理权集中度对企业的绩效具有积极的促进作用。Davis等（2001）指出，如果缺少家族权威的家族成员来制定战略，就会产生严重的决策冲突和家族不稳定现象。Upton 等（2001）认为，随着家族成员更多地参与企业决策过程，更多不同的观点也得以形成，信息资源得到充分利用，企业未来的发展方向和走势更能让家族成员了解和接受，这对于企业战略施行效率的提高和目标的实现具有极大的促进作用。Burkart 等（2003）认为，若职业经理人在实际管理过程中表现出优于继承者的能力时，则很有可能引发被取代的风险，不利于企业发展。Miller 和 Le Breton-Miller（2006）发现家族传承式管理可以充分发挥家族内部使命感，更容易使整个团队为达成一致的利益目标而为之奋斗，因此管理权集中度对企业的绩效具有积极促进作用。

部分国外学者持相反的观点。由于职业经理人主要接受的是更为先进的管理理论和方法，因此某些管理理念或实际方法可能与家族成员的传统理念形成碰撞，这容易形成家族管理人员挤兑优秀职业经理人的现象，从而使得职业经理人在发挥自己才能的过程中束手束脚，进而难以实现家族企业向更高台阶迈进的战略，如 Chrisman 等（2002）的观点进一步支持了这种过度集中的权力配置模式将对企业产生消极的影响，不利于企业的发展。

国内学者李维安和武立东（2002）认为，家族企业内部成员除了持有较大比例的所有权之外，也持有绝对比例的管理权，高度的管理权集中度有利于企业绩效的提升。此外，栗战书（2003）基于所有权条件下偏重管理权会对家族企业的绩效产生影响，给出了家族企业的定义，并且认为高度集中的管理权会促进企业发展。

七、家族成员的权力偏离与企业绩效的研究

国外学者 Mark 和 Li（2001）认为不合理的家族企业权力分配容易造成家族企业内部所有权和管理权不对称的现象。具体来说，如果两权集中程度过于偏向所有权，即家族成员拥有较高的所有权和较少的管理权时，容易诱发该类成员过分着眼于追求控制权收益而全然不顾企业的整体利益；反之，若过于偏向企业的管理权时，则家族内部易产生争权夺位的现象，在追求自我效用最大化的同时也极大地损害了公司价值。国内学者贺小刚和连燕玲（2009）在其研究成果中指出，上市家族企业内部存在的所有权与管理权差距和企业价值创造之间存在比较显著的线性关系。李新春等（2008）认为民营家族企业中内部成员的所有权与管理权的偏离往往会对家族上市公司的绩效产生负面作用。然而他们的结论主要来自对单个家族上市公司的探讨，而未深入到家族企业集团的整体运作，即没有对调研对象进行细分，从而对上市公司是否属于某一家族企业集团的下属子公司这一情况欠缺考虑。

自从 La Porta 等（1999）提出"金字塔"股权结构以来，围绕着"金字塔"股权结构的研究不断展开，并且国内外学者已经通过理论和经验数据表明了"金字塔"股权结构的普遍存在性及存在的原因，并且论证了"金字塔"股权结构下终极控制人尽管对上市公司有隧道行为，但在公司发生困难的情况下会对公司给予支持，从而在一定程度上影响了企业绩效。在股权结构方面，主要是从股权集中度和股权制衡程度出发，分别研究其与企业绩效的关系，但无论是从股权集中度还是从股权制衡程度，或者是从所有权结构研究，都尚未得出较为一致的结论。通过比较发现，造成目前研究结论不一致的原因主要有以下几个方面：①研究样本的差异。实证研究的结果在很大程度上取决于样本的选择，样本选择不同有可能导致各研究之间缺乏可比性，最终导致得出的结论也不同。②控制变量的差异。控制变量选择的不同有可能导致实证研究中关键变量的缺失，进而有可能对研究结果产生影响。③企业绩效指标选择的差异。目前实证分析中反映企业绩效的指标主要有财务绩效指标和市场绩效指标，并且多数研究都以资产收益率等财务绩效指标作为绩效的代理变量，市场绩效指标主要有市盈率、托宾 Q、经济增加值等，这两大类指标之间具有很大差别，因此可能会造成研究结果的差异。④股东的差异。不同控股股东在投资策略、知识背景等方面存在差异，因此有可能对企业绩效产生影响。

"金字塔"股权结构在我国资本市场非常普遍，尤其普遍存在于家族上市公司中。在这种情况下，国内学者开始普遍关注家族上市公司的"金字塔"股权结构，但是国内学者主要围绕企业控制权、现金流权及产生的两权分离现象与企业绩效、企业价值、现金股利的关系进行研究，其实"金字塔"股权结构是一种特

殊的股权结构，我们有必要将衡量一般企业股权结构的变量纳入研究范围，以更加全面地研究家族上市公司的"金字塔"股权结构与企业绩效的关系。朱武祥等（2001）指出，对于我国上市公司与企业绩效的关系需要进行小样本研究，以便了解股权结构背后提升企业绩效的动力，而目前研究偏向于将国有上市公司、民营上市公司整体作为研究对象，或者将其按上市途径或者行业进行区分，本章将具有"金字塔"股权结构的家族上市公司从家族企业中独立出来单独进行研究，这样很有可能得出不一样的结论，同时能够提供一些具有针对性的改进建议。现有对于家族企业的研究文献相对较少，其中国外文献大多以全部的上市公司为研究对象，因而所得结论未必适合其中的上市家族企业，另外国内的家族企业研究也较少地将其作为独立的研究对象。基于此，在对家族企业所有权结构与绩效关系的研究方面，目前还有较大的空间。同时，现有绝大部分文献（除特别说明外）中提到的家族所有权结构都是指家族外部的所有权结构，即家族股东与外部非家族股东间的所有权配置结构。家族外部所有权结构问题的研究文献可以划分为三个分支：①家族集中所有权结构的普遍性及其由来；②所有权与控制权普遍分离背景下控股家族的治理行为；③多个大股东结构对控股家族侵占行为的制衡作用。

　　近年来，国内外围绕家族内部所有权结构——家族所有权在家族成员间的配置结构如何影响家族企业内部的治理效率问题展开了探索性研究，并取得了初步研究成果。理论上，一方面，国外学者 Thaler 和 Shefrin（1981）认为所有权过度集中于极个别家族成员会对家族企业的治理效率产生负面影响。因为过度集中的所有权结构容易导致自我控制问题（王明琳和周生春，2006），助长不持有（或持有极少数）所有权的家族成员的搭便车行为和非生产性活动（Schulze et al., 2003），激发或恶化家族成员内部的矛盾和冲突（Schulze et al., 2003）。另一方面，所有权过度分散也会为家族企业的管理带来较多问题，因为过于平均的所有权结构会严重影响企业的经营决策效率及其执行力，也会导致家族成员间为了争夺有限的资源而出现激烈的权力斗争和大量非生产性活动。因此，家族所有权在不同家族成员间的适度集中安排，可以在一定程度上解决家族成员内部的代理冲突问题（Miller et al., 2011；贺小刚等，2011）。除了家族所有权分配之外，家族企业不得不面对的另一个重要问题就是家族成员参与企业经营管理的问题。王明琳和周生春（2006）、许永斌和郑金芳（2007）、贺小刚等（2011）等实证研究了家族上市公司，均发现家族内部的管理权集中度会影响到家族企业的治理效率，进而影响家族企业的经营绩效和价值。基于此，又有一大批学者进一步研究了所有权与管理权不同匹配情况下，家族企业的治理效率发生的不同变化。Mark 和 Li（2001）认为，所有权和管理权的过多偏离会造成家族成员内部凝聚力急剧下降、各类冲突日益增多、对企业战略目标产生分歧，从而容易导致家族成员把主要精力集中在内部权力的争夺上。贺小刚和连燕玲（2009）、贺小刚等（2011）

实证检验了中国家族上市公司中家族成员普遍存在的所有权与管理权偏离现象，且这种偏离导致了不可忽视的家族冲突与代理问题。

综上所述，本书在进行相关文献梳理后认为，虽然国内外学者已对家族企业所有权结构与企业绩效的关系进行了不同角度和层次的研究，并且得到了许多重要的结论和建设性意见，但其中仍有一些值得深究和探讨之处：第一，在家族企业所有权结构方面的文献中，把家族企业的内外部所有权结合与绩效进行研究的极少。现存的文献大多只考虑了部分变量对于企业绩效的影响，忽视了内外部所有权的综合性，导致存在片面之处。第二，在家族企业的研究结论方面，学者和专家对于家族企业所有权结构中的六个方面，即现金流权、两权分离度、股权制衡度、家族内部所有权集中度、管理权集中度、权力偏离度与绩效之间的影响还未形成一致的结论，因此还有研究的空间和价值。此外，还没有学者对内外部所有权集中度的交互、内外部管理权集中度的交互、内外部两权偏离度的交互进行系统的分析和讨论。因此，本书试图从以上九个方面进行深入展开，以丰富现有家族企业所有权结构与企业绩效的研究成果，这对理论和实践有着重要的指导价值。

第四章 家族控制性因素与企业绩效的相关文献研究

家族企业在世界经济中占有重要的地位，将其作为一个独立的学术问题进行研究是从 20 世纪 90 年代开始的。研究者相信家族企业具有不同于非家族企业的独特性，于是将其区分出来进行单独研究。但目前对家族企业的研究多只是简单地探讨家族企业独有的企业特征及与非家族企业相比较所具有的优势或劣势，而没有建立家族企业的具体特征与企业绩效的联系。Habbershon 和 Williams（1999）引入资源观的理论框架对家族企业领域进行研究，并提出"家族性"这一概念来构建家族企业的资源观理论。之后，很多的研究者在此基础上做了进一步的研究和讨论。

第一节 家族控制性因素的相关研究

家族性因素是指由于家族涉入，在企业的发展过程中所形成的潜在的家族企业区别于其他企业的特征，是家族企业以血缘、姻缘、地缘为纽带，且基于家族参与和相互作用而形成的独特的、不可分的、相互依存的特殊资源与能力。它通过企业实体、家族和个人的行为而对家族企业产生影响。正是这些不同于其他类型企业的资源基础，产生了家族企业的独特优势和劣势，进而影响了企业的价值创造。当然，这些家族控制性因素并不是在任何情境下都能形成竞争优势，而是取决于家族如何进行决策、如何确定其组织结构（Chrisman et al., 2002），还依赖于复杂的社会、文化和经济环境等外部因素（Chrisman et al., 2003）。如果家族企业不能有效地管理和利用这些家族性资源与能力，这类资源和能力就有可能阻碍家族企业的发展，从而成为束缚性因素。

　　20 世纪 90 年代中期以前，对于家族企业的特征，研究者往往从家族参与的角度来理解（Handler, 1989a; Astrachan and Shanker, 2003），而 Churchill 和 Hatten（1987）的研究不同，他们认为除家族在企业所有权和企业管理权等方面的参与之外，对家族参与的理解还应包括家族内部的继承这一角度。这一理解考虑到了家族影响的代际传承，相对比家族参与的理解来说更为全面，但是它仍然没有摆脱从家族参与的角度来理解家族企业特征的各种局限性。Habbershon 等（2003）认为家族性因素来源于系统的协同作用，将家族性区分为独特的家族性和束缚性的家族性，并进一步明晰了家族性的概念，指出了家族控制性因素与企业绩效的逻辑关系。他提出利用组织导向、市场导向、战略导向、学习导向、交流导向和创业导向这个维度来测量综合性的家族性影响因素。Chrisman 等（2005）认为可以从三个维度来测量家族性的影响因素，分别是权力、经验和文化。比如，权力可以影响企业财务资源的获取；经验可以带来因之前的努力而产生的位势资源；文化则可以带来诸如共享价值、愿景等资源，所有这些资源结合起来可以产生知识和技能的功能性资源。李新春和刘莉（2008）结合家族涉入和战略导向的研究，探讨了中国情境下的市场导向、学习导向、组织导向、交流导向和战略导向维度的家族性影响因素的界定与测量，并实证研究其与企业决策质量的关系。Westhead 等（1998）对先前研究所使用的家族定义进行概括，认为家族企业的家族控制性因素主要分为类家族参与、家族所有、家族管理、代际所有权传递及多重情况。就每个定义进行分析，实质上都是家族参与的不同组合而已。张正峰（2005）认为家族控制性因素也就是家族性资源，是家族企业本质的重要组成部分，是构成家族企业竞争优势的重要源泉。他分别从信任、家长权威、两权集中制、差序格局等文化方面的影响因素来讨论家族企业。他认为家族控制性因素的核心要素便是基于家族性的信任。

　　方玲玉（2010）在家族理性视角下研究家族企业的内涵及特点，认为家族企业的本质应当包括家族愿景、追求愿景的意图及潜在的在家族内部代代相传的愿望。她认为家族所有并经营、家长式权威主导、家族内部传承是家族企业在组织结构方面的三大特征，而以家族理性为行事准则、以家族整体及长远利益最大化为价值取向、以家族愿景和意图为其文化内核是家族企业运行机制的三大特点。Dyer 和 Mortensen（2005）认为，家族企业文化在家族企业生命的延续过程中发挥着极为重要的作用。他们归纳出四种家族企业文化范式，即家长式文化、自由放任式文化、参与式文化、专业式文化。在这四种企业文化类型中，家长式文化范式是家族企业最为普遍的文化范式。Carney（2005）从家族对企业治理的影响从而形成企业的竞争优势或劣势角度来讨论企业的家族性特点。他研究指出，家族企业的治理具有节俭主义、人本主义及特殊主义的特点，这便是家族企业治理的优势来源。同时，Carney 还指出家族企业由于风险资本或公共融资的进入，可能超越它原本的管理劣势成长为大规模企业，但前提是它们具有能够保持独特的家族性因素的有用机制。总之 Carney 认为，由于独特的"节俭主义、人本主义及特殊主义"，家族企业能产生效率、社会资本及机会主义投资方面的竞争优势，但是仅在特定的情境中才能实现。Ensley 和 Pearson（2005）从高层管理团队的行为进行研究，认为家族影响主要体现为高层管理团队是否受家族企业制思想与行为的影响，即家族性因素。而家族性因素将影响家族企业的战略决定，并影响企业绩效。

第二节　家族控制性因素与家族企业绩效的关系研究

Stafford 等（1999）认为可持续发展是同时获得企业成功和家族成功的一个重要因素。由此，Olson 等（2003）建立了家族企业可持续发展模型。他们认为家族企业的绩效既包括企业的成功，也包括家族的成功。他们提出整个家族成员和企业的行为不仅会作用于各自业绩，也会对对方的绩效表现有所影响。Davidsson 和 Honig（2003）从家族利益和企业利益两个维度，以及运用情感满意表现、钱袋表现、情感及财务资本情况三个指标来对家族企业的绩效进行分类，如表 4.1 所示。位于第 1 象限的家族企业，家族内部关系和谐并且企业业绩表现较好，是所有家族企业所追求的目标；位于第 2 象限的家族企业，家族内部关系并不和谐但企业业绩表现优良，目前相当一部分规模较大的家族企业均存在该种现象；位于第 3 象限的家族企业，家族内部关系和谐但是企业业绩一般，创业初期的家族企业一般如此；位于第 4 象限的家族企业，家族内部关系不和谐并且企业业绩表现较差，属于失败的家族企业。

表 4.1　家族利益和企业利益模型

项目		家族利益	
	关系	正	负
企业利益	正	1. 情感满意 钱袋殷实 拥有高情感和高财务资本	2. 情感不满 钱袋殷实 拥有低情感和高财务资本
	负	3. 情感满意 钱袋空空 拥有高情感和低财务资本	4. 情感不满 钱袋空空 拥有低情感和低财务资本

资源基础观认为，企业的竞争优势来源于那些具有价值的、稀缺的、难以模仿和替代的独特资源与能力。当然，这些家族控制性因素并不是在任何情境下都

能形成竞争优势，而是取决于家族如何进行决策、如何确定其组织结构，还依赖于复杂的社会、文化和经济环境等外界因素。家族性这个概念似乎难以捕捉，实质上它是一个整体概念，它可以使家族系统和企业系统相互作用并可能带来竞争优势的提升。

国外学者对家族企业及其治理结构与企业绩效之间关系问题的研究大多集中于 20 世纪 90 年代以后，学者们普遍认为决定家族企业绩效的因素主要是产业、企业特征、治理结构、管理特征和企业创始人的个人特征。在我国也有一些学者对该领域进行了有益的探索，主要就家族企业股权结构、董事会、领导权结构、债务融资及契约治理和关系治理与企业绩效的关系进行了相关探讨。其中，周生春和王明琳（2006）的研究表明，通过控制者是否同时兼任董事长和总经理来判断企业主权威是否能够提升企业的市场价值。不过，对家长权威的强化也会对家族企业的发展产生消极的制约作用。李新春和刘莉（2008）结合家族涉入和战略导向的研究，把家族控制性因素分为市场导向、学习导向、组织导向、交流导向和战略导向多个维度来研究其与家族企业的关系。他们认为市场信息在成员中的共享程度越高，企业决策质量越高；企业越提倡学习，其决策质量越高；家族企业越倡导建立柔性的治理模式，企业战略决策质量越高；家族企业的企业愿景在成员中的共享程度越高，决策质量越高；而成员之间的沟通交流、密切关系等只有和市场维度、组织维度、学习维度及战略维度相结合时才能对企业产生竞争优势，企业的决策质量也就越高。Habbershon 等（2003）认为家族特性既有可能成为企业特有战略资源的来源，也可能成为阻碍企业资源获取的障碍。他们运用比较案例分析法，通过对在其行业占有领导地位的四家家族企业进行深度访谈，并结合大量的战略管理文献构建了一个评估家族性因素对企业创新能力影响的模型。他们描述的"家族控制性因素"是所有家族控制性因素的集合，既有积极的因素又有消极的因素。通过组织导向、市场导向、战略导向、学习导向、交流导向和创业导向这六个维度来研究家族性因素对企业绩效的影响，如图 4.1 所示。家族性因素是研究家族成员个人、家族与企业三个系统的协同作用如何对企业绩效产生影响的因素。Habbershon 探索性地提出以三个系统的行为特征为中介变量来建立家族控制性因素与企业绩效的联系，从而促进了家族企业研究的发展。

家族企业的绩效一直是研究者们关注的问题，但是通过文献研究发现，以往对企业绩效的研究大多忽视了家族性因素对企业绩效的影响（Olson et al., 2003），而且大多数研究仅把家族企业的经济指标作为因变量，如 Mustakallio 等（2002）。虽然也有研究提出了家族企业的可持续发展是企业成功和家族成功的函数这一观点（Stafford et al., 1999；Olson et al., 2003），以及利用家族利益和企业利益两

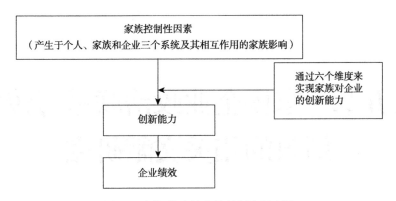

图 4.1　创新能力的家族性研究模型图

维指标来对企业的绩效表现进行区分，但是把企业成功和家族成功结合在一起来作为指标的实证研究却很少看到。事实上，绩效从本质上来说就应该是多目标的，多目标测量对绩效测量非常重要。特别是家族企业，更需要采用包括非经济因素在内的多目标指标。截至目前，国内还没有出现对家族企业的绩效应用企业成功和家族成功作为效标来进行实证研究的文献。

第五章　家族企业政治联系与传承绩效的相关文献研究

第一节　政治联系的相关研究

一、企业政治联系的定义及表现形式

对于企业政治联系这一领域的研究，西方学者早在 20 世纪 70 年代就已经着手进行，但仍未形成一个公认的定义。我国学术界涉及这个领域的时间较晚，但通过整理文献不难发现，大部分学者在界定政治联系时都会包括以下几点：企业积极利用合法手段主动联系并获得（Faccio et al.，2006；曲红宝，2018）；公司董事会或高层成员曾参与政府工作（Fan et al.，2007；刘林，2018）；企业政治联系很有可能为企业创造价值（Faccio et al.，2006；Fan et al.，2007；张奇峰等，2017）。

企业政治联系大致表现为企业高层人员与政府机构的良性互动关系，这具有高度普遍性，其表现形式受国家制度环境和区域政治环境的影响，目前学者们将其概括为以下几种形式：企业与重要政治人物频繁地私交（Fisman，2001；Johnson and Mitton，2003）、政治人物当选企业高层并参与企业管理（Faccio et al.，2006）、企业主动参与政府机构竞选或主动参与政治捐助（Claessens et al.，2008；吴文锋等，2008）。目前中国民营企业政治联系主要有以下三种表现形式：聘用前政府官员在公司担任高层领导、前政府官员自己创办公司、民营企业家当选人大代表或政协委员。邓建平和曾勇（2009）调查发现，大部分民营企业认为建立与政府的良性交往，成功当选人大代表或政协委员是时下最迫切的需求。我国民营经济在改革开放以后迅速发展成为经济增长的中坚力量，民营企业创始人的社会认可度不断提升，政治参与程度不断提高，民营企业家参政议政将成为不可避免的社会现象。

二、政治联系的衡量方法

现有研究中对企业政治联系的衡量方法不一，大致可以按以下三个标准划分：以公司高管特征为基础的界定、以公司其他特征为基础的界定和用替代变量表示。表 5.1 简单归纳了目前学术界对公司政治联系的界定方法。

表 5.1 政治联系界定方法汇总表

分类标准	方法	具体方法	文献
以公司高管特征为基础	虚拟变量法	若公司的高管曾有或现有政治经历，"曾有"虚拟变量取 1，否则取 0	袁建国等（2015）；陈凌和陈华丽（2014a）；徐业坤等（2013）；张敦力和李四海（2012）；余明桂等（2010）；Fan 等（2007）；朱玉杰和蒋汇（2016）；干胜道等（2019）；杨继东等（2018）；黄登仕等（2018）
	比例法	公司高管中具有政治联系的高管所占的比例	袁建国等（2015）；邓建平和曾勇（2009）；乐菲菲和张金涛（2018）
	评分法	采用赋值的方式对不同层级的政治联系进行赋值，然后进行必要的计算	邓建平和曾勇（2009）；胡旭阳和史晋川（2008）；严若森和姜潇（2019）
以公司其他特征为基础	政府股权	政府拥有公司的股权比例	Adhikari 等（2006）
	捐赠	公司对候选人的捐赠金额	Goldman（2009）；Claessens 等（2008）
用替代变量表示	变量替代	以银行借款率的增长比例衡量公司的借款渠道；公司从政府获得的总补贴占营业收入的百分比；税收优惠	黄琼宇等（2014）；Claessens 等（2008）

资料来源：张敦力，李四海. 2012. 社会信任、政治关系与民营企业银行贷款[J]. 会计研究，（8）：17-24

通过表 5.1 可以发现，在界定企业政治联系的方法中，学者使用最多的是以高管特征为基础一类中的虚拟变量法和比例法。针对我国民营企业政治关联的研究，结合我国特殊的制度背景，因此本章对政治联系的衡量采用虚拟变量法。

三、企业政治联系的影响

（1）企业寻求政治联系的正面影响。从企业实际获得的经济支持来说，企业建立并维持良好的政治关联有利于企业获取丰富的资源，享受更多的优惠政策（江雅雯等，2011）。王永进和盛丹（2012）研究发现，企业的政治关联水平有助于改善企业契约的执行环境。

（2）企业寻求政治关联的弊端。企业政治关联水平会影响企业融资，具有政治关联的企业更容易获取额度较高的资金支持，这使得信贷资源分配效率降低（张敏等，2010）。罗党论和陈艳艳（2012）提出，企业政治关联水平与企业过度投资现象相关，企业过度投资有损企业价值。企业政治关联会阻碍企业创新（袁建国等，2015），同时会降低企业绩效（邓建平和曾勇，2009；严若森和肖莎，2019）。

（3）企业政治关联对企业行为的影响。有政治关联的民营企业更倾向于做出社会贡献，如地震过后捐赠（薛爽和肖星，2011；陈凌和陈华丽，2014b；党力等，2017）；政治关联的存在影响上市公司竞争策略的选择（李健等，2012），有政治关联的上市企业更热衷于多元化经营，扩张进度更快（张敏和黄继承，2009；胡旭阳和史晋川，2008；冯业栋和宋增基，2019），并购的意愿更强（潘红波等，2008），并购绩效更高（赵曼等，2018），抵御风险的能力也更高（张敏和黄继承，2009）。

第二节　传承绩效的相关研究

一、传承绩效的影响因素

家族企业顺利完成一、二代交接，实现平稳过渡是现如今家族企业最迫切需要实现的目标。国内外学者对有效传承的影响因素展开了大量的研究，作者对现有文献进行整理归纳，得出会对传承绩效产生影响的因素。

部分学者从利益相关者理论出发，重点研究传承过程的企业创始人和继任者两类关键利益相关者。企业创始人的传承意愿是企业传承的第一步，它将决定企业继承人、传承时间及传承计划的实施等，这些都将直接影响传承效果。所有影响企业创始人传承意愿的因素都将阻碍企业顺利传承，如企业创始人感受到企业目前所处的环境及未来的制度环境将对企业产生不利影响（何轩等，2014），以及企业创始人自身是否愿意退位等。作为传承过程的另一个直接参与者，继承人的综合素质也直接影响传承效果，包括继承人的接班意愿（Cadieux et al.，2002；余向前等，2013）、技能的掌握程度（King，2003）、工作能力、领导组织的经历（Lee et al.，2003；Brockhaus，2004；Lambrecht，2005）等，都将直接影响企业的成功传承。Sharma 和 Manikutty（2005）提出其他创业家族成员也是传承过程中的主要人物，家族团结是家族企业相比于其他企业最本质的区别，因为家族成员对企业有深厚的情感联系。据不完全统计，家族关系不融洽致使企业传承失败的概率超过半数。

另一些学者从"传什么"的角度入手研究影响家族传承成功的因素。家族企业传承是涉及实物交接、权力交接和特殊资产传递的多维度综合的结果，实物交接最简单，特殊资产最难以传递。学者们提出企业创始人一代踏实勤奋、敢为天下先的企业家精神是家族企业蓬勃发展的内在根本原因，而继承人无法完全传承创始人一代的企业家精神是企业难以顺利交接的一个重要原因（李新春等，2008；何轩等，2014）。除此之外，还包括创始人一代的社会网络（Steier，2001；储小平，2003；李健和陈传明，2010；胡旭阳和吴一平，2016），企业家默会知识，如诚实守信、企业家多年的实践经验积累（窦军生，2008；余向前等，2013）、企业家权威（吴炯等，2017）等也是重要的传承因素。

二、家族企业传承绩效的研究

目前为止，专门对家族企业传承绩效进行研究的文献相对较少。家族企业是家族和企业的双系统模式，这决定了学者在考虑家族企业传承绩效时不应该只关注企业的财务状况，要同时兼顾家族的状况。家族企业传承绩效指的是家族企业在家族传承过程中及传承后实现家族和企业双系统健康发展的状况或潜力（王重鸣和刘学方，2007）。Olson 等（2003）将传承绩效概括为企业在财务和非财务两个维度上都有所成就。

关于家族企业代际传承对企业绩效的影响，目前的研究还没有得出一致的结论。部分学者认为家族企业代际传承有助于提高企业绩效。魏春燕和陈磊（2015）研究了首席执行官（chief executive officer，CEO）变更过程中的利他主义，研究发现家族创始人在离开之前往往多计提资产减值准备，目的是为继任 CEO 制造"秘密储备"，完成一、二代的平稳交接。赵勇和李新春（2018）研究发现相较于父子共治阶段，二代自治阶段更有利于研发投入的提高。二代介入的家族企业通过减少关联交易、提高会计信息质量等途径缓和了代理冲突，进而改善了创新活动（黄海杰等，2018）。

另一些学者认为，家族企业代际传承会使企业绩效下滑。部分学者发现，家族控制企业的低利润与高管层代际变更之间存在必然联系。Smith 和 Amouko（1999）以加拿大的 124 家上市家族企业为分析对象，研究发现当企业宣布家族成员为接班人时，企业经营绩效与行业平均水平相当，但一旦家族成员接班后，企业绩效急剧下滑；相反，当企业宣布以外部人员为接班人时，企业经营绩效较行业平均水平显著下降，但当外部人员接手企业后，企业绩效则会提升。Mishra 等（2001）提出家族成员的家族意识逐渐淡化，家族关系也逐渐趋于平淡，两代人之间的默契度越来越低，因此家族二代接手企业后企业价值普遍较低。范博宏和罗绮萍（2009）提出在企业交接的过程中，家族企业将不可避免地面临着财富上的大额损失。范博宏的团队收集了近 20 年来中国港台地区，以及新加坡的 200 家家族企业的传承数据，研究发现在家族企业传承过程中（新旧董事长交接的前五年到后三年），企业市值蒸发 60%。许永斌和惠男男（2013）通过社会情感财富理论推出家族企业情感价值存在代际递减的趋势，而情感价值影响代际传承成功率，因此传承中情感价值的下降会使企业绩效降低。范作冰和王婷（2018）研究发现，继承人参与管理会提升企业绩效，但继承人不参与管理会降低企业绩效。程晨（2018）认为中国家族企业的代际传承对创新的负面影响同样产生了显著的价值损失。

三、家族企业政治联系与传承绩效研究

现有文献中直接研究家族企业政治联系与传承绩效的资料较少,而企业政治联系是企业社会资本的一个重要组成部分,传承绩效的实质是传承前后企业绩效的变化,因此我们借鉴家族企业社会资本与传承绩效及家族企业政治联系与公司绩效方面的文献进行研究。

(一)家族企业社会资本与传承绩效的关系

已有研究发现,家族企业的传承并不只是权力和财产的交接,更值得关注的是接班人是否能够有效融入创始人的个人网络并维系好社会关系。家族社会资本的有效传递与延续对传承成功与否更加重要(李健和陈传明,2010;杨玉秀,2014)。史煜筠(2010)通过访谈总结出政府、银行、客户关系、供应商与企业内部关系等5项社会资本的核心要素,实证得出政府和客户关系有利于家族企业传承绩效的提高,而良好的企业内部关系有利于家族成员满意度的提高。王少飞等(2011)通过对山西海鑫钢铁集团有限公司的个案分析得出,家族企业代际传承后企业绩效并没有直线下滑。Fan 等(2012)研究发现父辈们的声誉、政治关系在代际传承中难以传承,但正是因为这类社会资本的难以传承性,从而可以帮助二代接班的企业提高信息质量。沈永建等(2014)深入分析了天通控股股份有限公司(以下简称天通股份)家族传承的整个过程,研究发现在企业传承中附属于创始人的专用型资产的部分损失会导致企业绩效下降。但是研究同时发现在天通股份传承后 24 个月开始,其市场回报率逐渐回升,企业价值也随之回升。何轩等(2014)创新性地从中国的外部制度环境入手,结合调查数据,研究得出在现阶段,企业家寻求政治联系有助于家族企业的传承。不同于其他分析社会资本的文章,杨玉秀(2014)将研究内容缩小至家族内部社会资本,采用演绎推理的方式总结出充裕的家族内部社会资本有助于企业实现平稳交接;家族社会资本量在企业交接过程中的变化越不明显,交接后的企业绩效越稳定。

(二)家族企业政治联系与公司绩效的关系

关于家族企业政治联系与公司绩效的关系,目前学术界有三种不同的结论,分别为企业家的政治联系对企业绩效有正向的提升作用(罗党论和黄琼宇,2008;余汉等,2017;邓新明等,2016);政治联系对民营企业绩效和价值的提升作用从整体上而言是没有很大帮助的;民营企业政治联系与企业绩效的关系呈负相关,即政治关联水平越高,绩效越差(齐朝顺和杜晓君,2018;张敏等,2017;魏炜等,2017)。通过归纳总结相关文献,企业政治联系对企业绩效影响的观点主要有两个,即政府干预观、关系观。

部分学者支持政府干预观,即政治联系会导致政府干预加强。政府过度干预

容易分散企业的注意力，混淆企业高管的战略目标，影响公司经营投资过程的决策效率。同时政府干预企业的行为会使公司放松监督力度，减小激励程度，从而管理者的积极性会下降，公司业绩不理想。Fan 等（2007）通过分析沪深两市 A股上市公司 8 年间的数据，发现 CEO 拥有政治联系的公司在发行新股后市场的反应上和财务指标数据上均较差，相反那些上市公司 CEO 不具备政治联系的企业在市场及财务指标上更具优势。Boubakri 等（2008）系统地考虑了公司董事会和监事会成员的政治网络关系,研究得出具有政治联系的公司会计业绩更不理想。邓建平和曾勇（2009）通过实证研究发现民营企业政治关联程度与企业经营效率显著负相关，包括民营企业实际控制人的政治关联在内，但是治理环境较好的地区，政治关联的负向作用会有所减小，因此地区治理环境对于两者具有调节作用。

　　部分学者赞成关系观，而且大部分的研究是从关系观出发的。虽然建立和维持政治关系是一个需要企业花费时间、精力和金钱的支出项，但是这项资源可以使企业获得政府产权保护，可以方便企业筹融资，企业也可以获取更多的优惠政策，这些由企业政治关联带来的好处都可以对企业绩效产生正面的影响（Fisman，2001；Faccio et al.，2006）。吴文锋等（2008）将企业政治联系划分为地方和中央两个层面，进一步发现在对企业盈利水平的促进作用上，地方政治联系效果更显著。吴文锋从企业内部将企业政治联系划分为董事长政治联系和总经理政治联系，进一步发现在对企业盈利水平的促进作用上，董事长的政治联系效果更显著（陈任如和赖煜，2010）。Li 等（2008）提出民营企业家的党员身份也有利于企业绩效提高。罗党论和黄琼宇（2008）研究发现，相比没有政治联系的民营企业，有政治联系的民营企业公司可以获得优势，企业价值更高，相应的投资者收益率更高，并且这种正向关系随着政治联系强度的增强而增强。黄新建和王婷（2011）同样支持企业政治联系提升企业经营业绩的观点，同时发现企业经营绩效越好的公司相比其他公司更能发挥政治资源优势。

　　现有文献对于民营企业政治关联的研究多数基于资源观，认为在制度尚不完善的中国经济转轨阶段,民营企业寻求政治联系可以更好地适应市场环境的变化。政治联系可以作为民营企业的一项有利资源，具体表现在政府对企业的产权保护，良好的政企关系可为企业融资创造便利，可为企业争取更多的优惠政策。然而对于有价值的资源是否可以给企业绩效带来经济利益却仍未下定论。这个悖论的形成原因可能是学者们研究的样本不同，不同学者对民营企业的定义并不相同，而且民营企业也分上市企业和小型民营企业，这两种规模的民营企业情况可能也会有所不同。对于企业而言，寻求政治联系必须同时考虑收益和成本两方面。

　　现有研究较少直接将企业政治联系与家族企业代际传承联系在一起，但有学者从社会资本的大概念出发研究社会资本对家族企业代际传承的影响。根据社会资本理论，家族企业社会资本的有效传承有助于企业平稳交接。可是现有研究中学者们经常不注意区分各个层面的社会资本，使得研究结果比较混乱。而且现有研究多数基于演绎推理，较少有学者通过定量研究表明二者的关系。另外，现有关于社会资本与企业绩效的研究多数只关注社会资本的静态效果，对于企业动态成长过程中社会资本及其动态变化与企业发展演化关系的研究十分欠缺。

任何事物都不是静止不动的，民营企业政治联系对企业业绩的影响也不是一成不变的。一方面，民营企业的发展要经历创业期、成长期、成熟期和衰退期，各个时期的民营企业表现出不一样的行为特征；另一方面，我国社会发展迅速，市场和制度环境也越来越规范。这意味着学者们需要从动态的角度来审视各时期民营企业政治联系与其对绩效的影响。我国部分民营企业主开始逐步进入退休阶段，民营企业不可避免地面临着二代交接。这将带来如下问题：在家族企业代际传承的关键时期，企业政治联系是否会影响企业传承绩效？若两者之间存在影响关系，是有利影响还是不利影响？另外，参与家族传承过程的最关键两位利益相关者即创始人和继承人背景特征差异大，两者政治参与程度不一，在二代权力交接之际，这种差异又将如何影响传承绩效？现有文献在企业政治联系与传承绩效关系这个细分领域的讨论几乎为零，而家族企业传承与民营企业寻求政治联系在我国又是两个不可避免的趋势。基于此，本书试图从已经发生传承的家族企业样本入手，讨论企业政治联系与传承绩效的关系，希望可以对相关理论进行丰富，同时指导实践，帮助企业完成平稳过渡。

第六章 家族超额控制与企业过度负债的相关文献研究

第一节 相关概念界定

一、创始人社会资本

Coleman（1988）从功能角度出发，认为个体在社会结构中的资源可以作为重要的资本资产，即社会资本。所以社会资本可以理解为个体通过某些特定社会关系获取资源的一种能力（Burt，1992）。家族企业创始人指的是企业成立之初最主要的创立者。因此，从概念界定上来看，创始人社会资本是指创始人通过所拥有的某些特定社会关系网络为企业提供摄取实际和潜在资源的能力。良好的社会资本可以为企业提供众多且有价值的信息和资源，提升企业的信誉地位，从而支持和促进企业的发展。

二、超额控制权

Claessens 等（2000）最先提出超额控制权的概念，并将其定义为实际控制人所拥有的控制权减去现金流权以后得到的剩余部分。大部分公司在股权控制链条上都存在一个最终控制人，其投票权通常大于 20%，主要通过直接或者间接持有公司股份，并利用"金字塔"控股结构方式来获得实际控制权，以实现对目标企业的控制（La Porta et al., 1999）。终极控制人即位于"金字塔"顶端的控股股东，股东在其投资的企业所拥有的未来收益分配权可以被认定为股东在该企业所享有的现金流权，也称作企业所有权。学术上，一般通过终极控制人在该企业的持股比例高低来评估其所拥有的现金流权的大小，具体计算方法为终极控制人在每条控制链上的现金流权比例相乘之和（La Porta et al., 1999；陈德球等，2013）。控制权则用控股股东在该企业的决策投票权比例高低来评估。学术上一般用终极控制人在每条控制链上的不同环节持股比例最小值之和来表示。结合以上两权的概念，Claessens 提出将控制权与现金流权的两权分离度定义为终极控制人所拥有的超额控制权，它反映了控股股东摄取私人收益的一种途径。

近些年来，超额控制权的内涵得到了进一步的补充和发展。有鉴于实用主义的基本设定，Berle 和 Means（1932）强调了企业股东对企业运营的决策参与，将企业控制权界定为控股股东所享有的法定决策权或影响企业决策的权力。国内研究方面，瞿宝忠（2003）将企业股东会、董事会及经理层等三种主要利益群体之间的控制权协调、分配形式认定为企业的控制权配置状况。据此，角雪岭（2007）、陈德球等（2013）学者认为超额控制权不仅体现在用两权分离度表示的股东会层面的权力配置，也体现在企业董事会、经理层的超额控制。考虑到成为终极控制人的股东会倾向于选择家族成员进入董事会和经理层来强化对董事会和经理层的控制，因此在后续的研究中，陈德球等提出了董事会超额控制和经理层超额控制的概念。陈德球等以在董事会就职的家族成员及在整个家族控制链上的非家族成员人数合计占董事会总人数的比重与控制权之差作为评估标准，将其界定为董事会超额控制。类似地，聚焦于家族企业经理层的控制权配置，严若森和叶云龙（2016）认为，企业高管中的家族成员占比与控制权之间的差额反映了经理层的超额控制权配置情况。

三、过度负债

负债经营虽然会带来利息税前抵扣的收益，但是也会导致破产成本的增加。Kraus 和 Litzenberger（1973）通过研究表明：企业负债水平的合理增减有助于实现其最优资本结构，但增减的时机取决于企业减税的边际收益与预期破产边际净现值的大小关系。具体而言，前者大于后者时，企业应当适当提高负债水平；而后者大于前者时，企业应当适当降低负债水平；特别地，当两者相等时，表明企业刚好达到了最优资本结构，而此种状态下的企业价值也最大。Jensen 和 Meckling 等（1976）进一步证实了企业具有目标负债率，且目标负债率受到企业特征及外部因素的影响（陆正飞和高强，2003；刘丽娜和马亚民，2018）。此外，各个企业的目标负债率均可能存在差异。因而，衡量一家公司的负债率是否合理不能仅看其实际负债率的高低，而且要关注实际的负债率是否偏离了企业的目标负债率及偏离程度。因此，可以认为企业过度负债是指企业实际负债率超过了其目标负债率。

第二节　关于企业过度负债的文献回顾

　　学者们关于负债的研究多立足于资本结构的视角，并展开了激烈的讨论（李心合等，2014；赵自强和吴敏茹，2018；张胜等，2017）。但自2008年全球金融危机以来，我国企业总体杠杆率不断激增，其中非金融企业的杠杆率增幅更为惊人（纪敏等，2017）。所以，近些年部分学者逐渐开始关于过度负债的研究。现有文献主要从过度负债的原因和解决方式两方面展开讨论。

　　学者们普遍认为，我国企业杠杆率攀升的主要原因有外部环境和企业自身两个方面。就企业外部环境而言，国有企业存在的预算软约束（Roberts 和 Zurawski，2016；钟宁桦等，2016）使得国有企业的负债率长期处于居高不下的状态；同时金融市场发展不均衡，存在严重的供给不足，并且对民营企业存在信贷歧视（罗军，2018；盛明泉等，2012），所以民营企业面临着更为严重的融资约束，而不得不寻求民间资本融资，最终导致民营企业负债激增，债务违约事件频频发生。通过对企业所在的产品市场竞争程度的研究，姜付秀等（2008）指出较高的企业产品竞争激烈程度也会使企业资本结构较为明显地偏离其最优资本结构。

　　就企业自身而言，Titman 和 Tsyplakov（2007）认为债务人与股东间存在代理成本，从而降低了企业向目标负债率调整的动机，而财务危机成本的出现一般会促进企业向目标资本结构调整。张会丽和陆正飞（2013）的研究表明，子公司负债率越高，企业资本结构偏离目标资本结构的幅度就越大，但是母公司对集团的整体控制力能够削弱这两者之间的关系。李世辉等（2017）进一步研究发现集团控制会导致企业过度负债的发生，而企业接受关联担保在这一过程中具有中介作用。我国上市公司的资本结构决策存在着同伴效应，特别是繁重的政策性负担使得这种表现在国有企业中更加明显，以至于国有企业更可能出现过度负债（李世辉等，2018）。陆正飞等（2015）具体从长期和短期角度分别展开讨论，研究发现从长期来看，相对于民营企业，国有企业过度负债的概率更低；但是，从短期来看，国有企业却更容易发生债务违约事件，企业过度负债的概率相对更大。申明浩（2008）、孙健（2008b）认为相对于国有企业，民营企业更容易通过引入部分家族成员任职形成合谋，这严重打击了管理者努力的积极性，导致职业经理人有更多增加企业债务的意愿，继而掏空企业的动机更为强烈，并在一定程度上降低了企业资本结构的调整效率。张程等（2010）研究发现大型上市公司更偏好债务融资，而中小型企业更倾向于股权融资。张海龙和李秉祥（2012）则进一步通过建立公司价值与利益相关者价值动态决策模型，提出相对于短期负债，公司经理人更倾向于长期负债融资。

另外，针对过度负债的解决方式，甘丽凝等（2016）通过聚焦现代企业的资本结构调整规律，研究发现存在过度负债的企业一般会怠于对其进行调整。而王红建等（2018）的研究结果表明：放松利率管制不仅能起到加快资本结构调整速度、降低企业过度负债水平的作用，而且能够延长企业的债务期限。同时，彭方平和展凯（2018）通过建立非线性多维状态系统模型，发现政府出台的一系列干预政策难以减轻企业面临的金融压力，无法从根本上解决过度负债所引起的经济下跌问题，因此降低社会整体负债水平才是当务之急。但是，通过系统分析政府的投资建设性支出和保障性支出的相关政策，吕炜等（2016）、张小茜和孙璐佳（2017）进一步认为此类举措并不能促进企业降低杠杆，反而会提高企业的负债率。郑曼妮等（2018）认为有必要解除预算软约束的桎梏，只有建立公平、规范的金融环境，才有助于处于过度负债状态下的企业逐渐降低负债水平，向目标资本结构靠拢。然而，钟宁桦等（2016）认为发展中国家的快速发展，可能会带来企业部门负债的增加，但企业负债率偏高不一定意味着高风险和必须降杠杆（纪敏等，2017）。因此，降低企业杠杆率不能单方面看杠杆率的绝对值，而且要先判断其是否存在过度负债。

第三节　家族超额控制与过度负债关系的文献研究

一、家族股东会超额控制与过度负债关系的文献研究

每个企业都存在目标资本结构，盛明泉等（2012）、Flannery 和 Rangan（2006）认为随着企业发展，实际资本结构偏离目标资本结构已经成为一种常态。而具有决策性作用的大股东一般倾向于使企业实现较高的债务融资数量，原因在于控制性大股东一般企图通过大面积债务融资以寻求更高的控制权私有收益（Filatotchev and Mickiewicz，2001）。赵冬青和朱武祥（2006）的研究表明第一大股东持股比例与资产负债率显著负相关。考虑到相比于股票融资，负债融资的方式并不会实际稀释控制股东所掌握的控制权，苏坤和张俊瑞（2012）认为企业控制股东出于对其控制权的保护，更愿意选择负债融资的方式进行企业的扩张经营。然而宋小保（2014）、白云霞等（2013）认为终级控制人偏好于债务融资方式是因为企图通过增加负债规模来获取更多可控制的资源，进而实现控制权私利，而不光是因为负债融资方式不会稀释其实际拥有的控制权。特别是当前我国的经济法制体系建设并不完善，使得企业终极控制股东更可能冒着风险驱使"金字塔"底层的企业利用负债方式融资（周颖等，2012）。

考虑到现金流权越大，控股股东会越担心债务违约风险，继而会选择降低负债融资规模。因此，对于两权分离度较大的公司，其控股股东更可能通过大幅举债这种手段来攫取企业资源，侵占中小股东利益（白云霞等，2013）。同时，邹萍和厉国威（2016）通过研究表明控股股东控制权和所有权分离程度越高，资本结构调整速度越缓慢，进而企业的实际资本结构越偏离最优资本结构。类似地，韩亮亮和吕翠玲（2013）研究发现：相对于高控制权组，资本结构受终极股东两权分离度的影响在低控制权组中表现得更为敏感。以持股比例为依据，韩俊华等（2015，2017）发现第一大股东持股比例越高，监督效果越好，从而能够有效提高资本结构调整速度。尤其是在现阶段法律体系尚不健全的背景下，大股东控制可以作为良好的辅助机制，促进企业加快向目标资本结构调整的速度。

二、家族董事会超额控制与过度负债关系的文献研究

针对董事会层面的控制权配置与过度负债的直接研究尚不完善，仅有个别学者提到这方面的研究。肖东生等（2014）认为董事长在企业中代表全体股东利益进行监督，如果董事长与总经理两职合一，容易导致"利益共同体决策"的局面，从而有可能以牺牲企业运行效能为代价，实现对其自身有利的企业资本结构调整。同时，在两职分离的企业中，第一大股东对促进企业向目标资本结构调整的作用更大（韩俊华等，2015）。此外，相当一部分学者从投资角度出发，认为董事会层面的控制权配置与投资效率有着显著的相关关系。Pindado 和 Chabela（2005）研究发现，当一个企业的管理者具有追求个人利益的强烈动机时，往往会引发过度投资行为。在企业战略决策中，董事会中的独立董事可以凭借其专业技术和责任意识享有高度的话语权，从而可以有效地约束企业经理人的盲目投资行为。同时董事长与总经理两职分离也可以制约企业的非效率投资行为（郭胜，2011）。

三、家族经理层超额控制与过度负债关系的文献研究

当前，学术上直接研究经理层控制权配置与过度负债的文献并不多，仅有少部分学者提到这方面的研究。Jensen 和 Meckling（1976）研究发现通过经理层持股，能够明显降低代理成本及企业融资成本，强化其与企业之间的利益关联，从而实现企业资本结构的高效调整及其优化。张海龙和李秉祥（2010）、黄国良等（2010）从管理者防御行为的角度出发，发现管理者固守职位的这一特性会对企业资本结构产生影响，防御动机较强的管理者一般都会选择保持较低的资产负债率。其中，总经理持股比例越高、高管任职年限越长，越会大大提高高管的控制权，继而其固守现有职位的意识便随之增强，因此倾向于将企业负债率维持在更低的水平（黄俊荣，2013）。此外，也有相当一部分学者从投资角度出发，认为经

理层控制权配置与投资效率也有着较为明显的相关关系。管理者不仅关注货币收益，而且会有与控股股东类似的攫取控制权私利的动机（Aghion and Bolton，1992）。徐细雄和刘星（2012）认为，随着管理者控制权强度的加大，过度投资水平明显上升。但崔萍（2006）的研究表明，高管在企业中的持股比例上升以后，高管和股东之间对于利益目标的追求会逐渐实现趋同，进而企业的非效率投资行为会得到部分制约。而在代理成本较高的企业中，管理层持股可以提高现金股利支付水平，从而也会在一定程度上约束过度投资行为（廖理和方芳，2004）。特别地，在家族企业中，家族企业一贯具有的风险厌恶特征及过多风险规避的家族成员参与管理，可能导致投资不足的现象出现，即容易错失部分净现值为正的项目（Audretsch et al.，2010）。

第四节　创始人社会资本与过度负债关系的文献研究

关于社会资本与过度负债的研究，部分学者从政治关联的角度出发，得出政治关联可以降低企业负债水平的结论。李连发和辛晓岱（2012）研究发现，银行更愿意向具有政治关联的企业发放贷款，这在很大程度上依赖于政治关联所产生的政府的潜在风险担保，从而可降低贷款的违约风险。所以，丰富而有效的政治联系可以增加企业获得银行长期信贷支持的可能性，使企业债务结构更易实现优化（段云和国瑶，2012）。而且，实际上，当具有政治关联的企业面临融资危机和资金风险时，政府部门通常会给予一定程度的政策性支持，以帮助其渡过难关（Faccio et al.，2006）。值得注意的是，债务期限越长，未来的不确定性相应就越高，这同样可能会给企业带来经营危机（Myers，1977）。而丰富的政治关联在某种程度上代表了企业的良好声誉，为了维护企业声誉，有政治联系企业的债务违约概率一般更低，更倾向于将负债水平维持在较低的状态。

但也有众多学者从投资行为角度出发，认为社会资本有可能会提高企业负债水平，相关研究十分丰富。Shleifer 和 Vishny（1994）认为政治家与企业家这两者对于利益目标的追求不尽相同，政治家一般会通过提高社会就业率、建设公共福利等众多社会目标以获取更高的政治资本。因此，与政治家联系较为紧密的企业便会负担部分政治目标，从而导致企业盲目扩大投资规模、加快扩张速度。而Claessens（2008）的研究表明：虽然有政治联系的企业能够获得政府部门的帮助，缓解融资压力，更有资源和能力进行大规模的投资，但是就整体而言，这些企业的投资效率不尽乐观。该研究指出：这种现象很可能是因为深厚的政治联系会导致高管在投资项目可行性分析时往往会表现得盲目自信，从而更容易让企业涉足不熟悉的行业，导致过度投资。我国学者王克敏等（2017）、裴益政和刘彦（2013）也得出了相同的结论，并且他们研究发现随着民营企业建立的政治联系层级的升高，过度投资趋势也更为严重。针对小公司，这种政治关系对投资行为的影响表现得更为明显（蔡卫星等，2011）。赵岩等（2015）认为这是由于企业建立政治关联后，企业与政府之间存在资源相互依附及追求共同利益的表现。杨德明和赵璨（2015）通过实证研究发现建立政治联系有助于企业获得长期贷款，并且债务期限也会相对更长；而与政府没有构建关系的企业在获得银行贷款方面更显困难，会充分利用与行业协会或者金融机构建立的这些私人关系，通过获得商业信用来建立融资渠道，即民营企业确实会动用政治、金融、业缘等各种关系开展债务融资。李璐和孙俊奇（2013）的实证结果表明：企业中具有融资关系背景的独立董事人数越多，企业通过负债融资方式进行融资的成本就会越低，但企业的债务违约率会大幅上升。这种现象意味着有融资关系的独立董事虽然可以为民营企业带来融资便利，且能够以较低的成本获取企业发展所需的资金，但容易促使企业负债水平持续上升，进而引发较高的违约风险。

第五节 过度负债与企业绩效关系的文献研究

关于企业负债经营是否会影响企业的绩效，学者们至今仍没有得到一致的结论。部分学者认为企业负债的高低反映了企业在财务上是否采取了扩张策略。Myers（1977）认为债务融资在一定程度上会引发利益冲突，造成代理成本的增加，进而会对企业经营管理产生负面影响。这种代理成本的变化还会诱发企业出现资产替代行为，郭瑾等（2017）的研究指出，债务融资会加大财务危机的可能性，降低企业对预期风险的承受能力。郭瑾等通过实证研究进一步发现，随着银行贷款比例的增加，企业风险承担水平也会随之上升，即企业进行大规模债务融资后，经理人更可能投资高风险项目。因为若项目投资成功，则大部分收益归企业所有，即便失败，那么大部分的成本也将由债权人承担（Jensen and Meckling，1976）。特别是负债水平越高时，这种投资扭曲行为出现得越频繁（陆嘉玮等，2016）。针对这种企业投资扭曲行为，胡建雄和茅宁（2015）的研究表明债务来源异质性程度的提高可以降低这种扭曲行为的程度。此外，易靖韬等（2015）认为，由于财务扩张代表着盲目乐观，过度自信的高管一般会利用负债融资进行大规模的高风险项目投资，因此企业可能表现出较低的创新绩效。与国有企业相比，非国有企业绩效更容易受到企业负债率的影响，并且研究表明绝大多数企业资产负债率的上升会对绩效造成不利影响（张如山和师栋楷，2017）。唐洋等（2014）的研究结果表明：在企业整个生命周期内，无论是债务总体水平，还是短期或者长期负债都不利于企业绩效提升，但是影响程度在不同的阶段仍存在着差异。李永壮等（2014）认为，融资偏好较为激进的企业存在负债过度使用的现象，从而会对企业绩效造成非常显著的不利影响。部分学者具体研究了传媒业、餐饮业及制造业资本结构与企业绩效之间的关系，结论均表明二者之间呈显著的负相关关系（王棣华和张擎，2015；宋哲和于克信，2017）。

同时，相当数量的学者认为负债经营与企业绩效正相关。Simerly 和 Li（2000）将环境动态性、资本结构与企业绩效三者纳入一个框架体系中研究，发现在企业环境相对稳定的情况下，负债融资比例越高，越有助于提升企业绩效。自由现金流理论则指出：在公司治理方面，负债到期还本付息产生的压力能够抑制高管非效率投资、在职消费及资源浪费等行为，进而有助于促进公司绩效提升（周雪峰和兰艳泽，2011）。同时，增加债务融资具有降低企业税收支出、发挥财务杠杆作用等优势，从而可以增强企业的获利能力，提高公司价值（彭熠等，2014；陈德萍和陈永圣，2011）。

然而，与以上绝对负相关或正相关的观点相对应，部分学者认为负债融资与企业绩效之间不是简单的线性关系。Hart 和 Moore（1994）认为较多的长期负债可能会严重减弱企业高管的投资意愿，从而在一定程度上抑制企业绩效增长；但较少的长期负债可能使企业高管鉴于压力较小而放松监管，以致出现盲目投资行为。然而随着长期负债比例的进一步提高，高管过度投资的意愿强烈程度也会随之降低，这样便对企业绩效改善具有积极作用。陈德萍和曾智海（2012）借助联立方程分析发现，企业资本结构和绩效之间具有明显的互动关系。杨楠（2015）通过采用面板固定效应模型及两步广义矩阵估计法研究了资本结构与企业绩效之间的关系，结果表明二者存在的是一种非线性的正向关系。Margaritis 和 Psillaki（2010）、马力和陈珊（2013）的研究则表明资产负债率与企业绩效之间呈现倒"U"形关系。

现有文献对过度负债的成因和缓解方式进行了一定程度的探究，但大多集中于资本结构层面，研究结论也侧重于这样的表述：相对于非国有企业，大多数国有企业过度负债的可能性更高。但是，近几年来，民营企业扩张速度明显加快，债务违约事件频频曝出，而与民营企业过度负债相关的理论研究屈指可数。因此，本书着眼于当今民营企业负债率激增、债务违约事件接连不断这一热点现象，从创始人社会资本和家族超额控制的角度出发，研究过度负债的部分原因，以期完善家族企业在过度负债这方面的理论研究。

控制权配置是基于公司整体的资源配置效率目标，将诸项权力配置给股东会、董事会与经理层的安排，是一个十分复杂的问题。家族企业的控制权配置与民营非家族企业又有着较为明显的区别，其对超额控制权有着天生的偏好。关于企业控制权配置与企业过度负债水平的研究，现有文献多是从股东层面切入，即从两权分离的角度展开了较为成熟的讨论，并且基本都认为两权分离会加强控股股东的利益侵占动机，放慢资本结构调整速度，进而导致负债率过高。然而，能够综合地从股东会、董事会及经理层这三个层面系统探讨家族超额控制权的整体配置状况，并研究其与过度负债之间关系的文献较少。因此，本书试图从家族企业以上三个层面的控制权着手，建立超额控制权综合配置模型，以系统而全面地研究家族超额控制与企业过度负债之间的关系。

国内外关于社会资本对企业资本结构的研究比较丰富，但多数聚焦于社会资本中的政治联系这一研究维度，着眼于政治联系对融资约束的缓解作用，并得出社会资本有助于提升企业绩效的结论。然而，社会资本是否真的只会给企业带来益处，仍值得商榷。为明确这一现象，本书从家族企业中最关键的人物——企业创始人的角度出发，研究其社会资本对企业过度负债的影响，考虑创始人社会资本对家族超额控制与企业过度负债水平之间关系的影响，希望通过综合考虑家族企业的关键特征因素，系统研究它们对企业过度负债的影响。

关于负债经营与企业绩效之间的影响关系，学者们众说纷纭，并在二者之间的正向、负向及倒"U"形等关系方面存在着争议。而家族超额控制权配置是企业治理的核心，过度负债也直接反映了不同超额控制权模式下的投资和发展偏好，进而也将作用于企业绩效。因此，系统研究家族企业中以上三者之间的关系，具有重要的现实意义。然而，目前鲜有文献综合考虑家族超额控制、过度负债与企业绩效这三者之间的关系。有鉴于此，本书聚焦于过度负债这一特殊状态下的资本结构，试图将以上三个因素放在一个模型中，研究家族超额控制与过度负债交互对企业绩效的影响，希望可以得出过度负债与企业绩效之间较为明确的关系。

第二篇　实证研究专题篇

第七章 基于权变理论的家族企业管理控制模式对绩效的影响研究

第一节 理论基础

一、权变理论

权变理论萌芽于 20 世纪 60 年代初，并于 20 世纪 60 年代初成为管理学中较成熟的一大理论。其中，Luthans 是权变理论的主要代表人之一。Luthans（1976）在其专著 *Introduction to Management：A Contingency Approach* 中提出权变理论运用的广泛性，并对权变理论进行了较为系统、全面的概括：①权变理论就是将管理的理论与实际相结合，并把环境对管理控制的影响具体化。②环境作为自变量，而管理观念和管理技术则是因变量。③权变理论主要描述了环境自变量与管理因变量之间的函数关系，也称为权变关系。

权变理论是通过建立一个具体的模型来对权变关系进行说明，这个模型包括三个部分：环境；管理观念、方法与技术；两者之间的函数关系。从具体变量来说，权变变量可分为环境变量和管理变量。其中，环境变量是自变量，管理变量是因变量。权变管理的运用规则就是根据一定的环境变量，寻找相对应且最有效的管理变量，并从管理观念与管理技术等方面对管理模式进行大致确定。该函数关系主要描述了理论下的权变关系，但在实际生活中还需要考虑更多的因素。

权变理论要求管理者注重企业外部环境的变化，并结合企业自身特点，寻找相适应的管理模式，从而使企业具备一定的灵活性和敏感度，进而使得管理业务顺利进行。权变理论使人们意识到管理的职能是可灵活变化的，并非千篇一律，这引起了人们对动态管理的思考。20 世纪 70 年代到 90 年代中后期环境不确定性急剧增加，使得企业越来越难以保持持续的竞争优势，而权变理论是以环境不确定性、未来不可预测性、系统复杂性和演化动态性为基础，强调偶然性、试错性、应急性、意图性、学习性、自组织性、自适应性、灵活性和随机性等，所以其生存空间和发展潜力巨大。在这一点上，权变理论与后现代主义有一定程度上的一致性。具体体现为：这两种理论均不认同方法论中的万能主义，否认万年不变、整齐统一、绝对机械、霸权和僵化，主张灵活性、相对性、变通性和有机性。

二、信息控制理论

管理控制系统是内部控制的重要组成部分，对于保证企业信息的真实性和准确性起着非常重要的作用，从某种程度上看，管理控制系统就是信息控制系统。Lowe（1971）定义管理控制系统是通过找到一套与总目标一致的有关分级指标来规范职工的标准行为，使发生偏离和不规范的行为回归正轨，并且通过调查、了解、收集、反馈来监测企业内外部的环境变化并使企业得以适应这种变化。任务特征越复杂，任务环境的稳定性就会越低，而环境的不稳定会导致不确定性升高，管理各方更需要对企业内部、外部、财务信息、非财务信息等各个方面信息的大量收集和精确分析。一方面，家族企业管理控制模式影响着信息质量和信息交换的速度；另一方面，信息质量和信息交换速度影响着企业的决策与企业的发展。

1. 信息质量

管理控制系统是由标准确定系统、业绩衡量系统、偏差纠正系统所构成的，业绩衡量既是对计划目标的测量，又是调整实际误差的标杆，而管理控制系统的主要功能之一就是反映企业或企业内部经营单位的业绩水平。业绩水平的衡量最终体现在财务报告及相关信息上。Anthony（1965）将信息的范围扩大到会计信息之外，认为企业的信息主要包括两大类：一类是管理会计所提供的经营管理及业务活动方面的报告信息。这类信息包括与市场、供应商、顾客等相关的外部信息；与财务数据无关但对企业有重要作用的非财务信息；企业计划决策前收集的大量相关信息等。另一类是管理会计所提供的管理会计报告，主要包括量化的一些指标数值，这些信息对实现企业经营的效果和提高经营效率非常有用。

随着信息时代的到来，家族企业也会更多使用和依赖自动信息分析与决策，因此信息的相关性和可靠性就显得十分重要，大量信息的分析结果会直接影响企业整体的战略布局和管理决策，一旦信息不准确就会导致企业的决策失误。为提高数据质量，某一组织必须建立管理控制体系，环境变量的变化、管理控制模式与信息质量三者的联系十分紧密。一方面环境变量影响着管理控制模式；另一方面管理控制模式影响着企业的信息质量。

2. 信息交换

信息交换是指内部员工对企业存在的问题进行讨论和交换各自的意见与看法，从而达到相互了解的目的。而这种信息交换对于企业中的不同角色来说具有不同的目的和方向性。对于管理者而言，需要管理者实时了解与企业相关的各种外部信息；对于企业自身而言，信息充分的交换使得组织之间不同部门可以充分了解，从而可以更有效率地利用资源；信息交换也可以促进内部员工形成良好的协作氛围和人际关系。而上述情况的实现都取决于信息利用程度的高低。

信息交换方式包括上下沟通、横向沟通、初始下行沟通、斜向沟通、内外部沟通、参与式沟通等方式。其中，最主要的是上下沟通、横向沟通和参与式沟通。管理控制系统是一个信息系统，而信息交换对更好地发挥管理控制的效率和作用非常重要。这也是为什么 COSO 报告中会把"沟通与信息"作为一个要素。这说明，管理控制中的沟通是通过信息交换而实现的沟通。信息交换对于促进上下游供应链的企业之间沟通具有很重要的作用。随着企业与外部的交流和与内部之间的协作沟通越来越频繁，企业可能会与各种各样的经营单位进行合作和沟通，因此企业要增强与其他利益相关者之间的联系，这种能力对于企业成功来说是非常重要的。

第二节　基于权变理论的家族企业管理控制模式研究

一、管理控制模式影响因素分析

权变理论强调环境对管理控制模式的影响，在管理控制研究领域，一些学者习惯上将管理控制环境的影响因素划分为一般性环境因素和位置性环境因素，其中位置性环境因素又被称为权变因素。在一种环境下所运行的管理控制系统可能不适用于另一种环境，管理控制系统并不存在一种最好的运行机制，权变理论意味着"它视情况而定"。所以在管理控制领域研究中注重互动控制观念是非常重要的。

互动控制观念是相对于位置性权变因素而言的。比如，某企业确定了将要进入的产品市场，就意味着行业因素已经确定，接下来企业要为自身确立发展目标和竞争战略，以及企业的组织方式和技术条件。位置性权变因素确定后，企业就要设置与其相适应的管理控制系统。比如，某企业购买了一项专利技术用以生产新产品，并确立了迅速扩大市场份额的竞争战略，为此，企业可能选择较为灵活的组织结构和"松控制"的管理控制方式。另外，管理控制系统的运行也会反过来影响位置性权变因素，管理控制系统的运行会改变企业的绩效水平，进一步通过市场竞争传递机制影响企业、行业因素，进而影响企业未来的战略选择。可见，互动控制观念强调位置性权变因素与管理控制模式的相互影响和相互作用，一方面位置性权变因素决定管理控制系统的设计和选择；另一方面管理控制系统的实施将影响未来位置性权变因素的状况，西方学者所讲的"今天的控制是为了明天的战略"就是从这个角度出发的。

二、影响家族企业管理控制模式的环境变量

　　权变理论提出，企业的环境变量可分为外部环境变量和内部环境变量。环境是指企业所处的境况，具有区域性和相对性。国家环境决定了各个行业的环境，而行业环境又进一步决定了企业的环境。系统论认为，管理控制系统的环境就是除去管理控制系统之外的且对其存在影响的所有系统的加总。然而当某一环境成为被研究对象时，又会存在其他被排除在外且对该环境存在影响的因素。因此，企业控制环境有许多种分类方式。美国 COSO 报告中将控制环境分为七种类别，分别是诚信原则和道德价值观、执行与技能、董事会与监事会、管理哲学与经营风格、组织结构、责任分配与授权、人力资源政策与实施。Anthony（1965）在其 *Management Control System* 一书中将管理控制环境分为：理解战略、组织结构、责任中心、企业文化、人力资源。我国也对管理控制环境问题进行了一定的研究，但整体上还是以美国 COSO 报告的七大类别为主。可以发现，COSO 报告和 Anthony 的分类方法都采用了影响管理控制的关键因素。但是从环境的区域性与相对性角度出发，我们认为将管理控制环境分为管理控制模式的外部环境和管理控制模式的内部环境可能更有利于系统地说明这一问题。1981 年出版的由 Mautz 和 Winjum 两位教授合著的《管理控制系统标准》一书就将管理控制环境作为管理控制的一个组成部分，并将管理控制环境分为外部环境和内部环境。外部环境包括公众对适当经营行为的期望及其他因素，主要是指企业所处的政治、经济、社会、科技和文化环境，它们在很大程度上超出了企业的控制范围。内部环境反映了企业对正直、勤奋、高效、忠诚及集体荣誉感的基本态度。

　　本书认为，影响家族企业管理控制的环境变量应当包括外部环境变量与内部环境变量。外部环境变量是指影响企业管理控制功能发挥且来自企业外部的环境因素，如法律因素、政府行为因素、市场因素等。而内部环境变量是指影响企业管理控制功能发挥且来自企业内部的环境因素，包括企业组织结构及规模、企业文化、公司高级管理人员偏好及态度等。

（一）外部环境变化

由文献综述我们可知，外部环境变化属于关键环境变量，正是这些环境变量为权变研究奠定了基础，其中，最为重要的研究点是环境的不确定性。

环境的不确定性根源于外部环境和任务的不确定。而一般环境和具体环境的不确定共同构成了环境的不确定性。一般环境包括社会、经济、人口等方面，具体环境包括供应者、顾客、竞争者等方面。环境的不确定性会影响任务的不确定性，如顾客技术服务部门每天都可能遇到新问题。工作任务的清晰度和工作环境的变化都会影响任务的不确定性。因此，Miller 等（2003）将任务不确定性分为三类：总体环境不确定性、产业不确定性、企业不确定性。Anderson 和 Gatignon（2005）指出外部环境会带来企业对控制方式在内部层级化和外部市场化的选择，其研究发现在环境变化很大时，从交易成本角度来看，通过市场手段可以有效地降低风险。Erramilli 和 Rao（1993）提出，如果企业要提高整体的控制程度，则可以将外部市场进行内部化的管理，如结果导向的绩效管理；但是从投资的内部化理论来看，由于存在特殊的市场边界（如原材料、资金、零部件、知识和商誉等一系列的交易问题），企业通过层级管理可能更加有利（Williamson，1985）。

会计和管理人员之间的实质性沟通可以应对不确定的环境变化，这是 Chapman 和 Christopher（2005）根据几个案例的研究得出的结论。但是沟通成本会依环境的不确定性而大幅提高，所以依靠关系达到控制目的是降低成本的有效方法，当然以信任关系代替过程监督也存在失控的风险。外部环境变化是与企业战略目标概念紧密联系的，Ansoff（1965）通过研究发现，要使企业获得最大利润，必须要让企业的战略与外部环境相匹配，因此他将这一结论称为权变战略成功法则。因为战略目标是企业管理控制系统的重要组成部分，所以外部环境变化直接影响着管理控制系统的设计。

在管理控制系统的设计中，管理控制模式必须能够满足已选定战略目标的信息收集与处理的需要，并且能够支持企业战略目标的实现及竞争优势的形成，Langfield-Smith（1997）提出企业不同的战略导向会导致不同的管理控制系统的设计和使用。反之，Archer 和 Otley（1991）提出在企业或组织内，不同的管理控制系统也会导致不同的战略实施过程。因此，基于以上权变理论研究，在收益较高的企业中，其管理控制系统、战略目标和组织环境一定是相互匹配的。

（二）企业的管理哲学及经营风格

企业关键人物（如组织的长期领导者、企业的创始人）的管理哲学和经营风格主要包括企业承受经营风险的种类、整个企业的管理方式，以及企业管理阶层对法规的反应、对企业财务的重视程度、对现有可选择的会计准则和会计数值估计所持有的谨慎或冒进态度及对人力资源的政策与看法等，这些都会影响管理控制模式的成效。

企业关键人物的管理哲学和经营风格受其所处的文化环境影响。企业在社会上通过一系列的经济、文化、政治等活动形成的组织文化便是企业文化。成熟的组织文化观会不自觉地影响员工的价值观和行为，而这些影响也主要表现在行为的协调、导向、激励上。因此，良好的组织文化都具备以上三个功能且具有一定的文化控制作用，这种文化控制可以使员工的价值观具有一致性和自愿性。因此，这样形成的文化控制也将优于以往的制度控制。所以国内学者吴水澎等（2000）认为控制环境是一种氛围和条件，而且企业文化影响着员工的控制意识和自觉性，同时决定了一些其他控制要素的发挥，因而特别强调诸如管理阶层的管理风格、管理哲学、企业文化、管理控制意识等精神层面因素的影响。

企业文化包括广义的企业文化和狭义的企业文化，狭义的企业文化是指以企业核心价值观念引领的企业意识形态，它决定着个人对人和事的接近或回避、喜爱或厌恶、积极或消极的态度，并对员工的行为和偏好产生严重的影响，而且在企业管控中的体现是，它规定了人们的基本思维模式和行为模式。企业文化是企业成员分享的一种价值观，而在企业文化中培养的一些价值观念会对员工在企业组织活动中的行为和决策产生一定的影响。企业文化是企业员工共同认定的信念和价值观，并落地形成文字和一套准则。张德（2006）提出企业在不断的生产经营活动中形成了一套大家都自觉遵守的企业文化，大多数员工能够接受这样的企业文化并有一致的价值观和道德行为。陈伟和张旭梅（2011）认为企业文化是组织中广泛共享与强烈认同的价值观，由于其在特定的环境中形成，不同企业文化具有不同特征。这种价值观不仅是一种准绳、一种信念、一种象征，更是一种凝聚力，也是企业长盛不衰的原动力。王艳和阚铄（2014）指出企业文化是价值观，企业文化具有层次性。

国内外众多的企业管理控制失败案例已经充分说明，管理当局的价值观直接影响着管理控制的有效性。

（三）企业组织结构

组织结构对组织内成员的角色和职责进行了详细界定，从而保障了组织有效、平稳地运营。组织结构界定了企业内部责任和报告关系的范围，组织结构上的差异将影响管理控制目标、方式、内容取向的不同。同时，组织结构安排也会影响整个组织系统的运行，包括员工的工作效率、个人激励等，在一定程度上影响着组织的未来。古典组织理论强调分工与层次上的划分，认为组织结构是组织内部各机构的职能、权责、层次、部门结构及其组合形式。

合理的组织结构可以建立起好的管理控制环境,从而生成好的管理控制方法,如果其与组织结构能够更好地结合,则可以提升组织整体的实施效率并降低协调成本和控制成本;但不好的组织结构会导致企业各部门间职责分配不明确,员工的工作效率低下,且无法建立起好的管理控制环境。组织结构是影响管理控制模式的重要因素,Bruns 和 Waterhouse(1975)提出实行分权化的企业非常强调管理控制系统的建立。Merchant(1985)认为大企业的多样化及分权化主要是使用了行政控制。当然随着企业外部环境变化和组织规模的扩大,组织结构也在不断发展变化。Burns 和 Stalker(1961)、Lawrence 和 Lorsch(1967)都研究了外部环境的不确定程度与组织结构的关系。不同的组织类型都要有符合自己的控制模式,并且需要适应不同的环境。当不确定程度增加时,其复杂程度也会提高,而集中化程度则会降低。另外,在高度不确定情况下经营的企业需要更加灵活的组织结构,反之亦然。

（四）企业规模大小

企业规模通常指企业年产值、销售收入和员工数。家族企业规模大小衡量因素有总资产的账面价值、销售收入等。Bruns 和 Waterhouse(1975)的研究认为大企业的行政控制和小企业的人员控制应该区分开,大企业需要更复杂的技术形式、更切合的经营程序和高度专业化与规则性的工作。小规模企业的优势在于组织结构简单、决策灵活,对市场变化能够快速反应和灵活应对。

组织规模的扩大往往伴随组织层次的复杂化。大公司的规模是标准化、复杂化、机械化运作的。往往在大公司中,规章和程序能使员工有明确的工作和可预测的行为,这也使公司的权力制度能更好地起到监督和控制作用,可以在经营环境变化和生产技术革新时降低带来的不确定性。但是,Mansfield(1977)提出随着公司规模的不断扩大,公司管理者需要的信息量也会越来越大、越来越广,且必须在规则、制度与职能等方面建立更为完善和有效的控制制度与方法。相比之下,小规模公司由于其组织结构简单,在面对市场和经营环境变化时,反应的速度也会更快。通过大量的调查研究,Hickson 等(1969)认为企业规模与社会控制和决策的频率有一定的关系,但是在管理控制系统的研究中,明确地将规模作为环境变量的并不多。因为目前管理控制系统的研究主要还是集中在类似于集团企业这种大型企业中,且主要还是为了证明大企业更倾向于用正式的控制系统。而我国家族企业处于快速发展期,一般是以中小规模的企业为主(只有少数是规模较大的企业),所以将规模作为管理控制模式的环境变量有一定的现实意义。

第三节　基于权变理论的家族企业管理控制模式与绩效的关系研究

Ouchi（1977）提出，在最初的组织控制里面，一个具有前提性的假设是不同的控制会导致绩效的不同：结果系统强调的是事后的结果判断与事前的结果导向；行为系统则强调工作过程中的监督；关系控制则强调了前提条件对整个工作的影响。由管理控制的定义我们得出，管理控制系统不仅可以提供有用信息，而且也是企业各级管理人员实现其目的的工具。

一、基于权变理论的家族企业管理控制模式与绩效关系框架模型的构建

本书框架模型的提出，主要依据西方学者提出的内部环境变量、预算行为方式与行为结果关系框架模型理论，以及李新春和任丽霞（2004）提出的家族企业治理模式选择及绩效关系模型理论，并以这两个模型理论为基础确定本书的主体研究框架；以管理控制权变理论中的"环境变量→过程变量→结果变量"为主要路径，结合信息控制相关理论，研究家族企业管理控制模式对绩效的影响关系。通过对家族企业管理控制特征的研究，发现影响家族企业管理控制模式的环境变量及管理控制模式与绩效的中介变量，并提取相关的特征变量，构建基于权变理论的家族企业管理控制模式对绩效的影响模型，并提出相应的理论假设。

（一）基于权变理论的预算行为方式与行为结果关系理论

西方学者对于管理控制行为的研究，至今已有几十年的历史，大多数的研究都是在以预算控制工具为基础的角度展开的。内部环境变量、预算行为方式与行为结果关系框架模型如图 7.1 所示。

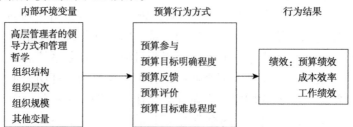

图 7.1　内部环境变量、预算行为方式与行为结果关系框架模型图

图 7.1 所示的模型中，有两种预算行为方式："松控制"和"紧控制"，可以

利用主要控制要素来区分这两种预算方式。在"紧控制"方式下，目标制定更严格、报告周期更短、预算反馈更好，所以其预算调整会很小。另外，预算标准的约束性很强。如果在"松控制"的方式下，由于目标更宽松、报告周期更长等，其预算的调整会很大，因而它的预算标准约束性就相对较弱。

通过大量经验数据验证，西方学者发现了预算目标明确程度、工作目标难易程度、预算反馈与评价、预算参与等预算行为因素与组织绩效的相关性。研究显示：更为严格的预算目标会提高雇员的管理动机，但如果超出了范围，反而会降低其管理动机（Hofstede，1983）。Locke 在 1968 年的著作中说明宽松的预算目标可以提高组织的绩效。Latham 和 Yukl（1975）则认为更明确的目标可以对雇员产生正向影响。Dunbar（1971）提出，可以按预算目标的难易水平将目标划分成宽松的目标、严格但可实现的目标及过度的目标。宽松的目标会对雇员产生消极的影响，其激励性也比较弱。过度的目标可能会使雇员产生挫败感和对工作的不满情绪。所以预算目标最好是严格但可实现的。Becker 和 Green（1962）研究发现了一个重要的机动性变量：对预算目标实现程度的反馈和评价。其中，预算标准的应用方式会在一定程度上影响雇员的工作表现。惩罚性的评价方式可能会对雇员造成不好的影响；奖励性的评价方式则可能会使雇员有更好的工作态度及行为。西方很多的管理学者认为预算目标的设置可以使管理者充分地认识和接受目标，并提高自己的努力程度。他们的很多研究成果都支持了参与预算会对雇员的工作态度产生正向的影响这一观点。但也有很大一部分学者认为参与预算不会对管理绩效产生显著影响（Milani，1975；Morse and Reimer，1956；Bryan and Locke，1967；Stedry，1960）。

（二）基于权变理论的家族治理与绩效关系

国内外学者对家族治理与绩效关系进行了研究，提出了一些非常有价值的理论观点。Carney（2005）从家族企业的公司治理方面讨论了企业的家族性特点。其研究路径是：家族影响—家族企业的公司治理—竞争优势或劣势。他指出家族企业的公司治理具有节俭主义、人本主义及特殊主义的特点，这是家族企业公司治理的优势来源。而独特的家族性因素使得家族企业更有可能把这些特征制度化，即家族企业能够形成独特的公司治理形式来保存这些特征。国内学者苏启林和朱文（2003）研究了企业控制权、公司治理结构，尤其是家族企业控制权对企业绩效和价值的影响。李前兵等（2006）对家族企业的内部治理模式与企业绩效之间的关系进行了研究。研究结果表明：当家族企业处于弱契约关系和弱治理关系时，其绩效最差；而当家族企业处于弱契约关系和强治理关系时其绩效相对好一些；当家族企业处于强契约关系和弱治理关系时其绩效会相对好一些；而当家族企业处于强契约关系和强治理关系时其绩效是最高的。李新春和任丽霞（2004）从家族企业环境变量角度出发研究治理模式选择与绩效的关系（图 7.2），价值观、企业规模、外部环境及家族所有制都会影响企业的治理模式，进而会影响企业的经济绩效。通过实证研究发现，当外部环境影响越大时，越需要将契约治理与关系治理手段结合；当运用更多的关系治理及更追求经济利益的契约治理时，企业领导的价值观可能就会更追求家族的利益；大企业会较多地采用强契约弱治理的模式；在强治理强契约的模式下，家族企业往往会取得更好的经济绩效。

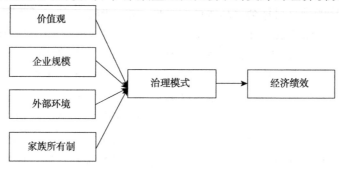

图 7.2　家族企业治理模式选择与绩效关系的模型

　　从以往研究的线索可以看出，预算控制行为的影响因素及预算控制与组织绩效的关系问题一直是专家、学者关注的焦点，而预算控制是管理控制模式的重要组成部分。因此，如何从管理控制模式角度，在家族企业这样特殊的背景下，深入展开环境变量、管理控制模式对绩效的影响的研究，具有重要的理论价值和实践指导意义。

　　本书着重关注家族企业管理控制模式的影响因素及管理控制模式对绩效的作用机制，主要的探索方向有以下三个方面：一是家族企业管理控制模式构建的研究。不同学者从不同角度和目的展开了对管理控制模式概念的研究。Richard（2002）等学者主要从三个维度研究管理控制模式。家族企业的一个典型特征就是注重关系治理，而关系治理的基础就是家族伦理、亲情原则、权威等非正式制度，因而家族企业管理往往缺乏完整的制度控制。家族企业管理控制往往不依据明确的规章制度，而是用关系控制代替制度控制。因此，从制度控制和关系控制出发来研究管理控制模式及其影响因素之间的作用机制，以及管理控制模式对企业绩效的影响，将是目前需要探讨的问题。二是家族企业管理控制模式演变的阶段性特征。现有一些研究主要关注制度控制模式在企业的形成期、成长期、成熟期和衰退期各个不同阶段的作用及重要性问题，如 Moores 和 Yuen（2001）研究了管理控制模式对企业成长周期不同阶段的重要性问题。我国家族企业正处于快速的发展时期，因此家族企业管理控制模式如何更好地适应企业成长的不同阶段的需求，需要我们进一步对家族企业关系控制模式演变的阶段性特征进行研究和总结，并在此基础上研究制度控制和关系控制的协调关系。三是家族企业管理控制模式对绩效影响的实证研究。以往对管理控制系统与绩效的研究主要集中在管理控制工具对绩效的影响上，且大多以案例研究为主。因此，研究家族企业管理控制模式作用机制及在中国文化背景下检验"环境变量→管理控制模式→信息质量和信息交换→绩效"这一模型的有效性，以及探讨管理控制模式如何适应环境变量的变化及管理控制模式怎样影响中介变量以提高控制绩效，是十分必要的。

二、基于权变理论的家族企业管理控制的模型构建

本书架构在西方学者提出的内部环境变量、预算行为方式与行为结果关系框架模型基础上，并结合家族企业治理模式与绩效的关系模型和信息控制理论，建构了切合家族企业管理控制模式与绩效的关系模型。整个研究架构由前因变量（外部环境变化、家族企业价值观、企业组织结构和企业规模）、中介变量（信息质量和信息交换）、结果变量（绩效）、控制变量（发展阶段）四类变量和相应的路径关系组成。具体的分析框架见图 7.3 和图 7.4。

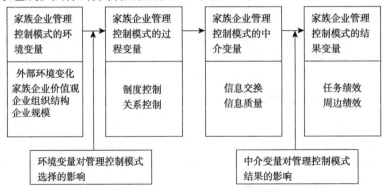

图 7.3　基于权变理论的家族企业管理控制模式与绩效关系框架图

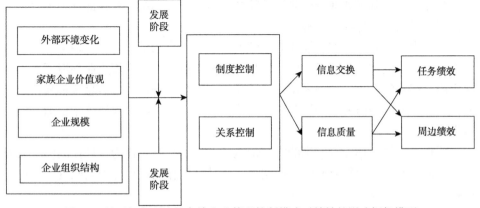

图 7.4　基于权变理论的家族企业管理控制模式对绩效的影响框架模型

模型所要解决的问题主要有：①通过关系控制与制度控制的交互分类，得到

管理控制模式的四种类型，即弱关系控制弱制度控制（双弱）模式、弱关系控制强制度控制模式、强关系控制弱制度控制模式及强关系控制强制度控制（双强）模式。在此基础上研究外部环境变化、公司组织结构、家族企业价值观、企业规模等环境变量如何影响这四种管理控制模式类型的选择。②外部环境变化、公司组织结构、家族企业价值观、企业规模等环境变量如何影响制度控制模式和关系控制模式的选择；管理控制模式如何通过中介变量（信息交换和信息质量）影响任务绩效和周边绩效。

与前人的研究相比，本模型的特点或者进步之处在于以下几方面。

一是从管理控制系统理论研究文献可以清楚地发现，对于管理控制过程中的"环境变量→过程变量→结果变量"的研究，是管理控制系统理论研究的一条主要路径。研究对象都是以预算控制工具为技术基础而展开的。国内一些学者主要研究家族企业公司治理与绩效的关系。本书框架沿袭西方学者提出的内部环境变量、预算行为方式与行为结果关系框架模型，将其进一步引申至在家族文化背景下，并运用权变理论研究家族企业管理控制模式对绩效的影响。关于管理控制模式环境变量的研究，既考虑到那些对管理控制模式运行产生直接影响的环境性因素，如经济现状、市场供求等外部环境因素，又考虑到家族企业价值观、企业规模与组织层次、组织结构等内部环境因素。

二是家族企业管理控制模式构建的研究。Daft（2002）等学者都从三个维度研究管理控制模式。本书认为，在家族企业背景下，用"二分法"的框架对管理控制模式进行分类，较为符合家族企业的实际情况。家族企业的一个典型特征就是注重关系治理，这种管理控制系统采用的是一种非正式的关系控制，企业的制度控制只起到辅助作用。所以从制度控制和关系控制及它们之间的共同作用角度研究家族企业管理控制模式，更能反映家族企业的实际运行过程。本书进一步对家族企业关系控制模式演变的阶段性特征进行研究和总结，并在此基础上揭示管理控制模式的阶段性演变趋势。

三是为了研究管理控制模式对绩效的影响，本书依据信息控制理论，提取中介变量信息质量和信息交换，验证信息质量和信息交换在家族企业环境下是否都起作用及作用的大小。本书采用"环境变量→管理控制模式→信息质量和信息交换→绩效"的路径研究管理控制模式的作用机制，使得研究框架体系更加完整和科学。

四是本书把管理控制发生的组织情境和家族文化背景作为管理控制模式研究的重要情境变量，使得家族管理控制模式对绩效的作用机理更加明确具体，也更加符合我国的实际。

第四节 变量定义与假设的提出

本章研究的中心问题是管理控制模式的影响因素及管理控制模式对绩效的影响，这一中心问题演变成以下变量之间的关系。

一、环境变量对家族企业管理控制模式的影响

1. 外部环境变化对家族企业管理控制模式的影响

20世纪90年代以来，随着经济繁荣和科技发展，市场供求关系发生了很大的变化，产品不断增加，市场相对饱和，这造成竞争更加激烈。家族企业经营的不稳定性大大提高。一方面经营成败的压力比以往任何时候都增加了；另一方面大部分家族企业经营所承受的社会压力也越来越大，如环境污染问题、员工就业与社会保障、经营目标与社会责任之间的协调等。而这些问题的解决对于家族企业实现可持续发展变得十分重要。有学者指出，在竞争压力变大、环境不确定性升高的前提下，需要同时运用悖论的治理手段。大多数家族企业处于竞争性非常强的消费品行业，技术层次低，企业进入壁垒低，产品供过于求，企业之间竞争非常激烈。当面对较大的环境变动时，家族企业所面临的不确定性加强，风险也随之加大。这个时候，家族成员为了家族利益会加强团结、相互协作，一致应对风险，这时关系控制的作用力会比较强。但是家族企业在经营过程中会遇到各种各样的风险点，企业面临的风险一定是与外部环境变化相关的，并且随着市场、政策、竞争对手的不同而不断变化。

仅依赖关系控制的加强是不够的，企业需要采取制度控制手段，并从不同层面对所面临的内外部风险进行鉴别、分析、控制，这有助于企业有方向和有目标地进行各项管理控制活动。Anderson 和 Gatignon（2005）认为外部环境会引起企业对控制方式在内部层级化和外部市场化之间的选择。Chapman 等（1998）通过案例研究得出，在不确定的条件下为了应对变化的条件，会计和管理者不能彼此独立，要进行深层次和实质的沟通，沟通成本会依环境的不确定性而大幅提高，所以依靠关系达到控制目的是降低成本的有效方法。

因此，我们可以将外部环境变化对家族企业管理控制模式的影响归纳为：外部环境的不确定性越高，家族企业管理控制模式就越不应该封闭，越应该开放和与外部沟通；而家族企业对关系和制度的依赖程度高低取决于外部环境的多变性；在不确定的外部环境中使用制度控制时，不能忽视关系控制、人际关系等方面的重要性。

2. 家族企业价值观对管理控制模式的影响

一些研究者认为，当企业与家族有着共同的价值观时，这个企业才能被称为家族企业。朱卫平（2004）指出，中国家族企业就是企业家为了牢固掌握企业所有权而尽可能在家族（家族内部）寻求各种发展资源的一种组织工具。

Anderson 和 Fraser（2000）曾对旅游和酒店业的家族企业进行了研究，通过定性的案例分析发现，这些农村小型企业创始人的基本创业动力是出自寿命和地理位置的考虑。他们追求的是一种自由的生活方式；他们渴望独立，不愿意被他人雇佣。这些家族价值取向使他们的企业成为实现以下目标的手段：作为农业收入的补充或为退休后提供生活来源，或为其家族保有一份遗产。Davids 等（2004）通过研究得出家族企业的价值观在家族企业原则和组织行为之间起到了很好的协调作用。

上述研究成果表明，家族企业的控制目标受到家族价值观的直接影响，家族企业一般都确立了以"家"为本位的价值观，以"光宗耀祖"为企业发展动力的信念。家族企业会将企业利益与自身利益视为一体，会形成"企业是家族精神的具象化"的家族观念。在这种情感下，企业的决策管理与血缘、婚姻、亲情结合在一起，更容易使家族成员因共同利益而更加团结和配合。一部分家族企业主以追求家族利益为目标，其经营行为并不符合科学规律且信誉不高，缺少创新精神，而且在日常经营管理活动中带有过多的政治目的，这可能会使得企业在经营过程中越过制度和原则。因此，家族企业价值观对管理控制模式的影响可以归纳为：家族企业价值观不强的企业，它们往往倾向于制度控制（包括正式沟通等）；家族企业价值观越强的企业，越常使用关系控制。

3. 家族企业组织结构对管理控制模式的影响

从家族企业的发展史可以发现，家族企业的组织结构通常是以企业主个人为中心建立起来的集权制组织结构。这是因为我国家族企业发展历史短暂，企业规模有限，加之家长制历史文化传统的影响，所以家族一般在组织机构设置上，主要选择集权的"U"形结构，即直线制与直线职能制组织结构。即使有些家族企业规模进一步扩大后，成立了集团公司，也极少有家族企业选择分权型的事业部制。相比之下，许多同等规模的非家族企业集团公司，则更多地选择分权型的事业部制或控股公司制。中国家族企业的规模不大，因此普遍使用扁平式的结构进行管理，中间层级较少，同时效率大大提高，员工的反馈和建议可以直接上传至管理层，管理层的战略计划也很容易自上而下地传递至员工。这样组织就形成了非正式的协调机制。规模较大的企业更倾向于使用制度控制（Merchant，1985）。所以我们可以将组织结构因素对管理控制模式的影响归纳为：家族企业一般采用传统的直线制或直线职能制组织形式，集权程度高，不重视制度控制（包括正式沟通等），重视关系控制；多样化的、分权化的大型家族企业更倾向于使用制度控制。

4. 家族企业的规模对管理控制模式的影响

本书主要从企业总资产的账面价值衡量企业的规模大小。赵选民等（2004）研究发现，内部控制与企业规模呈正相关，特别是所有权和经营权未分离的中小企业，内部控制是很不健全的；在相同规模的企业中，内部控制总体层次越高，内部控制就越健全，执行程度就越高，其企业经营效果就越好。

一般来说，家族企业规模会影响企业组织结构的复杂化程度、集权和分权及信息的传递。企业规模并不改变企业的性质，但是它会极大地影响家族企业管理控制模式的选择。具体而言，在家族企业初创期，企业规模小，相关的规章制度不完善，家族企业员工一般都是企业所有者的亲戚朋友，因此建立规章制度的意识还不强，而且凭着企业主的能力和经验完全可以管理企业，并很好地实现企业的目标，这时家族企业制度控制会比较弱。同时，受中国传统文化的影响，特别是家族文化的影响，家族成员的家族价值观比较强，关系控制的作用会比较大。随着企业规模的不断扩大，业务日趋复杂，内部组织结构的复杂性和专业化程度增强，代理关系也逐渐复杂，此时需要建立相关的制度控制机制来管理企业，才能提高效率。这时单靠初创人员已经无法满足企业发展的需求，此时的家族企业需要在血缘、亲情、感情、信用等方面，由近及远、由亲及疏地组成一个同心"环状差序"人员结构。随着亲缘的减弱，家族成员的权威性也随之减弱，并且会随着所有权的分散而下降。家族内对于领导者是否能够公正、公平地对待家族成员会产生一定的质疑，甚至会产生一定的矛盾冲突。但与一般企业相比，家族企业的关系控制要更强一点，且亲情的作用是不可小觑的，友情化原则显示出越来越大的作用。

综上所述，企业规模大小对管理控制模式的影响可以归纳为：规模越大的企业，制度控制越强；规模越小的企业，关系控制越强。

5. 家族企业的发展阶段对管理控制模式的影响

盖尔西克（1998）将企业的周期分为初创期、扩展期或正规化期、成熟期三个阶段。本书主要从初创期、成长期、成熟期三个阶段研究家族企业发展阶段与管理控制模式的关系。美国管理学家伊查克·艾迪思博士1989年提出了企业生命周期理论，认为企业是个有机体，有它自己的生命及其生命周期。他认为企业的生命周期包括三个阶段九个时期：成长阶段，包括孕育期、婴儿期、学步期和青春期；成熟阶段，包括盛年期和稳定期；衰退阶段，包括贵族期、官僚期和死亡期，且每个阶段都呈现出非常鲜明的特点。企业的生命周期一般可划分为以下五个阶段：初创期（3~5年）、成长期（4~6年）、成熟期（5~8年）、巅峰后期（2~3年）、衰退期。按照企业生命周期理论，家族企业发展过程一般要经历三个阶段：成长期、成熟期和衰退期，具体见表7.1。

表 7.1　家族企业的生命周期

项目	成长期	成熟期	衰退期
特征	企业规模小，核心成员为有血缘、亲缘关系的家族成员，创业者依靠家长权威管理企业；企业提供的剩余索取权利较小，成员内部争权夺利的矛盾较小；货币资本相对人力资本较为短缺；管理上表现为"人治"	企业规模快速扩张，管理复杂化，对人力资本尤其是高级人力资本需求增大，较易遇到人才瓶颈，逐步依靠管理和制度来规范员工行为；管理上转为制度控制	企业和员工的自我保护意识增强，与顾客的距离越来越远，工作缺乏效率和效益，越来越拘泥于传统、注重形式，企业缺乏活力和创新机制
首要任务	生存	注重资本运营，快速发展壮大	勇于创新，开始家族企业的新的生命周期
战略重点	进行市场需求分析，制定满足市场需求的战略，提高技术，改进业务流程，丰富产品种类，建立计划和控制体系，以使销售增长、市场份额增加	保持并提高市场份额，专注于企业优势项目，重新确定组织框架，低成本组织生产，使利润和生产效益提高，有效控制生产费用，促使现金流量提高，注重资产管理	保持现有市场份额，重新评估市场需求，调整产品组合，开发新产品，摈弃不能产生盈利的产品，机构重组与剥离，改善现金流量，降低成本，进行资产重组，改善利润率

因此，郑文哲（2003）提出，家族企业所处的发展阶段应成为其制度（包括管理控制制度）适用边界决定的重要变量。

二、家族企业管理控制模式作用于绩效的中介变量

（一）家族企业管理控制模式对中介变量的影响

1. 家族企业管理控制模式对管理信息质量的影响

在企业经营战略的制定和执行中，管理控制系统起着越来越重要的作用。但在很长一段时间里，管理控制仅被用于满足外部的信息需求，然而现在它再次将注意力放在了内部管理上。这种改变的一个表现形式就是，传统的以资金为中心的计划制订和后续行动已经被扩展，包括了使用非财务信息的控制系统，如产量控制系统和质量跟踪系统。

管理信息质量是指管理信息中所提供的信息对使用者决策应具有可靠性、相关性。管理控制模式和信息质量是密不可分的，没有完备的管理控制系统便不能保证信息的质量，管理控制模式必须与确保数据收集、处理和报告正确性的控制相联系。不同的控制模式对信息质量影响是不同的。严密的制度控制加上严格的执行，信息质量就高。关系控制能够使组织内信息集成并实现充分共享，使每位

员工明确自己的具体任务，并了解如何执行和完成任务，这样的信息传递才是合理有效的。

因此，家族企业管理控制模式对管理信息质量的影响可归纳为：制度控制越好，管理信息质量越高；关系控制越强，管理信息质量越高。

2. 家族企业管理控制模式对信息交换的影响

信息交换是指人与人之间转移信息的过程，简称沟通，有时称之为交往、交流、人际沟通等。实行制度控制的组织结构中，上下级的关系十分明显，任务的下达只会自上而下地进行传递，并附有具体的指令和任务，而下级无法向上级传递自己的信息，只能被迫接受和执行上级指令。即使基层管理人员掌握更多的关于竞争者的信息，由于官僚型组织结构本身就不利于信息的交换，或者对战略变化引起的利益调整抱有不满或抵触情绪，下级也很少向上级传递信息（Fenn and Head, 1965）。因此，在官僚组织结构中，从底层员工向管理层传递信息是非常困难的，而这部分无法被传达的信息对于管理层的决策又是必不可少的。所以管理者在财务控制过程中无法运用这部分信息，只能以最终结果为导向来指导战略布局，而不是基于过程信息。同时，在官僚型组织结构中，自上而下的指令一般较为具体，因此在衡量员工业绩时，企业的高层管理者也只能根据较为具体的财务指标来进行，也就是说，此时高层管理者一般不会采取过程控制指标来衡量员工的业绩。因为采用这种过程控制，一方面需要更多的信息；另一方面过程控制的周期相对较长，成本也较高。

关系控制下的信息交换具有三个关键特征：变动性、特殊性和互动性。沟通双方是相互联动的，若一方变化，则另一方的行为、态度也会随之变化。与制度控制相比，关系控制下的信息传递不再是单向输送，所以信息发送者和接受者也不再固定，因此两者是需要辨别的。参与式沟通允许被控制者对控制目标充分发表意见，而不是将目标强加给被控制者。参与式沟通使被控制者产生责任感并激发其创造性。被控制者参与控制目标的制定，很可能使控制目标成为被控制者的个人目标，因此产生了更大程度上的目标一致性。

因此，管理控制模式对信息交换的影响可归纳为：制度控制越强，信息交换越慢；关系控制越强，信息交换越快。

（二）中介变量对家族企业绩效的影响

1. 家族企业管理控制绩效的表现形式

绩效是企业所从事活动的业绩和效率的统称，也就是企业或组织战略目标的实现程度，其内容包括活动的效率和活动的结果等多个层面。企业的资源优势、能力优势最终反映在它的绩效水平上，所以通过对企业的绩效表现进行分析，能证明其拥有的资源和能力。组织的绩效可以用许多指标来表示。Motowidlo 和 Scotter（1994）认为周边绩效是：①多承担不属于自己的工作；②充满工作热情；③善于帮助他人；④不违反公司制度；⑤认同、支持和维护企业文化与目标。Motowidlo 和 Scotter（1996）进一步将周边绩效变为两个维度：①人际促进，友善且乐于帮助他人完成任务和工作，并能营造良好的工作气氛；②工作投入，主动遵守公司制度，主动完成工作任务。

相对于非家族企业，家族企业的目标往往是多元化的（Hollander and Elman，1988）。非家族企业以企业价值最大化为目标，而家族企业以家族成员的个人及整体利益最大化为目标。根据对家族利益的重视程度，家族企业目标大体上可划分为家族目标和增长目标两种不同类型。

本书参照 Covin 和 Slevin（1991）提出的生存绩效与成长绩效指标，考虑到问卷填写者掌握企业信息程度的差异可能造成具体数据在准确性和完整性上难以取得一致，因此以主观绩效指标为主。家族企业主要采用资产收益率（ROA）、每股收益率（ROE）、销售收益率（ROS）、销售增长率（SG）等指标来测量企业的绩效水平。本书在 Scotter 和 Motowidlo（1996）关于周边绩效定义的基础上，将家族企业周边绩效测量指标定义为：①员工经常帮助同事完成工作任务；②企业员工主动完成不属于自己本职工作范围内的任务；③员工积极提升企业价值或促使企业成长。

2. 管理信息质量对企业绩效的影响

由控制理论可知，企业可以通过各种控制措施（如提供高质量的信息和信息交换）来为企业提供支持和保障，并确保战略变化的目标与预期目标保持一致。所以决策导向的信息受制于管理控制系统。管理者需要利用信息来监督和控制组织行为，管理者需要管理控制系统提供相关、可靠和及时的信息。否则，管理者的错误决策就有可能给组织造成不可弥补的损失。

传统的管理控制与其行政环境相适应，对员工的业绩评价并不是基于一段时间，而只是一次性的考评，这使员工的积极性不高，造成了控制与被控制的对立状态，不利于公司的长久发展。在管理控制系统中，组织成员只会关心自己的业绩与利益，想要争取更多的资源和支持，但不会从公司整体的利益进行考虑，这会导致整体的关系不协调和资源分配不均，最终难以达到最终目标。所以管理信息质量对绩效的影响可归纳为：管理信息质量越高，任务绩效越好；管理信息质量越高，周边绩效越好。

3. 信息交换对绩效的影响

由战略管理理论可知，组织内部的信息交流和沟通活动对战略目标的顺利实施具有重要影响。公司战略目标常常由于外部和内部的压力而不断地进行调整，因此为了确保战略目标的成功调整，高层管理者需要通过广泛和深入的内部信息交换来建立统一的认知。此外，研究指出企业中基层员工对战略目标认识的统一程度对战略目标能否有效实施至关重要（McDermott and Boyer，1999）。通过内部信息交换，让员工全面了解新战略目标，会提高新战略目标的被接受程度，同时对员工也是一种鼓励（Higgins and Diffenbach，1989）。有学者指出，信息交换可以让员工更了解变革的目的，也是顺利实施变革最为重要的措施之一，如果管理者未能及时地向员工传达变革过程的信息，变革就容易失败。因此，通过组织内部广泛地交流与沟通，一方面可以创造战略变化所需要的新知识；另一方面还可以提高员工对新战略目标的认知和接受程度，从而有助于迅速、有效地提高企业的任务绩效。

大部分家族企业的所有权和经营权其实并未完全分离开来，这种特性使其内部组织结构的表现形式之一为董事长同时兼任总经理。换句话说，就是企业的最高决策层和实际执行层重叠在一起。这种内部组织结构是非独立的，也无须经过信息传递，并且在决策或者执行过程中，都会形成相对顺畅的信息沟通。家族企业如果强调家族成员及其与管理层的沟通，那么这些信息交换就会提高家族成员及高管团队之间的凝聚力，使得他们能够在企业内共享家族目标，从而有利于促进他们的目标和态度的一致性（Brownell and Hirst，1986）。Nahapiet 和 Ghoshal（1998）还提出不断的沟通将会创造共同的语言和集体的叙述方式，这在不确定和复杂的环境中是非常必要的，从而可以有效地提高任务绩效。

因此，信息交换对绩效的影响可归纳为：家族企业信息交换越好，任务绩效越好；家族企业信息交换越好，周边绩效越好。

当然信息交换是和一个国家的文化密切相关的。美国文化人类学家 Hall（1976）基于文化的规范性，将文化分为两个类别，分别是"高文本文化"和"低文本文化"。其中，"高文本文化"是一种以规范性信息为主的文化，这种文化是在社会中传播的相对较为清晰且非人格化的一种信息，人们可利用这些书面、正规的契约来较好地规范自己的行为。这些信息便于在众多途径中传递，并且信息含量在传递过程中也不会降低。而与之相对应的"低文本文化"则是一种以非规范性信息为主的文化，人们通过复杂的人际关系来规范自身的行为。在这种文化背景下，人与人之间的交流相对模糊和间接，通常只需要简单的语句便能够让对方清楚地理解，而这有赖于人们原先在同一环境下所培养出的较为一致的共识。因此，这样的信息交流如若是与不同文化背景下的人进行就会显得十分模糊。当然，Hall 对于文化的这种分类并不是绝对的，现实中的文化通常介于二者之间。因此，他认为我国属于低文本文化的国家，信息交换和信息质量往往存在一定的问题。

三、假设提出

从影响家族企业管理控制模式的环境变量分析来看，对家族企业制度控制模式的影响主要有：外部环境变化对制度控制模式有正向影响；家族价值观对制度控制模式有负向影响；家族企业规模对制度控制模式有正向影响；公司组织结构对制度控制模式有正向影响。所以，针对环境变量对制度控制模式的影响，特提出如下假设。

H1：外部环境变化对制度控制模式有正向影响。

H2：家族价值观对制度控制模式有负向影响。

H3：公司组织结构对制度控制模式有正向影响。

H4：家族企业规模对制度控制模式有正向影响。

环境变量对于关系控制模式的影响主要有：外部环境变化对关系控制模式有正向影响；家族价值观对关系控制模式有正向影响；家族企业规模对关系控制模式有正向影响；公司组织结构对关系控制模式有负向影响。只有明确各环境变量对关系控制模式的正向或负向影响，在日常工作中，企业才能正确地选择好管理控制模式。所以，针对环境变量对关系控制模式的影响，特提出如下假设。

H5：外部环境变化对关系控制模式有正向影响。

H6：家族价值观对关系控制模式有正向影响。

H7：公司组织结构对关系控制模式有负向影响。

H8：家族企业规模对关系控制模式有正向影响。

家族企业管理控制模式对中介变量的影响，具体表现为：制度控制是如何影响信息交换和信息质量的；关系控制是如何影响信息交换和信息质量的。只有明确了管理控制模式对信息交换、信息质量这两个中介变量的影响，在日常的控制过程中，企业才能最大限度地发挥管理控制模式的作用。所以，针对管理控制模式对中介变量的影响，特提出如下假设。

H9：制度控制模式对信息质量有正向影响。

H10：关系控制模式对信息质量有正向影响。

H11：制度控制模式对信息交换有负向影响。

H12：关系控制模式对信息交换有正向影响。

中介变量对于结果变量的影响，具体表现为：信息交换如何影响任务绩效；信息交换如何影响周边绩效；信息质量如何影响任务绩效；信息质量如何影响周边绩效。只有明确了信息交换、信息质量对任务绩效及周边绩效的影响，企业在管理控制过程中才能够加强对信息质量、信息交换及信任的重视程度，发挥它们对企业管理的积极作用。因此，针对中介变量对企业组织绩效表现形式的影响，特提出如下假设。

H13：信息质量对任务绩效有正向影响。

H14：信息质量对周边绩效有正向影响。

H15：信息交换对任务绩效有正向影响。

H16：信息交换对周边绩效有正向影响。

第五节　基于权变理论的家族企业管理控制模式对绩效影响的实证研究

一、研究设计、数据收集及预处理

研究设计主要包括两个部分。第一部分是对环境变量、管理控制模式指标、中间变量指标等各个变量的测量；第二部分是最终问卷的形成。同时，本章主要介绍关于数据收集的具体步骤及方法。首先，本章基于文献的阅读，归纳设计出此次问卷调查的初始量表。其次，针对该问卷中变量设计的有效性等问题，本章实施小规模访谈。再次，就问卷具体内容进行前测，选取因子分析等方法以明确问卷中各个变量的最终问项，从而设计出可以适用于大范围调查的量表。最后，在大范围群体中发放问卷以收集足够多的数据，并对收集回来的数据做简单的预处理。

（一）问卷的形成

问卷的设计及后续数据的收集需要经过一系列合理且科学的步骤，本书借鉴马庆国（2004）的方法，具体的流程见图7.5。

第一，搜集相关文献，为变量的测量奠定基础。通过整理国内外管理控制模式的相关重要文献，并结合我国家族企业的特点形成各考察变量的初步测量问项，以便后续将研究结果与以往学者的研究进行比较论证，从而实现研究的连续性。

第二，小规模访谈，编制初始调查问卷。基于以往众多学者的研究，并就家族企业管理控制人员的访谈内容做详细的分析，以验证本书中关于模型的设定及变量的选取是否合理有效。同时，解决初始问项中出现的语义不明或者分歧等问题，从而形成一份相对合理有效的问卷初稿。本书的目的是了解环境变量对管理控制模式的影响及管理控制模式对管理绩效的影响，从而形成设计科学的初始问卷。

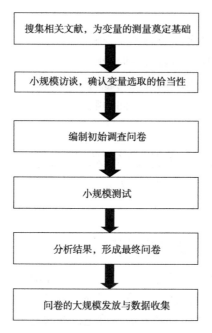

图 7.5　问卷形成与数据收集流程图

第三，小规模访谈及结果分析。在最后大范围分发问卷之前，本书组织了关于此问卷的前测分析。针对家族企业高管人员发放试测问卷，旨在根据高管人员的访谈内容，运用信度分析及因子分析的方法选取相对适合本次研究变量的问题选项，从而最终制定出适用于大规模发放的科学问卷。

第四，问卷的大规模发放与数据收集。获取前测结果之后，本书将最终设计好的问卷在大规模群体间发放，并收集相关数据。采用 SPSS 13.0 进行统计分析、信度分析、效度分析，以及选取 LISREL 8.7 进行验证性因子分析。

（二）变量分类与初始测量问项

本书选取的主要变量指标分为五类：第一类是环境变量指标（外部环境变化、家族价值观、企业规模、组织结构）；第二类是管理控制模式指标（制度控制模式、关系控制模式）；第三类是中介变量指标（信息交换、信息质量）；第四类是企业绩效表现指标（任务绩效、周边绩效）；第五类是家族企业五个文化维度指标。本书对各变量测量设计的具体原则为：在大量阅读文献的基础上，直接引用、借鉴以往相关学者在类似领域的研究成果以设计相关变量。针对部分难以查找到的新测量变量，则向研究该领域的专家进行咨询求证。对显变量的测量采用利克特量表进行打分处理，分别如表7.2~表 7.9 所示。

1. 环境变量的问项设置

表 7.2　环境变量的问项设置（外部环境变化）

评估项目	测量指标	指标来源
外部环境变化	本公司经常改变市场竞争策略以适应市场竞争的需要	Miller 等（2003）
	本公司经常改变经营方法以适应市场竞争的变化	Miller 等（2003）

表 7.3　环境变量的问项设置（组织结构）

评估项目	测量指标	指标来源
组织结构	决策权集中在领导层，下级部门和机构依据上级的指挥办事	自行设计
	下级组织负责人自由支配某些资源，自主解决问题（反向编码）	自行设计
	组织领导层将其决策权分配给下级组织机构或部门负责人（反向编码）	自行设计

表 7.4　环境变量的问项设置（家族价值观）

评估项目	测量指标	指标来源
家族价值观	企业主认为为家族成员提供就业机会是企业主的一个义务	李新春和任丽霞（2004）
	企业主认为家族成员应该获得与其他员工不同的薪酬安排	李新春和任丽霞（2004）
	企业主的价值观/目标要服从于家族的价值观/目标	李新春和任丽霞（2004）
	企业主认为家族参与管理有利于企业的发展	李新春和任丽霞（2004）

表 7.5　环境变量的问项设置（企业规模）

评估项目	测量指标	指标来源
企业规模	企业的资产总额	李新春和任丽霞（2004）

2. 管理控制模式变量的问项设置

表 7.6　管理控制模式的问项设置（制度控制）

评估项目	测量指标	指标来源
制度控制	企业内部管理控制种类很齐全	李前兵等（2006）
	企业内部管理严格按照制度规范进行	李前兵等（2006）
	企业经常对预算进行控制	自行设计
	公司管理人员除了企业目标外，有自己特有的目标	自行设计
	晋升、薪酬等激励制度对家人和外人是一致的	李前兵等（2006）
	当员工了解到竞争者的信息时，很少能够及时传递给管理者	刘益（1999）
	公司比较注重利润指标的考核	自行设计
	经营者经常向企业主提供财务方面的正式报告	自行设计

表 7.7　管理控制模式的问项设置（关系控制）

评估项目	测量指标	指标来源
关系控制	企业鼓励员工参与决策的制定和执行过程	自行设计
	企业内部职工可以进行良好的沟通	刘益（1999）
	企业管理人员与企业主目标一致	Mustakallio 等（2002）
	公司内部各组织之间对企业要实现的目标能达到一致	自行设计
	企业在进行业绩评价时，更倾向于看综合社会贡献	自行设计
	企业在进行管理控制时，注重经营者的素质	自行设计
	家族企业家与职业经理人一致同意企业的长期发展目标	Mustakallio 等（2002）
	企业往往会让家族成员对外部人员进行监督，以防止其做出有损于整个家族的事情	储小平（2003）
	本公司成员在私人关系上很融洽	自行设计
	公司管理人员认为企业主是值得信任的人	自行设计

3. 中介变量的问项设置

表 7.8　中介变量的问项设置（信息交换和信息质量）

评估项目	测量指标	指标来源
信息交换	本管理团队会对其他管理团队成员的问题做出响应，以迎合整个企业的发展	自行设计
	公司管理人员能根据自己的意愿，很自由地交换自己的观点	自行设计
	公司内管理信息的传达及反馈能够做到从上到下及由下至上	自行设计
	管理层经常和员工们一起交流竞争者的信息	自行设计
信息质量	企业提供管理会计信息的预测价值和反馈价值	自行设计
	财务报表全面反映企业的财务状况和经营成果	自行设计
	会计信息准确地揭示各项经济活动所包含的经济内容	自行设计
	会计报表的编制及时，即在会计年度终了较短时间内编制会计报表	自行设计

4. 绩效变量的问项设置

表 7.9　绩效变量的问项设置（任务绩效和周边绩效）

评估项目	测量指标	指标来源
任务绩效	相对于竞争对手，在过去两年里本公司的销售利润率	Covin 和 Slevin（1991）提出的生存绩效与成长绩效指标
	相对于竞争对手，在过去两年里本公司的总资产报酬率	
	相对于竞争对手，在过去两年里本公司的销售增长率	
	相对于竞争对手，在过去两年里本公司的产品市场占有率	
周边绩效	最近两年，员工经常帮助同事完成工作任务	Motowidlo 和 Scotter（1994）提出的周边绩效指标
	最近两年，企业员工主动完成不属于自己本职工作范围内的任务	
	最近两年，员工积极提升企业价值或促使企业成长	

5. 控制变量的设置

本书把家族企业规模、家族企业所处的发展阶段等指标作为控制变量引入模型进行分析。企业规模主要采用总资产的账面价值进行分析。本书将家族企业所处的发展阶段（阶段变量）分为四个，分别是：创业初期、快速成长阶段、成熟稳定阶段、巅峰后期。本书着重从创业初期、快速成长阶段、成熟稳定阶段三个阶段进行研究。

（三）小规模访谈

在进行问卷设计的时候，需要根据之前在小规模群体间的访谈结果对其加以修改和完善（马庆国，2004）。因此，基于提高变量测量的效度及信度的考虑，本次研究在正式发放问卷之前在小规模群体内开展了访谈。

1. 访谈目的

进行小规模访谈旨在解决以下四个问题：第一，考察环境变量与管理控制模式之间的关系及管理控制模式与绩效之间的关系是怎样形成和持续的，以确定本书提出的基于权变理论视角的管理控制模式与绩效关系框架的合理性。第二，考察影响环境变量、管理控制模式变量、中介变量、绩效变量具体因素的选取和分类，以及各个维度所包括的详细因素是否全面、合理。第三，参考以往学者研究设计的相关测量问项，运用访谈的形式以验证其是否涵盖了相关变量的所有内容。如果不足以囊括全部信息，是否需要考虑补充部分问项。第四，在访谈中，与被访谈者一起讨论本次问卷中所设计的问题是否科学合理，语句表达是否有歧义。

2. 访谈过程

根据本书的访谈目的，首先针对每次的访谈拟定一个提纲，内容大致如下：个人的基本情况，包括学历、工作年限及在公司担任的职务等；企业管理控制的整体情况，重点了解企业制度控制和关系控制的具体开展情况；企业不同发展阶段管理控制模式的发展变化和不同的特点；向被访谈者阐明本次研究的大致流程及内容，在与其初步交流的过程中确定其是否适合。问卷内容主要包括环境变量怎样影响管理控制模式；管理控制模式怎样通过中介变量实现高绩效控制；家族企业文化分为五个维度的合理性，以及家族企业文化每个维度所包含的具体影响因素是否科学、全面；向这些受访对象详细介绍本书所设计的各个测量问项，同时与其展开一定的交流以明确这些问项是否全面、语义表述是否清晰明了。接着，进行访谈。在一个相对让人放松的环境下展开访谈，具体形式包括单独访谈、二人及多人访谈。请访谈对象根据访谈纲要一部分一部分地来介绍企业的具体情况，在介绍的过程中会对一些不清楚的问题向其提问并展开讨论，明白并确定没有其他问题之后再进入下一部分的访谈，每家企业访谈时间为2~3小时。受访者一般都能充分理解本书模型和测量问项，并提出建议。

很多家族企业主不愿意承认自己的企业是家族企业，或者说不喜欢别人把自己的企业看成家族企业，因此对这些企业主进行访谈或问卷调查，直接问其企业是不是家族企业及家族成员在企业里担任哪些职务都可能使对方不快。因此，访谈需掌握一些技巧。但是，过于注重技巧又会影响到对一些问题的深度考察。

3. 访谈结果

（1）本书框架和思路方面。在此次访谈进行的过程中，受访者具体讨论了家族企业管理控制模式的环境变量。受访者认为，一个家族企业管理控制模式要发挥作用，首先要与环境变量的变化相协调（外部环境变化、企业文化、组织结构和企业规模）。其间，众多受访者指出了信息交换和信息质量的作用。大部分受访者均或多或少地提到了家族企业信息交换在提高企业绩效中的作用。他们认为，家族企业管理控制模式是否发挥作用，关键在于信息质量和信息交换。绩效好的企业，信息交换速度快。因而，根据该访谈结果，本书所设计的总体方法和步骤是科学合理的，即管理控制模式只有适应环境变量的变化，增强信息质量和信息交换，才能影响控制绩效。

（2）变量测量问项的全面性方面。这部分是本次访谈的核心内容。在进行访谈的过程中，通过参考以往学者归纳整理出的问项，向受访者做清晰的介绍。根据交谈，受访者针对几个相关变量的具体测量方式和内容提出了部分建议：对"外部环境变化"的测量，还应该包括出台的政府政策法规对家族企业管理控制模式的影响，因此增加一个问项"本企业事先对政策法规做出预测并相应地修改计划"；对"家族价值观"的测量，家族价值观的一个重要观点是家族对企业的控制，所以增加一个问项"为了企业成长必要时可放弃家族对企业的控制"；对于"组织结构"的测量，受访者认为衡量组织结构的一个关键指标是权力集中度，因此有必要增加一个问项"企业组织的正规化、集权化"；对"制度控制"的测量，受访者认为在制度控制中，经常对管理控制进行定期分析和评价是发挥制度控制作用的重要方法，所以增加一个问项"企业定期对管理控制进行分析和评价"；对"信息交换"的测量，受访者认为企业内部团队之间能够共享知识是非常重要的，它可以提高企业的决策质量，所以这一变量增加一个问项"企业内部团队之间能够共享知识"；对"周边绩效"的测量，受访者认为企业对于员工的成长起着重要作用，因此增加一个问项"最近两年，企业员工的个人成长和提高能力的机会"。

（3）变量测量项目语义表述准确性及清晰度方面。受访者针对该部分内容也提出了诸多宝贵意见，受访者就问卷中的每个问项都进行了仔细的考察，语句表述尽可能地做到准确、清晰。例如，对于"信息质量"的测量，受访者提到了管理控制主要涉及管理会计信息，所以将"会计信息准确地揭示各项经济活动所包含的经济内容"改为"管理会计信息准确地揭示各项经济活动所包含的经济内容"。将"会计报表的编制及时，即在会计年度终了较短时间内编制会计报表"改为"管理会计报表的编制及时，即在会计年度终了较短时间内编制管理会计报表"。对"制度控制"的测量，受访者认为"企业经常对预算进行控制"问项意思不是非常清楚，应改为"企业经常运用预算方法对预算进行控制"。

（四）初始测量量表

在进行了小规模访谈之后，本章解决了问项中语句表述不准确和不全面的相关问题，从而获得了初步的测量问项，形成了初始测量量表，如表 7.10 所示。

表 7.10　本书变量初始测量量表（访谈修改后）

变量类别	具体测量变量	问项
环境变量	外部环境变化	1. 本企业经常改变市场竞争策略以适应市场竞争的需要 2. 本企业事先对政策法规做出预测并相应地修改计划 3. 本企业经常改变经营方法以适应市场竞争的变化
	家族价值观	4. 企业主认为为家族成员提供就业机会是企业主的一个义务 5. 企业主认为家族成员应该获得与其他员工不同的薪酬安排 6. 企业主的价值观/目标要服从于家族的价值观/目标 7. 为了企业成长必要时可放弃家族对企业的控制（反向编码） 8. 企业主认为家族参与管理有利于企业的发展
	组织结构	9. 决策权集中在领导层，下级部门和机构依据上级的指挥办事 10. 企业组织的正规化、集权化 11. 下级组织负责人自由支配某些资源，自主解决问题 12. 组织领导层将其决策权分配给下级组织机构或部门负责人
管理控制模式变量	制度控制	13. 企业内部管理控制种类很齐全 14. 企业内部管理严格按照制度规范进行 15. 企业经常运用预算方法对预算进行控制 16. 企业定期对管理控制进行分析和评价 17. 晋升、薪酬等激励制度对家人和外人是一致的 18. 当员工了解到竞争者的信息时，很少能够及时传递给管理者 19. 企业管理人员除了企业目标外，有自己的目标 20. 企业比较注重利润指标的考核 21. 经营者经常向企业主提供财务方面的正式报告

续表

变量类别	具体测量变量	问项
管理控制模式变量	关系控制	22. 企业内部各组织之间对企业要实现的目标能达到一致 23. 企业在进行业绩评价时，更倾向于看综合社会贡献 24. 企业鼓励员工参与决策的制定和执行过程 25. 企业内部职工可以进行良好的沟通 26. 企业管理人员与企业主目标一致 27. 企业在进行管理控制时，注重经营者的素质 28. 家族企业家与职业经理人一致同意企业的长期发展目标 29. 企业往往会让家族成员对外部人员进行监督，以防止其做出有损于家族的事情 30. 本企业成员在私人关系上很融洽 31. 企业管理人员认为企业主是值得信任的人
中介变量	信息交换	32. 本管理团队会对其他管理团队成员的问题做出响应，以迎合整个企业的发展 33. 企业内部团队之间能够共享知识和贡献 34. 公司管理人员能根据自己的意愿，很自由地交换自己的观点 35. 公司内管理信息的传达及反馈能够做到从上到下及由下至上 36. 管理层经常和员工们一起交流竞争者的信息
	信息质量	37. 企业提供信息的预测价值和反馈价值 38. 财务报表全面反映企业的财务状况和经营成果 39. 管理会计信息准确地揭示各项经济活动所包含的经济内容 40. 管理会计报表的编制及时，即在会计年度终了较短时间内编制管理会计报表
绩效变量	任务绩效	41. 相对于竞争对手，在过去两年里本公司的销售利润率 42. 相对于竞争对手，在过去两年里本公司的总资产报酬率 43. 相对于竞争对手，在过去两年里本公司的销售增长率 44. 相对于竞争对手，在过去两年里本公司产品的市场占有率
	周边绩效	45. 最近两年，员工经常帮助同事完成工作任务 46. 最近两年，企业员工主动完成不属于自己本职工作范围内的任务 47. 最近两年，员工积极提升企业价值或促使企业成长 48. 最近两年，企业员工的个人成长和提高能力的机会

（五）前测分析及最终问卷形成

1. 问卷前测分析

为了提升本次所设计问卷的效度和信度，在正式发放问卷之前，先就问卷内容展开前测分析。在此过程中，本书通过探索性因子分析和信度分析来选取关键测量问项。

本章前测对象为家族企业财务经理和其他高管，本次前测发出问卷 60 份，总计回收有效问卷 41 份，有效问卷回收率为 68%。

1）探索性因子分析

因子分析的目的是从量表的所有变量中筛选出公共因子，从而表征量表的一个基本结构。为确定本章是否适合做因子分析，首先要对样本数据进行 KMO（Kaiser-Meyer-Olkin）计算，当 KMO 值越大时，表示变量间的共同因素越多，越适合做因子分析。KMO 值在 0~1，一般以 0.5 作为临界标准，越接近 1 表示越适合做因子分析。本章探索性因子分析的提取方法采用主成分分析法，同时运用相等最大值法来展开因子分析。根据特征值大于 1 的准则提取公共因子，并参考 Lederer 和 Sethi（1991）的方法选取测量项目，具体方法包括以下三个：①基于因子内部的一致性考虑，如果其中的一个问项成为一个独立的因子，便将其去除；②问项在所属因子的负荷量需要大于 0.5，表示其具有收敛效度，否则将其删除；③一个问项所对应的因子负荷量需要趋近于 1，但在其他因子的负荷量则必须趋近于 0，这样就会具有区别效度。因此，若该问项在所有因子的负荷量均小于 0.5，或在两个及以上因子的负荷量大于 0.5（横跨两因子的），则删除该问项。

　　本书在研究时将问卷分为两大部分：第一部分为模型一[①]所涉及的所有变量；第二部分为模型二[②]所涉及的文化维度变量。因此，在做探索性因子分析时，也分两部分来做。对于模型一的探索性因子分析，使用表 7.10 所示的 48 个测量问项进行，分析结果表明，共产生 9 个公共因子，累计解释方差为 76.44%。按照上述准则，需要删除的问项包括以下几个。

　　（1）组织结构变量第 9 题"决策权集中在领导层，下级部门和机构依据上级的指挥办事"；制度控制第 19 题"企业管理人员除了企业目标外，有自己的目标"；信息交换变量第 34 题"公司管理人员能根据自己的意愿，很自由地交换自己的观点"；周边绩效第 47 题"最近两年，员工积极提升企业价值或促使企业成长"。将这几个问项删除主要是由于其横跨了两个因子，也就是说其在两个及以上因子的负荷均超过了 0.5。

　　（2）外部环境变化变量的第 3 题"本企业经常改变经营方法以适应市场竞争的变化"；家族价值观的第 6 题"企业主的价值观/目标要服从于家族的价值观/目标"。删除这些问项是因为这几个问题各自属于一个独立的因子。删除上述问项后，9 个公共因子相应的测量问项和因子负荷如表 7.11 所示。

表 7.11　测量问卷的主要变量、测量问项和因子负荷

变量	测量问项	因子负荷
外部环境变化	1. 本企业经常改变市场竞争策略以适应市场竞争的需要	0.672
	2. 本企业事先对政策法规做出预测并相应地修改计划	0.569
家族价值观	4. 企业主认为为家族成员提供就业机会是企业主的一个义务	0.725
	5. 企业主认为家族成员应该获得与其他员工不同的薪酬安排	0.721
	7. 为了企业成长必要时可放弃家族对企业的控制（反向编码）	0.741
	8. 企业主认为家族参与管理有利于企业的发展	0.627

---

① 模型一为基于权变理论的家族企业管理控制模式与绩效关系的模型。

② 模型二为基于权变理论的家族企业管理控制模式对绩效影响的模型。

续表

变量	测量问项	因子负荷
组织结构	10. 企业组织的正规化、集权化	0.800
	11. 下级组织负责人自由支配某些资源，自主解决问题	0.793
	12. 组织领导层将其决策权分配给下级组织机构或部门负责人	0.817
制度控制	13. 企业内部管理控制种类很齐全	0.764
	14. 企业内部管理严格按照制度规范进行	0.725
	15. 企业经常运用预算方法对预算进行控制	0.830
	16. 企业定期进行管理控制分析和评价	0.627
	17. 晋升、薪酬等激励制度对家人和外人是一致的	0.696
	18. 当员工了解到竞争者的信息时，很少能够及时传递给管理者	0.571
	20. 企业比较注重利润指标的考核	0.564
	21. 经营者经常向企业主提供财务方面的正式报告	0.547
关系控制	22. 企业鼓励员工参与决策的制定和执行过程	0.634
	23. 企业内部职工可以进行良好的沟通	0.569
	24. 企业管理人员与企业主目标一致	0.778
	25. 企业内部各组织之间对企业要实现的目标能达到一致	0.724
	26. 企业在进行业绩评价时，更倾向于看综合社会贡献	0.581
	27. 企业在进行管理控制时，注重经营者的素质	0.682
	28. 家族企业家与职业经理人一致同意企业的长期发展目标	0.669
	29. 企业往往会让家族成员对外部人员进行监督，以防止其做出有损于家族的事情	0.636
	30. 本企业成员在私人关系上很融洽	0.767
	31. 企业管理人员认为企业主是值得信任的人	0.740
信息交换	32. 本管理团队会对其他管理团队成员的问题做出响应，以迎合整个企业的发展	0.798
	33. 企业内部团队之间能够共享知识和贡献	0.859
	35. 公司内管理信息的传达及反馈能够做到从上到下及由下至上	0.731
	36. 管理层经常和员工们一起交流竞争者的信息	0.783
信息质量	37. 企业提供信息的预测价值和反馈价值	0.598
	38. 财务报表全面反映企业的财务状况和经营成果	0.792
	39. 管理会计信息准确地揭示各项经济活动所包含的经济内容	0.581
	40. 管理会计报表的编制及时，即在会计年度终了较短时间内编制管理会计报表	0.788
任务绩效	41. 相对于竞争对手，在过去两年里本公司的销售利润率	0.822
	42. 相对于竞争对手，在过去两年里本公司的总资产报酬率	0.700
	43. 相对于竞争对手，在过去两年里本公司的销售增长率	0.817
	44. 相对于竞争对手，在过去两年里本公司产品的市场占有率	0.737
周边绩效	45. 最近两年，员工经常帮助同事完成工作任务	0.656
	46. 最近两年，企业员工主动完成不属于自己本职工作范围内的任务	0.705
	48. 最近两年，企业员工的个人成长和提高能力的机会	0.618

2）信度分析

在探索性因子分析以后，本书接着展开克龙巴赫 α 系数信度分析，以保证全部变量的测量问项都囊括在其所归属的因子中，且具备较高的一致性。信度指的是针对测验结果是否一致和稳定来评估被测量特征真实性的一个度量指标。具体而言，如果两次测验结果均较好地保持一致，那么测量误差就相对较小，相应的信度也就越高。一般用信度系数表示所测量对象的信度大小。信度系数越大，表明测量的可信程度越高。统计上较为常用的检测方法是克龙巴赫 α 系数。DeVellis（1991）认为，（0.60，0.65]表示"最好不要"；（0.65，0.70]表示"最小可接受值"；（0.70，0.80]表示"相当好"；（0.80，0.90]表示"非常好"。由此可知，一份信度系数好的量表或问卷，信度系数最好在 0.80 以上，（0.70，0.80]算是可以接受的范围；分量表最好在 0.70 以上，（0.60，0.70]表示可以接受。

Nunnally（1978）指出，一个变量的克龙巴赫 α 系数内部一致性值必须在大于 0.7 的情况下才能将其保留，并且如果在去除某个问项后明显提高了其内部一致性，那么这个问项是不应删掉的。本书针对问卷的 9 个环境变量和 5 个文化维度测量量表进行内部一致性分析，结果发现，并没有变量在删除一个问项后其信度有显著增加，且 9 个环境变量和 5 个文化维度变量的内部一致性系数均大于 0.7。前测过程量表各变量的克龙巴赫 α 系数如表 7.12 所示，测量量表的 9 个环境变量具备较高的内部一致性。

表 7.12　前测过程量表各变量的克龙巴赫 α 系数

变量	测量问项数	克龙巴赫 α 系数
外部环境变化	2	0.856
家族价值观	4	0.741
组织结构	3	0.820
制度控制	8	0.845
关系控制	10	0.726
信息交换	4	0.754
信息质量	4	0.876
任务绩效	4	0.882
周边绩效	3	0.837

3）最终问卷形成

在上述步骤之后，删减了部分不适用于本书的问题。同时就问卷中具体问项的语言表述进行润色，以使其尽可能做到语义清晰、易懂，形成适合大规模发放的最终问卷。

二、问卷大规模发放与数据收集

（一）样本对象与规模界定

1. 样本选择倾向

本书以家族控股权和企业经营决策控制权相结合，界定调研的家族企业。样本企业必须符合以下三个条件之一：①创业者所占股份大于 50%；②创业者家族所占股份大于 50%；③创业者个人或者家族所占股份小于 50%，但是企业的经营决策权由创业者控制。另外问卷的填写者必须为民营企业的总经理、董事长、副总经理、财务负责人、一般财会人员。

2. 决定样本数大小

关于样本数究竟需要多少，Bagozzi 和 Yi（1988）提出运用线性结构方程展开分析研究的前提是样本数需要在 50 个以上。而 Anderson 和 Gerbing（1992）则认为运用线性结构方程时的样本数保证在 150 个以上会比较好。若采用最大似然估计方法，则至少需要 100 个以上的样本数，但也不是越多越好，因为若样本数太多，则该种方法便会十分敏感，导致所选指标均变得较差。

（二）问卷大规模发放方式

关于管理控制模式对绩效影响的研究问卷的收集方式，通常包括网络电子问卷及传统纸质问卷两种。这两种方式在数据收集上均具有各自的优势。其中，前者是将设计好的问卷发布到网上，并在网页上较为引人注意的地方添加该问卷的链接，以使使用者能够方便地链接到相关网页进行问项的填写。但是，这种问卷有如下缺点：①需要使用者主动地进行填答，因而不符合本次研究抽样所要求的随机性；②受访者群体具有一定的特殊性，并且需要具备简单的网络操作能力；③受访者主动地上网对问卷中的具体问项进行填答，很可能会使其出现自我选择的问题；④被调查对象难以控制。

根据之前的调查经验，如果网络问卷设计的篇幅过长，则受访者回应的概率将会明显降低。因此，这种网络问卷应以小于 40 个问项为宜。考虑到本书中所设计问卷的问项已经明显大于 40 个，因此本书仍选取传统的方式分发和收集问卷。本次问卷共发放 350 套，回收 267 套，回收率 76.29%。剔除无效问卷，有效样本是 190 家家族企业，有效率 71.16%。调查的大部分样本来源于浙江省的台州市、绍兴市、杭州市，广东省的佛山市顺德区、中山市等地。这些区域家族企业发展较好，因此有一定的代表性。

（三）问卷预处理

问卷的信度和效度检验如下。

（1）样本的信度分析。关于模型一样本数据信度的分析，本书采用 SPSS 13.0 对外部环境变化、组织结构、家族价值观、制度控制、关系控制、信息交换、信息质量、任务绩效、周边绩效等因素分别进行信度检验，克龙巴赫 α 系数分别为：外部环境变化 0.856、家族价值观 0.741、组织结构 0.820、制度控制 0.845、关系控制 0.726、信息交换 0.754、信息质量 0.876、任务绩效 0.882、周边绩效 0.837。以上克龙巴赫 α 系数都属于可以接受范围，所以信度比较好。

（2）样本的效度分析。对于模型中用以测量外部环境变化、组织结构、家族价值观、制度控制、关系控制、信息交换、信息质量、任务绩效、周边绩效等因素的问卷，本书在借鉴相关文献研究的基础上，结合实地调研，进行有机地整合、归纳，因此本书所设计的问卷具有较高的内容效度。计算出来的 KMO 值为 0.827，比较适合做因子分析。通过因子分析的主成分分析法分别对这些因素的结构进行检验，结果如表 7.13 所示。

表 7.13　模型一旋转后的因子载荷系数

因素	旋转后的因子载荷系数								
	1	2	3	4	5	6	7	8	9
外部环境变化									
Ⅲ1	0.076	−0.031	0.083	−0.155	−0.062	0.809	0.071	0.060	0.113
Ⅲ2	0.102	−0.016	0.185	−0.081	−0.069	0.777	0.049	0.041	0.033
组织结构									
Ⅲ3	0.850	0.165	0.034	0.110	0.245	0.004	0.098	0.080	0.054
Ⅲ4	0.837	0.174	0.014	0.094	0.271	−0.001	0.111	0.073	0.065
Ⅲ5	0.634	0.377	0.021	−0.002	0.071	0.120	0.016	0.134	0.036
家族价值观									
Ⅲ6	0.034	0.007	0.020	0.044	0.075	0.077	−0.026	0.047	0.856
Ⅲ7	0.017	0.068	−0.027	0.397	−0.016	−0.053	−0.126	−0.016	0.690
Ⅲ8	−0.074	−0.082	−0.051	0.251	0.053	0.069	0.213	0.219	0.631
Ⅲ9	0.081	0.049	0.030	−0.001	0.018	−0.013	0.078	0.091	0.840
制度控制									
Ⅳ1	−0.021	0.073	0.269	0.004	0.289	0.309	0.534	−0.255	0.044
Ⅳ2	0.068	0.004	0.151	0.059	0.313	0.397	0.574	−0.166	−0.007
Ⅳ3	0.034	−0.027	−0.139	0.188	0.332	0.337	0.533	0.191	−0.148
Ⅳ4	0.031	0.171	0.334	−0.003	0.054	0.334	0.597	−0.035	−0.005

续表

因素	旋转后的因子载荷系数								
	1	2	3	4	5	6	7	8	9
制度控制									
Ⅳ5	−0.023	0.071	0.302	0.030	0.312	0.225	0.646	−0.087	−0.064
Ⅳ6	−0.001	−0.013	0.184	0.181	0.150	0.276	0.669	−0.068	−0.128
Ⅳ7	0.135	−0.078	0.062	0.027	−0.048	−0.069	0.806	−0.065	0.257
Ⅳ8	0.044	0.053	−0.056	0.185	0.035	0.003	0.810	0.105	0.020
关系控制									
Ⅳ9	−0.025	0.079	0.535	0.175	0.129	0.259	−0.283	0.031	0.189
Ⅳ10	−0.011	0.084	0.716	0.014	0.140	0.186	0.033	−0.118	0.113
Ⅳ11	0.112	0.031	0.687	−0.083	0.067	0.102	0.428	−0.032	0.026
Ⅳ12	0.092	−0.006	0.754	−0.109	0.016	0.115	0.331	−0.061	0.106
Ⅳ13	0.067	0.009	0.719	0.055	0.127	0.145	0.281	0.054	−0.087
Ⅳ14	0.060	−0.046	0.641	0.115	0.158	0.189	0.073	0.105	0.039
Ⅳ15	−0.089	0.085	0.559	0.128	0.046	0.197	−0.122	0.410	−0.066
Ⅳ16	0.020	0.065	0.545	0.122	0.277	0.376	0.266	−0.066	−0.045
Ⅳ17	−0.121	0.053	0.553	−0.009	0.268	0.195	0.163	0.191	−0.165
Ⅳ18	0.064	0.073	0.501	0.170	0.421	0.321	0.029	0.145	−0.170
信息交换									
Ⅴ1	0.511	0.639	−0.041	0.061	0.252	0.035	0.028	−0.017	0.042
Ⅴ2	0.127	0.897	0.049	0.080	0.171	0.000	0.116	0.029	0.039
Ⅴ3	0.520	0.638	−0.046	0.065	0.243	0.043	0.025	−0.014	0.047
Ⅴ4	0.125	0.896	0.053	0.081	0.174	−0.004	0.117	0.032	0.035
信息质量									
Ⅴ5	0.126	0.114	0.031	0.520	0.007	−0.075	−0.123	0.153	0.482
Ⅴ6	0.014	0.156	0.078	0.621	−0.036	−0.039	−0.001	0.242	0.468
Ⅴ7	0.087	0.035	0.019	0.890	0.009	0.046	0.017	0.166	0.066
Ⅴ8	0.004	0.046	0.027	0.690	0.121	−0.069	−0.105	0.275	0.283
任务绩效									
Ⅵ1	0.024	0.347	0.049	0.055	0.202	0.175	−0.041	0.800	0.011
Ⅵ2	0.514	0.058	0.030	0.103	0.215	−0.024	−0.019	0.683	−0.018
Ⅵ3	0.017	0.355	0.049	0.048	0.233	0.175	−0.033	0.792	0.011
Ⅵ4	0.509	0.065	0.033	0.094	0.217	−0.021	−0.019	0.698	−0.014
周边绩效									
Ⅵ5	0.249	0.208	0.153	−0.038	0.866	−0.025	0.102	0.035	0.080
Ⅵ6	0.263	0.304	−0.036	0.037	0.660	0.080	0.113	0.051	0.074
Ⅵ7	0.255	0.218	0.158	−0.024	0.856	−0.025	0.105	0.037	0.091

注：提取方法为主成分分析法；旋转法方法为相等最大值法

经过旋转后得到 9 个因子，因子 6 对应Ⅲ1（0.809）和Ⅲ2（0.777），并与外部环境变化设置的测量指标结构符合；因子 1 对应Ⅲ3（0.850）、Ⅲ4（0.837）和Ⅲ5（0.634），并与组织结构设置的测量指标结构符合；因子 9 对应Ⅲ6（0.856）、Ⅲ7（0.690）、Ⅲ8（0.631）、Ⅲ9（0.840），并与家族价值观设置的测量指标结构符合；因子 7 对应Ⅳ1（0.534）、Ⅳ2（0.574）、Ⅳ3（0.533）、Ⅳ4（0.597）、Ⅳ5（0.646）、Ⅳ6（0.669）、Ⅳ7（0.806）、Ⅳ8（0.810），并与制度控制设置的测量指标结构符合；因子 3 对应Ⅳ9（0.535）、Ⅳ10（0.716）、Ⅳ11（0.687）、Ⅳ12（0.754）、Ⅳ13（0.719）、Ⅳ14（0.641）、Ⅳ15（0.559）、Ⅳ16（0.545）、Ⅳ17（0.553）、Ⅳ18（0.501），并与关系控制设置的测量指标结构符合；因子 2 对应Ⅴ1（0.639）、Ⅴ2（0.897）、Ⅴ3（0.638）、Ⅴ4（0.896），并与信息交换设置的测量指标结构符合；因子 4 对应Ⅴ5（0.520）、Ⅴ6（0.621）、Ⅴ7（0.890）、Ⅴ8（0.690），并与信息质量设置的测量指标结构符合；因子 8 对应Ⅵ1（0.800）、Ⅵ2（0.683）、Ⅵ3（0.792）、Ⅵ4（0.698），并与任务绩效设置的测量指标结构符合；因子 5 对应Ⅵ5（0.866）、Ⅵ6（0.660）、Ⅵ7（0.856），并与周边绩效设置的测量指标结构符合。

（四）验证性因子分析

1. 环境变量因素

（1）因子模型设定。如前所述，环境变量因素除了企业规模还可从三个维度来衡量：外部环境变化、家族价值观和组织结构，第一个由 2 个问项来测量，后两个分别由 4 个和 3 个问项来测量。现利用 LISREL 8.7 对包含这三个潜变量的测量模型进行验证性因子分析，模型如图 7.6 所示。

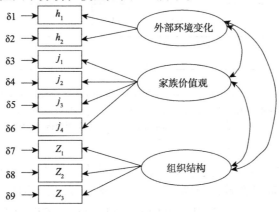

图 7.6　环境变量测量模型

（2）因子模型识别。根据 t 规则，本验证性因子模型共有 9 个测量指标，因此 $q(q+1)/2=45$，模型要估计 9 个因子负荷、9 个测量指标的误差方差和 3 个因子间相关系数，共要估计 21 个参数，$t=21<45$，满足模型识别的必要条件。

（3）模型整体评估。运用 LISREL 8.7 软件，对模型进行了分析，结果见表 7.14。

表 7.14　环境变量测量模型参数估计表

潜变量及测量指标	标准化因子负荷	t 值	项目信度	建构信度	平均提取方差
外部环境变化（h）				0.784 5	0.637 1
h_1：本企业经常改变市场竞争策略以适应市场竞争的需要	0.87**	22.04	0.76		
h_2：本企业事先对政策法规做出预测并相应地修改计划	0.76*	18.99	0.58		
家族价值观（j）				0.839 9	0.562 3
j_1：企业主认为为家族成员提供就业机会是企业主的一个义务	0.73**	18.61	0.53		
j_2：企业主为家族成员应该获得与其他员工不同的薪酬安排	0.86**	21.14	0.64		
j_3：为了企业成长必要时可放弃家族对企业的控制（反向编码）	0.73**	18.68	0.53		
j_4：企业主认为家族参与管理有利于企业的发展	0.77**	19.99	0.59		
组织结构（z）				0.797 5	0.579 6
z_1：企业组织结构正规化、集权化	0.95**	30.24	0.91		
z_2：下级组织负责人不能自由支配某些资源，自主解决问题	0.88**	23.86	0.77		
z_3：组织领导层没有将其决策权分配给下级组织机构或部门负责人	0.56**	14.53	0.32		

拟合优度指数 $\chi^2=138.86$　df=112　$p=0.000\ 00$　RMSEA=0.016　GFI=0.96　AGFI=0.93　CFI=0.99　NFI=0.96　NNFI=0.94

**$p<0.05$，*$p<0.1$

注：未列 t 值者为参照指标，是限制估计参数。RMSEA，root-mean-square error of approximation，近似误差均方根；GFI，goodness-of-fit index，拟合优度指数；AGFI，ajusted goodness-of-fit index，调整的拟合优度指数；CFI，comparative fit index，比较拟合指数；NFI，normed fit index，规范拟合指数；NNFI，nonnormed fit index，非规范拟合指数

可以看到，所有观察变量对潜在变量的标准化估计参数都具有显著水平，显示这些观察变量可以有效地反映其所对应的潜在变量，并且绝对拟合指数 $1<\chi^2/df=138.86/112=1.24<5$、RMSEA=0.016、GFI=0.96、AGFI=0.93；相对拟合指数 CFI=0.99、NFI=0.96、NNFI=0.94，都满足结构方程拟合指数标准的要求，可见管理控制测量模型拟合效果满足要求。

（4）个别指标评估。针对个别指标进行评估，即验证其效度，考察相关变量

在所表征的因子上的标准化负荷量，该种系数被称为标准化效度系数。如果此系数在统计上显著，就表示这些指标可以较好地反映该因子。从表7.14中可以看出，各指标的标准化因子负荷一般都超过0.7（仅有1个指标的标准化因子负荷低于0.7，但也相差无几），各指标的项目信度基本超过0.5或接近0.5，所有的标准化系数皆显著异于零。

（5）因子信度评估。因子信度用建构信度来衡量，且一般认为建构信度在0.5以上即满足要求。从表7.14中可以看出，"外部环境变化"的建构信度为0.7845，"家族价值观"的建构信度为0.8399，"组织结构"的建构信度为0.7975，均大于0.5，说明三个潜变量满足建构信度的要求，表示对这三个潜变量的测量表现出较好的内部一致性，信度指标能够达到可接受的范围。

（6）因子效度评估。对于内容效度，两个变量是从前人研究一脉相承而来的，经过了严格的逻辑推理，并且先在小范围群体间展开了访谈，后续又针对与受访者的交流做了进一步预测和修正，从而确定所有测量指标在内容效度方面具有科学合理性。

对于聚合效度，如表7.14所示，这三个潜变量所归属的因子标准化负荷基本都在0.5以上，大致符合标准要求，显示出"外部环境变化""家族价值观""组织结构"具有可接受的聚合效度。而且，由表7.14还可以看出，"外部环境变化"的平均提取方差值为0.6371，"家族价值观"的平均提取方差值为0.5623。"组织结构"的平均提取方差值为0.5796，平均提取方差值均大于0.5，说明测量指标的解释力大于其误差方差，也说明本书所涉及的三个关键变量（外部环境变化、家族价值观和组织结构）的测量具备较高的聚合效度。

"外部环境变化"和"家族价值观"这两个潜在变量的相关系数R为-0.08，C.R.值为-1.67，可以发现它们之间存在显著的负相关关系；"外部环境变化"与"组织结构"的相关系数R为0.05，C.R.值为1.19；"组织结构"与"家族价值观"这两个潜在变量的相关系数R为0.23，C.R.值为5.21，均小于三者的平均提取方差值，因此"外部环境变化""家族价值观""组织结构"之间满足区分效度的要求。

2. 家族企业管理控制模式

（1）因子模型设定。如前所述，管理控制模式可从两个维度来衡量：制度控制与关系控制，前者由8个问项来测量，后者由10个问项来测量。现利用LISREL 8.7对包含这两个潜变量的测量模型进行验证性因子分析，模型如图7.7所示。

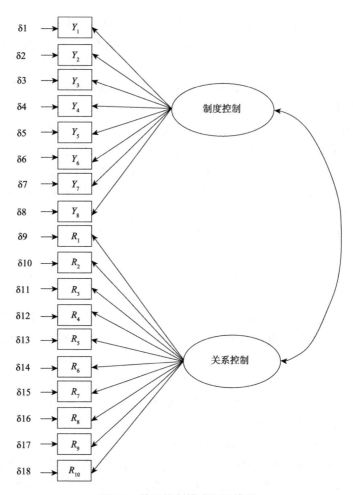

图 7.7　管理控制模式测量模型

（2）因子模型识别。本验证性因子模型一共包括 18 个测量指标，由 t 规则可得 $q(q+1)/2=171$，模型要估计 18 个因子负荷、18 个测量指标的误差方差和 1 个因子间相关系数，共要估计 37 个参数，$t=37<171$，因此符合模型识别所要求达到的条件。

根据测量模型识别二指标法则（two-indicator rule）：①每个潜变量都应当有两个或两个以上的非零项测量变量；②一个测量变量只测量一个因子；③特殊因子之间应当保持独立；④必须有两个或两个以上的潜变量之间具有相关性，或者每个潜变量都应有一个或一个以上的潜变量与其具有相关性。只有均符合以上四项要求，则本书所设定的模型才是可识别的。

综上，本模型符合以上所有的设定要求，因此本模型可识别。

（3）模型整体评估。运用 LISREL 8.7 软件，对模型进行了分析，结果见

表 7.15。

表 7.15　管理控制模式测量模型参数估计表

潜变量及测量指标	标准化因子负荷	t 值	项目信度	建构信度	平均提取方差
制度控制（Y）				0.710	0.612
Y_1：企业内部管理控制种类很齐全	0.80**	8.12	0.64		
Y_2：企业内部管理严格按照制度规范进行	0.77**	7.89	0.59		
Y_3：企业经常运用预算方法对预算进行控制	0.74**	7.65	0.55		
Y_4：企业定期进行管理控制分析和评价	0.68**	7.63	0.46		
Y_5：晋升、薪酬等激励制度对家人和外人是一致的	0.79**	8.01	0.62		
Y_6：当员工了解到竞争者的信息时，很少能够及时传递给管理者	0.79**	8.03	0.62		
Y_7：企业比较注重利润指标的考核	0.69**	7.59	0.47		
Y_8：经营者经常向企业主提供财务方面的正式报告	0.78**	7.93	0.61		
关系控制（R）				0.694	0.587
R_1：企业鼓励员工参与决策的制定和执行过程	0.78**	7.90	0.61		
R_2：企业内部职工可以进行良好的沟通	0.82**	8.21	0.76		
R_3：企业管理人员与企业主目标一致	0.69**	7.56	0.48		
R_4：企业内部各组织之间对企业要实现的目标能达到一致	0.81**	8.15	0.66		
R_5：企业在进行业绩评价时，更倾向于看综合社会贡献	0.76**	7.73	0.53		
R_6：企业在进行管理控制时，注重经营者的素质	0.73**	7.48	0.53		
R_7：家族企业家与职业经理人一致同意企业的长期发展目标	0.78**	7.81	0.61		
R_8：企业往往会让家族成员对外部人员进行监督，以防止其做出有损于家族的事情	0.82**	8.14	0.67		
R_9：本企业成员在私人关系上很融洽	0.77**	7.78	0.59		
R_{10}：企业管理人员认为企业主是值得信任的人	0.75**	7.62	0.56		

拟合优度指标 χ^2=548.64　df=134　p=0.000 00　RMSEA=0.068　GFI=0.92　AGFI=0.89　CFI=0.91　NFI=0.90　NNFI=0.91

**$p<0.05$

注：未列 t 值者为参照指标，是限制估计参数

由表 7.15 可知，所有观察变量对潜在变量的标准化估计参数在统计上都具有显著性，说明这些观察变量能够较为准确地表征其对应的潜在变量。同时，绝对拟合指数 $1<\chi^2/df$=548.64/134=4.1<5、RMSEA=0.068、GFI=0.92、AGFI=0.89；相对拟合指数 CFI=0.91、NFI=0.90、NNFI=0.91，都满足结构方程拟合指数标准的

要求，可见管理控制测量模型拟合效果满足要求。

（4）个别指标评估。从表 7.15 中可以看出，各指标的标准化因子负荷基本大于 0.7（仅有 3 个指标的标准化因子负荷略微小于 0.7），各指标的项目信度基本大于 0.5 或趋近于 0.5，所有的标准化系数皆显著异于零。

（5）因子信度评估。从表 7.15 中可以看出，"制度控制"的建构信度为 0.710，"关系控制"的建构信度为 0.694，均大于 0.5，说明这两个潜变量满足建构信度的要求，表明针对这两个潜变量的测量都反映出较好的内部一致性，信度指标均在可接受的范围内。

（6）因子效度评估。对于聚合效度，如表 7.15 所示，两个潜变量所属的因子标准化负荷基本大于 0.5 或接近 0.5，基本满足标准要求，显示出"制度控制""关系控制"具有可接受的聚合效度。而且，由表 7.15 还可以看出，"制度控制"的平均提取方差值为 0.612，"关系控制"的平均提取方差值为 0.587，均在 0.5 以上。这表明测量指标的解释力超过其误差方差，两个构思变量（制度控制与关系控制）的测量具备较高的聚合效度。

"制度控制"和"关系控制"两个潜在变量的相关系数 R 为 0.65，C.R.值为 7.46，能够看出这两者之间具有显著的正相关关系。R^2 值为 0.423，都低于二者的平均提取方差值 0.612 和 0.587，因此"制度控制"与"关系控制"之间满足区分效度的要求。

3. 中介变量

（1）因子模型设定。本书用 8 个观测指标来测量中介变量，从两个维度来测量，分别为信息交换和信息质量，前者由 4 个问项来测量，后者也由 4 个问项来测量，测量模型如图 7.8 所示。

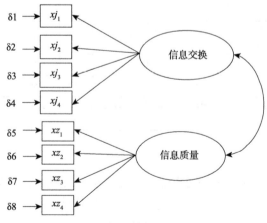

图 7.8　中介变量测量模型

　　（2）因子模型识别。本验证性因子模型共有 8 个测量指标，由 t 规则可得 $q(q+1)/2=36$，模型要估计 8 个因子负荷、8 个测量指标的误差方差和 1 个因子间相关系数，共要估计 17 个参数，$t=17<36$，符合模型设定所要求的识别条件。

　　（3）模型整体评估。本书选取 LISREL 8.7 软件，对模型展开分析，结果如表 7.16 所示。

表 7.16　管理控制中介变量测量模型参数估计表

潜变量及测量指标	标准化因子负荷	t 值	项目信度	建构信度	平均提取方差
信息交换（xj）				0.800 6	0.508 3
xj_1：本管理团队会对其他管理团队成员的问题做出响应，以迎合整个企业的发展	0.98**	26.06	0.96		
xj_2：企业内部团队之间能够共享知识和贡献	0.73**	18.02	0.53		
xj_3：公司内管理信息的传达及反馈能够做到从上到下及由下至上	0.65**	16.51	0.43		
xj_4：管理层经常和员工们一起交流竞争者的信息	0.92**	25.48	0.85		
信息质量（xz）				0.804 1	0.526 5
xz_1：企业提供信息的预测价值和反馈价值	0.89**	25.12	0.79		
xz_2：财务报表全面反映企业的财务状况和经营成果	0.69**	18.41	0.46		
xz_3：管理会计信息准确地揭示各项经济活动所包含的经济内容	0.97**	26.03	0.94		
xz_4：管理会计报表的编制及时，即在会计年度终了较短时间内编制管理会计报表	0.68**	18.37	0.46		

拟合优度指标 χ^2=473.68　df=134　p=0.000 00　RMSEA=0.076　GFI=0.902　AGFI=0.858　CFI=0.931
NFI=0.912　NNFI=0.909

**p<0.05

注：未列 t 值者为参照指标，是限制估计参数

　　由表 7.16 可知，所有观察变量对潜在变量的标准化估计参数在统计上均是显著的，说明这些观察变量能够很好地表征其所对应的潜在变量。并且，绝对拟合指数 $1<\chi^2/df=473.68/134=3.535<5$、RMSEA=0.076、GFI=0.902、AGFI=0.858；相对拟合指数 CFI=0.931、NFI=0.912、NNFI=0.909，虽然 AGFI 小于 0.90，但是也接近 0.90，因此指标基本上满足结构方程拟合指数标准的要求，可见管理控制的中介变量测量模型拟合效果满足要求。

（4）个别指标评估。从表 7.16 中可以看出，各指标的标准化因子负荷基本大于 0.7（其中只有 3 个指标的标准化因子负荷略微小于 0.7），各指标的项目信度基本上大于 0.5 或者趋近于 0.5，所有的标准化系数均具有较高的显著性水平。

（5）因子信度评估。因子信度用建构信度来衡量，且一般认为建构信度在 0.5 以上即满足要求。从表 7.16 中可以看出，"信息交换"的建构信度为 0.8006、"信息质量"的建构信度为 0.8041，均大于 0.5，说明这两个潜变量满足建构信度的要求，表明这两个潜变量的测量反映出较高的内部一致性，信度指标都在可接受的范围内。

4. 管理控制绩效

（1）因子模型设定。本书用 7 个观测指标来测量绩效变量，从两个维度来测量，分别为任务绩效和周边绩效，前者由 4 个问项来测量，后者由 3 个问项来测量，测量模型如图 7.9 所示。

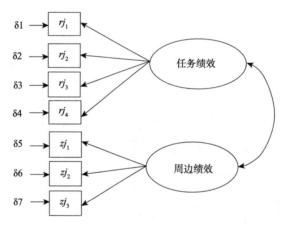

图 7.9　管理控制绩效测量模型

（2）因子模型识别。本验证性因子模型共有 7 个测量指标，由 t 规则可知，$q(q+1)/2=28$，模型要估计 7 个因子负荷、7 个测量指标的误差方差和 1 个因子间相关系数，共要估计 15 个参数，$t=15<28$，符合模型识别所要求的条件。

根据测量模型识别二指标法则，符合本模型识别所要求的条件，因此模型可识别。

（3）模型整体评估。选取 LISREL 8.7 软件对模型展开分析，结果如表 7.17 所示。

表 7.17　管理控制绩效测量模型参数估计表

潜变量及测量指标	标准化因子负荷	t值	项目信度	建构信度	平均提取方差
任务绩效（rj）				0.796 9	0.502 9
rj_1：相对于竞争对手，在过去两年里本公司的销售利润率	0.99**	26.77	0.98	0	
rj_2：相对于竞争对手，在过去两年里本公司的总资产报酬率	0.66**	14.35	0.44		
rj_3：相对于竞争对手，在过去两年里本公司的销售增长率	0.88**	25.03	0.77		
rj_4：相对于竞争对手，在过去两年里本公司产品的市场占有率	0.67**	14.55	0.45		
周边绩效（zj）				0.846 9	0.651 4
zj_1：最近两年，员工经常帮助同事完成工作任务	0.89**	25.25	0.79		
zj_2：最近两年，企业员工主动完成不属于自己本职工作范围内的任务	0.66**	14.50	0.44		
zj_3：最近两年，企业员工的个人成长和提高能力的机会	0.79**	21.08	0.62		
拟合优度指标 χ^2=74.38　df=34　p=0.000 00　RMSEA=0.069　GFI=0.90　AGFI=0.848　CFI=0.90　NFI=0.89 NNFI=0.87					

**p<0.05

注：未列 t 值者为参照指标，是限制估计参数

由表 7.17 可知，所有观察变量对潜在变量的标准化估计参数在统计上都具有较高的显著性，说明这些观察变量能够很好地表征其所对应的潜在变量，并且绝对拟合指数 $1<\chi^2/df$=74.38/34=2.1876<5、RMSEA=0.069、GFI=0.90、AGFI=0.848；相对拟合指数 CFI=0.90、NFI=0.89、NNFI=0.87，参数基本符合标准。因此，从整体上来看，因子模型拟合效果能够被接受，具有可接受的建构效度。

（4）个别指标评估。从表 7.17 中可以看出，各指标的标准化因子负荷一般都超过 0.7（仅有 3 个指标的标准化因子负荷低于 0.7，但也相差无几），各指标的项目信度基本超过 0.5 或接近 0.5，所有的标准化系数皆显著异于零。

（5）因子信度评估。从表 7.17 中可以看出，"任务绩效"的建构信度为0.7969、"周边绩效"的建构信度为 0.8469，均大于 0.5，说明这两个潜变量满足建构信度的要求，也说明这两个潜变量的测量均反映出较高的内部一致性，信度指标都在可接受的范围内。

三、基于权变理论的家族企业管理控制模式对绩效影响的实证结果分析

这是本书的核心部分。基于调查问卷资料，通过关系框架模型，对环境变量

对家族企业管理控制模式的影响及家族企业管理控制模式对绩效的影响进行了假设检验。最后对主要结论进行了分析和讨论。本书主要采用 SPSS 13.0 作为分析工具来实现模型的验证过程。

（一）家族企业管理控制模式演变的阶段性特征

由于核心变量管理控制模式类型是一个定类的等级变量，在探索家族企业管理控制模式演变的阶段性特征时，采用交互分类、均值比较和方差分析来检验假设。

（1）不同企业规模区间下关系控制、制度控制的均值比较。被调查企业中，每一企业规模区间下的制度控制和关系控制的均值如表 7.18 所示。从表 7.18 中我们可以看出，制度控制均值的最大值出现在总资产为 1 亿~10 亿元的企业中，而没有出现在总资产为 10 亿元以上的企业中，其次出现在总资产为 4000 万~1 亿元的企业中，这也许是因为总资产在 10 亿元以上的企业只有 10 家，算出来的均值对于大型企业没有代表性。关系控制的最大均值也出现在 1 亿~10 亿元的企业内，而没有在 10 亿元以上的企业中出现，这也许是因为总资产在 10 亿元以上的企业只有 10 家，没有太大的代表性，才会产生偏差的。

表 7.18　每一规模下样本企业的制度控制、关系控制的均值比较

企业规模（总资产）		样本数/个	均值	标准差	标准误差
制度控制	小于 200 万元	27	4.403 8	0.845 06	0.165 73
	200 万~1 000 万元	71	4.281 7	0.838 45	0.099 51
	1 000 万~4 000 万元	42	4.478 7	0.768 98	0.120 09
	4 000 万~1 亿元	17	4.485 3	0.819 54	0.198 77
	1 亿~10 亿元	23	4.655 9	0.714 19	0.137 45
	10 亿元以上	10	4.208 3	1.266 56	0.517 07
关系控制	小于 200 万元	27	4.450 0	0.777 30	0.152 44
	200 万~1 000 万元	71	4.367 6	0.623 07	0.073 95
	1 000 万~4 000 万元	42	4.387 8	0.647 66	0.101 16
	4 000 万~1 亿元	17	4.235 3	0.434 37	0.105 35
	1 亿~10 亿元	23	4.455 6	0.703 41	0.135 37
	10 亿元以上	10	4.450 0	0.821 58	0.335 41

（2）不同企业资产规模区间下的管理控制模式类型特征。每一个企业规模下，企业所采取的管理控制模式如表 7.19 所示。从表 7.19 中我们可以看出，在总资产小于 200 万元的企业中，双弱模式的比例最大，占 48.15%，双强模式占 25.9%，说明在这一类企业中，企业更多地采用双弱模式；在总资产处于 200 万~1000 万元的企业中，双弱模式的比例最大，占 38.03%，一强一弱模式共占 33.80%，

双强模式占28.17%，与前一资产规模的企业相比，该类型企业已经加强了关系控制和制度控制；在总资产处于1000万~4000万元的企业中，双强模式的比例最大，为57.14%；在总资产处于4000万~1亿元的企业中，强制度控制弱关系控制模式的比例最大，为52.94%，双强模式的比例为17.65%，说明在稍微大型的企业中，企业容易采用强的制度控制和强的关系控制模式；在总资产处于1亿~10亿元的企业中，双强模式比例最大，为39.13%；在总资产处于10亿元以上的企业中，双强模式的比例最大，为40%。总的来讲，资产规模大的企业中，双强模式的比例稍微比较大。

表 7.19　不同规模企业的管理控制模式比较　　　　　单位：家

企业规模（总资产）	弱制度控制 弱关系控制 （双弱）	弱制度控制 强关系控制 （一强一弱）	强制度控制 弱关系控制 （一强一弱）	强制度控制 强关系控制 （双强）
小于 200 万元	13	4	3	7
200 万~1 000 万元	27	14	10	20
1 000 万~4 000 万元	8	3	7	24
4 000 万~1 亿元	2	3	9	3
1 亿~10 亿元	4	7	3	9
10 亿元以上	3	2	1	4

（二）环境变量对家族企业管理控制模式类型选择的影响实证分析

1. 环境变量对家族企业管理控制模式类型选择的影响方差分析

（1）环境变量在不同模式类型下的均值比较。外部环境变化、家族价值观、组织结构、企业规模、发展阶段等因素影响管理控制模式类型选择的均值比较结果如表 7.20 所示。

表 7.20　五个因素在不同模式类型下的均值比较

管理控制 模式类型	样本数/个	家族价值观	外部环境变化	组织结构	企业规模	发展阶段
弱关系控制 弱制度控制	57	3.7588	3.0789	3.5146	2.61	1.53
强关系控制 弱制度控制	33	*3.8788*	3.1364	3.5484	*2.73*	2.09
弱关系控制 强制度控制	33	3.4848	*3.3333*	*3.6970*	2.67	*2.21*
强制度控制 强关系控制	67	**4.0858**	**4.1493**	**4.1244**	**2.91**	**2.76**

表 7.20 中黑体数字表示该指标的最大值出现在哪个管理控制模式中，斜黑体

数字表示指标的第二大均值出现在哪个管理控制模式中。

从表 7.20 中我们可以看出,发展阶段最大均值出现在强制度控制强关系控制模式下。这表明随着企业到达成熟稳定时期,制度控制和关系控制也达到最强。

从表 7.20 中我们还可以看出,企业规模、组织结构最大均值出现在强制度控制强关系控制模式下。同时可以看出,小型企业多采用弱关系控制弱制度控制模式,随着规模的扩大,企业会加强一种管理控制方法的应用,达到大型规模以后,企业多采用强制度控制强关系控制模式。

外部环境变化最大均值出现在强制度控制强关系控制模式下,这说明竞争压力越大,环境越不稳定,越需要两种控制方法的结合。

家族价值观最大均值出现在强制度控制强关系控制模式下,第二大均值出现在强关系控制弱制度控制模式下,这说明家族价值观正向影响着关系控制的强弱,家族价值观越强,关系控制越强,就越容易采用强制度控制强关系控制模式和强关系控制弱制度控制模式。

(2)环境变量在不同模式类型下的方差分析。家族价值观、外部环境变化、组织结构、企业规模、发展阶段等因素影响管理控制模式类型选择的方差分析结果如表 7.21 所示。

表 7.21　方差分析结果

因素	项目	离差平方和	自由度	方差	F 值	显著性
家族价值观	组间	8.626	3	2.875	4.148	0.007^{***}
	组内	128.947	186	0.693		
	总数	137.573	189			
外部环境变化	组间	43.607	3	14.536	15.550	0.000^{***}
	组内	173.872	186	0.935		
	总数	217.479	189			
组织结构	组间	13.830	3	4.610	2.405	0.069^{*}
	组内	352.626	186	1.916		
	总数	366.456	189			
企业规模	组间	2.684	3	0.895	0.477	0.698
	组内	348.495	186	1.874		
	总数	351.179	189			
发展阶段	组间	47.284	3	15.761	29.132	0.000^{***}
	组内	100.632	186	0.541		
	总数	147.916	189			

$***p<0.01$, $*p<0.1$(双尾检验)

从表 7.21 可以看出,将家族企业管理控制模式类型作为一个因素来分析,家族价值观、外部环境变化、组织结构、发展阶段在不同的家族企业管理控制模式下显著不同，这也可以说这四个因素对家族企业管理控制模式的选择有显著的影响，但是企业规模对企业管理控制模式类型的选择影响不大。

2. 环境变量对家族企业管理控制模式类型选择的影响回归分析

为了进一步说明环境变量对管理控制模式类型的影响，需要对环境变量对家族企业管理控制模式类型选择进行回归分析，由于管理控制模式类型是一个不连续的变量，本书采用多分变量逻辑斯蒂回归法进行分析。

将连续性变量外部环境变化、家族价值观、组织结构放入多分变量逻辑斯蒂回归模型中，以第四种管理控制模式（双强模式）作为参考模式，得到以下结果，详见表 7.22~表 7.24。

表 7.22　模型拟合信息（一）

模型	−2 似然对数	χ^2	自由度	显著性概率
解释部分	487.026			
最终部分	422.554	64.472	9	0.000

表 7.23　似然率检验（一）

效果	精简模型的−2 似然对数	χ^2	自由度	显著性概率
截距	465.646	43.092	3	0.000
外部环境变化	469.415	46.862	3	0.000
家族价值观	438.126	15.573	3	0.001
组织结构	425.736	3.183	3	0.364

表 7.24　参数估计（一）

管理控制模式	变量	B	标准误差	Wald	自由度	显著性概率	Exp（B）	Exp（B）的95%置信区间	
								最低值	最高值
模式 1	截距	8.362	1.630	26.333	1	0.000			
	外部环境变化	−1.309	0.240	29.728	1	0.000***	0.270	0.169	0.432
	家族价值观	−0.711	0.268	7.057	1	0.008***	0.491	0.291	0.830
	组织结构	−0.250	0.154	2.634	1	0.105	0.779	0.576	1.053
模式 2	截距	7.022	1.792	15.362	1	0.000			
	外部环境变化	−1.258	0.267	22.234	1	0.000***	0.284	0.168	0.479
	家族价值观	−0.569	0.304	3.500	1	0.061*	0.566	0.312	1.027
	组织结构	−0.241	0.175	1.883	1	0.170	0.786	0.557	1.109
模式 3	截距	8.141	1.781	20.902	1	0.000			
	外部环境变化	−1.111	0.261	18.074	1	0.000***	0.329	0.197	0.549
	家族价值观	−1.108	0.307	13.055	1	0.000***	0.330	0.181	0.602
	组织结构	−0.118	0.178	0.440	1	0.507	0.889	0.627	1.260

***$p<0.01$，*$p<0.1$

　　表7.22为最终方程的有效性检验，显著性小于0.05，因此方程有效。表7.23呈现了似然率统计量检测针对每个变量对所属方程的影响，外部环境变化、家族价值观两个变量的显著性值都小于0.05，说明这两个变量对方程具有重要影响。

　　根据表7.24可以得出以下3个方程：

　　G1=log{p（模式1）/p（模式4）}=−1.309环境适应−0.711家族价值观−0.250组织结构

　　在G1方程中，由于外部环境变化、家族价值观的Exp（B）值都显著小于1，这说明，若外部环境变化强，则企业是双弱模式的可能性比是双强模式的可能性小；若家族价值观强，则企业是双弱模式的可能性比是双强模式的可能性小。

　　G2=log{p（模式2）/p（模式4）}=−1.258外部环境变化−0.569家族价值观−0.241组织结构

　　在G2方程中，只有外部环境变化变量的显著性小于0.01，说明只有这个变量的系数显著异于零，而外部环境变化的Exp（B）值小于1，其系数小于0，说明外部环境变化越大，企业管理控制是模式2（强关系控制弱制度控制）的可能性越小于管理控制是模式4（双强）的可能性，也就是说外部环境变化越大，企业的管理控制模式类型越可能是双强模式。

　　G3=log{p（模式3）/p（模式4）}=−1.111外部环境变化−1.108家族价值观−0.118组织结构

　　在G3方程中，外部环境变化变量的显著性小于0.01，家族价值观的显著性小于0.01，外部环境变化和家族价值观变量的系数（B）值为负数，而且Exp（B）值为小于1的数值，说明外部环境变化和家族价值观越大，企业的管理控制模式类型是模式3（强制度控制弱关系控制）的可能性比企业管理控制模式类型是模式4（双强）的可能性越小。也就是说企业的外部环境变化越大，企业越容易是双强类型的管理控制模式；家族价值观越强，企业也越容易是双强类型的管理控制模式。

　　总的来说，企业外部环境变化越大，企业管理控制模式类型是双强（模式4）的可能性比是其他三种模式的可能性都大，这也验证了本书所提出的H1，说明外部环境变化的强弱影响管理控制模式类型的选择；从方程G1和方程G3可以看出，家族价值观越强，企业管理控制模式类型是双强模式的可能性比是双弱模式和弱关系控制强制度控制模式的可能性越大，这也说明了家族价值观越强的企业，关系控制越强，验证了本书所提出的H2，说明家族价值观的不同将影响企业管理控制模式类型的选择。

　　3. 将发展阶段、企业规模非连续性变量纳入回归模型中进行分析

　　将发展阶段、企业规模两个分类变量纳入回归模型中，得到以下的结果，详见表7.25~表7.27。

表 7.25　模型拟合信息（二）

模型	-2 似然对数	χ^2	自由度	显著性概率
解释部分	499.503			
最终部分	337.298	162.204	33	0.000***

***$p<0.01$

表 7.26　似然率检验（二）

效果	精简模型的-2 似然对数	χ^2	自由度	显著性概率
截距	337.298	0.000	0	
外部环境变化	362.793	25.494	3	0.000***
家族价值观	344.736	7.438	3	0.059*
组织结构	345.311	8.013	3	0.046**
发展阶段	416.667	79.369	9	0.000***
企业规模	357.869	20.571	15	0.151

***$p<0.01$，**$p<0.05$，*$p<0.1$

表 7.27　参数估计（二）

管理控制模式	变量	B	标准误差	Wald	自由度	显著性概率	Exp（B）	Exp（B）的95%置信区间	
								最低值	最高值
模式1	截距	11.758	2.729	18.567	1	0.000			
	外部环境变化	-1.223	0.314	15.210	1	0.000***	0.294	0.159	0.544
	家族价值观	-0.561	0.369	2.314	1	0.128	0.571	0.277	1.176
	组织结构	-0.547	0.219	6.220	1	0.013**	0.579	0.377	0.890
	[发展阶段=1]	3.130	1.286	5.922	1	0.015**	22.863	1.839	284.316
	[发展阶段=2]	-0.138	1.087	0.016	1	0.899	0.871	0.103	7.340
	[发展阶段=3]	-2.932	1.212	5.855	1	0.016**	0.053	0.005	0.573
	[发展阶段=4]	0			0				
	[企业规模=1]	4.004	1.644	5.930	1	0.015**	25.018	0.001	0.458
	[企业规模=2]	3.090	1.486	4.322	1	0.038**	20.046	0.002	0.838
	[企业规模=3]	3.185	1.499	4.514	1	0.034**	21.141	0.002	0.781
	[企业规模=4]	-2.166	1.627	1.771	1	0.183	0.115	0.005	2.785
	[企业规模=5]	-3.276	1.578	4.309	1	0.038**	0.038	0.002	0.833
	[企业规模=6]	0			0				
模式2	截距	-10.072	2.400	17.608	1	0.000			
	外部环境变化	-1.176	0.300	15.354	1	0.000***	0.309	0.171	0.556
	家族价值观	-0.249	0.349	0.507	1	0.476	0.780	0.394	1.546
	组织结构	-0.449	0.202	4.945	1	0.026**	0.638	0.430	0.948
	[发展阶段=1]	2.216	1.571	1.990	1	0.158	9.174	0.422	199.450
	[发展阶段=2]	0.967	1.375	0.495	1	0.482	2.629	0.178	38.902

续表

管理控制模式	变量	B	标准误差	Wald	自由度	显著性概率	Exp（B）	Exp（B）的95%置信区间	
								最低值	最高值
模式2	[发展阶段=3]	−1.029	1.409	0.533	1	0.465	0.357	0.023	5.659
	[发展阶段=4]	0			0				
	[企业规模=1]	2.531	1.733	2.134	1	0.144	16.080	0.003	2.375
	[企业规模=2]	1.785	1.629	1.201	1	0.273	6.168	0.007	4.088
	[企业规模=3]	−2.913	1.709	2.905	1	0.088[*]	0.054	0.002	1.547
	[企业规模=4]	−0.882	1.798	0.240	1	0.624	0.414	0.012	14.058
	[企业规模=5]	−0.859	1.632	0.277	1	0.599	0.424	0.017	10.380
	[企业规模=6]	0			0				
模式3	截距	7.492	2.763	7.352	1	0.007			
	外部环境变化	−1.027	0.291	12.507	1	0.000[***]	0.358	0.203	0.633
	家族价值观	−0.841	0.338	6.204	1	0.013[**]	0.431	0.223	0.836
	组织结构	−0.231	0.199	1.351	1	0.245	0.794	0.537	1.172
	[发展阶段=1]	3.318	1.532	4.693	1	0.030[**]	27.600	1.372	555.389
	[发展阶段=2]	2.261	1.289	3.075	1	0.080[*]	9.588	0.766	119.949
	[发展阶段=3]	0.681	1.290	0.278	1	0.598	1.975	0.158	24.767
	[发展阶段=4]	0			0				
	[企业规模=1]	2.399	1.713	1.962	1	0.161	11.091	0.003	2.607
	[企业规模=2]	−1.881	1.577	1.423	1	0.233	0.152	0.007	3.352
	[企业规模=3]	−1.497	1.576	0.901	1	0.342	0.224	0.010	4.918
	[企业规模=4]	−0.466	1.682	0.077	1	0.781	0.627	0.023	16.934
	[企业规模=5]	−1.879	1.641	1.311	1	0.252	0.153	0.006	3.808
	[企业规模=6]	0			0				

***$p<0.01$，**$p<0.05$，*$p<0.1$

从表7.25可以看出，将全部变量纳入模型中后，在模型整体的有效性检验中，显著性小于0.05，说明模型的整体效果还是比较好的。除了企业规模变量以外，剩下的4个变量对模型都有影响。

对于外部环境变化变量，从表7.26中可以看出，在外部环境变化大的情况下，家族企业管理控制模式1（弱关系控制弱制度控制）的可能性小于模式4（双强模式）的可能性；在外部环境变化大的情况下，家族企业管理控制模式2（强关系控制弱制度控制）的可能性小于模式4（双强模式）的可能性；在外部环境变化大的情况下，家族企业管理控制模式3（弱关系控制强制度控制）的可能性小于模式4（双强）的可能性。

在家族价值观强的情况下，家族企业管理控制模式3（弱关系控制强制度控制）的可能性小于是模式4（双强模式）的可能性；这也支持了H2，说明家族价值观将影响企业管理控制模式类型的选择。

在组织结构变量强的情况下，企业管理控制模式1（弱关系控制弱制度控制）的可能性小于是企业管理控制模式4（双强模式）的可能性；企业管理控制模式2（强关系控制弱制度控制）的可能性小于是模式4（双强模式）的可能性。这也支持了H3。

对于企业规模变量，从表7.27中可以看出，模式1（弱关系控制弱制度控制）与模式4（双强）相比，企业规模1、企业规模2和企业规模3系数的显著性水平小于0.05，且Exp（B）均大于1，说明企业总资产小于200万元和200万~1000万元及1000万~4000万元时的中小型企业时，企业管理控制模式是双弱模式的可能性大，企业规模5系数的显著性水平小于0.05，且Exp（B）小于1，说明企业是总资产在1亿~10亿元时的大型企业时，管理控制模式是双弱的可能性小于模式是双强的可能性；模式2（强关系控制弱制度控制）与模式4（双强）相比，企业规模3的系数B值及Exp（B）的值都显著，且Exp（B）的值小于1，说明总资产处于1000万~4000万元的企业，企业管理控制是模式2（强关系控制弱制度控制）的可能性比是双强模式的可能性小；模式3（弱关系控制强制度控制）和模式4（双强）相比，企业规模变量的系数都不显著。

总的来说，企业属于小型规模时，容易采用双弱模式的管理控制模式，这也支持了H4，说明企业规模也会影响企业管理控制模式的选择。

对于发展阶段变量，从表7.27中可以看出，管理控制模式1（双弱）与模式4（双强）相比，发展阶段1的变量系数显著，且Exp（B）值大于1；发展阶段3的变量系数显著，且Exp（B）值小于1。说明在企业创业初期，管理控制模式为模式1（双弱）的可能性比双强模式的可能性大；在成熟稳定时期，企业管理控制模式为模式1（双弱）的可能性比双强模式的可能性小。模式2（强关系控制弱制度控制）和模式4（双强）相比，发展阶段1、发展阶段2和发展阶段3变量的显著性水平都大于0.10，系数都不显著；模式3（弱关系控制强制度控制）和模式4（双强）相比，发展阶段1的显著性水平小于0.05，发展阶段2的显著性水平小于0.10，且Exp（B）都大于1，说明在创业初期和快速成长时期，企业管理控制是模式3（弱关系控制强制度控制）的可能性比是双强的可能性大。这也说明企业处于创业初期时，容易采用双弱模式，从而支持了H5，即企业在不同的发展阶段采用不同的管理控制模式。

（三）环境变量对制度控制模式和关系控制模式影响的实证研究

1. 环境变量对制度控制模式影响的实证分析

（1）相关性分析。从表7.28可以看出，制度控制模式与环境变量的Pearson相关系数。

表 7.28　制度控制与环境变量的 Pearson 相关系数

项目	外部环境变化	组织结构	企业规模	家族价值观
制度控制				
Pearson 相关系数	0.417***	0.228***	0.097	0.030
显著性水平	0.000	0.002	0.184	0.678

***p<0.01

（2）回归分析。本小节采用回归分析做进一步验证。将研究模型中的四个环境变量因素纳入制度控制模式的回归分析中，结果如表 7.29~表 7.31 所示。

表 7.29　将环境变量因素纳入制度控制的回归分析中的模型汇总

模型	R 值	R^2	调整后的 R^2	估计的标准误差
一	0.467（a）	0.218	0.201	0.73400

注：a 表示预测变量（常量），即企业规模、外部环境变化、组织结构、家族价值观

表 7.30　将环境变量因素纳入制度控制的回归分析中的方差分析表

模型	项目	平方和	自由度	均值平方	F 值	显著性
一	组间	27.489	4	6.672	12.756	0.000（a）
	组内	98.592	183	0.539		
	总数	126.081	187			

注：a 表示预测变量（常量），即企业规模、外部环境变化、组织结构、家族价值观

表 7.31　将环境变量因素纳入制度控制的回归分析中回归系数汇总表

模型	变量	非标准化回归系数		标准化回归系数	t 值	显著性	共线性统计量	
		β 值	标准误差	β 值			容许度	VIF
一	常数量	2.688	0.344		7.889	0.000		
	组织结构	0.101	0.040	0.172	2.522	0.013**	0.917	1.090
	企业规模	0.050	0.040	0.083	1.244	0.215	0.959	1.043
	外部环境变化	0.311	0.050	0.407	6.168	0.000***	0.981	1.019
	家族价值观	0.028	0.065	0.029	0.437	0.663	0.948	1.055

***p<0.01，**p<0.05

从表 7.29~表 7.31 可以看出，模型的解释能力为 20.1%，模型 F 值为 12.756，模型显著，模型无共线性。

在四个变量对制度控制的影响中，只有组织结构和外部环境变化两个变量的

回归系数显著。这说明制度控制的选择受到组织结构和外部环境变化的显著正向影响，外部环境变化越强，企业越趋向于采取强的制度控制，这也支持了 H1；组织结构中，领导权力越集中，下级领导自由越小，企业越容易采用强的制度控制，这也支持了 H3。家族价值观和企业规模对制度控制的正向影响不显著。

2. 环境变量对关系控制模式影响的实证分析

（1）相关性分析。从表 7.32 可以看出，关系控制模式与环境变量的 Pearson 相关系数。

表 7.32　关系控制与环境变量的 Pearson 相关系数

项目	外部环境变化	组织结构	企业规模	家族价值观
关系控制				
Pearson 相关系数	0.322***	0.177**	0.002	0.300***
显著性水平	0.000	0.015	0.977	0.000

***$p<0.01$，**$p<0.05$

（2）回归分析。将四个环境变量因素纳入关系控制的回归分析中，得到表 7.33~表 7.35。

表 7.33　将环境变量因素纳入关系控制的回归分析中的模型汇总

模型	R 值	R^2	调整后的 R^2	估计的标准误差
一	0.465（a）	0.216	0.199	0.58179

注：a 表示预测变量（常量），即企业规模、外部环境变化、组织结构、家族价值观

表 7.34　将环境变量因素纳入关系控制的回归分析中的方差分析表

模型	项目	平方和	自由度	均值平方	F 值	显著性
一	组间	17.054	4	4.263	12.596	0.000（a）
	组内	61.941	183	0.338		
	总数	78.995	187			

注：a 表示预测变量（常量），即企业规模、外部环境变化、组织结构、家族价值观

表 7.35　将环境变量因素纳入关系控制的回归分析中的回归系数汇总表

模型	变量	非标准化回归系数		标准化回归系数	t 值	显著性	共线性统计量	
		β 值	标准误差	β' 值			容许度	VIF
一	常数量	2.871	0.281		10.218	0.000		
	组织结构	−0.057	−0.032	−0.123	−1.804	0.073*	0.895	1.118
	企业规模	0.006	0.032	0.014	0.203	0.840	0.959	1.043
	外部环境变化	0.200	0.040	0.330	5.048	0.000***	0.983	1.018
	家族价值观	0.234	0.051	0.307	4.570	0.000***	0.981	1.019

***$p<0.01$，*$p<0.1$

从表 7.33~表 7.35 中可以看出，模型的 F 值为 12.596，模型显著，模型的解释能力为 19.9%，模型无共线性。

从四个变量对关系控制的影响可以看出，外部环境变量对关系控制有显著的正向影响，说明外部环境变化的增强会使企业采用强的关系控制，这也支持了 H5；家族价值观对关系控制有显著的正向影响，说明家族价值观越强，企业越容易采用强的关系控制模式，这也支持了 H6；组织结构对关系控制有显著的负向影响，说明企业组织结构越强，权力越集中，通常采用直线式的组织形式，企业越容易采用弱的关系控制，这也支持了 H7。

3. 不同发展阶段环境变量对管理控制模式影响的实证分析

（1）不同发展阶段环境变量对制度控制模式的影响。从表 7.36 可以看出，在不同的发展阶段下，四个环境变量对制度控制的影响是不同的。

表 7.36 制度控制与环境变量多元回归的不同发展阶段比较

发展阶段	公司数/家	R^2	F 值	组织结构		企业规模		外部环境变化		家族价值观	
				t 值	显著性	t 值	显著性	t 值	显著性	t 值	显著性
1	52	0.324	5.518	1.875	0.067*	0.250	0.804	3.337	0.002***	0.525	0.602
2	60	0.083	1.229	0.509	0.613	0.930	0.357	1.857	0.069*	−1.850	0.100*
3	70	0.174	3.413	1.738	0.088*	0.228	0.820	3.158	0.002***	0.770	0.883
4	8	0.832	3.709	0.781	0.492	0.197	0.856	1.439	0.246	−0.196	0.857

***$p<0.01$，*$p<0.1$

由表 7.36 我们可以得到，在发展阶段 1，组织结构和外部环境变化对制度控制有显著的正向影响；在发展阶段 2，外部环境变化对制度控制有显著正向影响，家族价值观对制度控制有显著负向影响，其他两个因素对制度控制影响不显著；在发展阶段 3，组织结构和外部环境变化对制度控制有显著的正向影响；在发展阶段 4，四个因素对制度控制影响都不显著，这主要是由这一发展阶段企业样本数量较小导致的。

（2）不同发展阶段环境变量对关系控制模式的影响。从表 7.37 可以看出，在不同的发展阶段下，四个环境变量对关系控制的影响是不同的。

表 7.37 关系控制与环境变量多元回归的不同发展阶段比较

发展阶段	公司数/家	R^2	F 值	组织结构		企业规模		外部环境变化		家族价值观	
				t 值	显著性	t 值	显著性	t 值	显著性	t 值	显著性
1	52	0.260	4.037	−1.785	0.081*	−0.498	0.734	1.109	0.273	2.430	0.019**
2	60	0.210	3.594	−0.483	0.631	1.081	0.284	3.035	0.004***	2.119	0.039*
3	70	0.269	5.983	−1.926	0.058*	−2.527	0.014**	2.644	0.010***	2.473	0.016**
4	8	0.861	4.647	−2.967	0.059*	−2.658	0.076*	0.008	0.994	0.655	0.559

***$p<0.01$，**$p<0.05$，*$p<0.1$

在发展阶段 1，组织结构对关系控制有显著的负向影响，组织结构越强，关系控制越弱；家族价值观对关系控制有显著正向影响，说明家族价值观越强，企业越容易选择强的关系控制，其他两个因素对关系控制的影响不显著。在发展阶段 2，外部环境变化和家族价值观均能够显著地影响关系控制，其他两个因素对关系控制没有显著影响。在发展阶段 3，四个环境因素对关系控制都有显著影响，组织结构和企业规模与关系控制显著负相关，外部环境变化和家族价值观对关系控制有显著正向影响。在发展阶段 4，只有组织结构和企业规模对关系控制有显著负向影响，其他两个变量影响不显著。

总体来讲，组织结构在任何一个企业的创业初期、成熟稳定时期和巅峰后期对关系控制都有负向影响，在快速成长时期对关系控制没有显著影响；企业规模在创业初期及快速成长时期对关系控制没有显著影响，在成熟稳定时期和巅峰后期对关系控制有显著的负向影响，这也说明企业在刚刚起步时，规模对管理控制模式的选择没有显著的影响，当企业发展到一定阶段以后，企业规模逐步变大，家族企业内部文化的多元化带来冲突的增加，关系控制逐渐减弱；外部环境变化在四个发展阶段中，只有快速成长时期和成熟稳定时期对关系控制有显著正向影响，说明企业在处于这两个时期时，外部环境变化越大，企业越容易选择强的关系控制；家族价值观只有在巅峰后期对关系控制影响不显著，在其他三个阶段，家族价值观对关系控制有显著正向影响。

（四）管理控制模式对中介变量影响的实证分析

1. 管理控制模式对信息交换影响的实证分析

（1）制度控制、关系控制与信息交换的相关性分析。从表 7.38 可以看出制度控制、关系控制与信息交换的 Pearson 相关系数。

表 7.38　制度控制、关系控制与信息交换的 Pearson 相关系数

项目	制度控制	关系控制
信息交换		
Pearson 相关系数	0.297***	0.199***
显著性水平	0.006	0.000

***$p<0.01$

（2）回归分析。将研究模型中的制度控制、关系控制因素纳入信息交换的回归分析中，结果如表 7.39~表 7.42 所示。从表 7.39 和表 7.40 可以看出，模型的解释能力为 8.1%，模型 F 值为 9.273，模型显著，模型无共线性。

表 7.39　制度控制、关系控制与信息交换的模型汇总

模型	R 值	R^2	调整后的 R^2	估计的标准误差
一	0.302（a）	0.091	0.081	1.006 96

注：a 表示预测变量（常量），即关系控制、制度控制

表 7.40　制度控制、关系控制与信息交换方差分析表

模型	项目	平方和	自由度	均值平方	F 值	显著性
一	组间	18.805	2	9.403	9.273	0.000（a）
	组内	187.584	185	1.014		
	总数	206.389	187			

注：a 表示预测变量（常量），即关系控制、制度控制

表 7.41　制度控制、关系控制与信息交换回归系数表

模型	变量	非标准化回归系数		标准化回归系数	t 值	显著性	共线性统计量	
		β 值	标准误差	β'值			容许度	VIF
一	常数量	2.374	0.528		4.497	0.000		
	关系控制	0.339	0.105	0.265	3.238	0.001***	0.733	1.365
	制度控制	0.100	0.132	0.062	0.757	0.450	0.733	1.365

***$p<0.01$

表 7.42　制度控制、关系控制与信息质量的 Pearson 相关系数

项目	制度控制	关系控制
信息质量		
Pearson 相关系数	0.213***	0.082
显著性水平	0.003	0.262

***$p<0.01$

　　在制度控制、关系控制变量对信息交换的影响中，只有关系控制变量的回归系数显著。这说明信息交换受到关系控制的正向影响，关系控制越强，对信息交换影响也就越大，这与本书的 H12 一致。

　　2. 管理控制模式对信息质量影响的实证分析

　　（1）制度控制、关系控制与信息质量相关性分析。从表 7.42 可以看出制度控制、关系控制与中介变量的 Pearson 相关系数。

　　（2）回归分析。将研究模型中的制度控制、关系控制因素纳入信息质量的回归分析中，结果如表 7.43~表 7.45 所示。从表 7.43、表 7.44 可以看出，模型的解释能力为 3.6%，模型 F 值为 4.518，模型显著，模型无共线性。

表 7.43　制度控制、关系控制与信息质量模型汇总

模型	R 值	R^2	调整后的 R^2	估计的标准误差
一	0.216（a）	0.047	0.036	1.370 80

注：a 表示预测变量（常量），即关系控制、制度控制

表 7.44　制度控制、关系控制与信息质量方差分析表

模型	项目	平方和	自由度	均值平方	F 值	显著性
	组间	16.979	2	8.489	4.518	0.012（a）
一	组内	347.630	185	1.879		
	总数	364.609	187			

注：a 表示预测变量（常量），即关系控制，制度控制

表 7.45　制度控制、关系控制与信息质量回归系数表

模型	变量	非标准化回归系数		标准化回归系数	t 值	显著性	共线性统计量	
		β 值	标准误差	β' 值			容许度	VIF
	常数量	2.426	0.719		3.377	0.001		
一	制度控制	0.396	0.143	0.233	2.780	0.006***	0.733	1.365
	关系控制	−0.082	0.180	−0.038	−0.457	0.648	0.733	1.365

***$p<0.01$

在制度控制、关系控制变量对信息质量的影响中，只有制度控制变量的回归系数显著。这说明信息质量受到制度控制的正向影响，制度控制越强，对信息质量影响就越大，这与本书中 H9 一致。

3. 中介变量对家族企业绩效影响的实证分析

（1）相关性分析。从表 7.46 可以看出中介变量与企业绩效 Pearson 的相关系数。

表 7.46　中介变量与企业绩效 Pearson 的相关系数

项目	信息交换	信息质量
周边绩效		
Pearson 相关系数	0.776***	0.546***
显著性水平	0.000	0.000
任务绩效		
Pearson 相关系数	0.648***	0.644***
显著性水平	0.000	0.000

***$p<0.01$

（2）回归分析。首先，研究中介变量对周边绩效的影响。将研究模型中的信息质量、信息交换因素纳入周边绩效的回归分析中，结果如表 7.47~表7.49 所示。从表 7.47、表 7.48 可以看出，模型的解释能力为 60.2%，模型 F 值为 142.687，模型显著，模型无共线性。

表 7.47　中介变量对周边绩效的影响模型汇总

模型	R 值	R^2	调整后的 R^2	估计的标准误差
一	0.779（a）	0.607	0.602	0.7633

注：a 表示预测变量（常量），即信息质量、信息交换

表 7.48　中介变量对周边绩效的影响方差分析表

模型	项目	平方和	自由度	均值平方	F 值	显著性
一	组间	166.289	2	83.144	142.687	0.000（a）
	组内	107.801	185	0.583		
	总数	274.09	187			

注：a 表示预测变量（常量），即信息质量、信息交换

表 7.49　中介变量对周边绩效的影响回归系数表

模型	变量	非标准化回归系数		标准化回归系数	t 值	显著性	共线性统计量	
		β 值	标准误差	β'值			容许度	VIF
一	常数量	0.162	0.236		0.686	0.494		
	信息交换	0.827	0.069	0.718	12.053	0.000***	0.600	1.667
	信息质量	0.080	0.052	0.092	1.542	0.125	0.600	1.667

***$p<0.01$

在信息质量、信息交换变量对周边绩效的影响中，只有信息交换的回归系数显著。这说明，周边绩效受到信息交换的正向影响，信息交换越强，对周边绩效的影响越大，这与本书的 H16 一致。

其次，研究中介变量对任务绩效的影响。将研究模型中的信息质量、信息交换因素纳入任务绩效的回归分析中，结果如表 7.50~表 7.52 所示。从表7.50、表 7.51 中可以看出，模型的解释能力为 50.6%，模型 F 值为 96.866，模型显著，模型无共线性。

表 7.50　中介变量对任务绩效的影响模型汇总

模型	R 值	R^2	调整后的 R^2	估计的标准误差
一	0.715（a）	0.512	0.506	1.083 7

注：a 表示预测变量（常量），即信息交换、信息质量

表 7.51　中介变量对任务绩效方差分析表

模型	项目	平方和	自由度	均值平方	F 值	显著性
一	组间	227.532	2	113.766	96.866	0.000（a）
	组内	217.277	185	1.174		
	总数	444.809	187			

注：a 表示预测变量（常量），即信息交换、信息质量

表 7.52　中介变量对任务绩效回归系数表

模型	变量	非标准化回归系数		标准化回归系数	t 值	显著性	共线性统计量	
		β 值	标准误差	β值			容许度	VIF
一	常数量	−0.562	0.335		−1.678	0.095		
	信息交换	0.589	0.097	0.401	6.047	0.000***	0.600	1.667
	信息质量	0.431	0.073	0.390	5.884	0.000***	0.600	1.667

***$p<0.01$

在信息质量、信息交换变量对任务绩效的影响中，信息质量和信息交换的回归系数显著。这说明任务绩效受到信息交换、信息质量的正向影响，信息交换、信息质量越强，对任务绩效的影响越大，这与本书的 H13 和 H15 一致。

本书通过对我国 190 家家族企业的大样本问卷调查和实证分析，深入地分析了基于权变理论和文化视角的家族企业管理控制模式对绩效的影响。

为了更清晰地表述模型一的计算结果对研究假设的支持程度，将研究结果对模型假设的支持程度分为四类：$p>0.1$ 不支持、$p<0.1$ 较好地支持、$p<0.05$ 支持、$p<0.01$ 很好地支持，当不同的研究方法得出的结果不太一样时，选择结果最好的。另外，若研究结果与假设相反，且显著（$p<0.1$），则称为反向支持。结果如表 7.53 所示。

表 7.53　模型一的实证结果对假设的支持程度

H1：外部环境变化对制度控制模式有正向影响	表 7.28 相关分析和表 7.31 回归分析	很好地支持
H2：家族价值观对制度控制模式有负向影响	表 7.28 相关分析和表 7.31 回归分析	不支持
H3：组织结构对制度控制模式有正向影响	表 7.28 相关分析和表 7.31 回归分析	很好地支持
H4：企业规模对制度控制模式有正向影响	表 7.28 相关分析和表 7.31 回归分析	不支持
H5：外部环境变化对关系控制模式有正向影响	表 7.32 相关分析和表 7.35 回归分析	很好地支持
H6：家族价值观对关系控制模式有正向影响	表 7.32 相关分析和表 7.35 回归分析	很好地支持
H7：组织结构对关系控制模式有负向影响	表 7.32 相关分析和表 7.35 回归分析	支持
H8：企业规模对关系控制模式有正向影响	表 7.32 相关分析和表 7.35 回归分析	支持
H9：制度控制模式对信息质量有正向影响	表 7.42 相关分析和表 7.45 回归分析	很好地支持
H10：关系控制模式对信息质量有正向影响	表 7.42 相关分析和表 7.45 回归分析	不支持
H11：制度控制模式对信息交换有负向影响	表 7.38 相关分析和表 7.41 回归分析	反向支持
H12：关系控制模式对信息交换有正向影响	表 7.38 相关分析和表 7.41 回归分析	很好地支持
H13：信息质量对任务绩效有正向影响	表 7.46 相关分析和表 7.52 回归分析	很好地支持
H14：信息质量对周边绩效有正向影响	表 7.46 相关分析和表 7.49 回归分析	较好地支持
H15：信息交换对任务绩效有正向影响	表 7.46 相关分析和表 7.52 回归分析	很好地支持
H16：信息交换对周边绩效有正向影响	表 7.46 相关分析和表 7.49 回归分析	很好地支持

第六节　研究结论

一、家族企业管理控制模式具有独特的阶段性发展特征

本书根据家族企业管理控制中制度控制、关系控制两要素的相对强度，将家族企业管理控制模式分为四种不同类型，通过实证研究，我们发现家族企业管理控制模式的阶段性演变特征是：在创业初期，关系控制和制度控制最小，随着企业的发展，在快速成长时期，制度控制模式和关系控制模式都会加强，到成熟稳定时期，制度控制和关系控制达到最大，之后呈现下降趋势。同时，在家族企业创立初期，关系控制显著强于制度控制。这一时期企业属于刚刚起步阶段，家族企业的各项管理控制制度都不完备，家族企业主在管理企业的时候更多地运用家族文化思想和理念，这使得家族企业的关系控制强于制度控制。在企业快速成长时期，企业的制度控制与关系控制没有显著差异，说明在企业发展壮大的时期，企业相对加强了制度控制的建设，使其适应企业规模迅速发展的需要。在企业成熟稳定时期，企业的制度控制达到最大值，由于外部人员的大量进入，企业的文化呈现多元状态，关系控制对家族企业每一个人员的影响逐渐下降，这时家族企业的制度控制强于关系控制。

该结论的意义在于：赵新荣（2002）按照家族企业的生命周期理论分两个阶段来研究适合中国家族企业发展的控制模式（家族管理型的内部控制模式和家族监控型的内部控制模式）。宋永春（2006）把正常发育的民营中小企业长期发展过程中的控制模式划分为三种递进模式（竞争生存阶段的家族集权型控制模式、成长阶段的家族监控型控制模式、多元化持续成长阶段的多元监控型控制模式）。国内研究者大多从制度控制角度研究控制问题，较少考虑制度控制和关系控制的相对重要性。实际上，管理控制模式的发展更多地依赖于社会关系的类型、情景和考虑问题的系统（Lewis and Weigert，1985），因此，关系控制越来越重要。在成熟稳定阶段，表现为高度的文化与有效的内部控制；在巅峰后阶段，表现为低度的文化与高度的内部控制。本书在讨论家族企业管理控制模式的阶段性特征时，全面地考虑了制度控制和关系控制在企业不同发展阶段的作用，并通过实证研究得到我国家族企业管理控制模式演变的阶段性特征，这不仅在理论上具有一定的价值，而且对于指导管理控制实践具有重要的参考价值。

家族企业在不同的发展阶段，关系控制有着不同的内涵。一般情况下，家族企业在初创期一般表现为谋算威慑型关系控制，少部分表现为情感支持型关系控制，成长期大多表现为情感支持型关系控制，成熟期表现为价值认同型关系控制。在初创期，家族文化的影响和对家族企业主能力的高度认同，使得关系控制较强，

企业一般不太重视制度控制。即使制度控制比较完善的企业，由于创业过程中经历的挫折事件及家族成员之间的了解加深，制度也会被弱化。同时，高管成员随着共同管理经历的体验及磨合加深了关系控制。因此，在创业中期，往往是关系控制高于制度控制，情感支持型关系控制作为主要的管理控制模式，成为克服创业中期种种考验和不利因素的基础，但此时制度控制越来越得到重视，发展较快。随着企业发展到成熟期阶段，不仅关系控制持续上升，形成价值认同型的关系控制模式，为企业转型、二次创业或持续发展打下坚实的文化基础，而且制度控制会随着企业主的高度重视和制度的严格执行而不断加强。

二、企业的管理控制模式受到环境变量的影响

企业的管理控制模式会受到环境变量的影响，企业只有通过适应环境变量的变化，才能提高绩效。

家族企业是在相对特殊的环境下创立并逐步发展起来的。而环境对企业发展而言是极为重要的一个因素。一方面，环境为企业创立和发展创造了合适的条件；另一方面，环境也会约束企业的某些行为，更为严重的是，可能会限制或阻碍企业的发展。因此，构建较为科学合理的家族企业管理控制模式应当将企业管理控制活动所在的环境作为重点研究对象之一。管理控制模式的演变与环境变量变化不可分割，环境变量变化引起管理控制模式的变化。企业所处的环境包括内部环境和外部环境，内外环境的不同都将作用于企业的各种行为。因此，即使是在相同的外部环境下，企业内部环境的不一致也将造成企业的管理控制模式不同。

1. 外部环境变化对管理控制模式的影响

管理控制模式的演变与外部环境变化不可分割，外部环境变化引起管理控制模式的变化。研究结论表明，外部环境变化越强，企业管理控制模式类型是双强模式（模式 4）的可能性比其他三种模式的可能性都大，这说明外部环境变化的强弱会影响管理控制模式类型的选择。本书认为，制度控制模式的选择受到外部环境变化的正向影响，外部环境变化越强，企业越倾向于采取强的制度控制；外部环境变化对关系控制模式也有显著的正向影响，外部环境变化的增强会使企业采用强的关系控制。这就要求我们在设计管理控制模式时，首先要考虑外部环境的变化，满足企业战略目标实现（Anthony，1965）的需要，使企业管理层长期了解环境、技术及组织结构的具体变化，从而提高企业绩效。

2. 家族价值观对管理控制模式的影响

家族企业深受家族文化的影响，在价值观上注重"关系取向"与"身份取向"的伦理型文化，因此导引而出的是等级制度、家长权威、人与人关系间的"特殊

主义"倾向和"依赖人格",这与西方管理强调理性原则是不同的。

本书结论表明,我国家族企业家族价值观越强,管理控制模式是双强模式的可能性比是双弱模式和弱关系控制强制度控制模式类型的可能性大,这也说明了家族价值观越强的企业,关系控制也越强,家族价值观的不同将影响企业管理控制模式类型的选择。就家族价值观与关系控制模式来看,实证结果也表明我国家族价值观对关系控制有显著的正向影响,说明家族价值观越强,家族企业越容易采用强的关系控制模式。这与国内外众多的研究结论是相吻合的。例如,Daniel 等(2004)通过研究得出,家族企业的价值观在家族企业原则和组织行为之间具有较为明显的协作效果。国内外众多的失败案例也充分说明,管理当局的价值观在很大程度上作用于管理控制的有效性。

3. 组织结构对管理控制模式的影响

管理控制的发展历程告诉我们,管理控制是伴随着组织的形成而产生的,随着组织结构的变化,管理控制内涵也发生变化。首先,管理控制来自组织内部,适应不断变化的外部环境和组织变化是管理控制发展的主线。其次,组织的嬗变是管理控制发展的诱因,它推动管理控制不断发展和完善。在当代环境下,家族企业组织结构因素对理解管理控制系统设计来说至关重要。诸多学者均指出,要想使员工能够有效地提高组织运行效能,适时、科学地调整组织结构是十分必要的。所以组织结构与管理控制模式是紧密相关的,并且成负向关系。这也解释了我国家族企业一般都采用直线制与直线职能制组织结构,组织结构形态反而是扁平的,在管理控制模式上一般采用关系控制模式。

需要指出的是,组织结构对管理控制模式的影响也和企业面临的外部环境变化紧密关联。Lawrence 和 Lorsch(1967)认为在较为不确定的环境下,组织的分化及整合能力需要保持在一个相对较高的水平。当二者与环境不确定性水平实现良好的匹配时,便会有效地促进组织运行效能提升,也能够取得良好的控制效果。针对机械性及有机型这两种截然不同的组织形式,Burns 和 Stalker(1961)立足于环境不确定性的视角解释了二者之间的区别,并且就改善这两种组织效能所需的环境做出了具体阐述。综上,对于组织和环境的主次关系,根据权变理论,环境是居于主导性地位的,而组织的各项行为都在很大程度上受其所在的环境影响,组织行为需要能够有效地适应环境变化才能够按其既定的目标发展,进而也将作用于管理控制运行的效果。

4. 家族企业规模对管理控制模式的影响

诸多学者基于权变理论研究管理控制系统时,均重点探讨了大型组织,但基本都忽视了规模这个要素。虽然大型组织一般都会运用正式的管理控制系统,但是规模大小也是影响控制类别的一个重要因素。由此可知，管理控制并未引起中小规模企业的足够重视。而我国家族企业一般规模普遍偏小，所以研究家族企业管理控制模式与规模的关系具有较大的潜在意义。

本书实证研究结果表明，家族企业规模对管理控制模式类型和制度控制有显著的正向影响，对关系控制有显著的负向影响。一方面，随着企业规模扩大，规模因素对制度控制产生越来越大的影响；另一方面，随着企业规模的扩大，大批外来人员进入企业，家族文化排他性日益突出，导致关系控制的发展跟不上企业规模的发展，因此企业规模对关系控制有显著的负向影响。

具体而言，在家族企业初创期，企业规模较小，相关的规章制度都不完善，企业管理者建立规章制度的意识还不是很强烈，所以此时的制度控制比较简单。但是企业主的家族意识比较强，关系控制的作用比较大。随着家族企业规模的不断扩大，由于内部组织结构的复杂性和专业化程度增强，代理关系也越复杂，企业经营管理的复杂程度也不断增加，此时需要建立相关的制度控制机制来管理企业，才能提高效率。家族企业加强对管理控制制度及具体操作流程的设计，以促进企业健康持续发展，必然要加大制度控制的力度。随着家族企业规模的扩大，关系控制也会发生相应的变化。所以企业规模的变化并不改变企业的性质，但是它会极大地影响家族企业管理控制的模式。

简单结构在规模较小的企业中的优点较为明显，这种结构权责划分简洁明确，信息沟通和行动执行较为迅速，管理成本低，并且研究发现，如果团队中的人员数超过 12 人，便会严重影响团队工作效率。因为人数的众多直接影响到信息交流的顺畅程度及行动指令下达速度和执行效果。同时，随着团队中成员人数的增加，团队凝聚力、协作能力及成员之间互相信任程度的培养也将受到不可忽视的阻碍，而这又恰好是提高团队绩效的关键因素。

5. 家族企业目前所处的行业对管理控制模式的影响

目前，家族企业已经广泛涉足众多行业，但遍布最多的还是以机械制造、轻工行业等为主的竞争性行业。这类行业每次生产加工的产品数量均较多，且主要为可供大众使用的标准化和通用化的产品。同时，这类行业的生产加工技术都易于分解为许多较为简单的工序和步骤，对于加工完成产品的存放和出库也相对易于操作和管理。因此，在管理控制模式选择上，主要为标准的、正式的制度控制模式。而在自动化加工中，如果针对不同顾客需求加工不同产品，则管理控制系统的设计需要具有一定的灵活性，且能够与生产管理过程实现良好的协调。传统的制度控制模式很难做到这一点，而适当开放的关系控制可以有效地促进管理控制与生产管理之间的协调。从目前我国家族企业所分布的行业类别来看，仍以标准化的生产技术为主。因此，以制度控制为核心的管理控制模式显得更为适用和重要。

三、管理控制模式对绩效起着积极的推动作用

管理控制模式通过对信息质量、信息交换这两个中间变量的影响而对绩效起着积极的推动作用。

本书既考虑管理控制不同模式水平的前因变量，又考虑其对绩效的影响，关注了信息交换和信息质量在家族企业管理控制模式与绩效关系之间的中介作用。本书的实证结果表明：①管理控制模式中的关系控制对信息交换有显著的正向影响，制度控制对信息质量的影响是显著相关的。关系控制的作用大于制度控制的作用。②信息交换、信息质量对家族企业的任务绩效产生明显正向影响，信息交换对家族企业的周边绩效产生显著的正向影响。

在大中型企业中，制度规范是十分关键的。如果企业中缺少制度规范，那么信息便难以从企业核心管理层传递到下面的各个层级。信息传递制度规范主要集中于重大事件的沟通次数，以及在具体事件沟通时对于沟通人员和沟通方式的确定等。但制度控制往往会出现集权化的局面，因而在信息传递时可能由于命令的强制性限制了下级之间的交流，继而抑制了企业内员工的工作热情，给信息质量带来负面影响。

然而，关系控制相对富有弹性。员工一般会更加积极地参与到信息交流之中，敢于针对企业的决策行为发表自己的看法。因此，在关系控制下，员工的负面情绪会大大降低，关系控制会对信息质量带来更为明显的促进作用。我国家族企业在信息交换方面有其特殊性，具体表现为以企业主为核心的高级管理层的个人意志力较强，缺乏制度的约束，由此很可能会给企业信息沟通和传递过程带来负面影响。这也说明本书在检验 H11 制度控制对信息交换有负向影响时，得到了刚好相反的结论，所以家族企业制度控制对于提高信息交换效率起着积极作用。另外，家族成员的非正式信息交换促进了企业内部网络信息传递结构的形成，家族企业中尤其强调家族成员及其与管理层的沟通，这些信息交换提高了家族成员及高管团队之间的凝聚力，使得他们能够在企业内共享家族目标，有利于促进他们的目标和态度的一致性（Brownell and Hirst，1986）。由于家族成员对企业前景等的高度认可，成员表现出积极进行信息交换等行为，并通过企业目标实现个人目标，因此家族企业的信息交换行为能够显著地影响公司的任务绩效和周边绩效。而进行有效的信息交换，建立相互之间的信任是非常重要的，这种信任既包括家族成员之间，也包括家族成员与非家族成员之间。对于家族企业内部来说，信任有助于在管理控制系统中通过信息交换整合企业系统内部各子系统或要素，能使系统发挥整体功能效应。

第八章 家族企业所有权结构对企业风险承担的影响研究

第一节 理 论 基 础

一、双重委托代理理论

相较于非家族企业,家族企业的家族治理模式使其存在更为复杂的代理问题,其不仅存在由所有权和经营权分离带来的第一重代理问题,还存在所有权和控制权分离带来的第二重代理问题。根据高管性质的不同,可以将第一重代理问题分成企业所有者与内部经理人之间的委托代理问题,以及企业所有者与外部经理人之间的委托代理问题这两类;第二重委托代理问题主要是指家族控股股东与其他中小股东之间的委托代理问题,这类问题是由"金字塔"控股模式下现金流权和控制权分离而产生的。

Miller 等(2011)的研究得出,家族其他成员会影响家族内部经理人的决策。因为企业主在家族中的地位及内部压力使得其所做决策趋于保护家族的利益,故很少有创新性的决策行为。而独立的创业者更多地受到市场因素或股东的影响,所以此种情况下做出的决策会统筹整个企业的未来发展和整体利益,往往更利于企业的长期持续发展。王明琳等(2010)指出,目前家族企业普遍存在着的一个重要问题就是管理人才紧缺,他们在分析中指出,家族成员存在着较强的所有权概念,因此对于外来引进人才进行企业改造往往具有一定的抗拒性,这不利于团队的合作,从而产生了高额的代理成本。针对该类现象,更多地需要在家族成员和职业经理人之间寻找一个潜在契合点以实现代理成本的最小化。

在企业风险承担的具体问题上,管理者通常尽可能不去参与风险性较大且净现值高于 0 的项目。主要有两个原因:其一,管理者对于企业现有资源和现金都具有绝对的掌控，尽管这种情况能够使其个人资产得以增值，却是建立在对其他股东利益侵害的基础上。此时，如果企业资金和其他资源都牵涉于风险投资中，且多数资源无法调动和使用，那么管理者对企业资源的处置能力就会被削弱。而且，高风险的投资相对于低风险的投资来说，对管理者在风险领域和新知识的了解上要求更多。所以，管理者要想对企业的现金有较大的调动权限，就会降低参与风险投资的概率，且项目净现值高于 0 的情况也是存在风险的。其二，公司如果出现投资风险，股东可以借助于公司发行证券融资从而减少损失，由此股东的风险也会大大降低，股东只关注于管理者的投资收益是否高于 0，而不会对具体的风险大小进行评价。然而，管理者是直接被公司所聘用的，如果投资风险加大，工作和工资都会受到影响，所以主观上管理者会尽量减少对风险大且净现值高于 0 的项目进行投资。将有其他用途的现金扣留，减少风险工作量从而确保管理者自身的工资收益，这些行为使得管理者尽量减少对净现值高于 0 的项目进行风险投资，同时也可能使得股东利益受损，这时需要对其进行一定的监管和激励。如果管理者能够最大限度地增加企业收益，减少对自身风险的考量，企业收益的增加也会使管理者自身收益增加，这就是激励机制。长远来看，适度的风险能促进企业增加经营收益和提升综合实力；合同的签订使得管理者愿意尝试风险投资，从而在增加企业收益的同时，也实现其个人价值的最大化。而企业所有权结构和未来发展潜力也是千差万别的，所以薪酬的激励作用也会出现不同。

二、激励理论

激励理论源于组织行为学，其最初目的在于通过满足人们的需求来使其发挥的作用最大化。鉴于本书激励范畴为家族企业，因此本书仅从马斯洛需求层次理论与克莱顿·奥尔德弗 ERG 理论[①]出发，对激励理论进行进一步的分析。两个激励理论本质上都是内容型激励，具体而言，两个都是从个体需求出发，通过分析满足该种需求的影响因素，以及通过个体需求的深层次的因素激励，从而达到发挥个体作用的目的。

需求层次理论将个体需求进行了进一步的划分，并将其从低到高划分为五个层次，具体为生理、安全、社会、尊重和自我实现。只有当低层次个体需求得到满足之后人们才会进一步追求高一层次的个体需求。结合本书的家族企业来说，一般而言，作为社会精英的企业管理者，对于生理、安全、社会等低层次的需求已经得到满足，因此企业管理层一般会更多地追求尊重和自我实现两个高层次需求的满足。就社会实践而言，企业控制人通常会通过货币薪酬、股权薪酬及津贴

---

① ERG 理论是生存（existence）、相互关系（relatedness）、成长（growth）核心需要的简称。

福利等手段对管理者进行相应的激励，以此期望高层管理者控制企业风险，并提高企业绩效。

ERG 理论相对于需求层次理论的不同点体现在对于个体需求因素的划分上，ERG 理论将个体需求划分成三个类别，具体为生存需求、关系需求及成长需求。三类需求并没有明显的层次划分，当三者中任意一个需求得到满足之后，人们转而会追求未得到满足的需求。一般而言，生存需求在三类需求中是最基础也是最易满足的个体需求。具体来说，企业中生存需求一般对应货币薪酬，而关系需求与成长需求则包含企业的福利、津贴等额外收入，以及培训、晋升等。

综上，管理者是企业发展和成长的基石，企业会通过相应的激励政策调动管理者的积极性，货币薪酬、高管持股、津贴及晋升等手段均是现代企业对于需求层次理论和 ERG 理论的社会实践。而本书分析了家族企业所有权结构、薪酬激励与企业风险承担，研究对象主要为家族企业实际控制人与管理层。企业管理者对于自身财富、自我价值实现及人脉关系等需求格外重视，对于高成长性及企业风险承担相对不稳定的公司而言，管理层对于公司治理的作用尤为重要。货币薪酬、股权激励及晋升机会等一系列薪酬激励手段对控制企业风险承担、增长企业绩效作用显著。

第二节　家族企业所有权结构与企业风险承担的假设提出

本章提出的概念模型如图 8.1 和图 8.2 所示，并由此提出 H17~H24 八个假设。

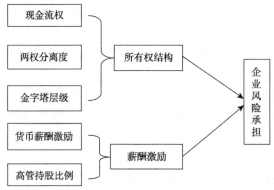

图 8.1　家族企业所有权结构、薪酬激励分别与企业风险承担的关系

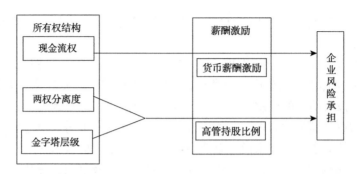

图 8.2　薪酬激励对家族企业所有权结构和企业风险承担关系的调节作用

1. 家族企业所有权结构与企业风险承担的研究假设

俞红海等（2010）在研究中证明了中国市场两权分离现象较为严重，同时"金字塔"结构在中国市场普遍存在。而"金字塔"结构最典型的特征便是多层委托代理。层级的增多带来了更多的代理问题。某些等级中的代理人同时又是委托人，每一次的委托代理行为都会使组织对外部环境变化的反应愈加迟钝，并产生代理成本，而且代理成本会逐渐增加，从而造成组织效率低下，组织成本增加。而且多层级的委托代理关系导致信息传递缓慢、失真严重，进而导致各个层级的代理人利用信息不对称追求自身利益最大化。出于保护家族情感财富的考虑，家族控股股东更愿意平稳地实现企业绩效的增长，因此会选择保守型的投资项目。孙晓琳（2010）通过对 6533 家"金字塔"结构的上市公司的研究，发现随着控制层级的增加，终极控股股东所拥有的现金流权呈现明显的下降趋势，现金流权与控制权的分离程度愈加明显。在两权分离度较高的情况下，控股股东有操纵公司管理层并使公司承担更高风险的动机，并试图通过过度投资来占用现金流，用多种方式在过程中（如关联交易、资源转移）或是在结果中（机会主义的投资收益）获取收益。这会严重损害公司价值和其他股东的利益。如果在两权分离度较低的情况下，控股股东往往会考虑到其他股东"搭便车"及自己承担的主要风险而可能采取保守的经营策略，放弃高风险但有助于提升公司绩效的投资项目。考虑到这种风险与获益的不匹配，控股股东往往会采取保守的投资决策，逃避可能会增加公司价值的风险性投资项目。

基于以上分析，本书提出以下三个假设。

H17：现金流权与企业风险承担呈负相关。

H18：控制权、现金流权、两权分离度与企业风险承担呈正相关。

H19："金字塔"层级与企业风险承担呈正相关。

2. 家族企业薪酬激励与企业风险承担的研究假设

在当前薪酬制度改革的背景下，我国上市公司普遍实行管理层货币报酬与企业当期及未来经营绩效相挂钩的薪酬激励制度。这种薪酬激励制度将极大地增加管理层对薪酬业绩的敏感程度，管理层更有动力通过提高公司的经营业绩来提升自身的薪酬水平。在业绩薪酬体系下，加大对创新投资的力度是提高企业经营绩效的重要途径，从而也可以提升管理层的风险投资意愿。由此我们可以看出，薪酬业绩敏感性的增强有利于消除管理层因规避风险而产生的代理问题。

管理层持股属于线性报酬，在管理层薪酬因公司股价上升而增加的同时，其同样要承担过高的企业风险所导致的企业股价下滑所带来的损失风险。授予管理层股权的薪酬激励方式会加强管理层对企业股价波动的敏感程度，管理层出于保护自身薪酬的考虑，可能会倾向于做出保守的投资决策。"金字塔"控股模式作为我国上市家族企业主要采用的所有权结构形式，最典型的特征为多层级。随着"金字塔"层级数的增加，其所有权结构越复杂，为了满足日益增长的公司治理需求，家族企业引入职业经理人的可能性也随之增加。职业经理人作为家族企业委托代理关系中的代理人，由于利益差异和信息不对称等因素，会与企业所有者发生代理冲突，进而产生代理成本，授予管理层一定比例的股权有利于降低上述代理成本。基于以上分析，本书提出以下两个假设。

H20：货币薪酬激励能提高企业风险承担水平。

H21：管理层持股会降低企业的风险承担水平。

3. 家族企业所有权结构、薪酬激励与企业风险承担的研究假设

家族企业的薪酬激励制度对所有权结构与企业风险承担之间的关系具有调节作用。第二章提出的有关家族企业所有权结构与企业风险承担间的三种相关关系主要是基于第二重委托代理和管理层风险偏好性两个角度得出的。而有关家族企业薪酬激励与企业风险承担的假设是基于第一重委托代理关系提出的。我们可以发现，公司的薪酬激励机制在企业的生产经营决策过程中起着重要作用，不同的薪酬激励机制必然会产生不同的管理层风险偏好，这将会对所有权结构与企业风险承担的关系产生一定影响。当现金流权的增加导致企业风险承担水平过低时，采用货币薪酬激励方式将有利于调节这种负相关关系。当"金字塔"层级的不断增加及两权分离程度不断加剧导致企业风险承担过高时，授予管理层一定的股权比例将在一定程度上制约股东激进的风险投资行为，有利于调节过高的企业风险承担水平。基于以上分析，本书提出以下三个假设。

H22：货币薪酬激励可以调节家族企业现金流权与企业风险承担间的负相关关系。

H23：管理层持股可以调节家族企业两权分离度与企业风险承担间的正相关关系。

H24：管理层持股可以调节家族企业"金字塔"层级与企业风险承担间的正

相关关系。

第三节　研究设计

一、样本选择

本书选取 2011~2015 年深圳证券交易所中小板上市的家族企业为研究样本，在计算 2015 年企业风险承担水平时用到 2013~2015 年资产收益率的标准差，因此实际样本期间为 2013~2015 年。为研究需要，本书对样本进行如下筛选：①在国泰安数据库获取民营企业数据库，选取最终控制人为自然人或家族且其控股比例大于 10%的上市公司为上市家族企业；②剔除了正在进行特别处理的 ST 类公司[①]；③剔除在 2011~2015 年五年间数据缺失的样本。经过筛选，本书获得了 310 家公司作为研究样本，当加入年度因素后样本数量共计为 930 个。

二、数据来源

本章用到的资产收益率、现金流权、两权分离度、高管前三名薪酬总额及控制变量相关数据均来自国泰安数据库。部分缺失值由年报数据补充。所有权结构中的"金字塔"层级数主要通过公司年报中"股份变动及股东情况"这一章中的公司与实际控制人之间的产权及控制关系的方框图手工收集获得。高管持股比例主要是从年报中的"董事、监事、高级管理人员和员工情况"这一章确定高管范围进而统计其持股比例。

上述上市家族企业的年报及公告等来自巨潮资讯网，通过整理、分类、录入，再利用 Excel 对数据进行初步录用和计算。此外，描述性统计、相关性分析、回归分析和稳健性检验等则采用 SPSS 22.0 统计软件进行处理。

三、变量选择

1. 因变量：风险承担

资产收益率的标准差能够直接反映企业收益波动情况从而体现企业风险的大小，因此采用资产收益率的标准差来对企业风险承担能力进行评价是科学的。在解维敏和余明桂等研究成果的基础上，本章主要以企业近三年的收益波动情况来反映企业实际的风险承担水平。

---

① ST 类公司是指 1998 年 4 月 22 日，沪深证券交易所宣布的将对财务状况和其他财务状况异常的上市公司的股票交易进行特别处理的公司。

2. 自变量：所有权结构

本章采用现金流权（CFR）、两权分离度（SEP）和"金字塔"层级（Layer）来衡量上市家族企业的所有权结构。

现金流权（CFR）：本章采用 La Porta 方法计算终极控制人的现金流权，终极控制人与上市公司的每条控制链上的现金流权比例相乘或现金流权比例相乘之和，结果数值越大，说明企业的现金流权比例越高。

两权分离度（SEP）：本章采用控制权与现金流权之比来衡量企业的两权分离程度，该比值越大说明企业的两权分离程度越高。

"金字塔"层级（Layer）：本章借鉴罗进辉和万迪昉（2010）的度量方法，"金字塔"结构的层级数等于最长控制链条上最终控制人与上市公司之间的层级数目。

以新希望六和股份有限公司（000876）为例，该公司 2015 年公开披露的实际控制人为刘永好，图 8.3 为新希望六和股份有限公司的所有权结构，现金流权为四条控制链不同环节持股比例乘积之和，即现金流权 =0.02%+62.34%×51%×29.41%×0.13%+62.34%×100%×100%×37.1%×0.74%+62.34%×23.98%=15.13%。最终控制权为四条控制链不同环节持股比例最小值之和，即控制权=0.02%+min（62.34%，51%，29.41%，0.13%）+min（62.34%，100%，100%，37.1%，0.74%）+min（62.34%，23.98%）=24.87%。两权分离度为最终控制权与最终现金流权的比值，即两权分离度（SEP）=24.87%/15.13%=1.6438。"金字塔"层级（Layer）数为 5。

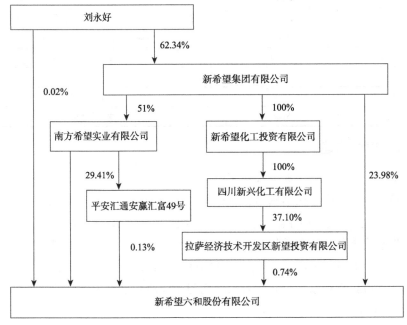

图 8.3　新希望六和股份有限公司所有权结构图

3. 自变量：薪酬激励

货币薪酬激励（Pay）：本章借鉴 Acharya 等（2011）对变量进行构造的思路和想法，用前后两年前三名高管薪酬总额的自然对数的变化值来衡量货币薪酬。

高管持股比例（MHD）：本章使用公司高级管理人员（年报上公布的高级管理人员）总计持有的公司股份数（有兼任情况时不重复计算持股数量）占公司期末总股份的比例衡量管理层持股比例情况。

4. 控制变量

为保证模型的稳定性及有效性并完成本章的研究目的，本书借鉴以往国内外学者相关研究，选取企业规模（Size）、年份（Year）作为控制变量。各变量的定义和计算方法如表 8.1 所示。

表 8.1　因变量、自变量及控制变量的定义与计算方法

被解释变量	变量符号	变量定义及计算公式
风险承担	ΔRisk	$\mathrm{Risk}T = \sqrt{\dfrac{1}{T-1}\sum\limits_{t=1}^{T}\left(\left(\mathrm{ROA}_{it}-1\right)\Big/T\sum\limits_{t=1}^{T}\mathrm{ROA}_{it}\right)^2}$
解释变量		
现金流权	CFR	$\mathrm{CFR}=\sum\limits_{i=1}^{n}\prod\limits_{t=1}^{T}C_{it}$
两权分离度	SEP	$\mathrm{SEP}=\mathrm{CFR}/\mathrm{VR}$　（VR 为控制权比例）
"金字塔"层级	Layer	最长控制链条上最终控制人与上市公司之间的层级数目
货币薪酬激励	Pay	高管前三名薪酬总额的自然对数
高管持股比例	MHD	高管持股股数/发行股数
控制变量		
企业规模	Size	公司年末总资产的自然对数
年份	Year	企业上市年限

四、模型构建

基于以上研究思路，本书构建了以下模型。

检验家族企业所有权结构与企业风险承担的关系模型如式（8.1）所示：

$$\mathrm{Risk}T_{it} = \alpha + \beta_1\mathrm{CFR}_{it} + \beta_2\mathrm{SEP}_{it} + \beta_3\mathrm{Layer}_{it} + \gamma_1\mathrm{Size}_{it} + \gamma_2\mathrm{Year}_{it} + \varepsilon_t \qquad (8.1)$$

检验家族企业薪酬激励与企业风险承担的关系，如式（8.2）所示：

$$\mathrm{Risk}T_{it} = \alpha + \beta_1\mathrm{Pay}_{it} + \beta_2\mathrm{MHD}_{it} + \gamma_1\mathrm{Size}_{it} + \gamma_2\mathrm{Year}_{it} + \varepsilon_t \qquad (8.2)$$

检验货币薪酬对家族企业所有权结构与企业风险承担关系的调节效果模型如式（8.3）所示：

$$\mathrm{Risk}T_{it} = \alpha + \chi_1\mathrm{CFR}_{it} + \chi_2\mathrm{SEP}_{it} + \chi_3\mathrm{Layer}_{it} + \beta_1\mathrm{Pay}_{it} + \gamma_1\mathrm{Size}_{it} + \gamma_2\mathrm{Year}_{it} + \varepsilon_t \qquad (8.3)$$

检验管理层持股对家族企业所有权结构与企业风险承担关系的调节效果模型如式（8.4）所示：

$$\text{Risk}T_{it} = \alpha + \chi_1\text{CFR}_{it} + \chi_2\text{SEP}_{it} + \chi_3\text{Layer}_{it} + \beta_1\text{MHD}_{it} + \gamma_1\text{Size}_{it} + \gamma_2\text{Year}_{it} + \varepsilon_t \quad (8.4)$$

第四节　家族企业所有权结构与企业风险承担的实证结果及分析

一、描述性统计分析

本章对实证样本的数据进行了描述，分析了数据的内在特征。对各个主要变量进行了描述性统计，运用了 SPSS 22.0 软件对各个变量的极小值、极大值、均值、标准差进行统计测量，具体结果如表 8.2 所示。

表 8.2　家族企业所有权结构、薪酬激励与企业风险承担的描述性统计

变量	极小值	极大值	均值	标准差
ΔRisk（风险承担）	0.000 2	0.306	0.022	0.032 8
Layer（"金字塔"层级）	1	6	2.79	0.861
CFR（现金流权）	5.003%	77.822%	34.314%	14.875
SEP（两权分离度）	0	0.729	0.132	0.191
Pay（货币薪酬激励）	−1.354	2.286	0.084	0.268 8
MHD（高管持股比例）	0	0.694	0.186	0.166
Year（年份）	8	12	8.5	1.791
Size（企业规模）/元	179 552 130.5	102 871 000 000	4 363 744 035	7 528 209 288

本章上市家族企业所有权结构、薪酬激励与企业风险承担的描述性统计结果如表 8.2 所示，可以得出以下结论：风险承担（ΔRisk）的极小值为 0.0002，极大值为 0.306，均值为 0.022，标准差为 0.0328，不同家族企业的风险承担水平存在较大差异，部分家族企业存在风险承担过低的情况，而部分家族企业的风险承担水平远远高于家族企业的平均水平，存在风险承担过高的情况，这两种截然相反的情况在很大程度上受管理层风险偏好的影响。"金字塔"层级（Layer）的极小值为 1，极大值为 6，均值为 2.79，标准差为 0.861，说明我国上市家族企业普遍采用"金字塔"结构的控股模式，且其复杂程度存在较大的差异性。现金流权（CFR）的极小值为 5.003%，极大值为 77.822%，均值为 34.314%，标准差为 14.875，说

明上市家族企业的现金流权存在较大的差异性。两权分离度（SEP）的极小值为 0，极大值为 0.729，均值为 0.132，标准差为 0.191，说明我国上市家族企业两权分离程度较大，这会导致家族企业所有者的外部侵害意图增强。高管前三名薪酬总额的自然对数值（Pay）均值为 0.084，极小值为 −1.354，极大值为 2.286，标准差为 0.2688，说明总体而言我国上市家族企业的高管货币薪酬呈增长趋势，但这种增长趋势十分微弱。高管持股比例（MHD）的极小值为 0，极大值为 0.694，均值为 0.186，标准差为 0.166，说明我国上市家族企业高管持股比例情况并不理想，尽管家族企业开始逐渐采用当前盛行的股权激励机制，然而高管持股比例仍处于较低水平，这意味着在家族企业中授予高管股权的激励方式流于形式化，并未对高管有实质性激励作用。在我国家族企业中，薪酬激励仍是以短期薪酬激励为主，薪酬激励机制较为单一。

在本章的实证样本中，家族企业中实际控制人兼任企业董事长和总经理的情况如图 8.4 所示。

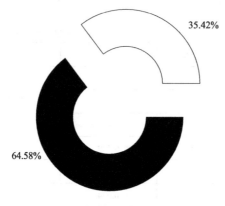

图 8.4　实际控制人兼任董事长和总经理比例

由图 8.4 可以发现，在我国家族企业中，家族所有人兼任企业董事长和总经理的情况并没有十分普遍，样本中家族企业的平均上市年限为 8.5 年，说明随着企业规模的不断壮大，家族企业所有者意识到了职业经理人的重要性，为了满足企业扩张而带来的公司治理需求，实际控制人逐渐愿意放松自己手中的经营权，释放一部分权力给职业经理人。在此基础上便会产生由所有权和经营权分离所带来的代理成本的增加。

二、相关性分析

对各个主要变量之间的相关性进行了 Pearson 系数检验。表 8.3 为主要自变量的相关性分析。

表 8.3　主要自变量的相关性分析

变量		Layer	CFR	SEP	Pay	MHD
Layer（"金字塔"层级）	相关性	1	−0.036	0.458**	0.115**	−0.541**
	显著性		0.275	0.000	0.000	0.000
CFR（现金流权）	相关性		1	−0.469**	0.029	0.267**
	显著性			0.000	0.380	0.000
SEP（两权分离度）	相关性			1	0.019	−0.561**
	显著性				0.564	0.000
Pay（货币薪酬激励）	相关性				1	−0.075*
	显著性					0.022
MHD（高管持股比例）	相关性					1
	显著性					

*、**分别表示在 10%、5%水平（双侧）上显著

　　本章主要自变量的相关性分析系数如表 8.3 所示。我国上市家族企业"金字塔"层级和现金流权的相关性系数为−0.036，说明"金字塔"层级越高，现金流权越低。"金字塔"层级和两权分离度的相关性系数为 0.458，在 5%水平上显著相关，这是由于"金字塔"控股模式在一定程度上导致了现金流权和控制权的分离。现金流权与货币薪酬激励的相关性系数为 0.029，说明两者的相关程度较低。两权分离度与货币薪酬激励的相关性系数为 0.019，说明货币薪酬激励对两权分离程度的敏感度较低。货币薪酬激励和高管持股比例的相关性系数为−0.075，在 10%的水平上显著相关。"金字塔"层级与货币薪酬激励、高管持股比例都在 5%的水平上显著相关。为避免产生多重共线性，在之后的回归分析中将这些变量逐一放入模型进行回归。

三、家族企业所有权结构对企业风险承担影响的回归分析

　　在对相关变量进行描述性统计、Pearson 相关性检验后，本章针对回归方程模型进行回归结果分析。

　　1. 家族企业所有权结构与企业风险承担的回归分析

　　本章针对回归方程模型（8.1）进行回归结果分析，表 8.4 为所有权结构与家族企业风险承担的回归结果分析。

表 8.4　所有权结构与家族企业风险承担的回归结果分析

变量	β'值	t值	Sig.
	ΔRisk（风险承担）		
Cons（常量）		−1.027	0
CFR（现金流权）	−0.230	−1.657	0.063
SEP（两权分离度）	0.139	2.301	0.024
Layer（"金字塔"层级）	0.037	3.574	0.000
Size（企业规模）	−0.120	−2.555	0.017
Year（年份）	0.173	3.567	0.000
F值	134.936		
R^2	0.487		
调整后的 R^2	0.421		
DW 值	2.008		

由表 8.4 可以看出，模型（8.1）的样本决定系数 R^2 为 0.421，这说明被解释变量——家族企业风险承担（42.1%）的变化可以由模型（8.1）这个多元线性回归方程列明的三个主要自变量——现金流权（CFR）、两权分离度（SEP）、"金字塔"层级（Layer）及控制变量［企业规模（Size）、年份（Year）］解释。DW 值为 2.008，处于 1.5~2.5，无自相关性现象。回归结果显示，家族企业现金流权在10%的水平上与企业风险承担呈负相关关系，支持 H17。家族企业两权分离度在5%的水平上与企业风险承担呈显著正相关关系，支持 H18。家族企业"金字塔"层级（Layer）在 1%的水平上与企业风险承担（ΔRisk）显著正相关，支持 H19。当家族控股股东现金流权的嵌入程度增加时，出于保护家族情感财富的考虑，股东更愿意平稳地实现企业绩效的增长，因此会偏向于稳妥的投资项目，而减少对高回报值的高风险项目进行投资。随着"金字塔"层级不断增加，两权分离度加剧，控股股东通过操纵公司的风险决策使自己获利的动机增强，这会严重损害公司价值和其他股东的利益。

2. 家族企业薪酬激励与企业风险承担的回归分析

本书针对回归方程模型（8.2）进行回归结果分析，表 8.5 为薪酬激励与家族企业风险承担的回归结果分析。

表8.5　薪酬激励与家族企业风险承担的回归结果分析

ΔRisk（风险承担）

变量	β'值	t值	Sig.
Cons（常量）		1.133	0.13
Pay（货币薪酬激励）	0.111	3.106	0.002
MHD（高管持股比例）	−0.38	−2.456	0.021
Size（企业规模）	−0.086	−2.623	0.019
Year（年份）	0.103	3.070	0.000
F值	121.533		
R^2	0.462		
调整后的R^2	0.411		
DW值	2.132		

由表8.5可以看出，模型（8.2）的样本决定系数R^2为0.411，这说明被解释变量——家族企业风险承担（41.1%）的变化可以由模型（8.2）这个多元线性回归方程列明的两个主要自变量——货币薪酬激励（Pay）、高管持股比例（MHD）及控制变量［企业规模（Size）、年份（Year）］解释。DW值为2.132，处于1.5~2.5，无自相关性现象。回归结果显示，家族企业货币薪酬激励在1%的水平上与企业风险承担呈显著正相关，支持H20。高管持股比例在5%的水平上与企业风险承担呈显著负相关，支持H21。这说明，在我国货币薪酬激励能有效地降低职业经理人的代理成本，使公司高管愿意为提升企业绩效而加大对创新研发支出的力度。管理层持股作为一种线性报酬，在高管薪酬因公司股价上升而增加的同时，高管同样要承担过高的企业风险所导致的企业股价下滑所带来的损失风险。授予高管股权的薪酬激励方式会加大管理层对企业股价波动的敏感程度，高管出于保护自身薪酬的考虑，可能会倾向于做出保守的投资决策。

3. 家族企业所有权结构、薪酬激励与企业风险承担的回归分析

本章针对回归方程模型（8.3）及模型（8.4）进行回归结果分析，表8.6为家族企业所有权结构、薪酬激励与企业风险承担的回归结果分析。

表 8.6　所有权结构、薪酬激励与企业风险承担的回归结果分析

变量	ΔRisk（风险承担）	
	模型（8.3）	模型（8.4）
CFR（现金流权）	−0.179*	−0.228*
	（−1.432）	（−1.733）
SEP（两权分离度）	0.154**	0.085**
	（2.807）	（2.642）
Layer（"金字塔"层级）	0.041***	0.011***
	（3.432）	（3.563）
Pay（货币薪酬激励）	0.108***	
	（3.433）	
MHD（高管持股比例）		−0.369***
		（−3.326）
Size（企业规模）	−0.088***	−0.089***
	（−2.600）	（−2.758）
Year（年份）	0.110***	0.109***
	（2.991）	（2.830）
F 值	101.549	112.360
R^2	0.388	0.416
调整后的 R^2	0.341	0.365
DW 值	1.991	1.817

*、**、***分别表示在 10%、5%和 1%水平上显著（双尾）

注：括号内为 t 值

　　由表 8.6 可以看出，模型（8.3）的样本决定系数 R^2 为 0.388，这说明被解释变量——企业风险承担（38.8%）的变化可以由模型（8.3）这个多元线性回归方程列明的四个主要自变量——现金流权（CFR）、两权分离度（SEP）、"金字塔"层级（Layer）、货币薪酬激励（Pay）及控制变量［企业规模（Size）、年份（Year）］解释。DW 值为 1.991，处于 1.5~2.5，无自相关性现象。回归结果显示，现金流权在 10%的水平上与企业风险承担呈负相关，在货币薪酬激励的影响下，其系数为−0.179，与模型（8.1）的系数−0.23 相比有了一定程度的下降，这意味着货币薪酬激励能有效地调节现金流权与企业风险承担的负相关关系，支持 H22。"金字塔"层级、两权分离度与企业风险承担间的关系并未出现明显变化，说明货币薪酬无法调节由"金字塔"层级和两权分离加剧为企业所带来的过高的风险承担水平。模型（8.4）的样本决定系数 R^2 为 0.416，这说明被解释变量——企业风险承担

（41.6%）的变化可以由模型（8.4）这个多元线性回归方程列明的四个主要自变量——现金流权（CFR）、两权分离度（SEP）、"金字塔"层级（Layer）、高管持股比例（MHD）及控制变量［企业规模（Size）、年份（Year）］解释。DW值为1.817，处于1.5~2.5，无自相关性现象。回归结果显示，两权分离度在5%的水平上与企业风险承担呈正相关关系，在高管持股的影响下，其系数为0.085，与模型（8.1）的系数0.139相比出现了一定幅度的下降，这意味着高管持股能有效地调节两权分离与企业风险承担间的正相关关系，支持H23。"金字塔"层级在1%的水平上与企业风险承担呈正相关关系，在高管持股的影响下，其系数由0.037下降至0.011，说明高管持股对家族企业"金字塔"层级与企业风险承担间的关系有显著的调节作用，支持H24。

4. 稳健性检验

为了使本书更具稳健性，以股票收益波动率代替资产收益率来衡量家族企业的风险承担水平。回归结果基本一致，研究结论基本一致。回归结果如表8.7所示。

表 8.7　稳健性检验结果

变量	模型（8.1）	模型（8.2）	模型（8.3）	模型（8.4）
CFR（现金流权）	-0.197^{**}		-0.125^{*}	-0.232^{*}
	（−1.932）		（−1.549）	（−1.672）
SEP（两权分离度）	0.112^{**}		0.152^{**}	0.088^{**}
	（2.172）		（2.507）	（2.442）
Layer（"金字塔"层级）	0.053^{***}		0.044^{***}	0.018^{***}
	（3.0211）		（3.228）	（3.693）
Pay（货币薪酬激励）		0.097^{***}	0.111^{***}	
		（2.736）	（3.098）	
MHD（高管持股比例）		-0.443^{***}		-0.377^{***}
		（−2.753）		（−3.326）
Size（企业规模）	-0.132^{***}	-0.103^{**}	-0.088^{***}	-0.089^{***}
	（−3.054）	（−2.458）	（−2.600）	（−2.758）
Year（年份）	0.178^{***}	0.113^{***}	0.112^{***}	0.107^{***}
	（3.214）	（2.834）	（2.923）	（2.913）
F值	156.057	139.25	97.76	104.81
R^2	0.485	0.472	0.376	0.396
调整后的 R^2	0.432	0.431	0.304	0.353
DW 值	2.323	1.853	2.031	1.903

*、**、***分别表示在10%、5%和1%水平上显著（双尾）

注：括号内为 t 值

第五节　研　究　结　论

本章在对上市家族企业所有权结构、薪酬激励和风险承担等相关概念界定的基础上，梳理概括了相关领域的理论成果，综合运用了描述性统计分析、变量间相关性分析及多元回归分析等方法，对家族上市公司所有权结构、薪酬激励与企业风险承担水平之间的关系进行了多角度、多层次的论证，研究得出如下几个重要结论。

第一，在模型（8.1）中本章检验了家族企业所有权结构与企业风险承担的关系。家族企业现金流权与企业风险承担呈负相关，两权分离度、"金字塔"层级与企业风险承担呈正相关，当家族现金流权的嵌入程度增加时，出于保护家族情感财富的考虑，股东更愿意平稳地实现企业绩效的增长，因此会选择保守型的投资项目，逃避可能会增加公司价值的风险性投资项目。随着"金字塔"层级不断增加，在两权分离度较高的情况下，控股股东有操纵公司管理层使公司承担更高风险的动机，并会通过过度投资来占用现金流，这会严重损害公司价值和其他股东的利益。如果在两权分离度较低的情况下，因投资风险项目失败而产生的损失则主要由控股股东承担，出于保护自身收益的考虑，控股股东会放弃对风险高、周期长的创新项目的投入。因此，现金流权的不断增加会导致企业风险承担水平的降低，但两权分离程度的不断加大会促使企业承担高风险项目。

第二，在模型（8.2）中本章检验了家族企业薪酬激励与企业风险承担的关系。货币薪酬激励与企业风险承担水平呈正相关，而高管持股比例与企业风险承担水平呈负相关。在当前薪酬制度改革的背景下，我国上市公司普遍实行高管货币报酬与企业当期及未来经营绩效相挂钩的薪酬激励制度，受薪酬业绩敏感性的影响，高管可以通过加大研发投资等风险项目提升企业绩效，从中获取更高的薪酬。高管持股属于线性报酬，在高管薪酬因公司股价上升而增加的同时，其同样要承担过高的企业风险所导致的企业股价下滑所带来的损失风险。授予高管股权的薪酬激励方式会加强管理层对企业股价波动的敏感程度，高管出于保护自身薪酬的考虑，可能会倾向于做出保守的投资决策。

第三，在模型（8.3）中本章检验了货币薪酬激励对家族企业现金流权和企业风险承担间的调节作用。当家族企业所有者嵌入在企业的现金流权较高时，为了避免承担过高的风险损失，通常不愿意进行创新研发支出，在这种情况下，提高管理层的货币薪酬水平与加强管理层的薪酬业绩敏感度将极大地改善这种不合理的企业风险承担状况。

　　第四，在模型（8.4）中本章检验了高管持股对家族企业两权分离度、"金字塔"层级和企业风险承担间的调节作用。随着"金字塔"层级不断增加，在两权分离度较高的情况下，家族企业所有者往往会采取过激的风险投资决策，这导致企业承担过高的风险水平，在这种情况下，授予管理层一定的股权比例，将管理层的薪酬收益与企业股价波动结合在一起将有助于改善这种不合理状况。

第九章　家族企业内外部所有权结构对绩效的影响研究

第一节　理　论　基　础

本章研究的理论基础仍为双重委托代理理论，具体可参照第八章第一节，这里不再赘述。

第二节　家族企业内外部所有权结构与绩效的假设提出

本章拟提出的概念模型如图 9.1 和图 9.2 所示，并由此提出 H25、H26、H27、H28、H29、H30、H31、H32、H33 九个假设。

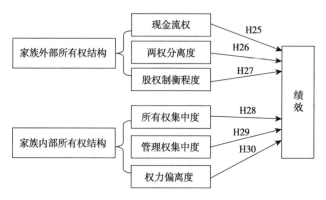

图 9.1　内外部所有权结构与绩效的关系

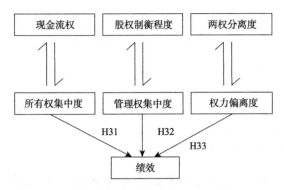

图 9.2　内外部所有权结构安排的交互与绩效的关系

一、现金流权与企业绩效的研究假设

本章采用 La Porta 等（1998）提出的方法，将终极控制人与上市公司的每条控制链上的现金流权比例相乘或将现金流权比例相乘之和作为现金流权的测量方法。当现金流权的比例较低时，家族上市公司控股股东并不会出现"掠夺性分红"的现象。随着控股家族的现金流权越来越高，家族控股股东会在投资前进行过多考虑，从而使公司失去很多投资机会，这对公司绩效会产生不利影响。由此，我们提出 H25。

H25：家族现金流权与企业绩效呈现负相关关系。

二、控股家族所有权和控制权两权分离度与企业绩效的研究假设

目前，多数文献提出的观点是两权分离度与企业绩效呈负相关。所有权和控制权的分离程度越大则意味着控股股东可以凭借较少的资本投入而获得较大的控制权，这种高杠杆效益无疑会导致企业产生过度投资等行为，进而引发企业利益被家族成员侵占等一系列严重的代理问题。此外，所有权和控制权两权分离程度增大会导致终极控股股东采用更多的负债融资，这就加大了公司破产的风险，进而也会影响企业的绩效。Attig 等（2004a）从股权流动性与所有权结构角度阐述了若两权分离度偏大会诱发家族性控股股东凭借内部资源优势采取更多的自利行为来达到降低股票流动性的目的。因而，我们提出 H26。

H26：控股家族所有权和控制权两权分离度与企业绩效存在负相关关系。

三、Z 指数与企业绩效的研究假设

股权制衡结构现阶段以一种新的内部治理问题引发学者们的大量思考和研究。股权制衡程度即股权控制程度，主要反映了大股东对于企业控制权的共同分享，并且通过各自的内部利益牵制，使得其中任一大股东都无法单独实现对于企

业生产与决策的绝对控制，以此来达到相互监督、相互抑制目的的股权结构模式。本书以 Z 指数作为衡量股权制衡的主要指标，即 Z 值是第一大股东与第二至第十大股东持股比例之和的比值，如果 Z 值越小，那么显然第一大股东与第二至第十大股东持股比例之和的比值越小，这种过高的股权制衡其实并不能为企业带来更高的收益。如果企业存在较高的股权集中度，公司会节省更多成本，从而也会对企业产生更大的利益。因此，我们提出 H27。

H27：Z 指数与企业绩效正相关。

四、家族成员所有权集中度与企业绩效的研究假设

家族企业的内部所有权一般以企业主、兄弟姐妹及表亲等参与分享所有权这种形式存在。若采取平均主义，将所有权平均分配给所有家族成员，则会使家族内部的冲突日趋激烈，代理问题也随之增加。究其原因主要在于以下几点：首先，相对平均的企业所有权容易导致家族成员间的制衡作用减弱，为相关利益者谋取私利创造了条件；其次，所有权的分散无疑会增加家族成员之间的协调成本；最后，过于均等的所有权分配并不代表每位家族成员都具有相同的公平感，对各家族成员的偏好和差异性欠缺考虑，最终将导致家族企业的剧烈内耗，从而浪费家族企业的有限资源。因此本书认为，家族成员中存在着所有权过度分散的现象必然会引发一系列问题，这将不利于企业绩效的提高。所以，家族成员的所有权集中度越高，企业绩效越高。因此，我们将提出 H28。

H28：家族成员所有权集中度与企业绩效呈显著正相关。

五、家族成员管理权集中度与企业绩效的研究假设

如果管理权在家族成员中过于分散同样会引发诸多问题。Davis 等（2001）指出，如果缺少一个一锤定音型的家族成员进行战略决策的制定，那么容易引起剧烈的决策冲突；同时，家族企业中普遍存在的利他主义也会在一定程度上削弱对家族成员行为的有效监督和规范。此外，相对均等的管理权结构也容易造成家族成员为获取更多的权利而进行拉帮结派的现象。若所有成员都参与企业经营决策，那么必定会加大协调统一的难度且延长协调时间，甚至高度不集中的管理权会导致家族企业难以做出决策。那么，这样必然导致如下严重后果：降低经营决策的效率；提高管理成本；可能导致严重的权力争夺。这些结果都将对企业及其绩效产生严重的不利影响。因此，我们提出 H29。

H29：家族成员管理权集中度与企业绩效正相关。

六、家族成员的权力偏离度与企业绩效的研究假设

不合理的家族企业权力分配容易造成家族企业内部所有权和管理权不对称的现象，从而使家族矛盾不断攀升，代理成本也随之增加。因此，关于家族内部成员所有权和管理权对等性这个问题一直是研究重点且其与绩效有着密不可分的关系。家族成员的两权集中度发生偏离容易导致自利性的决策偏好，从而诱发机会主义行为。但是如果家族成员中不出现权力偏离现象，那么他们将会承担自己所做全部经济决策的后果，这将发挥激励效应，降低代理成本，从而提高决策效率，达到提高经营绩效的目的。李新春等（2008）认为民营家族企业中内部成员的所有权与管理权的偏离往往会对家族上市公司的绩效产生负面作用。然而他的结论主要来自对单个家族上市公司的探讨，而未深入到整个家族企业集团的整体运作。因此，本书将 2010~2013 年这 4 年的中小板上市家族企业作为研究样本，提出H30。

H30：家族成员的权力偏离度与企业绩效负相关。

七、家族内外部所有权集中度的交互与企业绩效的研究假设

随着中国家族企业的成长和壮大，家族企业"泛家族化"的结果是家族成员关系的复杂化和家族成员来源的多元化。在承认家族成员间存在个体偏好和目标函数差异的前提下，家族内外部所有权集中度的这种交互作用将如何影响家族企业的绩效呢？由于家族成员的权力有差异性，权力较小的家族成员可能会选择搭便车这种方式来套取利益，且家族控股股东还可能凭借家族权威来改变利益分享机制，这必然会影响家族成员财产取得权的稳定性。因此本书认为，若家族成员中存在所有权过度集中现象，则必然会引发一系列问题，如自我控制和膨胀问题及内部矛盾等，这都会限制企业更好地发展。因此，我们提出 H31。

H31：家族内外部所有权集中度的交互与企业绩效负相关。

八、家族内外部管理权集中度的交互与企业绩效的研究假设

"金字塔"结构下，控股家族常常利用其掌握的超额管理权侵害中小投资者的利益。但是，这些研究结论都是在假定家族成员间的管理权是可以有效集中起来的前提下得出的，这显然与现实情况不符。由于家族外部资源稀缺及家族内部成员的私欲，家族内外部成员共同持有的管理权很可能成为家族一致对外的有力工具，可以过多地抵消家族利益和权力争斗的损失。因此，家族内外部的管理权集中程度将对家族企业绩效产生有利影响。因此，我们提出 H32。

H32：家族内外部管理权集中度的交互与企业绩效正相关。

九、家族内外部两权分离度的交互与企业绩效的研究假设

上市家族企业的所有权与控制权分离即家族外部的两权分离度，会导致家族企业表现出更强的堑壕效应（Claessens et al.，2002；邓建平等，2006）。而大多数文献却往往忽视了家族内部两权分离所带来的重要影响。如果家族外部的所有权与控制权没有发生分离但家族内部的所有权与管理权发生了比较严重的分离，这种情况同样会影响家族企业总体的治理效率（贺小刚等，2011）。因此，在分析家族外部所有权与管理权的分离对控股家族企业绩效的影响时，应该考虑家族内部两权分离情况的潜在重要影响。两权分离度越大，表明控股股东可以凭借较少的资本获得较大的控制权，导致终极控股股东进行更多的负债融资，从而可以激励控股股东显著提高企业绩效。基于上述情况，家族内外部两权分离程度的交互将会对企业绩效产生有利影响。因此，我们提出 H33。

H33：家族内外部两权分离度的交互与企业绩效正相关。

第三节　研究设计

一、样本选择

本书选取的研究样本来源于深圳证券交易所公开发行的上市家族企业，样本的研究版块为中小板，样本的研究时段为 2010~2013 年。谷祺等（2006）精辟地阐述了选择上市家族企业的方法和条件。本书借鉴了其观点和思想：①家族或自然人是终极控制人或拥有控制权，控制性家族对企业的控制权在 10% 以上；②第一大股东是实际控制人及其家族直接或间接持有企业的情况。为了界定家族企业，本书从国泰安数据库中筛选出满足①的条件后，再手动从国信金太阳网上交易专业版软件中股东、实际控制人、第一大股东持股比例版块来确定满足②的条件。

在样本筛选过程中，按照以下原则和要求进行必要的样本质量控制：①剔除了正在进行特别处理的 ST 类公司。②对于上市家族企业，不考虑公司治理数据不齐全的企业。③剔除在 2010~2013 年数据缺失过多的样本。经过样本的筛选和整理之后，最终得出 2010~2013 年这 4 年中小板上市家族企业 340 家，共得到 1360 个观测值。在研究外部所有权结构时，实证研究中又剔除了托宾 Q 大于 3 的异常样本，最终获得 1236 个有效样本。在研究内部所有权结构时，剔除了没有披露亲缘关系或未存在亲缘关系的上市公司，再剔除托宾 Q 大于 3 的异常样本，最终获得 704 个有效样本。在研究内外部所有权结构交互时，实证研究中选取内外部所

有权结构中数据完整且披露亲缘关系的上市家族企业，并剔除了托宾 Q 大于 3 的异常样本，最终获得 656 个有效样本数据。

二、数据来源

本章的样本数据主要来源于下述几个方面。

第一，基本数据（企业绩效、上市家族企业外部所有权结构的数据）主要源于国泰安数据库。

第二，上市家族企业中就家族成员的界定问题主要参考依据就是上市公司的招股说明书、2010~2013 年的年报、公告等，以及国信金太阳网上交易专业版软件。上市家族企业中家族成员内部的亲属关系及成员之间的亲缘关系，都需要通过手动进行搜集整理并列示，必须查阅 340 家中小板上市家族企业的招股说明书及 2010~2013 年的 1360 份年度报告。这些亲缘关系可以从招股说明书中"发起人、持有发行人 5%以上股份的主要股东及实际控制人的基本情况"和"董事、监事、高级管理人员与核心技术人员相互之间存在的亲属关系情况"两部分内容获取，这两部分为亲缘关系的研究提供了最直接的依据。此外，上市公司 2010~2013 年的年度报告中"前十名股东持股情况"的"上述股东关联关系或一致行动的说明"及"实际控制人产权及控制关系"这两部分同样为本书提供了亲属关系情况说明，由于年报中的资料会根据公司每年的最新状况和治理结构更新，所以这部分资料相较招股说明书而言更具有时效性和准确性，起到了很好的补充作用。但事实上，现今有小部分上市家族企业出于对高管的保护和对家族成员任职信息的保密或者其他特殊原因，未完全公开家族成员担任要职的情况，或随时间推移涉入高管职位的家族成员可能会有变动，因此单从上述两个方式难以得到全部上市家族企业准确的亲属和血缘关系状况。另外，本书还通过搜索引擎，将实际控制人与当年年度报告中"董事、监事、高级管理人员基本情况"模块披露的所有人员进行一一匹配搜索，以确定彼此之间是否存在亲缘关系和属于何种亲缘关系，从而进一步来确认其关系，增加可信度。

第三，上市家族企业内部所有权结构的数据主要参考依据就是上市公司的招股说明书、2010~2013 年的年报及公告等。其他需要手工搜集的数据也均来自2010~2013 年的 1360 份年度报告中的相关版块。例如，每一家上市家族企业的每一位家族成员的持股比例来自"前十名股东持股"版块、每一位家族成员的任职信息源于"董事、监事、高级管理人员及员工情况"版块。此外，本书运用了国信金太阳网上交易专业版软件中的"股东研究"这个版块来收集实际控制人的信息。手动搜集整理并分别列示出每家上市家族企业每一位家族高管成员的持股比例及职位信息，且职位信息还需要转化为相应的职位系数来进行数据处理及计算。

　　上述上市家族企业的招股说明书和 2010~2013 年的年度报告及公告等都是从巨潮资讯网和上海证券交易所网站上搜索并下载的，之后再进行整理、分类、录入。主要利用 Excel 对数据进行初步录用和计算，此外描述性统计、相关性分析、回归结果分析及稳健性检验等则采用 SPSS 17.0 统计软件进行处理。因此，本章关于家族内部所有权结构的相关原始数据都是手动从上市公司的招股说明书和年度报告中搜集的，之后再进行计算和处理，最后形成中小板上市家族企业所有权结构的小规模数据库。

三、变量选择

　　本书中的变量主要包括三大类，即因变量、自变量及控制变量，下面将具体介绍各个变量的计算方法和含义。变量及定义列示如表 9.1 所示。

表 9.1　因变量、自变量及控制变量的具体含义

变量的类型		代表符号	变量的名称	变量含义、计算
因变量	公司绩效	Tobin's q	托宾 Q	Tobin's q
自变量	外部所有权结构	CFR	现金流权	终极控股股东按其投入资本占公司总投资额的比例所享有的分享剩余资产或收益的权利
		SEP	两权分离度	控制权与现金流权之间的比值
		FI	股权制衡程度（Z 指数）	第一大股东持股比例/第二至第十大股东持股比例之和
	内部所有权结构	VRD	家族成员所有权集中度	$VRD = \sum (vr_i)^2 = \sum \left(sh_i / \sum sh_i \right)^2$
		MPD	家族成员管理权集中度	$MPD = \sum (mp_i)^2 = \sum \left(pos_{i-ij} / \sum pos_{i-ij} \right)^2$
		PDV	家族成员的权力偏离度	$PDV = \sum \left(|vr_i - mp_i| \right) / n$
	内外部所有权交互	CFR × VRD	家族内外部所有权集中度的交互	CFR×VRD
		FI × MPD	家族内外部管理权集中度的交互	FI×MPD
		SEP × PDV	家族内外部两权分离度的交互	SEP×PDV
控制变量		Size	企业规模	用公司年末总资产的自然对数表示
		PBR	市净率	用每股股价与每股净资产的比率表示

　　本章将对三大类（因变量、自变量及控制变量）九小类（将外部所有权结构细化为控股家族现金流权比例、控股家族两权分离度、多个大股东制衡结构，而将内部所有权结构细化为家族成员所有权集中度、管理权集中度、权力偏离度，最终研究家族内外部所有权集中度的交互、内外部管理权集中度的交互、管理权

与所有权分离度的交互）变量，即对上述变量做如下说明。

1. 因变量：托宾 Q

本章采用托宾 Q 作为衡量企业绩效的指标。国内外学者在实证研究企业绩效指标的选择中，主要有财务指标和市场指标两类，财务指标主要有资产收益率、净利润、每股收益等，市场指标主要是托宾 Q，有部分学者采用企业综合绩效因子进行分析。由于企业对财务指标如资产收益率的盈余操纵很严重，用传统财务指标也不是很合理，因为它是中国证券监督管理委员会（以下简称证监会）对上市公司发行新股等的考核指标。所以，本章最终采用托宾 Q 作为因变量。

2. 外部所有权结构的三个相关自变量

本章选取现金流权比例、两权分离度及股权制衡程度（Z 指数）作为外部所有权结构的三个相关自变量。

1）现金流权（CFR）

本章同样采用 La Porta 等（1999）方法计算终极控制人的现金流权，即将终极控制人与上市公司的每条控制链上的现金流权比例相乘或现金流权比例相乘之和。Cash 值越大，说明现金流权比例越高，如式（9.1）所示：

$$\text{Cash} = t = \sum_{i=1}^{n} \prod_{t=1}^{t} (\alpha_{i1}, \alpha_{i2}, \cdots, \alpha_{it}), \ \alpha \in (0,1) \tag{9.1}$$

2）两权分离度（SEP）

本章在实证研究中将采用控制权与现金流权之比来衡量企业的两权分离度。SEP 值越大，说明两权分离度越大，如式（9.2）所示：

$$\text{SEP} = \sum_{i=1}^{n} \prod_{t=1}^{t} (\alpha_{i1}, \alpha_{i2}, \cdots, \alpha_{it}) \div \sum_{i=1}^{n} \min(\alpha_{i1}, \alpha_{i2}, \cdots, \alpha_{it}), \ \alpha \in (0,1) \tag{9.2}$$

3）Z 指数（FI）

本章用 Z 指数（FI）来代表股权制衡程度。采用第一大股东持股比例/第二至第十大股东持股比例之和作为 Z 指数的测量值。以 Z 指数作为衡量股权制衡的主要指标，如果 Z 值越小，那么显然第一大股东与第二至第十大股东持股比例越小，上市家族企业的股权制衡程度就越高。

3. 内部所有权结构的三个相关自变量

本章选取家族成员所有权集中度、家族成员管理权集中度及家族成员的权力偏离度作为内部所有权结构的三个相关自变量。

1）家族成员所有权集中度（VRD）

参考了 Schulze 等（2003）研究家族企业中股权分布状况时使用的赫芬达尔指数。由于本书所研究的上市家族企业中家族成员和非家族成员都存在持股现象，为了更加精准地测量出家族成员的所有权集中度这个指标，本书将每位家族成员在上市家族企业中的股权比例 sh_i 转化为家族成员的相对比率 $vr_i\left(vr_i = sh_i/\sum sh_i\right)$，然后再使用赫芬达尔指数进行测量和计算。具体计算公式如式（9.3）所示：

$$VRD = \sum\left(vr_i\right)^2 = \sum\left(sh_i/\sum sh_i\right)^2 \tag{9.3}$$

VRD 越小，表明家族成员的所有权集中度越低。

2）家族成员管理权集中度（MPD）

在同一个上市家族企业中，担任不同职位的人员必然对企业有着不同的影响和作用，本书采用贺小刚和连燕玲（2009）调查得出的职位等级系数，将职务信息转化为职位等级系数，从而便于本书进行研究和计算。见表9.2。

表 9.2　职位等级系数表

职务类型	职位等级系数
董事长兼总经理	0.982
董事长兼任企业其他职位	0.936
董事长	0.930
总经理兼任企业其他职位	0.905
总经理/总裁	0.832
副董事长兼副总经理	0.829
副董事长	0.809
财务总监	0.746
副总经理/副总裁	0.740
董事	0.706
人事等职能部门总监	0.656
董事会秘书	0.649
监事会主席	0.635
监事	0.532

上述 14 种职务类型涵盖了一般上市家族企业中的高管职位，用这 14 种职位等级系数分别对应 14 种职务类型，进而来量化管理权。本书根据第 i 位家族成员的任职情况确定其职位等级系数 pos_{i-ij}，再计算出该家族成员的相对管理权 mp_i $\left(mp_i = pos_{i-ij}/\sum pos_{i-ij}\right)$，最后同样采用赫芬达尔指数进行计算和衡量。MPD 越小，表明家族成员的管理权集中度越低。具体计算公式如式（9.4）所示：

$$MPD = \sum\left(mp_i\right)^2 = \sum\left(pos_{i-ij}/\sum pos_{i-ij}\right)^2 \tag{9.4}$$

3）家族成员的权力偏离度（PDV）

本书选取的计算方法是将每位家族成员的相对所有权减去对应的相对管理

权，再确定其差值的绝对值，然后将其加总求和，最后除以总人数，从而计算得出最终结果。PDV 越小，表明家族成员的权力偏离度越低。具体计算公式如式（9.5）所示：

$$PDV = \sum \left(|vr_i - mp_i| \right)/n \qquad (9.5)$$

4. 内外部所有权结构安排交互的三个相关自变量

1）家族内外部所有权集中度的交互（CFR×VRD）

在承认家族成员间存在个体偏好和目标函数差异的前提下，家族外部的现金流权与内部的所有权集中度必然会共同作用，从而影响企业绩效。所以，需要研究内外部所有权集中度的这种交互作用如何影响家族企业的绩效。CFR×VRD 值越大，说明家族内外部所有权集中度的交互值越大。

2）家族内外部管理权集中度的交互（FI×MPD）

由于家族外部资源稀缺及家族内部成员的私欲，家族内外部成员共同持有的管理权很可能成为家族一致对外的有力工具，可以过多地抵消家族利益和权力争斗的损失。因此，家族外部的股权制衡程度与内部的管理权集中度必然会共同作用，影响企业绩效。所以，需要研究内外部管理权集中度的这种交互作用如何影响家族企业的绩效。FI×MPD 值越大，说明家族内外部管理权集中度的交互值越大。

3）家族内外部两权分离度的交互（SEP×PDV）

大多数文献研究了上市家族企业的所有权与控制权分离，即家族外部的两权分离度，而往往忽视了家族内部两权分离所带来的重要影响。因此，研究家族外部所有权与管理权的分离对控股家族企业绩效的影响时，应该考虑家族内部两权分离情况的潜在重要影响。因此，家族外部的两权分离度与内部的两权分离度必然会共同作用，影响企业绩效。所以，需要研究内外部两权分离度的这种交互作用如何影响家族企业的绩效。SEP×PDV 值越大，说明家族内外部两权分离度的交互值越大。

5. 控制变量

本书为研究外部所有权结构、内部所有权结构及内外部所有权交互安排对企业绩效的影响，在进行模型设计时，还加入了可能对企业绩效有较大影响的两个控制变量：企业规模和市净率。

1）企业规模（Size）

本章采用企业年末总资产的自然对数作为企业规模的替代变量，且学者们研究发现，上市企业规模与其绩效之间存在负相关关系，即未必企业的规模越大，其经营绩效越好。本章认为，Size 作为本书企业规模的替代变量较为合适。

2）市净率（PBR）

市净率用每股股价与每股净资产的比率表示。本书认为，PBR作为本书市净率的替代变量较为合适。

四、模型构建

鉴于上述九个假设的提出，以及对因变量、自变量、控制变量进行定义和计算后，本书拟建立如下三个模型，继而进行多元线性回归分析。

1. 家族企业外部所有权结构与绩效关系的模型

为了研究外部所有权结构对企业绩效的影响，以现金流权、两权分离度及 Z 指数作为衡量外部所有权结构的三个指标，因此本书选用回归方程模型（9.6），如式（9.6）所示：

$$\text{Tobin's } q = \beta_0 + \beta_1 \text{CFR} + \beta_2 \text{SEP} + \beta_3 \text{FI} + \beta_4 \text{Size} + \beta_5 \text{PBR} + \beta_6 \text{Year} + \varepsilon \quad (9.6)$$

2. 家族企业内部所有权结构与绩效关系的模型

为了研究内部所有权结构对企业绩效的影响，以家族成员所有权集中度、家族成员管理权集中度及权力偏离度作为衡量内部所有权结构的三个指标。因此，本书选用回归方程模型（9.7），如式（9.7）所示：

$$\text{Tobin's } q = \beta_0 + \beta_1 \text{VRD} + \beta_2 \text{MPD} + \beta_3 \text{PDV} + \beta_4 \text{Size} + \beta_5 \text{PBR} + \beta_6 \text{Year} + \varepsilon \quad (9.7)$$

3. 家族企业内外部所有权结构安排与绩效关系的交互模型

为了研究内外部所有权结构安排对企业绩效的影响，以内外部所有权集中度的交互、内外部管理权集中度的交互及内外部两权分离度的交互作为衡量内外部所有权交互安排的三个指标，因此本书选用回归方程模型（9.8），如式（9.8）所示：

$$\begin{aligned} \text{Tobin's } q = {} & \beta_0 + \beta_1 \text{CFR} \times \text{VRD} + \beta_2 \text{FI} \times \text{MPD} + \beta_3 \text{SEP} \times \text{PDV} + \beta_4 \text{Size} \\ & + \beta_5 \text{PBR} + \beta_6 \text{Year} + \varepsilon \end{aligned} \quad (9.8)$$

第四节 家族企业内外部所有权结构对绩效影响的实证结果及分析

一、描述性统计分析

本章对实证样本的数据进行了描述，分析了数据的内在特征。对各个主要变量进行了描述性统计，运用了 SPSS 17.0 软件对极小值、极大值、均值、标准差这四个方面进行统计测量。

1. 家族企业外部所有权结构与绩效的描述性统计结果

表 9.3 为外部所有权结构与绩效的极小值、极大值、均值及标准差。

表 9.3　外部所有权结构与绩效的描述性统计

变量	N	极小值	极大值	均值	标准差
Tobin's q（绩效）	1236	0.069	2.993	1.600	0.444
CFR（现金流权）	1236	0.050	0.782	0.376	0.156
SEP（两权分离度）	1236	0.000	0.534	0.053	0.078
FI（Z 指数）	1236	0.218	41.400	1.860	2.600

从表 9.3 外部所有权结构各变量与绩效的描述性统计结果中，我们可以得出以下结论。

本章最终一共选取了 1236 个样本对外部所有权结构与绩效进行研究。从反映企业绩效的托宾 Q 指标来看，样本所考察的家族上市企业的托宾 Q 均值为 1.600，这说明了家族上市企业的整体效益较好，有效地促进了国民经济的发展；但从极值上来看，极大值为 2.993，极小值为 0.069，这说明我国上市家族企业在业绩方面有一定的差异，这与各企业的经营状况有很大关系，各企业的发展并不均衡。

企业现金流权的均值为 0.376，而其极大值和极小值差距较大，表明上市家族企业的现金流权存在一定的差异性。两权分离度的均值为 0.053，极大值为 0.534，极小值为 0，说明家族上市企业的两权分离程度较大，其具有较强的外部利益侵害意图。

从股权制衡程度指标来看，Z10 的均值为 1.860，说明第一大股东持股比例较大，上市家族企业股权制衡程度普遍相对较弱。Z10 的极大值为 41.400，极小值为 0.218，表明公司的股权制衡程度存在较大差异。

2. 家族企业内部所有权结构与绩效的描述性统计结果

表 9.4 为内部所有权结构与绩效的极小值、极大值、均值及标准差。

表 9.4　内部所有权结构与绩效的描述性统计

变量	N	极小值	极大值	均值	标准差
Tobin's q（绩效）	704	0.069	10.889	1.779	0.860
VRD（所有权集中度）	704	0.227	1.000	0.727	0.224
MPD（管理权集中度）	704	0.169	1.000	0.538	0.242
PDV（权力偏离度）	704	0.000	1.000	0.252	0.170

从表 9.4 内部所有权结构各变量与绩效的描述性统计结果中，我们通过分析可以得出以下结论。

本章最终一共选取了 704 个样本对内部所有权结构与绩效进行研究。从反映企业绩效的托宾 Q 指标来看，均值为 1.779，说明家族上市企业的整体效益尚佳，经济状况良好，有利于社会经济的发展；但从极值上来看，极大值为 10.889，极小值为 0.069，这说明我国上市家族企业在业绩方面有一定的差异，这与各企业的经营状况有很大关系，各企业的发展并不均衡。

企业所有权集中度的均值为 0.727，说明家族上市企业的所有权集中度普遍较高。管理权集中度的均值 0.538，说明家族上市企业的管理权集中度较为适中。权力偏离度的均值为 0.252，说明家族上市企业内部所有权分离度较小，较为集中。此外，从极值来看，所有权集中度、管理权集中度及权力偏离度的极小值和极大值之间差距较大，说明家族上市企业的内部所有权结构差异较大。

3. 家族企业内外部所有权结构安排的交互与绩效的描述性统计结果

表 9.5 为家族企业内外部所有权结构安排的交互与绩效的极小值、极大值、均值及标准差。

表 9.5　内外部所有权结构安排的交互与绩效的描述性统计

变量	N	极小值	极大值	均值	标准差
Tobin's q（绩效）	656	0.069	2.993	1.600	0.435
CFR×VRD（内外部所有权集中度的交互）	656	0.000	0.730	0.276	0.135
FI×MPD（内外部管理权集中度的交互）	656	0.000	16.600	0.859	1.280
SEP×PDV（内外部两权分离度的交互）	656	0.000	0.151	0.012	0.024

从表 9.5 内外部所有权结构安排交互与绩效的描述性统计结果中，我们通过分析可以得出以下结论。

本章最终一共选取了 656 个样本对内外部所有权结构安排的交互与绩效进行研究。从反映企业绩效的托宾 Q 指标来看，其均值为 1.600，说明家族上市企业的整体效益尚佳，经济状况良好，有利于社会经济的发展；从极值来看，极大值为 2.993，极小值为 0.069，这说明内外部所有权结构安排的交互对家族企业的业绩有一定的共性。

公司内外部所有权集中度交互的均值为 0.276，说明上市家族企业的所有权比例不高。内外部管理权集中度交互的均值 0.859，说明家族上市企业的管理权集中度很高。内外部两权分离度交互的均值为 0.012，说明家族上市公司两权分离度很小，非常集中。此外，从极值来看，内外部所有权集中度交互、内外部管理权及内外部两权分离度交互的极小值和极大值之间差距较大，说明家族上市公司的内外部所有权结构的安排差异较大。

二、相关性分析

对各个主要变量之间的相关性进行 Pearson 系数检验。

1. 家族企业外部所有权结构与绩效的相关性分析

表 9.6 为家族企业外部所有权结构与绩效的相关性分析。

表 9.6　外部所有权结构与绩效的相关性分析

变量	Tobin's q	CFR	SEP	FI
Tobin's q（绩效）	1	-0.049^{*}	0	0.031
CFR（现金流权）		1	-0.297^{***}	0.198^{***}
SEP（两权分离度）			1	0.118^{***}
FI（Z 指数）				1

***、*分别表示在 1%、10%的水平上显著

在对相关变量进行描述性统计之后，本章将采用 Pearson 相关性检验来分析自变量的相关性。

表 9.6 展示了自变量的相关性系数。由于现金流权、两权分离度、股权制衡程度之间的相关性很高，为避免产生多重共线性，将各个自变量逐步引入模型回归。表 9.6 的相关性检验还可以得到如下结论：股权制衡程度与现金流权正相关，说明所有权比例越高，第一大股东持股比例越高；股权制衡程度与两权分离度呈正相关，说明第一大股东持股比例随两权分离度的增大而增大；而现金流权与两权分离度呈负相关。

2. 家族企业内部所有权结构与绩效的相关性分析

表 9.7 为内部所有权结构与绩效的相关性分析。

表 9.7　内部所有权结构与绩效的相关性分析

变量	Tobin's q	VRD	MPD	PDV
Tobin's q（绩效）	1	0.017	0.113^{***}	-0.053
VRD（所有权集中度）		1	0.267^{***}	0.412^{***}
MPD（管理权集中度）			1	0.042
PDV（权力偏离度）				1

***表示在 1%的水平上显著

在对相关变量进行描述性统计之后，本章将采用 Pearson 相关性检验来分析自变量的相关性。

　　自变量的相关性分析系数如表 9.7 所示。由于所有权集中度、管理权集中度、权力偏离度之间有相关性，为避免产生多重共线性，本书将各自变量逐一引入模型对其进行回归。从表 9.7 的相关性检验中我们还可以看出，所有权集中度与管理权集中度正相关，说明所有权比例越高，管理权集中度越高；所有权集中度与权力偏离度呈正相关关系；而管理权集中度与权力偏离度的相关性关系并不明显。

　　3. 家族企业内外部所有权结构安排交互与绩效的相关性分析

　　表 9.8 为内外部所有权结构安排交互与绩效的相关性分析。

表 9.8　　内外部所有权结构安排交互与绩效的相关性分析

变量	Tobin's q	CFR×VRD	FI×MPD	SEP×PDV
Tobin's q（绩效）	1	−0.049	0.063	−0.02
CFR×VRD（内外部所有权集中度交互）		1	0.290***	−0.068*
FI×MPD（内外部管理权集中度交互）			1	0.110***
SEP×PDV（内外部两权分离度交互）				1

***、*分别表示在 1% 和 10% 的水平上显著

　　在对相关变量进行描述性统计之后，本书将采用 Pearson 相关性检验来分析自变量的相关性。

　　由于内外部所有权集中度的交互、内外部管理权集中度的交互、内外部两权分离度的交互之间有相关性，为避免产生多重共线性，本章将各自变量逐步引入模型回归。从表 9.8 的相关性检验中我们还可以看出，内外部管理权集中度的交互与内外部所有权集中度的交互正相关，说明所有权集中度比例越高，管理权集中度越高；内外部管理权集中度的交互与内外部两权分离度的交互正相关；而内外部所有权集中度的交互与内外部两权分离度的交互相关关系在 0.1 水平上显著，但在 0.01 水平上不显著。

三、家族企业内外部所有权结构对绩效影响的回归分析

　　在对相关变量进行描述性统计、Pearson 相关性检验后，本章针对回归方程模型进行回归结果分析。

　　1. 家族企业外部所有权结构与绩效的回归分析

　　本章针对回归方程模型（9.6）进行回归结果分析，表 9.9 为外部所有权结构与绩效的回归结果分析。

表 9.9　外部所有权结构与绩效的回归结果分析

变量	系数	t 值	Sig.
	Tobin's q（绩效）		
Cons（常量）	3.139	12.203	0
CFR（现金流权）	−0.359	−5.984***	0
SEP（两权分离度）	0.151	1.264	0.206
FI（管理权集中度）	0	−0.133	0.894
Size（企业规模）	−0.096	−8.011***	0
PBR（市净率）	0.225	34.013***	0
F 值	185.567		
R^2	0.547		
调整后的 R^2	0.540		

***表示在 1%的水平上显著

由表 9.9 可以看出，模型（9.6）的样本决定系数 R^2 为 54.7%，这说明被解释变量——企业绩效（54.7%）的变化可以由模型（9.6）这个多元线性回归方程列明的三个主要自变量——现金流权、两权分离度、股权制衡程度及控制变量（企业规模、市净率）解释。回归结果显示：两权分离度、股权制衡程度对企业绩效的影响并不显著，不支持 H26、H27。这说明上市家族企业的外部所有权结构中两权分离度和股权制衡程度对企业绩效的影响不大。而现金流权（CFR）与企业绩效在 0.01 的水平上显著负相关，支持 H25。这说明上市家族企业的现金流权比例越高越不利于企业绩效的提高，即当现金流权比例较低时，家族控股股东随现金流量比例的增大而加大投入，从而就会对企业绩效的提高产生有利影响。

2. 家族企业内部所有权结构与绩效的回归分析

本书针对回归方程模型（9.7）进行回归结果分析，表 9.10 为内部所有权结构与绩效的回归结果分析。

表 9.10　内部所有权结构与绩效的回归结果分析

变量	β'	t 值	Sig.
	Tobin's q（绩效）		
Cons（常量）	2.995	5.039	0
VRD（所有权集中度）	0.204	1.878*	0.061
MPD（管理权集中度）	0.153	1.66*	0.097
PDV（权力偏离度）	−0.253	−1.844*	0.066
Size（企业规模）	−0.113	−4.123***	0
PBR（市净率）	0.323	27.862***	0
F 值	114.722		
R^2	0.588		
调整后的 R^2	0.583		

***、*分别表示在 1%、10%的水平上显著

由表 9.10 可以看出：模型（9.7）的样本决定系数 R^2 为 58.8%，这说明被解释变量——企业绩效（58.8%）的变化可以由模型（9.7）这个多元线性回归方程列明的三个主要自变量——家族成员所有权集中度、管理权集中度、权力偏离度及控制变量（企业规模、市净率）解释。回归结果显示：家族成员所有权集中度在 0.1 水平上与企业绩效显著正相关，支持 H28。家族成员中的所有权集中度越高对企业的经营越有利，越容易提高企业的绩效。家族成员管理权集中度在 0.1 水平上与企业绩效呈显著正相关关系，支持 H29。家族成员中的管理权集中度越高对企业的经营越有利，越容易提高企业的绩效。家族成员两权偏离度在 0.1 水平上与企业绩效呈显著负相关关系，支持 H30，即家族成员权力偏离度越小，对企业绩效越有利。

3. 家族企业内外部所有权安排交互与绩效的回归分析

本书针对回归方程模型（9.8）进行回归结果分析，表 9.11 为内外部所有权结构安排交互与绩效的回归结果分析。

表 9.11　内外部所有权结构安排交互与绩效的回归结果分析

Tobin's q（绩效）			
变量	β	t 值	Sig.
Cons（常量）	2.652	8.145	0
CFR×VRD（内外部所有权集中度交互）	−0.314	−3.54[***]	0
FI×MPD（内外部管理权集中度交互）	0.016	1.667[*]	0.096
SEP×PDV（内外部两权分离度交互）	1.189	2.431[**]	0.015
Size（企业规模）	−0.076	−5.049[***]	0
PBR（市净率）	0.219	26.038[***]	0
F 值	101.62		
R^2	0.557		
调整后的 R^2	0.551		

***、**、*分别表示在 1%、5%、10%的水平上显著

由表 9.11 可以看出：模型（9.8）的样本决定系数 R^2 为 55.7%，这说明被解释变量——企业绩效（55.7%）的变化可以由模型（9.8）这个多元线性回归方程列明的三个主要自变量——家族内外部所有权集中度的交互、家族内外部管理权集中度的交互、家族内外部两权分离度的交互及控制变量（企业规模、市净率）解释。回归结果显示：家族企业内外部所有权集中度的交互与企业绩效在 0.01 的水平上显著负相关，支持 H31。这表明随着家族企业内外部所有权集中度的提高及两者相互作用的增强，以及多个大股东制衡结构治理效应的逐渐降低，最终可

能出现家族企业内外部股权所有者互相串通合谋,将对企业绩效造成不利的影响。因而,家族企业内外部所有权集中度的交互度越高,越不利于企业绩效。家族企业内外部管理权集中度的交互与企业绩效在 0.1 的水平上显著正相关,支持 H32。家族企业内外部管理权集中度的交互度越高,越有利于企业绩效的提升。家族企业内外部两权分离度的交互与企业绩效在 0.05 的水平上显著正相关,支持 H33。说明家族企业内外部两权分离度的交互度越高,越有利于企业绩效的提升。

四、稳健性检验

为了使本章的研究更具稳健性,以第一大股东持股比例与第二至第五大股东持股比例之和的比值(Z5)代替 FI,对家族企业所有权结构与企业绩效的影响做稳健性检验,以考察本章结论是否因所选用变量的不同而变化。回归结果基本一致,研究结论基本可信。

第五节 研 究 结 论

本书在对外部所有权结构、内部所有权结构和内外部所有权交互安排等相关概念界定的基础上,梳理概括了相关领域的理论成果,综合运用了描述性统计分析、变量间相关性分析及多元回归分析等方法,对家族上市公司所有权结构安排与绩效之间的关系进行了多角度、多层次的论证,研究得出如下几个重要结论。

第一,在模型(9.6)中,本章选用现金流权、两权分离度、股权制衡程度来表示外部所有权结构。实证研究发现,两权分离度及 Z10 与企业绩效的关系并不显著,而现金流权与企业绩效显著负相关。

两权分离度对企业绩效无显著相关性,主要因为随着两权分离度的不断变大,家族实际控制人可以通过较小的现金流权而获得较大的控制权,从而激发了企业主为获得控制权私人收益而对公司进行利益侵占的欲望,并最终导致家族上市公司绩效降低。而两权分离度的减小,即所有权和控制权高度合一,会导致家族大股东产生对中小股东权益侵害的行为,最终也会导致家族上市公司绩效的降低。所以,两权分离度与企业绩效不仅是简单的线性相关关系,而且两者之间可能存在倒"U"形关系。

股权制衡程度对企业绩效不呈显著的相关性,因为股权制衡程度相对较高即相对分散的股权结构不利于企业股权结构的稳定,从而对公司治理也没有积极作用。而当股权制衡程度相对较低时,大股东会与经营者合谋共同侵害中小股东的利益,即过高或过低的股权制衡并不能为企业带来更高的收益,只有一定的股权制衡程度对企业经营最有利，绩效也最高，高于或低于此比例都不利于企业绩效的提高。所以，股权制衡程度与企业绩效不仅是简单的线性相关关系，可能两者之间会存在倒"U"形关系。

现金流权与企业绩效存在显著的负相关关系。研究结果表明，相对高的现金流权不利于促进企业价值提升。

第二，在模型（9.7）中，本章选用家族成员所有权集中度、家族成员管理权集中度、家族成员两权偏离度来表示内部所有权结构。实证分析得出，家族成员的所有权集中度与企业绩效显著正相关。若有家族内部成员中存在过度分散的所有权现象，则必然会引发一系列问题，这将不利于企业绩效的提高。家族成员的管理权集中度与企业绩效显著正相关。换言之，就是家族企业应对内部关键岗位的经营管理权加大控制而不宜过多地对外开放，以促进企业的长期、可持续发展。

家族内部成员的权力偏离与企业绩效呈负相关关系。在企业内部实际权力分配过程中，应尽可能地将所有权和与之相对应的管理权赋予同一家族成员，这种匹配的相容会发挥激励效用，否则一旦出现较大偏离，会带来一系列的代理问题。

第三，在模型（9.8）中，本章选用内外部所有权集中度交互、内外部管理权集中度交互、内外部两权偏离度交互来表示内外部所有权交互的安排。实证研究发现，内外部所有权集中度交互与企业绩效呈显著负相关关系，而内外部管理权集中度交互与企业绩效呈显著正相关关系，内外部两权偏离度交互同样与企业绩效呈显著正相关。

内外部所有权集中度交互与企业绩效呈显著负相关关系。随着家族企业的壮大和不断发展，股权政策随之逐步开放。由于内外部所有者在目标函数上存在差异，特别是受外部机构投资者的影响，相对高的家族内外部所有权集中度将会约束企业绩效的提高。

内外部管理权集中度交互与企业绩效呈显著正相关关系。由于家族成员关系的复杂化和家族成员来源的多元化，以及资源的有限性和无限贪婪的私欲，提高管理权集中度不仅成为一致对外的工具，而且可以抵减权力争斗的损失。因此，相对高的家族内外部管理权集中度有利于提高企业绩效。此外，内外部两权分离度交互与企业绩效呈显著正相关。内外部两权分离度的交互度越高越有利于企业绩效的提高。

第十章 "金字塔"类公司股权结构对绩效的影响研究

第一节 理论基础

本章研究的理论基础主要包括双重委托代理理论、股权制衡理论、两权分离理论。其中，双重委托代理理论参考第八章第一节，这里不再赘述。

一、股权制衡理论

对大股东和小股东利益冲突的代理理论研究随着委托代理理论的不断发展，逐渐受到专家学者的关注和深入研究。根据上市公司的实证研究发现，大多数公司往往都有一个控股股东对公司起着绝对的控制作用（La Porta et al.，1999）。所以，本书认为在世界上的大多数国家都存在代理冲突的问题，包括股东和管理层的代理冲突，大股东与小股东之间的代理冲突。

股权制衡理论随着专家对大股东和小股东之间的代理利益冲突的研究而被提出。当企业同时存在多个大股东时，这几个大股东可以共享企业的控制权并形成相对的制约和监督关系，进而可以避免大股东一家独大掠夺小股东的权益，这也有利于企业的发展和保护中小股东的权益；与此同时，存在多个大股东的企业会加大对管理的监督和控制，避免管理层的无效办公和资源浪费，这不仅可以缓解委托代理的冲突也可以增加企业价值。

二、两权分离理论

随着企业规模的不断扩大，经营业务越来越多、越来越复杂，企业所有者没有精力和能力去全方位地经营企业，因此企业股东会把企业委托给其他人（管理者）进行管理，而这就是两权分离。两权分离也是目前企业建立的基本要求和规定, 在两权分离的情况下, 企业所有者和管理者在各自的领域内负责各自的工作, 承担相应的风险, 共同为提高企业价值而努力。在企业中, 企业所有者主要对其委托的管理者进行任务安排和有效监督; 而管理者主要根据公司的战略目标去运营整个企业, 从研发、生产、销售到各职能领域, 发挥企业的最大价值。

在对股份公司两权分离进行深入的研究后, 亚当·斯密提出两权分离会降低股份公司的经营效率。在 1932 年, Berle 和 Means 提出了和亚当·斯密相似的观点, 他们在 *The Modern Corporation and Private Property* 指出: 股权的不断分散是企业不断扩大的结果, 因此股东对企业的控制也会相对越来越难, 导致出现了企业的控制权逐步向管理者转移的问题。

反观我国的股份公司, 大多数股份公司都是由国有企业改制而来, 因此我国股份公司从一开始就具有两权分离的特征, 这也是我国股份公司和西方股份公司的差别。与西方股份公司不同, 我国国有企业的所有者是国家, 而国家是无法直接行使其所有权的, 因此国家必须委托有关主管部门来代理行使其职责, 这也就导致了双重委托代理问题的产生。在我国股份公司中行使所有者职责的是有关主管部门, 因此公司的所有权难以真正落实, 这导致对股份公司里面的管理层缺乏有效的监督、控制和激励, 从而影响了公司的经营成果和绩效。

第二节　"金字塔"类公司股权结构与绩效的假设提出

在前人研究成果并做出相应理论分析的基础上, 我们将结合"金字塔"结构类家族上市公司股权结构的实际状况, 对我国"金字塔"结构类家族上市公司股权结构与企业绩效提出以下假设。

一、股权集中度与企业绩效

代理理论认为, 企业在所有权和控制权发生分离的情况下, 控股股东将企业的经营管理权委托给经营管理者, 当企业的股权集中度比较低时, 在缺乏有效监督的情况下, 管理者经常通过损害中小股东的利益来满足自身的需要, 从而使企业经营偏离预期目标, 进而导致企业绩效降低; 当股权集中度上升到适当水平时, 相互制衡的股东可以加强对管理层的监督, 同时可以降低代理成本, 有利于业绩的提高。但股权集中度上升到极端水平时, 会出现一股独大的局面, 控股股东对外部中小股东的掠夺行为会增加, 使得企业绩效会有所下降, 因此提出 H34。

H34: 股权集中度与公司绩效呈现倒"U"形的关系, 即当股权集中度较低时, 公司绩效随着股权集中度的增大而增加; 当股权集中度比较高时, 公司绩效随股权集中度的增大而下降，从而一定程度的股权集中度有利于公司绩效的提高。

二、股权制衡程度与企业绩效

企业中存在可以相互制衡的大股东时，可以有效降低大股东对外部中小股东的利益侵害，这时企业管理决策需要多人共同决定，有利于治理效率和企业业绩的提高。

与此同时，存在股权制衡情况时，大股东之间对企业投资决策意见的不同可能会影响决策的制定和执行，进而造成投资不足，影响企业绩效。但由于我国证券市场制度不完善，外部监管不严格，投资决策影响较小，绩效影响因素主要在于大股东对小股东利益的侵占，而股权制衡能够降低对小股东的侵害，从而有利于企业绩效的提高。

由于 Z 值是第一大股东与第二至第五大股东出股比例之和的比值，如果 Z 值越大，就说明第一大股东与第二至第五大股东出股比例之和的比值越大，也就说明第一大股东与第二至第五大股东持股比例的差距越大，这样就会导致一股独大现象的出现，将不利于公司经营绩效的提高。因此我们提出 H35。

H35：Z 指数与公司经营绩效之间呈负相关关系，即股权制衡与企业绩效正相关。

三、现金流权与企业绩效

关于终极控制人现金流权与企业绩效的关系,绝大多数学者的研究结论认为，终极控制人现金流权与企业绩效呈正相关关系，他们认为，现金流权大小代表了终极控制人的利益与企业利益的一致程度，现金流权越大表示终极控制人与外部投资者的利益越趋于一致，终极控制人掏空上市企业的动机就越小，企业绩效就越高。但是在家族上市企业中，当现金流权比较低时，家族控股股东会随着现金流量的增加而加大对公司的投入，从而使公司绩效提高，但是当控制性家族的现金流权超过一定比例时，家族控股股东会因为过于谨慎而放弃很多有高净现值的投资机会，从而对公司绩效有不利影响。由此，我们提出 H36。

H36：家族企业的现金流权与企业绩效呈倒"U"形的关系。

四、两权分离度与企业绩效

在终极控制人直接控制上市公司的情况下，终极控制人的控制权和现金流权并未发生分离，但如果采用"金字塔"股权结构并且只要终极控制人在任一中间层公司的持股比例小于 100%，必将发生两权分离现象，并且许永斌和郑金芳（2007）、张文龙（2009）理论论证了两权分离是控制权私有收益产生的直接原因。

目前相关文献研究大多数显示两权分离程度与企业绩效负相关，偏离系数越大，表示控制性家族只需较小的现金流权就可获得较大的控制权,这会产生杠杆效应,从而使控制性家族越有动机强迫底层上市公司通过关联交易等方式侵占上市公司利益,并引发严重的代理问题,从而导致企业绩效的下降(如 Claessens et al.,2002;谷祺等，2006；王力军，2006)。可以看出，两权分离程度越高，家族终极控制人对底层上市公司利益侵占的可能性就越大，从而对企业绩效产生负面影响。由此，我们提出 H37。

H37：家族企业的两权分离度与企业绩效负相关。

五、上市途径对企业绩效的影响

通过发行新股直接上市的家族企业，由于企业由小到大，都由家族企业主一手创办而来，家族控股股东对企业有着强烈的认同感，这使得家族创始人具有很高的积极性去克服企业在未来生产经营过程中所碰到的各种问题，以使得上市家族企业能够健康发展，最终达到企业价值最大化的目的。

而通过收购、兼并等间接途径上市的家族企业，由于它们不是家族企业主一手创办的，控股股东有可能不会立足于长期经营，而是借上市公司之壳来达到上市融资的目的。由于我国资本市场很不完善，家族企业控制上市公司之后，有可能获取控制权私人收益，频繁地掏空上市公司，侵犯中小股东的利益，以追求个人利益的最大化，他们的行为和决策往往是短期的。由此提出 H38。

H38：上市途径不同,"金字塔"股权结构对家族企业绩效的影响也不同，且直接上市的家族企业绩效比间接上市的好。

第 三 节 研 究 设 计

一、样本选择

本章对家族上市公司的界定参考苏启林（2004）的判断标准，即同时满足下面三个条件：①终极控制人对企业的控制权比例大于 10%；②终极控制人能追溯到自然人或家族；③企业的实际控制人是上市公司的第一大股东。本章以上海证券交易所和深圳证券交易所公开发行 A 股的及可以追溯至终极控制人的"金字塔"股权结构类家族上市公司 2008~2010 年的数据为研究对象，并依据以下标准对原始样本进行了筛选：①由于金融企业与一般的上市公司经营业务存在差异，为了保持数据的可比性，本章剔除了金融类的上市公司；②剔除了数据不全或缺失的企业，本章需要获取很多关于企业股权结构的原始数据，某些财务或交易数据不全，将对研究的真实性和准确性产生影响；③剔除了 PT、ST 公司，因为 PT、ST 公司的样本较特殊、较复杂，并且具有财务危机的特征，有些处于连续亏损状态而非正常持续经营状态，因此应予以剔除。只有这样，对我国"金字塔"结构类家族上市公司的股权性质与企业绩效进行研究才更具有实际意义。按照上述选取标准进行筛选之后，最终得到符合以上全部筛选条件的"金字塔"类家族上市公司的样本为 871 个。

二、数据来源

本章所使用的数据主要有两类，即"金字塔"类家族上市公司股权结构数据及企业绩效方面的数据，这两类数据主要来源于国泰安数据库、上市公司的年度报告等，同时也参考了巨潮资讯网、金融界、证监会网站、上海证券交易所网站、深圳证券交易所网站上的各类统计数据及相关公告。同时有些关于企业实际控制人、上市途径、控制权与现金流权的数据信息通过百度、谷歌等网上搜索的方式获取。本章将不同来源的同一类数据相互比较，并通过搜索其他资料后选取相对可靠的数据进行实证研究，本章的实证分析工具为 SPSS 17.0，以下实证结果均为 SPSS 17.0 计算分析所得。

三、变量选择

本章中的变量主要包括三类，即因变量、自变量和控制变量，下面将具体介绍各变量的计算方法和含义。

1. 因变量

本章采用经济增加值作为衡量企业绩效的指标。国内外学者在实证研究中，对于企业绩效指标的选择主要有财务指标和市场指标两类，财务指标主要有资产收益率、净利润、每股收益等；市场指标主要有托宾 Q，有部分学者采用企业综合绩效因子进行分析。由于企业对财务指标如资产收益率的盈余操纵很严重，而且它是证监会对上市公司发行新股等的考核指标，所以用传统财务指标不是很合理；我国资本市场不够完善，股价经常被操纵，而且企业存在大量的非流通股，因此托宾 Q 也很难真实有效地反映企业的绩效。

相对于传统财务指标，如净利润、每股收益、净资产收益率等，经济增加值考虑了企业全部资金来源的成本，即债务资本成本和权益资本成本，从而体现了企业在某个时期创造或损失了的财富价值量，进而真正成为股东所定义的利润。经济增加值是企业资本收益与资本成本的差额，它反映了企业为股东新创造的价值。如果企业经济增加值小于 0，则意味着股东没有增加新的财富，企业获得的利润不足以满足债权人的利益；如果企业经济增加值大于 0，则说明企业为股东创造了新的价值。

根据目前研究现状，我们发现将家族企业与经济增加值相结合的研究并不多见，但从经济增加值自身特点来看，经济增加值是非常适合在家族企业中运用的。

本章中家族企业经济增加值的计算公式为

EVA=税后净营业利润－资本成本

　　=（营业利润－所得税）－资本总额×加权平均资本成本

　　=NOPAT－TC×WACC

NOPAT：税后净营业利润，它是通过对税后利润进行一系列会计报表科目调整后得到的。思腾斯特咨询公司认为，想要计算出精确的税后净营业利润，需要对税后利润项目进行调整，包括存货、坏账、折旧和商誉摊销等在内的 160 多种项目。但是具体调整哪些项目还要根据研究所需要的变量决定，因为作为评价家族上市公司绩效指标体系的税后净营业利润，只需要从股东角度考察其获得的资本收益是否补偿了其承担的风险，因此没有必要将税后净营业利润计算得非常精确，只需将其调整到对最后结果影响最小即可。本章主要对折旧、摊销、资产减值等项目进行了调整。

TC：资本总额，资本总额=长期债务资本+股权资本。其中，长期债务资本是指债权人提供的各种中长期贷款，不包括因为商业信用而形成的应付账款、应付票据、其他预付款等商业信用负债；股权资本不仅包括普通股，还包括少数股东权益。

WACC：加权平均资本成本，加权平均资本成本=债务资本权重×债务资本成本+股权资本权重×股权资本成本=（债务资本/总资本）×债务资本成本+（股权资本/总资本）×股权资本成本

以 2008~2010 年中国人民银行公布的 1~3 年期贷款利率作为税前债务资本成本，考虑利息的税盾效应，因此采用目前我国企业所得税率 25%作为统一扣除标准。

本书采用 CAPM 模型[①]来计算股权资本成本，计算公式为

$$R=R_f+\beta\left(R_m-R_f\right)$$

R_f：无风险收益率，以中国工商银行 2008~2010 年的 1 年期整存整取银行存款利息率来代替，这三年的利息率分别是：4.14%、2.25%、3.00%。

β：市场风险测度也叫贝塔系数，用来衡量个别企业的股票相对于整个市场股票变动的程度。本章中"金字塔"类家族上市公司的 β 值是通过国泰安数据库查询得到的。

R_m-R_f：市场风险溢价水平，我们将采用高盛 5%的估值，这比港股和美股 6%

① CAPM（capital asset pricing model）模型是对风险和收益如何定价与度量的均衡理论。

的风险溢价水平要低。这是因为我国 A 股市场投资者投资品种比较单一，所以投资者要求的报酬率也比较低。

2. 自变量

1）股权集中度

本章主要采用第一大股东持股比例 CR1、前五大股东持股比例 CR5、赫芬达尔指数 H5 等作为度量企业股权集中度的指标。赫芬达尔指数 H5 在衡量企业股权集中度方面比 CR1 和 CR5 指数好，原因是赫芬达尔指数 H5 是对前五大股东持股比例取的平方和，因此能够产生马太效应，该指标能够更好地突出家族企业股东持股比例的差异。

2）股权制衡程度

本章中的股权制衡程度指标 Z5 是企业第一大股东持股比例与第二至第五大股东持股比例之和的比值，它能够反映家族上市公司的其他大股东对第一大股东的制衡作用。Z5 的数值越大表示家族企业股权制衡程度越薄弱，Z5 的数值越小表示家族企业股权制衡作用越好。在计算过程中如果存在多个家族成员，我们就将家族成员持股比例之和作为第一大股东的持股比例，这样更有利于反映控制性家族与其他股东之间的股权制衡作用。

3）股权的"金字塔"结构

（1）终极控制人的控制权比例（Con）。本章采用 La Porta 等（1999）对控制权的计算方法，即终极控制人所拥有的控制权是各控制链条中各层级持股比例最小一层或最小一层之和，公式如下：

$$\text{Con} = \sum_{i=1}^{n} \min(\alpha_{i1}, \alpha_{i2}, \cdots, \alpha_{it}), \alpha \in (0,1)$$

其中，i 表示控制链，t 表示控制链上的控制层数。

（2）终极控制人的现金流权比例（CFR）。本章同样采用 La Porta 等（1999）方法计算终极控制人的现金流权（将终极控制人与上市公司的每条控制链上的现金流权比例相乘或现金流权比例相乘之和），公式如下：

$$\text{CFR} = t = \sum_{i=1}^{n} \prod_{t=1}^{t} (\alpha_{i1}, \alpha_{i2}, \cdots, \alpha_{it}), \alpha \in (0,1)$$

其中，i 表示控制链，t 表示控制链上的控制层数。

（3）控制权与现金流权分离程度即两权分离度（SEP）。本章在实证研究中将采用 Claessens 等（2000）用控制权与现金流权之比来衡量企业的两权分离度。

$$\text{SEP} = \text{CFR} \div \text{Con} = \sum_{i=1}^{n} \prod_{t=1}^{t} (\alpha_{i1}, \alpha_{i2}, \cdots, \alpha_{it}) \div \sum_{i=1}^{n} \min(\alpha_{i1}, \alpha_{i2}, \cdots, \alpha_{it}), \alpha \in (0,1)$$

其中，i 表示控制链，t 表示控制链上的控制层数。

3. 控制变量的选择

设置控制变量主要是为了控制除了本章中的自变量以外其他变量对企业绩效的影响，本章对前人研究者所发现的可能对企业绩效产生较大影响的变量进行归纳，并将其作为控制变量加入到实证检验模型中，以便更好地考察我国"金字塔"类家族上市公司股权结构与企业绩效的关系。本章主要将上市途径、企业规模、成长性、两职合一情况作为控制变量，本章将以上因素设定如下。

（1）上市途径（Listk）。不同的上市途径有可能影响企业的股权结构，本章采用上市途径来作为控制变量。

（2）企业规模（Size）。本章采用企业总资产的对数来作为企业规模的替代变量。

（3）成长性（Ind）。本章使用家族上市公司的营业收入增长率来衡量公司的成长性。在有效率的资本市场上，企业成长性越强，投资者对其未来预期越好，从而企业的市场价值就越高；相反，企业风险越大，未来收益越不确定，投资者对其价值判断也就越低。

（4）两职合一情况（LE）。本章通过使用两职合一这一虚拟变量来作为代表公司内部治理水平的变量，当家族上市公司的董事长与总经理由同一人来担任时，该值取为1，当家族企业的董事长与总经理由两个人分别担任时，其值取为0。

现将上述各变量及其定义列示于表10.1。

表 10.1　各变量的具体含义

变量类型		符号	变量名称	变量解释及计算方法
因变量	公司绩效	EVA	企业经济增加值	税后利润与资本成本之差
自变量	股权集中度	CR1	第一大股东持股比例	第一大股东持股比例
		CR5	前五大股东持股比例	前五大股东持股比例之和
		H5	赫芬达尔指数	对前五大股东持股比例求平方和
	股权制衡程度	Z5	股权制衡程度	第一大股东持股比例与第二至第五大股东持股比例之和的比值
	所有权结构	Con	控制权比例	各控制链条中各层级持股比例最小一层或最小一层之和
		CFR	现金流权	终极控制人的现金流权之和
		SEP	两权分离度	现金流量权与控制权之比
控制变量		Listk	上市途径	直接上市取值为1，间接上市取值为0
		Size	企业规模	取总资产的自然对数，即 ln（总资产）
		Ind	成长性	（本年营业收入–上年营业收入）/上年营业收入
		LE	两职合一情况	虚拟变量，若两职合一则取1，否则取0

四、模型构建

由于股权结构与公司绩效之间的相关性一直有线性与"U"形之争，本章基于以上假设和变量的选取与描述，构建以下模型进行多元回归分析：

$$EVA = \beta_0 + \beta_1 股权结构 + \beta_2 Listk + \beta_3 Size + \beta_4 Ind + \beta_5 LE + \varepsilon$$

$$EVA = \beta_0 + \beta_1 股权结构 + \beta_2 股权结构^2 + \beta_3 Listk + \beta_4 Size + \beta_5 Ind + \beta_6 LE + \varepsilon$$

第四节　"金字塔"类家族上市公司股权结构
与企业绩效的实证结果及分析

一、描述性统计分析

（一）"金字塔"类家族上市公司总体分布状况

据不完全统计，截至 2010 年 12 月 31 日，我国沪深两市"金字塔"类家族上市公司已达 441 家，我们分行业统计了 2010 年的 441 家"金字塔"类的家族上市公司的数量和所占比例，如表 10.2 所示，它们集中分布在制造业（264 家，59.86%）、房地产业（39 家，8.84%）、信息技术业（34 家，7.71%）、综合类（31 家，7.03%）及批发和零售业（25 家，5.67%）。其中，制造业所占比例最高，达到了 59.86%；其次是房地产业共有 39 家，约占总体的 9%；最少的是电力、燃气及水的生产和供应业（5 家）、采掘业（4 家）及传播与文化业（3 家），合计约占总体的 3%。

表 10.2　我国"金字塔"类家族上市公司的行业分布

行业名称	上市公司数量/家	所占比例
制造业	264	59.86%
房地产业	39	8.84%
信息技术业	34	7.71%
综合类	31	7.03%
批发和零售业	25	5.67%
社会服务业	14	3.17%
农林牧渔业	9	2.04%
建筑业	8	1.81%
交通运输、仓储业	5	1.13%
电力、燃气及水的生产和供应业	5	1.13%
采掘业	4	0.91%
传播与文化业	3	0.68%
合计	441	100%

注：合计百分比可能不等于 100%，是因为有些数据进行过舍入修约

（二）"金字塔"类家族上市公司股权集中与股权制衡分布概况

本书通过查阅 2010 年 441 家"金字塔"股权结构的家族上市公司年报和股权结构等资料后得出 349 家家族上市公司的有效数据。本章将第一大股东持股比例作为股权集中度的衡量指标，将第一大股东持股比例与第二至第五大股东持股比例之和的比值作为股权制衡程度的衡量指标，具体统计结果如表 10.3 和表 10.4 所示。

表 10.3　2010 年"金字塔"类家族上市公司股权集中分布概况

股权集中度	≤10%	（10%，20%]	（20%，30%]	（30%，40%]	（40%，50%]	>50%	合计
公司数量/家	6	41	96	76	65	65	349
所占比例	1.72%	11.75%	27.51%	21.78%	18.62%	18.62%	100%
累计所占比例	1.72%	13.47%	40.98%	62.76%	81.38%	100%	100%

表 10.4　2010 年"金字塔"类家族上市公司股权制衡分布概况

股权制衡程度（Z 值）	≤1	（1，2]	（2，3]	（3，4]	（4，5]	（5，10]	>10	合计
公司数量/家	41	89	65	31	24	47	52	349
所占比例	11.75%	25.50%	18.62%	8.88%	6.88%	13.47%	14.90%	100%
累计所占比例	11.75%	37.25%	55.87%	64.75%	71.63%	85.1%	100%	100%

由表 10.3 的统计数据可以看出，我国"金字塔"类家族上市公司第一大股东持股比例低于 10% 的只有 6 家，处于区间（20%，30%]、（30%，40%]、（40%，50%]及 50% 以上的分别有 96 家、76 家、65 家、65 家，可见我国"金字塔"类家族上市公司股权还是相对集中的。

由表 10.4 的统计数据可以看出，Z 值越小反映大股东之间的制衡程度越好，从该值的统计结果来看，Z 值小于 1 的公司只有 41 家，仅占所有公司的 11.75%；Z 值在区间（1，2]的公司有 89 家，占 25.5%；而 Z 值大于 2 的占了 62.75%。总的来说，我国"金字塔"类家族上市公司股权是集中的，大股东之间的制衡作用相对较弱，这就加剧了大股东侵害中小股东利益的风险。

（三）"金字塔"类家族上市公司控制权分布概况

本章通过查阅 2010 年的 349 家"金字塔"股权结构的家族上市公司年报等资料，根据其控制权比例进行计算后，统计出表 10.5。

表 10.5　2010 年"金字塔"类家族上市公司终极控股股东控制权比例分布概况

控制权比例	≤10%	（10%，20%]	（20%，30%]	（30%，40%]	（40%，50%]	>50%	合计
公司数量/家	6	47	102	73	57	64	349
所占比例	1.72%	13.47%	29.22%	20.92%	16.33%	18.34%	100%
累计所占比例	1.72%	15.19%	44.41%	65.33%	81.66%	100%	100%

表 10.5 和图 10.1 显示了 2010 年我国"金字塔"类家族上市公司终极控股股东控制权的分布情况,(20%,40%]是控制权最集中的区域,占总样本的 50.14%,尤其比较突出的是,在(20%,30%]竟然集中了 102 家上市公司。

（四）"金字塔"类家族上市公司现金流权分布概况

"金字塔"类家族上市公司的现金流权分布概况如表 10.6 所示。

表 10.6 2010 年"金字塔"类家族上市公司现金流权比例分布概况

现金流权比例	≤10%	（10%，20%]	（20%，30%]	（30%，40%]	（40%，50%]	>50%	合计
公司数量/家	59	95	89	41	37	28	349
所占比例	16.91%	27.22%	25.50%	11.75%	10.60%	8.02%	100%
累计所占比例	16.91%	44.13%	69.63%	81.38%	91.98%	100%	100%

从表 10.6 可以看出,同公司控制权不同的是,终极控股股东的现金流权比较均匀地分布在 40%以下,控制权在 40%以下的公司占比达到了 81.38%,其中又以（10%,30%]居多,占比达到 52.72%。现金流权在 20%以下的公司比例为 44.13%,而控制权在这一范围内的只有 15.19%。在 20%以上的各个区间内,控制权属于这些区间的公司数量均大于现金流权。由这些数据和图形我们可以简单看出,我国"金字塔"类上市家族公司终极控股股东的控股权与现金流权存在着一定程度的分离。

由此可知,在我国"金字塔"类家族企业中,存在相当数量的终极控制人对底层上市公司的实际投入较少,同时从这些上市公司得到的合法收益也较低。在这种情况下,可能会对他们掏空上市公司的行为起到激励作用,最终加重对上市公司绩效的负面影响。

（五）"金字塔"类家族上市公司两权分离度情况

本章使用控制权与现金流权比值来衡量两权分离度。因此,当两权分离度的值越小时,表示终极控制人的控制权与现金流权之间的分离程度越小;反之,两权分离度的值越大,意味着两权分离程度越大。按照此方式,我们利用控制权和现金流权的数据计算了 349 家"金字塔"类家族上市公司的两权分离度,结果如表 10.7 所示。

表 10.7 2010 年"金字塔"类家族上市公司两权分离度分布概况

两权分离度	1	（1，1.5]	（1.5，2]	（2，3]	（3，4]	（4，5]	>5	合计
公司数量/家	44	147	73	44	25	8	8	349
所占比例	12.61%	42.12%	20.92%	12.61%	7.16%	2.29%	2.29%	100%
累计所占比例	12.61%	54.73%	75.65%	88.26%	95.42%	97.71%	100%	100%

从表 10.7 中可以看出，我国"金字塔"类家族上市公司终极控股股东的控制权与现金流权分离度有 63.04%的比例集中在区间（1，2]。也就是说，控制权多为现金流权的 1~2 倍。现金流权与控制权没有任何分离的有 44 家公司，占总样本的 12.61%。分离度在（2，3]的公司所占比例为 12.61%。总的来说，家族上市公司终极控股股东的现金流权多为控制权的 1~3 倍（88.26%）。从表 10.7 可以看到，目前我国"金字塔"类家族上市公司的控制权与现金流权的分离系数是比较高的，这也可能是我国家族上市公司绩效整体比较低的原因之一。

（六）主要变量的描述性统计

在确定了各变量和检验模型之后，本章采用 SPSS 17.0 统计分析软件对这些变量进行描述性统计分析，以便更深入地了解"金字塔"类家族上市公司的股权结构特征。表 10.8 为各变量的极小值、极大值、均值及标准差。

表 10.8　样本企业各变量的描述性统计结果

变量	N	极小值	极大值	均值	标准差
EVA（企业绩效）	871	−7.31	2.96	1.195 1	2.833 16
CR1（第一大股东持股比例）	871	5.14	85.23	34.097 8	15.116 25
CR5（前五大股东持股比例）	871	10.28	91.96	47.846 7	16.197 63
H5（赫芬达尔指数）	871	0.00	0.73	0.152 5	0.123 04
Z5（股权制衡程度）	871	0.31	202.93	5.962 3	11.215 59
CFR（现金流权）	871	0.53	78.18	21.781 8	13.993 43
SEP（两权分离度）	871	1.00	48.27	2.048 5	2.464 04
Listk（上市途径）	871	0.00	1.00	0.496 0	0.500 27
Size（企业规模）	871	18.59	24.28	21.270 5	0.971 03
Ind（成长性）	871	−0.99	43.61	0.337 1	2.187 42
LE（两职合一情况）	871	0.00	1.00	0.199 8	0.400 06
有效的 N（列表状态）	871				

从表 10.8 样本企业各变量的描述性统计结果中，我们通过分析可以得出以下结论。

从反映企业绩效的 EVA 指标来看，样本所考察的 871 家"金字塔"类家族上市公司的 EVA 均值为 1.1951，这说明我国家族上市公司的整体经营状况良好，并且呈现出较好的发展态势，这有利于我国经济发展；但从极值上来看，极大值为 2.96，极小值−7.31，这说明我国"金字塔"类家族上市公司在业绩方面差异很大，这与各企业的经营状况有很大关系。

从反映股权集中度的指标来看，第一大股东持股比例 CR1、前五大股东持股比例 CR5 和赫芬达尔指数 H5 的均值分别为 34.0978、47.8467、0.1525,这说明总体上我国家族上市公司股权相对集中(孙永祥和黄祖辉,1999)。并且可以看出,股权集中度指标的最大值与最小值差距比较大,这表明不同公司的股权集中度存在差异。

从股权制衡程度指标来看,Z5 的均值为 5.9623,说明第一大股东持股比例接近第二至第五大股东持股比例之和的 6 倍,同时说明我国家族企业股权制衡程度相对较弱。Z5 的极大值为 202.93,极小值为 0.31,表明公司的股权制衡程度存在很大差异。

从"金字塔"股权结构来看,公司终极控制人的现金流权的均值为 21.7818,两权分离度的均值为 2.0485,极大值为 48.27,极小值为 1,说明家族上市公司控制权与现金流权分离情况比较严重,家族上市公司对外部投资者利益侵害的意图较强。

二、相关性分析

在对相关变量进行描述性统计之后,我们将采用 Pearson 相关性检验来分析自变量与控制变量的相关性,以避免在接下来的多元回归分析中发生多重共线性问题。

自变量与控制变量的相关性分析系数如表 10.9 所示。由于第一大股东持股比例 CR1、前五大股东持股比例 CR5、赫芬达尔指数 H5、现金流权 CFR 之间的相关性很高,为避免产生多元共线性,本章将各自变量逐一引入模型对其进行回归。我们还可以看出,控制变量与各自变量之间不存在显著相关关系,所以我们将控制变量加入到各回归方程中。从表 10.9 的相关性检验中我们还可以看出,反映股权制衡程度的 Z5 指标与第一大股东持股比例显著正相关,说明第一大股东持股比例越高,股权制衡程度越弱,从而第一大股东对家族企业的影响就越大;股权集中度与现金流权正相关,但与两权分离度相关关系不明显;现金流权与两权分离度负相关。

表 10.9　自变量与控制变量的 Pearson 相关性检验

变量	CR1	CR5	H5	Z5	CFR	SEP	Listk	Size	Ind	LE
CR1(第一大股东持股比例)	1	0.814**	0.965**	0.416**	0.700**	0.086*	0.149**	0.242**	0.140**	0.043
CR5(前五大股东持股比例)		1	0.843**	0.124**	0.602**	−0.082	0.216**	0.138**	0.128**	0.077*
H5(赫芬达尔指数)			1	0.426**	0.678**	0.091**	0.151**	0.246**	0.173**	0.038
Z5(股权制衡程度)				1	0.165**	0.546**	−0.034	0.161**	0.003	−0.053

续表

变量	CR1	CR5	H5	Z5	CFR	SEP	Listk	Size	Ind	LE
CFR（现金流权）					1	−0.163	0.115**	0.057	0.121**	0.062
SEP（两权分离度）						1	−0.076*	0.102**	−0.023	−0.052
Listk（上市途径）							1	0.049	0.040	0.153**
Size（企业规模）								1	0.063	−0.078*
Ind（成长性）									1	0.010
LE（两职合一情况）										1

*表示在 0.01 水平（双侧）上显著相关；**表示在 0.05 水平（双侧）上显著相关

三、"金字塔"类家族上市公司股权结构对企业绩效影响的回归分析

（一）股权集中度与企业绩效的回归分析

股权集中度与企业绩效的回归结果见表 10.10。

表 10.10　股权集中度与企业绩效的回归结果

回归结果	EVA（企业绩效）					
	1		2		3	
	系数值	（t 值）	系数值	（t 值）	系数值	（t 值）
常量	−2.91	（−14.856***）	−3.07	（−15.101***）	−2.9	（−15.31***）
CR1（第一大股东持股比例）	4 830 953.723	（2.038**）				
（CR1）²（第一大股东持股比例的平方）	−47 483.477	（−1.634*）				
CR5（前五大股东持股比例）			7 894 899.791	（2.862***）		
（CR5）²（前五大股东持股比例的平方）			−68 010.932	（−2.457**）		
H5（赫芬达尔指数）					7.13	（3.706***）
（H5）²（赫芬达尔指数的平方）					−1.2	（−3.361***）
Listk（上市途径）	8 677 944.438	（0.51）	1.05	（0.61）	3 892 288.714	（0.23）
Size（企业规模）	1.38	（15.301***）	1.4	（15.899***）	1.39	（15.556***）
Ind（成长性）	9 361 969.703	（2.39**）	9 616 766.744	（2.47**）	1.04	（2.655***）
LE（两职合一情况）	−2 125 989.6	（−0.1）	−709 472.607	（−0.03）	−2 019 589.917	（−0.1）
调整后的 R²	0.241		0.245		0.25	
F 值	46.979***		48.155***		48.667***	

*表示在 0.01 水平（双侧）上显著相关；**表示在 0.05 水平（双侧）上显著相关；***表示在 0.1 水平（双侧）上显著相关

对于"金字塔"类家族上市公司的股权集中度指标 CR1、CR5 和 H5，回归结果显示，家族企业绩效与股权集中度呈现显著的倒"U"形关系，且 CR1、CR5 和 H5 分别通过了 5%、1% 和 1% 的 t 检验，这与孙永祥和黄祖辉（1999）的研究结论是一致的。我们以第一大股东持股比例 CR1 为例，对检验方程求导后发现第一大股东持股比例以 50.87% 为分界点，当家族上市公司第一大股东持股比例在区间 0~50.87% 时，企业绩效与第一大股东持股比例正相关，家族控股股东和社会中小股东的利益是一致的，随着第一大股东持股比例的增加，企业价值也增加；而当第一大股东持股比例在区间 50.87%~100% 时，家族企业绩效与第一大股东持股比例负相关，这时大股东往往会在决策时做出不利于中小股东利益的行为，最终导致企业价值的降低。对 CR5 和 H5 求导分析也可得出类似结论。因此，H34 得到了验证。

（二）股权制衡程度与企业绩效的回归分析

股权制衡程度与企业绩效的回归结果见表 10.11。

表 10.11　股权制衡程度与企业绩效的回归结果

回归结果	EVA（企业绩效）	
	系数值	（t 值）
常量	2.92	−15.681***
Z5（股权制衡程度）	−1 728 203.146	−1.322*
（Z5）^{2}（股权制衡程度的平方）	−1 657.86	−0.174
Listk（上市途径）	1.33	0.78
Size（企业规模）	1.43	16.266***
Ind（成长性）	9 174 958.138	2.392**
LE（两职合一情况）	−1 965 381.71	−0.092
调整后的 R^2	0.241	
F 值	47.052***	

*表示在 0.01 水平（双侧）上显著相关；**表示在 0.05 水平（双侧）上显著相关；***表示在 0.1 水平（双侧）上显著相关

对于股权制衡程度指标 Z5，Z5 通过了 1% 的 t 检验、（Z5）^{2} 未能通过 1% 的 t 检验，但其系数均为负，因此可以认为家族企业绩效 EVA 与 Z5 之间显著负相关，即股权制衡程度越强，家族上市公司的绩效越好，这说明当家族企业存在股权制衡时，各大股东之间会相互牵制以使得家族企业的任何一个大股东都无法单独进行决策，这样就大大降低了第一大股东掏空家族上市公司的风险，更好地保护了社会股东的利益，从而促进企业价值的提升。因此，H35 得到了验证。

（三）"金字塔"股权结构与企业绩效的回归分析

"金字塔"股权结构与企业绩效的回归结果见表 10.12。

表 10.12　"金字塔"股权结构与企业绩效的回归结果

回归结果	EVA（企业绩效）			
	1		2	
	系数值	（t 值）	系数值	（t 值）
常量	−2.91	（−15.356***）	−2.95	（−15.787***）
CFR（现金流权）	2 456 239.441	（1.317）		
CFR²（现金流权的平方）	−32 813.7	（−1.077）		
SEP（两权分离度）			−4.59	（−2.921**）
Listk（上市途径）	13 470 000	（0.788）	1.113	（0.655）
Size（企业规模）	1.4	（16.014***）	1.445	（16.395***）
Ind（成长性）	8 917 874.747	（2.303**）	8 670 989.109	（2.261**）
LE（两职合一情况）	−1 641 198.511	（−0.077）	−2 117 334.12	（−0.1）
调整后的 R^2	0.237		0.243	
F 值	46.081***		47.601***	

表示在 0.05 水平（双侧）上显著相关；*表示在 0.1 水平（双侧）上显著相关

对于现金流量权 CFR，本实证研究结果显示，家族上市公司的现金流权与企业绩效 EVA 之间不存在相关关系，即 H36 未得到验证。

对于两权分离度 SEP，方程通过了 5%的 t 检验，则家族上市公司的两权分离度与公司绩效 EVA 呈现显著负相关关系，因为两权分离度是控制权与现金流量权的比值，其值越大代表两权分离程度越大，则家族企业绩效 EVA 越小。家族企业的控制权与现金流权分离度越大，终极控制人越有动力和能力去侵占上市公司与其他中小股东的利益，从而获得控制权私人收益，这种行为降低了家族上市公司的绩效，即 H37 得到验证。

就控制变量而言，上市途径（Listk）系数均为正。本章将家族企业的上市途径用虚拟变量表示，1 代表直接上市，0 代表间接上市。回归结果说明，上市途径与企业绩效正相关，即直接上市家族企业绩效比间接上市家族企业绩效好，假设 H38 得到验证。

对于企业规模（Size），其系数均为正，且均通过 10%的 t 检验，这说明企业规模与企业绩效显著正相关。此控制变量通过检验是我们可以预料到的结果，因为企业规模的扩大会产生规模经济，家族企业就越有能力将资金运用到企业各方面，从而提高企业绩效。

对于企业成长性指标（Ind），三个模型的回归结果均显示企业绩效与企业成长性指标存在显著的正相关关系，也说明营业收入增长率与企业绩效正相关。

对于两职合一情况（LE），以上两个回归方程中 LE 的系数均为负，且都没有通过 10%的显著性检验，说明两职合一情况与企业绩效负相关，但不显著。

四、稳健性检验

为了使研究结果更稳健，本章对于企业绩效的衡量，采用托宾 Q 替换企业绩效 EVA 做稳健性检验，结果与本章的回归结果基本一致。

第五节　研　究　结　论

本章在对股权集中度、股权制衡程度和"金字塔"股权结构等相关概念界定的基础上，对国内外学者在相关领域各种研究成果进行了梳理总结，通过理论分析和实证分析相结合，运用描述性统计分析、各变量相关性分析和多元回归分析等方法，论证了我国"金字塔"类家族上市公司股权结构与企业绩效之间的关系，总体来说，本章的研究结论主要有以下几点。

（1）家族企业的股权集中度与企业绩效呈现显著的倒"U"形关系。研究结果表明相对集中或相对分散的股权结构都不利于家族企业绩效的提升，因为当股权相对集中时，大股东会与经营者合谋共同侵害中小股东的利益，而相对分散的股权结构也不利于企业股权结构的稳定，从而对公司治理也没有积极作用，只有一定的股权集中度对企业经营最有利，绩效也最高，高于或低于此比例都不利于企业绩效的提升。

（2）家族企业股权制衡程度与企业绩效负相关。只有股权的集中度比较适中，不存在一股独大现象，而是几个大股东持股比例相当，他们之间可以相互牵制和股权制衡，才能使企业形成一个相对合理的股权结构，才有利于公司的治理。因此，提高公司绩效的有效出路是构建股权制衡的结构。

（3）家族企业的现金流权与企业绩效不存在显著的相关关系。

（4）家族企业两权分离度与企业绩效负相关，即随着两权分离度的增大，家族上市公司的绩效越来越差。这是因为两权分离度越大，家族控制人通过较小的现金流权就可获得较大的控制权，这就会增大家族控制人对底层上市公司利益侵占的动机和欲望，从而获得控制权私人收益，最终导致家族上市公司绩效的降低。

（5）上市途径不同，家族企业绩效也不同，并且直接上市的家族企业绩效整体上比间接上市的家族企业绩效好。这是因为直接上市的家族企业是由家族控制人亲手创立的，家族控制人具有经营好上市公司的动机，对上市公司利益侵占的动机较小。

（6）企业规模与企业绩效存在正相关关系，这说明规模效应的客观存在性；企业成长性与企业绩效存在正相关关系，两职合一情况与企业绩效负相关。

第十一章 家族控制性因素对企业绩效的影响研究

第一节 家族控制性因素与企业绩效关系的理论分析研究

一、家族企业的"二重性"

在我国，相当一部分企业家创办家族企业的原因均是家庭较为贫困，所以希望通过创业尽快摆脱贫困的现实。因此，初创期的家族企业规模较小，组织结构也相对简单，大部分由家族成员在企业中任职，即家族控制性因素较为明显。但同时，家族企业又具有十分强烈的资本扩张动机，因此企业性的特征也逐渐凸显出来。企业的首要目标是寻求快速发展，甚至必要时可以牺牲部分家族成员的利益。

虽然家族企业可分为多种类型，具有不同的发展阶段，但其共同点都是具有"二重性"。所谓家族企业的二重性，是指家族企业具有家族性与企业性两重性质，是建立在关系文化和利他主义基础上的家族性（family nature）与建立在契约关系和利己主义基础上的企业性。关系文化主要侧重于家族内部人员，是基于血缘关系的、家族成员间的权利配置和制衡，体现了企业的家族性。契约关系体现了家族企业治理制度化的一面，主要通过契约明确规定各自的权利和义务规范，体现了现代企业的特征。

家族企业本质上是家族与企业的统一体，既是经济组织，又是伦理组织，或者说家族企业是以婚姻和血缘关系为纽带而形成的一个经济组织，企业资本的来源、积累及经营都是建立在家族的背景之上的。家族、企业交叠模型将家族企业视为家族与企业相互联结的两个子系统，如图 11.1 所示。系统的重叠部分表示家族与家族企业同时面临的战略问题，如企业继承、延续、税收计划、企业所有者或管理者的生命周期等。

图 11.1　家族、企业交叠模型

双系统理论的最大长处在于，通过一个简单的双环图形，可以把家族企业的核心特征（家族与企业这两个系统互相缠绕）直率地表示出来。

家族和企业这两个系统各有自己的标准、生命周期、成员身份准则、人事关系、价值结构和组织形式。家族企业综合了这两套系统，取其所需，很好地将其融合并为自己所用。家族企业既有经济组织的特征如强调企业的控制权和所有权的归属，又具有非经济组织的特征如强调特殊的人际关系及相应的伦理观念。丹尼斯·杰夫曾经较为详细地比较了两个系统的不同要求，见表 11.1。

表 11.1　家族系统与企业系统各项指标的差异

家族系统	企业系统
血缘关系是永久的	员工关系是暂时的
无条件接受要求	要求绩效和表现
互相关怀	培育人才
根据家族里的辈分确定权威	根据在企业里的角色和职务确定权威
非正式的行为关系	非正式的雇佣关系
培养子女成年	获取利润
世代相传的人生周期	有限的工作和生产周期

Tagiuri 和 Davis（1992）在此基础上又加入了所有权维度，构成了三个独立又相互交叉的家族企业系统。在由家族、经营者与所有权人组成的三环模型中，家族企业的任何个体都能放置在由这三个子系统相互交叉构成的七个区域中，并扮演不同角色（图 11.2）。每个角色都有不同的权利和责任。该模型具备严密的理论性与现实的实用性，它不仅能解释家族企业中个人间的冲突、权利界限、职责矛盾等产生的原因，而且有助于分析家族企业内各系统之间复杂的相互作用，从而为描述家族企业各个利益主体之间的关系及不同角色下个体之间的利益和冲突提供一种有效的分析工具。

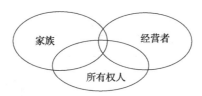

图 11.2　家族、经营者、所有权人交叠模型

交叠模型能够更加清晰地展现出家族子系统和企业子系统重叠部分，继而可以更加直观地区分出所有者的职责所在。该模型描绘了家族与企业二者之间相互作用的情况，强调企业在进行项目决策时，需要合理权衡家族与企业之间的利益关系，重视家族与企业两个系统之间的相互作用对绩效的影响。

二、家族性对家族企业的影响

"家"的因素是家族企业的重要特征，这意味着一方面组织成员间的密切关系有可能使企业成功；另一方面家的因素也可能使企业经营失败。部分学者通过对中国上市公司的精准调查，认为中国的家族企业在盈利能力和流动性方面优于非家族企业，同时还发现受到强烈家庭控制的家族企业在盈利能力和偿债能力方面优于家庭控制较弱的家族企业。

研究者普遍认为，家族的参与是使得家族企业与众不同的原因。家族和企业这两个系统相互依赖，其中任何一个系统的行为都会对另一个系统造成影响。这两个系统在时间、精力、财务资源等方面的不断竞争和冲突，会影响家族企业的整体绩效。Astrachan 等（2002）指出，家族企业的最根本特征就是家族性的存在。正是家族性的存在，使家族企业与非家族企业及家族企业之间，存在彼此相区别的具体特征。他们提出将 F-PEC 量表作为衡量企业家族性的一个重要工具。F-PEC 量表通过对家族性影响力的测量，从权利、经验和文化三个维度来揭示家族性对家族企业的影响（图 11.3）。所谓权利是指家族通过对企业的投资而参与企业管理和治理，从而产生对企业的控制力。Astrachan 等（2002）认为，通过 F-PEC 量表研究者可以较为准确地测量家族性在某一企业中的影响程度，从而把握家族性对企业产生的内在影响机制。

大多数研究者认为，家族在企业中的参与是使得家族企业与众不同的原因。家族和企业两个系统相互依赖，其中任何一个系统的行为都会对另一个系统构成影响，进而影响家族企业的整体绩效。Habbershon 和 Williams（1999）提出家族性是家族企业拥有的资源和能力束，来源于家庭、其个体成员和企业的系统作用。家族性分为独特的家族性和束缚性的家族性，家族性因素具有导致家族企业的优

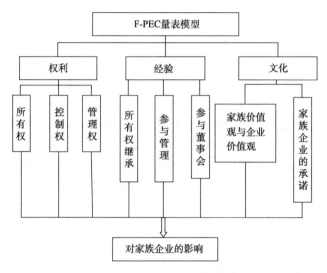

图 11.3　家族影响企业程度度量模型

势形成或劣势产生的双重效应。他们提出，家族成员个人、家族和企业之间的相互作用创造了影响家族企业绩效的独特系统条件。由于家族的涉入及两系统的相互作用而形成的资源和能力称为家族性因素。家族性因素通过家族性产生作用，这种资源机制可以转化为家族企业特殊的组织能力。家族企业的绩效就是这些家族性的函数。因此，Habbershon 和 Williams 构建了一个家族企业绩效整合系统模型，如图 11.4 所示。

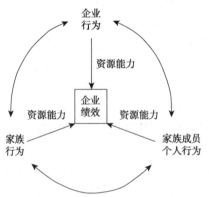

图 11.4　家族企业绩效整合系统模型

该模型以资源能力为基础，将家族企业的家族成员个人、家族、企业视为三个独立的系统，各个系统之间相互作用产生的系统影响形成了一个独特的资源和能力的集合，这些资源和能力就是家族性因素。

三、家族企业的行为特征

家族企业是由家庭成员个人、家族实体和企业实体之间的相互作用结果而形成的特殊组织形式。由于家族涉入，家族实体的行为、家族成员个人的行为及企业实体的行为特征存在着不同于非家族企业的部分，我们称此不同部分为家族性。

1. 家族的行为和特征

在家族企业中，家族掌握着企业大部分的所有权和控制权，家族的行为对家族企业的可持续成长有着重要影响。家族长期形成的生活习惯和处事方式通常会在道德和精神方面形成一些难以更改的特殊积习，这些积习通过参与企业决策的家族成员的传递作用，会对企业战略产生直接影响。家族集权化管理是指企业的"家长"主要以人治的方式进行管理，以家族伦理的权威模式来主导企业。通常表现为没有约束，没有程序，主观随意性大。通过一次家族成员的聚餐，"家长"就可以做出一项重大的投资决定，这表明一股独大的现象明显，然而这也在一定程度上节约了决策时间，保证了决策过程的迅速性，但是感情好恶和亲疏差别影响着"家长"的决策。家族涉入甚至会导致家族企业的资源配置向家族成员倾斜，而不是把有限的资源配置给能使资源发挥最大作用的员工。另外，任人唯亲及过度任用家族企业成员会导致企业中的不公正与机会不均等现象的出现，从而影响经营效率。

2. 家族成员个人的行为和特征

家族企业有别于其他非家族民营企业的一个重要表现就是企业员工中有部分家族成员，他们具有家族成员和企业员工的双重身份，进而导致他们的行为表现具有一定的特殊性。

首先是相互信任。家族中的成员彼此了解、相互信任，可以进行良好的沟通。他们非常热爱企业并对企业非常忠诚，因此在需要授权时可迅速适当放权，减少对其行为的监督。这有助于一些利于家族企业发展的隐性知识在家族成员之间传递，这样的沟通非常有利于家族企业决策系统的顺畅运转。家族成员由于其特殊身份而享有较为宽松的环境，通常彼此间较少存在妒忌和防备心理，有的只是倾心相教，希望对方尽快学会相关业务。他们熟悉企业的生产运作流程，能及时了解企业的近期目标和远期规划。而且家族企业也更愿意对家族成员的培训进行投资。

其次是缓解冲突。任何社会组织中都存在冲突，家族企业也一样。但当冲突发生时，家族企业一般是通过利用血缘关系，用非正式的方式加以解决。而且家族成员能够团结合作，共同谋求家族企业的长期生存和发展，进而增进家族的集体利益，这使得在家族企业工作的家族成员都感觉到自己对集体财富拥有剩余索取权。于是，他们愿意为家族共同的长远利益调整自身的偏好并愿意承担风险。

3. 企业的行为和特征

家族企业有着与非家族企业不一样的组织结构，其行为自然有其不同的特征。

首先，家长作风、任人唯亲等积习使企业难以进入到不以个人意志为转移的现代化企业阶段。家族成员不仅较难成为企业制度的带头推行者，而且可能是制度的破坏者。在亲情面前，企业的制度有可能只是一纸空文。同时家族领导通常对自己作为领导者的角色比较自信，进而使得企业在面对外界环境的变化时，不需经过一系列的程序，就能迅速抓住市场机会，做出较快的决策，表现出柔性的决策模式，但他们的决策往往缺乏科学性和规范性。

其次，在企业管理中，大多数家族企业采用的是所有权和经营权合二为一的方式，对外人的不信任致使他们很难聘请职业经理人来经营公司，而且他们的集权情节也很难使他们下放手中的权力给外人。即使会聘请职业经理人，也在其身边布满家族成员来监督职业经理人的行为。

最后，在财务结构方面，中国金融市场的资金以供给国有企业为主，因此家族企业很少能在银行获得企业发展所急需的资金，这使得家族企业只能通过原始积累或者向亲戚朋友借款来获得资金。

四、影响企业的家族性因素

通过对家族实体的行动特征进行分析，我们可以得出不同于非家族企业的家族性因素有二权合一、家长权威、内部继任模式、差序格局的治理模式、人情取向、组织学习培训；由家族成员个人的行为特征我们可以得出，家族性因素有信任度、内部交流、愿景共享；由企业实体的行为特征我们可以得出，家族性因素有融资方式、职业经理模式、任人唯亲的用人模式、低风险专业化的经营偏好、风险偏好、柔性治理模式、特殊主义、扁平化结构。

1. 融资方式

中国金融市场的资金以供给国有企业为主，因此家族企业很少能在银行获得企业发展所急需的资金。这使得家族企业只能通过原始积累或者向亲戚朋友借款来获得资金。家族企业的融资特点决定了其在用人时，首先考虑自己的家人、亲戚朋友，以及考虑与出资人具有较近血缘关系的人。

2. 二权合一

企业所有权与经营权高度集中是中小型家族企业的一个核心特征。绝大多数的中小型家族企业都由创业者控制着企业的全部或大部分股份，所有者自任董事，并通过集中的所有权来控制经营权。企业的创始人占据企业最高职位，其他主要职位均由家族主要成员担任。家族成员拥有绝大部分的股权，拥有绝对控股的地位。

3. 组织学习培训

学习是创新的基础。企业要生存和发展，就必须不断地丰富自己的知识，提高员工的整体素质。但要提高企业员工的素质，基本途径是加强学习，特别是集体学习，并在企业组织内培养学习型文化。家族企业只有不断提高自身的学习与适应能力，才能保持对环境的敏感性，充分利用环境变化产生的机会发展自己，从而化解环境变化给企业带来的不利影响。

4. 家长权威

家长权威的存在是家族企业这个特殊组织的一个重要特征。在家族主义的影响下，企业经营者的家长权威颇高，往往表现出专权与教诲结合的家长集权式领导作风，公司大权也一般集中在总裁或几个高层管理者手中。他们一般要求下属对其绝对服从。这种高度集权的管理模式使得家族企业的经营管理具有极强的权威性。控制者权力较大，实行家长制，被控制者很难共同参与管理。即使有的企业设有制度，也几乎形同虚设，往往"权"比"法"大，"人治"多过"法治"。"家长权威主义"思想以"尊上""忠信""服从"为特征，突出表现为核心人物的灵魂作用。

5. 特殊主义

特殊的关系一般都建立在家族或密切的私人关系之上，而特殊主义一般会让人只相信跟自己有密切关系的他人。这种建立在私人关系基础上的行为方式是家族企业最显著的特征。在这种关系里，家族成员和非家族成员的地位是不同的，触犯企业的规章制度所受到的惩罚也是不同的。

6. 内部继任模式

家族为了保持家族企业的延续性，家族成员一般均为企业效力，并分管不同部门，而在领导人选拔方面，一般采用"子承父业"的继任方式，企业往往选择那些忠于企业的家族成员。这些人大多是在家族企业的环境中成长起来的。这就造成了企业内部人员选拔上的"逆向选择"。对家族来说，为了保证家族对企业所有权的掌握，选择的依据首要是与创业者家族的亲疏关系，即使继任者的能力很差。

7. 差序格局

费孝通先生在将中国的社会结构和西方的社会结构做对比时发现，中国社会结构的基本特征是"差序格局"。他研究认为，中国传统的人际关系实质上是"以自己为中心，像石子一般投入水中，和别人所连成的社会关系""像水的波纹一般，一圈一圈推出去，愈推愈远，也愈推愈薄"。

8. 用人模式

家族企业的用人机制是指家族企业主对员工进行选拔和任用所遵循的模式。家族企业在人员提拔上主要采用任人唯亲的方式。受传统文化的影响，我国十分重视家族血缘关系，民间就有"上阵父子兵，打虎亲兄弟"的说法。因此，中小家族企业在人员安排上也难以摆脱这种观念的影响。只有当企业成长到一定的程度，家族成员的能力和数量不足以应付时，家族企业才开始雇佣非家族成员。

9. 经营偏好

随着卖方市场向买方市场的转变，绝大部分商品不同程度地出现供过于求或相对过剩的局面，企业间的竞争日益激烈。为了生存，很多家族企业都努力寻找可能存在的外部市场机会，拓展多元化的业务，即使自己不具备抓住机会的能力，也有可能放弃自己原有的业务领域实行转型。多元化经营也称多样化经营，指的是家族企业在多个相关或者不相关的产业领域同时经营多个不同的业务。从理论上讲，企业多元化经营既能带来收益，也可能增加成本。如果涉及的行业不断多元化，企业的管理会变得越来越复杂。探索多元化的发展对家族企业来说往往是危险大于机会。

10. 风险偏好

家族企业是以追求利润最大化为目的的，企业为追求规模，会倾向于高风险、高收益项目，然而过度投资增大了投资风险。企业主在其初期的成功，会使得他们有强烈的自信，愿意去尝试不同的事物。风险越高，投资的收益也就越高。家族企业主的冒险精神及对自己的自信往往会使得他们去寻找高收益的项目。

11. 柔性治理模式

柔性治理是指企业在市场机会不断变化、竞争环境难以预测的情况下，快速反应，不断重组其人力和技术资源，从而获得竞争优势和利润的一种管理模式。由于家族企业集权式的管理，企业的决策行为经常会以领导者的意志而改变，并且中小型家族企业由于管理上的经验欠缺，各部门的规章制度建立及决策的制定需要花费一段时间，由此导致大多数中小企业均实行柔性的治理模式。

12. 人情取向

在家族企业的经营活动中，企业主依据关系亲疏来制定控制的策略，并建立私人感情以维持这种特殊的伦理关系，并强调群体至上，重视"人和"，注重协调人与人之间的关系，将家族伦理关系融合于企业管理控制模式中，形成较为和谐的人际关系。与专制作风相对应，企业内部主要以人治为主进行管理，即主要依靠个人情感的好恶和亲朋好友关系来管理控制企业，以"情"为重，以"理"为据，万不得已才用"法"。"情、理、法"即是处理家族企业内部关系的三种主要手段。

13. 愿景共享

愿景指的是家族对于更好的未来的预期，而这种预期将通过企业运作得以实现。Mustakallio 等（2002）认为，在家族企业内部建立共同的愿景是一种关键的治理手段。拥有共同的愿景意味着目标的一致性，会减少冲突从而降低代理成本。他们的经验研究还表明，社会交往与共同愿景正相关，并最终影响企业的绩效。

14. 内部交流

通过组织间有效的沟通可以建立良好的关系，并可以提高家族成员及企业员工之间的凝聚力，使他们在企业中共享家族目标，更能促使他们的目标和态度具有一致性。企业中血亲关系的存在使得家族成员之间交流频繁。而对外人警惕性的存在使得他们不愿与非家族成员进行沟通，只有在布置任务时，或在企业事务上才进行交流。

15. 职业经理模式

在中小企业中，职业经理模式很难进入家族企业。一方面是因为担心企业重要的商业隐私信息的泄露或流失，以及家族担心可能失去对企业的实际控制而蜕变成经理人控制的企业；另一方面是因为中国当代缺乏具有良好职业道德和职业行为的职业经理人，而且大多数企业主的集权情结使得家族企业排斥外聘经理人，即使一些企业引进职业经理人，但对他们缺乏足够的信任，并安插亲友监督其行为。即使职业经理人提出高水平的建议，企业领导人也未必接受。

16. 信任度

中国社会的信任度根据人际关系的远近有很大区别。在家族群体里，人与人之间会产生全面而强烈的信任关系，而一旦超出这个圈子与"圈外人"交往时，信任感便会逐渐减弱乃至消失。这种传统文化体现了强烈的人际等级意识和族类意识，内具亲和力和凝聚力，外具排异性和分散性。这种信任感仅局限于家族范围或"自己人的圈子"里，而不会扩大到非亲非故的交往关系中。正如李新春（2002）教授认为，"相比于西方发达的市场经济，中国社会信任缺乏，而私人信任较发达，而且私人信任……是一个内外有别的'差序结构'，我国家族主义信任则是建立在'忠诚'之上的"。可见家族企业的信任是内外有别的。

17. 扁平化结构

中国家族企业高集中度的私有产权促使企业主在扩展其组织结构时，为了有效地贯彻管理，并尽量地使结构简化以节约成本，家族企业的层级结构往往设计得比较简单、扁平。扁平化组织形态就是尽可能地减少管理环节和层次，从而扩大企业管理跨度的一种管理方式。管理环节和层次的减少造就了灵活的经营和决策模式，企业管理效率也必将大大提高，管理层次间的矛盾也将减少到较小的程度。扁平化结构中间层级少，员工有好的想法可以直接传达到决策层，从而使决策更加灵活、反应速度更快。

通过以上分析可以发现，从关注的家族控制性因素看，目前国内外学者对家族企业的家族文化、制度创新、用人机制、换代交班等方面已有一定的研究。不少学者从经济学、文化学、管理学、人类学和社会学等多角度地运用有关企业管理理论模式对家族企业的发展进行了一系列的研究，并取得了一定的成果。但是，分析家族企业的目前发展状况，揭示影响家族企业成果的独特性因素，并预测家族企业今后发展趋势方面的系统研究为数不多。本章正是基于这些原因从分析我国家族企业的家族控制性因素为切入点展开了综合、系统的研究工作。

第二节　家族控制性因素与企业绩效关系的理论模型构建

一、家族控制性因素的构成

本章将通过对国内企业的访谈、调查，试图描述并构建我国家族企业控制性因素的框架体系。从对家族控制性因素的构成要素确定入手，找出对企业绩效最有影响的家族控制性因素。

1. 样本描述

本章的样本为家族企业，而目前在学术界对家族企业的表述仍没有统一界定。为了方便研究，本章在选取样本时，采用的操作定义为该企业的领导者或其家族必须拥有该企业 50% 以上的所有权。这里家族企业的创业领导者是代表家族企业的权威人物，是企业的最高负责人，即家族里的家长，对企业的重要事项具有最高和最终的决策权。本章的样本主要来自温州，一共访谈了 50 家不同行业的家族企业。

2. 数据收集方法

访谈研究工作是理论研究构建的一种重要方法。访谈的主要目的是对家族企业中的行为特征进行扫描，从而识别出企业中关键的家族控制性因素。访谈主要按照要求访谈对象回答预先设定的问题进行。访谈的方法有利于双方建立融洽的关系，并能使访谈对象坦率直言，从而可以获取新的或深一层次的信息。

本章首先以前人的研究为基础，并结合中国家族企业的背景，从而紧扣研究主题形成访谈提纲和研究计划。选取 15 家典型的中小型家族企业的领导者或员工，请他们就相关的研究问题发表自己的看法。对每个访谈者的访谈时间大约持续 1 小时。我们访谈的对象有 105 人，其中领导者 13 人，高层 26 人，中层 25人，其他 41 人。

3. 访谈内容

根据以上总结的关于家族企业家族控制性因素的综述，本章总结了以下几个方面的问题进行访谈。为了保证直接获得第一手资料，本章对样本企业采取了现场访谈的形式。访谈过程采用详细书面记录的方式进行。访谈问题主要有以下几个。

您认为在企业发展过程中最重要的三个因素是什么？

您认为对企业绩效影响最重要的三个因素是什么？

您认为您所在的家族企业与其他非家族企业相比最突出的三个特征是什么？

您认为家族成员的参与对企业影响最大的三个特征是什么？

您认为家族成员对企业最满意的三个特征是什么？

4. 访谈结果分析

访谈结果如表 11.2 所示。

表 11.2　访谈结果分析

家族控制性因素	提及次数	提及频率
二权合一	41	8%
家长权威	162	31%
特殊主义	131	25%
组织学习培训	111	21%
职业经理模式	101	19%
用人模式	111	21%
差序格局	21	4%
内部继任模式	36	7%
内部交流	95	18%
柔性治理模式	141	27%
经营偏好	101	19%
风险偏好	105	20%
愿景共享	111	21%
融资方式	36	7%
人情取向	125	24%
扁平化结构	16	3%
信任度	131	25%

　　我们将在访谈中被提及的频率作为选择的依据，被提及的次数越多，说明该因素对家族企业的影响越重大，进而对企业绩效的影响越明显。因此，频率在 10%以上的因素有家长权威、特殊主义、组织学习培训、内部交流、用人模式、人情取向、经营偏好、柔性治理模式、信任度、风险偏好、愿景共享、职业经理模式等。

二、对家族控制性因素的确定

　　本书通过文献阅读研究、企业访谈研究和内容分析研究所界定的家族控制性因素为家长权威、特殊主义、组织学习培训、职业经理模式、信任度、用人模式、人情取向、内部交流、柔性治理模式、经营偏好、愿景共享等。Chrisman 等（2005）从三个维度来测量家族性的影响因素，分别是权力、经验和文化。他认为权力可以影响企业对财务资源的获取，经验可以带来因上辈的努力而产生的位势资源，文化则可以带来共享价值、愿景等资源，所有这些资源相结合可以产生知识和技能的功能性资源。李新春和刘莉（2008）结合家族涉入和战略导向的研究，把家族控制性因素分为市场导向、学习导向、组织导向、交流导向和战略导向等多个维度来研究其与家族企业的关系。Habbershon 和 Williams（1999）认为家族性因素来源于系统协同作用，提出利用组织导向、战略导向、市场导向、学习导向、交流导向和创业导向等多个维度来测度综合性的家族性影响因素，并将家族性区分为独特的家族性和束缚性的家族性。

　　综上所述，根据访谈结果所得的家族控制性因素的特征，我们也可以将其分为四个维度，分别是家族文化维度、学习交流维度、组织行为维度、战略决策维度。

　　（1）家族文化维度主要是指家族文化对企业的影响，家族文化对家族企业的影响是其他任何因素都无可比拟的，家族文化不可避免地成为企业制度的根基，是企业发展历史的精神要素，是企业持续发展的内在推动力。积极的家族文化能够促进企业的和谐发展，家族成员会牺牲自身利益去维持企业的发展。但是，当企业发展到一定的规模时，企业的交易和运作逐渐复杂，以家族文化创建的企业，其以家族利益至上、实现家族利益最大化的理念会使得企业采取短期行为而损害企业的长期利益，从而阻碍企业的扩大和发展。文化维度主要包括家长权威、人情取向、特殊主义、信任度。

　　（2）学习交流维度主要包括学习和交流两方面。学习是指企业投资于雇员培训，改进技术和提高雇员学习能力。它反映了企业对学习的重视程度。通过学习可以提高企业的发展能力，从而影响企业价值的大小。交流是指组织中人与人之间的有效沟通，通过沟通可以建立良好、健康的关系。有些家族企业强调家族成员之间及与非家族员工之间的沟通和信息的交换，这可以提高整个家族企业的凝聚力，有利于促进他们目标的一致性。该维度主要包括组织学习培训、对竞争对手信息的掌握、家族成员间的交流、家族成员与非家族成员间的交流。

（3）组织行为维度是指企业的组织特质和结构。研究强调，只有战略和结构相配合才能保证企业成功地执行其战略。大多数的文献强调，家族企业弹性的决策系统与以关系为导向的用人机制和聘用具有专业化经营知识的职业经理人能检验企业组织行为的有效性。该维度主要包括用人模式、职业经理模式、柔性治理模式。

（4）战略决策维度是指企业如何竞争，以及企业家的战略决策如何在企业中得到体现。企业绩效更多地和战略决策而导致的结果联系起来，战略决策也是检验企业风险偏好程度的重要指标。较多的文献强调，家族企业应将家族愿景作为企业的战略目标，并要注重愿景在企业员工中的共享。该维度包括经营偏好、风险偏好、愿景共享等。

总而言之，家族企业的家族控制性因素研究主要可以从以下方面进行研究。家族文化维度主要从家长权威、人情取向、特殊主义、信任度进行研究；学习交流维度主要从组织学习培训、对竞争对手信息的掌握、家族成员间的交流、家族成员与非家族成员间的交流进行研究；组织行为维度主要从用人模式、职业经理模式、柔性治理模式进行研究；战略决策维度主要从经营偏好、风险偏好、愿景共享进行研究。根据以上分析，本书构建家族控制性因素的理论体系，如图 11.5 所示。

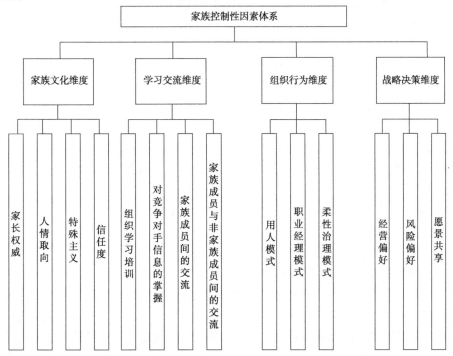

图 11.5　家族控制性因素体系

三、假设提出

家族企业的绩效受到很多因素的影响和制约，尤其受到家族企业所有者及家族成员的重要影响，家族企业所有者能够对企业的决策施加直接和重大的影响，企业家族成员的态度和关系也会影响企业的绩效。本书只考虑"家族控制性因素"，并将其分成四个维度来说明。这四个维度分别是家族文化维度、学习交流维度、组织行为维度、战略决策维度，从这几个维度可以深入说明嵌入性的家族行为与企业绩效的关系。

（一）家族企业家族文化维度假设的提出

家族文化维度主要是指家族文化对企业的影响，家族企业最大的特色就是在经营管理上的家族特色。家族文化对家族企业的影响是其他任何因素都无可比拟的，家族文化不可避免地成为企业制度的根基，是企业发展历史的精神要素，也是企业持续发展的内在推动力。中国传统文化从一开始就以血缘关系为本位。根据第一章文献的研究及家族控制性因素的确定，企业的文化维度包括家长权威、人情取向、特殊主义、信任度。

在企业中，家长权威主要表现为企业的重大决策由企业主说了算。一方面，家长权威使得企业决策程序简单、决策成本比较低；另一方面，过度集权化管理会打击非家族成员，甚至家族成员的工作积极性，而且决策失误率会较高，风险更大。所以本章提出以下假设。

H39：家长权威越强，企业的整体绩效越好。

H39a：家长权威越强，企业成功感越强。

H39b：家长权威越强，家族成功感越强。

家族企业内成员间的感情深厚、相处融洽，就能很好地调动家族成员的积极性，自然会对工作的开展起到极大的促进作用。但是一味地以人治为主，以"情"为重，会使其他员工心理不平衡，没有工作动力，从而丧失积极性。所以本章提出以下假设。

H40：企业的人情取向越弱，企业的整体绩效越好。

H40a：企业的人情取向越弱，企业成功感越强。

H40b：企业的人情取向越弱，家族成功感越强。

家族企业对家族成员和非家族成员采取不同的管理方式，对家族成员采取随机的"人治"进行管理，正式的规章制度对家族成员并没有规范效力。家族企业对非家族成员制定严格的规章制度并实行"法治"，非家族成员违规、犯错误后要对其依规定处理。在福利方面也以保证家族成员的利益为主要目标。这种内外有别的特殊主义严重挫伤了非家族成员的工作热情，同时使家族成员丧失了提高素质与工作效率的动力和压力，所以在本章中我们提出如下假设。

H41：企业的特殊主义越弱，企业的整体绩效越好。

H41a：企业的特殊主义越弱，企业成功感越强。

H41b：企业的特殊主义越弱，家族成功感越强。

中国属于低信任度文化的国家。家族成员之间很自然地会产生一种信任，这使得家族成员对自己家长或同族等关系密切的人信任，对关系比较疏远的人会产生一种先天的隔阂，而这种低信任度文化带来了诸多弊端。一方面，对家族成员的高信任存在很大的不确定性，从而很容易造成经济利益上的冲突，使企业遭受损失；另一方面，封闭式的信任文化使得家族成员惧怕聘用外部人员，不能充分地利用外部丰富的人力资源，从而给企业的发展带来了巨大的约束。人都有很强烈的被承认、被肯定的欲望，所以获得他人的信任会对自身产生很大的动力。因此，对企业内非家族成员的不信任，会使他们缺乏动力，从而降低生产能力。所以本章提出以下假设。

H42：企业的信任度越高，企业的整体绩效越好。

H42a：企业的信任度越高，企业成功感越强。

H42b：企业的信任度越高，家族成功感越强。

（二）家族企业学习交流维度假设的提出

学习维度是指企业对新知识的传播、吸收及企业成员之间的沟通。有效的学习和交流沟通可以提高整个家族企业的凝聚力，有利于促进家族成员目标的一致性。组织学习反映了企业对学习及对同行竞争对手信息的重视程度。通过组织学习，提升员工自身的素质，掌握竞争对手的信息，能更有利于企业做出正确的决策，从而提高企业绩效。因此，在本章中我们提出以下假设。

H43：企业组织学习培训越频繁，企业的整体绩效越好。

H43a：企业组织学习培训越频繁，企业成功感越强。

H43b：企业组织学习培训越频繁，家族成功感越强。

H44：企业对竞争对手的信息掌握得越多，企业的整体绩效越好。

H44a：企业对竞争对手的信息掌握得越多，企业成功感越强。

H44b：企业对竞争对手的信息掌握得越多，家族成功感越强。

有效的交流沟通能够建立健康的关系。在家族企业中，家族成员间及家族成员与非家族成员间的沟通能提高整个企业的凝聚力，有利于促进企业内人员态度和目标的一致性，使他们在企业中共享家族目标。因此，在本章中我们提出以下假设。

H45：企业家族成员间的交流越多，企业的整体绩效越好。

H45a：企业家族成员间的交流越多，企业成功感越强。

H45b：企业家族成员间的交流越多，家族成功感越强。

H46：企业家族成员与非家族成员间的交流越多，企业的整体绩效越好。

H46a：企业家族成员与非家族成员间的交流越多，企业成功感越强。

H46b：企业家族成员与非家族成员间的交流越多，家族成功感越强。

（三）家族企业组织行为维度假设的提出

基于人的信任原则，家族企业成员对外来人员很容易产生不信任感，在人力资源规划上强调血缘色彩，从而产生了内外有别的用人制度。事实上，大多数的企业高层管理人员也是由家族成员担任的。当然，也有家族外成员担任的，但是都建立在忠诚的基础之上。这种用人模式不仅会在家族内部的分配、权利等问题上容易产生矛盾，而且该模式所具有的排他性更会挫伤家族以外员工，尤其是有才能、有抱负员工的积极性，会难以引进并留住真正的人才，最终可能导致企业竞争力的下降，从而阻碍企业的发展。所以本章中我们提出以下假设。

H47：企业的用人模式越规范，企业的整体绩效越好。

H47a：企业的用人模式越规范，企业成功感越强。

H47b：企业的用人模式越规范，家族成功感越强。

一方面，随着企业规模的扩大和专业化的深化，家族成员受教育水平的限制，其经营管理知识已相对落后；另一方面，由于我国市场经济体制的改革，企业的成长已不能仅依靠个人知识，更需要专业的经营管理知识。当企业的领导者缺乏实际的经营能力时，引进职业经理模式能够给企业带来正的效益。所以在本章中我们提出以下假设。

H48：企业越使用职业经理模式，企业的整体绩效越好。

H48a：企业越使用职业经理模式，企业成功感越强。

H48b：企业越使用职业经理模式，家族成功感越强。

随着外界环境的日益复杂，市场竞争越来越激烈，这对企业的组织行为提出了更高的要求，要求决策者必须整合各类专业人员敏捷、迅速地做出决策。在这种状况下，企业固执地依靠僵硬的规章制度是不行的，而必须要适应外部的环境以实行柔性管理。家族企业允许柔性的决策治理模式能使得企业的战略决策速度较快，能使企业迅速抓住市场机会，这对企业非常有利。因此，在本章中我们提出以下假设。

H49：企业越倡导柔性治理模式，企业的整体绩效越好。

H49a：企业越倡导柔性治理模式，企业成功感越强。

H49b：企业越倡导柔性治理模式，家族成功感越强。

（四）家族企业战略决策维度假设的提出

现在的市场环境发生了根本性的变化，大多数的商品不同程度地出现了供过于求或者相对过剩的状况，已从卖方市场转变成现在的买方市场。家族企业为了生存，于是尽可能寻找外部市场机会，拓展多元化的业务，以求"东边不亮西边亮"。然而拓展多元化业务对家族企业来说往往风险大于机会。涉及行业的不断多元化会导致家族企业资源过度分散、平均，企业的管理会变得越来越复杂，最终使得企业在原有的行业没有维持住竞争优势，而在新的行业又骑虎难下。只有具备一定水平，并对某些行业比较熟悉或有较强适应新行业能力的企业，才可以驾驭多元化经营，从而提高企业的整体绩效。所以在本章中我们提出以下假设。

H50：企业越偏好多元化投资，企业的整体绩效越好。

H50a：企业越偏好多元化投资，企业成功感越强。

H50b：企业越偏好多元化投资，家族成功感越强。

家族企业由于自身资金的限制及企业内部能力有限，一般都偏好低风险的投资项目，以及专业化的经营投资。他们认为，高风险的投资会使得企业的管理变得越来越复杂，并且超出了企业的能力范围。但是风险越高，项目投资的收益也就越高。家族企业主的冒险精神及对自己的自信总是会使得他们去寻找高收益的项目。他们认为对于高风险的投资，只要管理得好，就能提高企业的绩效。所以在本章中我们提出以下假设。

H51：企业越偏好高风险的投资项目，企业的整体绩效越好。

H51a：企业越偏好高风险的投资项目，企业成功感越强。

H51b：企业越偏好高风险的投资项目，家族成功感越强。

拥有共同的愿景意味着目标的一致性，会减少冲突从而降低代理成本。企业愿景在家族企业中共享的程度越高，越有利于企业战略决策质量的提高，从而提高企业的绩效。所以在本章中我们提出以下假设。

H52：家族愿景在企业中的共享程度越高，企业的整体绩效越好。

H52a：家族愿景在企业中的共享程度越高，企业成功感越强。

H52b：家族愿景在企业中的共享程度越高，家族成功感越强。

四、模型构建

（一）家族企业整体绩效（企业-家族成功）模型

相关文献研究发现，以往对家族企业绩效的研究大多仅以企业方面的经济指标作为因变量，而忽视了家族、家庭对企业绩效的影响，如 Chrisman 等（2005）、李新春和陈灿（2005）等的研究。事实上，对家族企业绩效的衡量从本质上来说为多目标测量。尤其是家族企业，更需要采用包括非经济因素的多目标测量指标。国内以企业整体绩效即企业——家族成功作为因变量的测量方法，到目前为止仍很少。

家族企业的成功有助于当地经济乃至国家的发展，同时能为家族企业的所有者和家庭提供财富，成功的家族企业有助于家族的团结，而家族的团结反过来能为他们的企业和居住的环境提供需要的资源。所以本书认为，在我国目前提倡构建和谐社会的氛围下，家族企业不仅应该重视企业的成功，还应该重视家族的成功。因此，我们应该构建在中国文化背景下，既包括企业成功又包括家族成功的家族企业整体绩效模型。

关于度量企业绩效的标准，有学者指出评价企业绩效应该至少从以下八个方面来确定：市场、物质资源、生产率、利润率、变革、管理者的任务和责任、公共责任、员工的工作和士气。这些标准只是界定了评价企业绩效必须考虑的范围，但在不同的企业中它们的重要性还需根据被赋予权重的不同情形来确定。Friedlander 和 Pickle（1968）指出，不同的企业利益相关者对企业绩效的评价标准不同，所有者对应的是财务收益率、雇员对应的是工人的满意度和薪水、顾客对应的是产品或服务的质量、债权人对应的是信用的可靠性、供应商对应的是满意的交易、政府对应的是法律和规章的遵循。马华锋和殷官林（1999）建立了对企业机制总和评价的指标体系，他们建立的指标体系分为反映企业获利能力、开拓发展能力、生产要素运筹能力、市场竞争力在内的提高经济效益的指标；反映企业人才实力、人才凝聚力、人才开拓发展能力方面的发展人力资源指标；反映商品质量水平及售后服务方面的指标；反映社会的贡献率、社会的积累率实现的社会贡献指标；反映保护生态环境方面的指标。王德华和杨湘豫（2003）分析了影响企业内在价值的因素，然后从行业、主导产品、销售能力、技术管理能力、生产管理能力、财务资源能力、人力资源管理能力等方面设置指标体系来对企业价值进行评估。肖翔和权忠光（2004）论述了企业价值评估指标体系应该以业绩评价为落脚点，结合其他影响企业战略经营成果的各个方面，并将其拓展为全方位的体系，包括财务层面、技术创新、市场层面、生产层面及员工层面的指标，并通过各个指标的权重确定来计算企业的综合价值。

鉴于以上对家族企业绩效的研究，本章将家族企业整体绩效定义为：家族企业在市场占有率、产品竞争力、企业成长速度、企业利润率、市场认知度等方面取得好的成绩，以实现企业成功。同时，将家族或家庭收入的增加、家族和家庭感到的幸福感与成功感作为家族成功的标准，如图 11.6 所示。

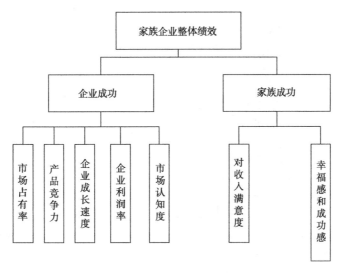

图 11.6 家族企业整体绩效模型示意图

（二）家族控制性因素与企业绩效关系的模型

以往的研究往往只从单个方面的家族控制性因素来研究其与企业绩效之间的关系，如只从文化方面或者只从治理结构方面来研究企业绩效。企业的绩效受多个家族控制性因素的影响，是多重因素的结果。基于众多文献基础并参考Habbershon 等（2003）构建的模型原理，本章通过四个维度对家族控制性因素进行归类，并构建各个因素与企业绩效关系的模型，如图 11.7 所示。

第三节　家族控制性因素与企业绩效关系的实证结果及分析

一、问卷设计与变量测量

（一）设计过程

在文献回顾与模型梳理及假设的提出以后，本章需要获取相关的数据对模型进行检验。本节旨在通过问卷设计、变量测量及问卷的发放回收等说明本章数据的收集过程，并对所获取的样本数据进行描述性分析。

问卷研究是通过书面形式，严格地设计测量项目或问题并向研究对象获取资料和数据的一种方法。该方法使用的研究问题比较广泛，而且能系统地获取数据，还可以避免偏见，减少调查的误差。与现场访谈相比较，问卷研究成本低、费时

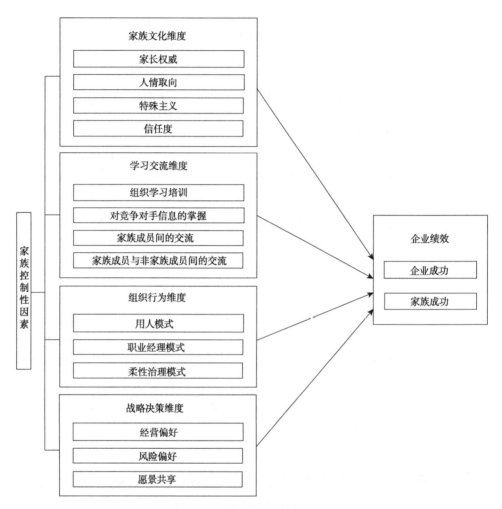

图 11.7　家族控制性因素与企业绩效的关系模型示意图

少，并且样本量大。本书在文献阅读研究和现场访谈研究的基础上，对访谈研究得出的对家族企业影响重大的家族控制性因素进行探索性分析，然后再通过问卷收集家族控制性因素的相关数据。

（二）变量测量

1. 问卷填写者个人与企业背景资料的测量

背景信息的收集有利于更好地了解研究样本的特征。个人的背景信息主要包括个人的性别、工作年限、职位等。企业背景信息主要包括企业的性质、成立年限、企业规模、家族持股比例、家族成员在高管团队及在员工中所占比例等。

2. 家族控制性因素的测量

首先，通过以上分析，我们构建了家族控制性因素的四个维度，即家族文化维度、学习交流维度、组织行为维度、战略决策维度。我们就用这些维度相应的测项来测量家族企业的家族控制性因素。本章采用利克特5点量表进行测量。测量的指标分值越高，表明该家族企业的此项家族控制性因素表现比较明显；反之，则说明此项家族控制性因素表现不明显。其他相关数据的测量分述如下。

1）家族文化维度

结合前期对家族企业的访谈，我们选取的家族企业文化维度的家族控制性因素包括家长权威、人情取向、特殊主义、信任度。

在家族主义的影响下，企业经营者的家长权威颇高，往往表现出专权与教诲结合的家长集权式领导作风。这种高度集权的管理模式使得家族企业的经营管理具有极强的权威性。本章用两个问题来测量家族企业中家长权威的程度。在家族企业的经营活动中，企业主依据关系亲疏来制定策略，并通过建立私人感情来维持这种特殊伦理关系，同时注重协调人与人之间的关系，主要依靠个人情感的好恶和亲朋好友关系来管理和控制企业，以"人治"为主，其次才应用"法治"。本章用两个问题来衡量家族企业人情取向的程度。特殊关系是指根据与员工关系的不同而进行区别对待。在这种关系里，家族成员和非家族成员的地位是不同的，触犯企业的规章制度所受到的惩罚也是不同的。也就是说，企业中家族成员和非家族成员的待遇是不同的。在本章中用两个问题来衡量家族企业中特殊关系的程度。大量的实证研究都显示，信任在家族企业中的影响作用极其重大。在这里本章用两个问题来衡量家族企业中的信任，主要衡量家族企业创业者对家族成员及非家族成员的信任程度。

2）学习交流维度

结合对家族企业的访谈，我们选取的家族企业学习交流维度的家族控制性因素包括组织学习培训、对竞争对手信息的掌握、家族成员间的交流、家族成员与非家族成员间的交流。

学习交流反映了企业对学习的重视程度。通过学习可以提高企业的发展能力，从而影响企业价值的大小。本章用六个问题来衡量企业对学习的重视程度及对竞争对手信息的掌握程度。社会交往尤其是面对面的交往能够促进信息的良好沟通。企业内成员间的频繁交往有助于形成共同愿景，并且能鼓舞员工尽其所能地合作并达到企业目标，从而提高企业绩效。在中国家族企业环境下，社会交往是一种信息沟通的关键手段，开放的信息交流能够降低信息不对称的可能性，从而降低代理成本。本章用两个指标、五个问题来衡量交流沟通程度，分别衡量家族成员之间及家族成员和非家族成员之间的沟通程度。

3）组织行为维度

结合对家族企业的访谈，我们选取的家族企业组织行为维度的家族控制性因素包括用人模式、职业经理模式、柔性治理模式。

家族企业在人员任命的方式上以任人唯亲为主。企业中高层管理团队的任命在综合考虑了关系、忠诚、才干后，往往也是亲戚朋友捷足先得。本章通过两个问题来衡量家族企业用人模式的规范程度。由于我国特有的文化背景和社会信任缺失，以及大多数的企业主在企业管理中的集权情结，再加上职业经理人市场尚未健全和完善，企业内部的控制权在短期内不可能完全向职业经理人转移，职业经理人在家族企业中的地位仍然很低，发挥的作用还较小。在本章中，主要通过一个问题来测量家族企业对职业经理模式的采用情况。由于市场的不断变化、竞争环境难以预测，快速反应并不断重组其人力和技术资源，可获得竞争优势和利润。由于家族企业中集权式的管理，企业的决策行为经常会以领导者的意志而改变。只有战略与结构配合才能保证企业的成功。本章主要通过两个问题来测量企业的柔性治理程度。

4）战略决策维度

结合对家族企业的访谈，我们选取的家族企业战略决策维度的家族控制性因素包括经营偏好、风险偏好、愿景共享。

家族企业为了适应市场经济的转型，拓展自己的发展道路，改变目前商品供过于求或者过剩的状况，于是尽可能寻找外部市场机会以期同时经营多项不同的业务，希望出现"东边不亮西边亮"的局面。我们通过一个问题来测量家族企业的经营偏好。Mustakallio 等（2002）认为，在家族企业内部建立共同的愿景是一种关键的治理手段。拥有共同的愿景意味着目标的一致性，会减少冲突，从而降低代理成本。他们的经验研究还表明，社会交往与共同愿景正相关，并最终影响企业的绩效。在这里，愿景的共享用两个指标来测量，分别是企业内成员目标的一致性程度和愿为企业牺牲个人利益的程度。

3. 家族企业整体绩效（家族-企业成功）的测量

借鉴对家族企业绩效研究的回顾，本章中家族企业的整体绩效包括企业达到的成功，同时包括家庭或家族方面获得的成功。所以，本章对家族企业绩效的测量指标包括企业成功和家族成功两个方面。

（1）大部分企业对绩效指标比较敏感，对于财务性数据往往不易对外透露，特别是对家族企业来讲更是相当敏感。因此，本章采用了间接测量的方法，就是不需问卷填写者直接告诉我们这些绩效数据，而是告诉我们该企业在这些方面和同行相比较的情况。采用绝对的财务数据能增加对绩效研究的信度和效度，但是实证研究证明，一个企业的绝对财务数据与相对财务绩效具有很强的相关性。于是本章设计类似于"与同行竞争对手相比,贵公司近三年的销售利润率"等的问题来了解企业在销售利润率、市场占有率、企业成长速度、产品竞争力等方面的表现,以此获取企业成功方面的绩效数据。

(2)根据有关研究,家族成功可以用家庭的生活质量来评价,而衡量生活质量的一个重要指标是家族从企业中得到的收入有多少,以及家族成员对个人目标实现程度的认知等。根据一些学者的研究与访谈经验,如果直接询问该家族从企业获得收入的具体数目这一隐私性比较强的问题,难以得到具体的答案或者答案不具真实性。

二、数据获取

在问卷调查过程中,采用了上门拜访、网上在线问卷、邮寄、电子邮件等方式进行,本次问卷从发放到回收历时 6 个月,填答要求匿名,以求调查对象真实地填答。本章共发放了 200 份问卷,回收问卷 123 份,回收率为 61.5%。根据本章设计的问题等技巧对回收的问卷进行了挑选,剔除了那些回答不认真和回答过于随意的 5 份问卷,剔除了数据缺失较多的 4 份问卷,剔除了不符合本章所定义的家族企业的 8 份问卷,这样本章所得到的有效问卷为 106 份,有效回收率为 53%。样本基本情况如表 11.3~表 11.5 所示。

表 11.3　企业管理人员基本情况表

性别		工作年限		职位	
类别	比例	类别	比例	类别	比例
男	61.3%	1~5 年(含 5 年)	55%	企业主	14.2%
女	38.7%	5~10 年(含 10 年)	22.4%	高层管理人员	23.6%
		10~20 年(含 20 年)	16%	中层管理人员	24.5%
		20 年以上	6.6%	一般职能人员	37.7%

表 11.4　企业基本情况表

企业性质		企业成立年限		企业职工数量		企业主文化程度	
类别	比例	类别	比例	类别	比例	类别	比例
个人独资企业	23.7%	1~5 年(含 5 年)	17%	20 人及以下	17%	高中以下	17%
合伙企业	16%	5~10 年(含 10 年)	24.5%	21~50 人	14.5%	高中或中专	35.8%
有限责任公司	31.1%	10~20 年(含 20 年)	31.1%	51~100 人	17.9%	大专	24.6%
股份有限公司	29.2%	20 年以上	27.4%	101 人及以上	50.6%	大学本科	15.1%
						大学本科以上	7.5%

表 11.5　企业持股基本情况表

第一股东持股比例		企业主家族持股比例		家族成员占高管团队比例		所有员工中非家族成员所占比例	
类别	比例	类别	比例	类别	比例	类别	比例
（20%，50%]	35%	（20%，50%]	23.6%	≤20%	12.3%	≤20%	15.1%
（50%，80%]	35%	（50%，80%]	24.5%	（20%，50%]	21.7%	（20%，50%]	14.2%
80%以上	30%	80%以上	51.9%	（50%，80%]	26.4%	（50%，80%]	45.3%
				80%以上	39.6%	80%以上	25.4%

从受访者的个人背景来看，男性占多数，为 61.3%；职位层次中，一般职能人员占多数（37.7%），企业主占 14.2%，高层管理人员占 23.6%，中层管理人员占 24.5%；工作年限为 1~5 年（含 5 年）的人数占 55%；5~10 年（含 10 年）的人数占 22.4%；10~20 年（含 20 年）的人数占 16%；20 年以上的人数占 6.6%，可以看出，受访者工作年限以 1~10 年（含 10 年）的人员为主（77.4%）。

从受访者所属的企业背景来看，个人独资企业占 23.7%，合伙企业占 16%，有限责任公司占 31.1%，股份有限公司占 29.2%；企业成立年限为 1~5 年（含 5 年）的占 17%，5~10 年（含 10 年）的占 24.5%，10~20 年（含 20 年）的占 31.1%，20 年以上的占 27.4%；企业职工数量以 101 人及以上（50.6%）的居多；企业主的文化程度以高中到大专层次（60.4%）的居多；第一股东持股比例在（20%，50%]的占 35%，（50%，80%]的占 35%，80%以上的占 30%；企业主家族持股比例以 80%以上（51.9%）的居多，（20%，50%]的占 23.6%，（50%，80%]的占 24.5%；家族成员占高管团队的比例以 50%以上（66%）的居多；而所有员工中非家族成员所占比例也以 50%以上居多（70.7%）。

由于本书数据获取的局限性，本章中实证研究的对象——家族企业均为中小型家族企业。

三、数据分析

（一）信度分析

作者使用 SPSS 13.0 软件对量表的可靠性进行了检验，信度系数检验是目前最常用的检验可靠性的方法，它可以表明量表中每一题得分间的一致性。统计分析结果值克龙巴赫 α 系数见表 11.6。

表 11.6　量表信度分析结果

维度	因素	题号	克龙巴赫 α 系数
家族文化	家长权威	13、14	0.566
	人情取向	15、16	0.573
	特殊主义	17、18	0.865
	信任度	19、20	0.688
学习交流	组织学习培训	21、22	0.703
	对竞争对手信息的掌握	23、24	0.789
	家族成员间的交流	25、26	0.589
	家族成员与非家族成员间的交流	27、28	0.802
组织行为	用人模式	29、30	0.653
	职业经理模式	31、32	0.928
	柔性治理模式	33、34	0.567
战略决策	经营偏好	35、36	0.534
	风险偏好	37、38	0.890
	愿景共享	39、40	0.853
企业绩效	企业成功	41、42、43、44、45	0.838
	家族成功	46、47	0.730

资料来源：根据问卷调查分析结果整理

如表 11.6 所示，在本章研究中，家族文化维度中的特殊主义，学习交流维度中的组织学习培训、对竞争对手信息的掌握、家族成员与非家族成员间的交流，组织行为维度中的职业经理模式，战略决策维度中的风险偏好、愿景共享，企业绩效中的企业成功、家族成功的克龙巴赫 α 系数均大于 0.7，而文化维度中的家长权威、人情取向、信任度，学习交流维度中的家族成员间的交流，组织行为维度中的用人模式、柔性治理模式，战略决策维度中的经营偏好这些家族控制性因素的克龙巴赫 α 系数均大于 0.5。因此，作为一个探索性的研究，这些数据具有较高的可靠性。

问卷综合参考了大量相关文献，并结合实地调研进行修正、归纳整理而成。因此，可以认为本章的问卷有相当程度的内容效度。

（二）描述性统计

本章运用 SPSS 13.0 统计软件计算了本问卷中家族控制性因素度量的 28 个指标的平均值和标准差，并按照平均值从高到低进行了排序，见表 11.7。用利克特五分制，衡量的指标分值越高，表明该家族企业的此项家族控制性因素表现越明显；反之，则说明此项家族控制性因素表现不明显。

表 11.7　家族控制性因素描述统计结果

项目	最小值	最大值	平均值	标准差
q13 贵企业决策的决定情况	1	5	3.632 075	1.054 022
q14 贵企业的股权掌握情况	1	5	2.943 396	0.860 013
q15 贵企业主对"人治"和"法治"的选择情况	1	5	3.556 604	0.756 939
q16 贵企业管理控制公司依靠家族朋友关系的程度	1	5	2.754 717	1.067 363
q17 贵企业对犯错误的员工惩罚是否公平	1	5	2.556 604	0.781 698
q18 贵企业对取得成就的员工奖励是否公平	1	5	2.556 604	0.781 698
q19 贵企业主对员工的信任程度	1	4	2.613 208	0.670 05
q20 贵企业主对家族成员的信任程度	1	4	2.349 057	0.756 464
q21 贵企业对员工培训学习情况	1	5	3.254 717	0.956 793
q22 贵企业高层管理团队、企业主参与学习培训的情况	1	5	3.198 113	0.989 659
q23 贵企业的家族成员及员工对竞争对手的了解程度	1	5	3.452 830	0.863 350
q24 贵企业的员工对竞争对手的信息进行探讨的程度	1	5	3.056 604	0.964 416
q25 贵企业家族成员之间保持密切联系的程度	1	5	3.915 094	0.884 985
q26 贵企业家族成员之间相互了解程度	1	5	3.905 66	0.834 133
q27 贵企业企业主与员工之间沟通及交流情况	1	5	2.830 189	0.856 034
q28 贵企业主对员工意见听取情况	1	5	2.924 528	0.824 599
q29 贵企业家族外成员招聘情况	1	5	2.783 019	0.905 062
q30 贵企业对家族成员招聘情况	1	5	3.632 075	1.054 022
q31 贵企业对职业经理人的任用情况	1	4	2.415 094	1.337 146
q32 贵企业对职业经理模式的赞同程度	1	5	2.877 358	1.160 483
q33 贵企业对完成任务的结果和过程的看重程度	1	5	2.320 755	0.971 471
q34 贵企业主对某一决策做决定时的情况	1	5	2.971 698	0.950 765
q35 贵企业家族员工对企业长期发展目标的一致性	1	5	3.943 396	0.741 044
q36 贵企业的家族成员愿意为企业目标做出牺牲的程度	2	5	3.377 358	0.798 246
q37 贵企业对高风险项目的偏好程度	1	5	3.103 774	0.955 478
q38 贵企业主的冒险精神	1	5	3.066 038	0.897 286
q39 贵企业追求经营项目的多元化程度	1	5	2.679 245	0.971 471
q40 贵企业对拓宽自己规模的态度	1	5	3.009 434	1.018 825

从描述性统计得分表（表 11.7）可以看出，在战略决策方面，家族企业的"企业愿景"呈现出较好的一致性。由于企业主的冒险精神，家族企业偏好高风险的项目。但是在经营范围方面，家族企业比较偏好专业化的经营。在学习交流方面，家族企业表现出了对员工学习培训的重视，家族成员间的交流比较紧密，而家族成员与非家族成员间的交流比较缺乏，企业员工对竞争对手的信息掌握程度较高，但是探讨的程度却较低。在家族文化方面，家族企业表现出了很强的家长权威和人情取向，而且表现了对员工的高度信任。但是在特殊主义方面，表现得并不明显。在组织行为方面，家族企业在用人上对家族成员偏向关系化，但对非家族成

员的招聘程序比较规范。另外，家族企业并不赞同任用职业经理人，而且并没有呈现柔性化的特征。

（三）相关性分析与偏相关性分析

家族控制性因素量表共包括四个维度，每个维度都包括若干因素，为了便于对家族控制性因素与企业绩效之间的关系进行分析，作者以各个因素所包含题项的平均得分作为衡量各因素的定量指标，如家族文化维度中的家长权威=(q13+q14)/2。

1. 家族文化维度与企业绩效的分析

1）相关性分析

家族文化纬度与企业绩效的相关性系数如表 11.8 所示。

表 11.8　家族文化维度与企业绩效的相关性系数

变量名称		家长权威	人情取向	特殊主义	信任度	企业成功	家族成功
家长权威	皮尔逊相关系数						
	显著性（双尾）						
	N						
人情取向	皮尔逊相关系数	0.232*					
	显著性（双尾）	0.017					
	N	106					
特殊主义	皮尔逊相关系数	0.215*	0.162				
	显著性（双尾）	0.027	0.097				
	N	106	106				
信任度	皮尔逊相关系数	0.000*	−0.311**	0.031			
	显著性（双尾）	0.998	0.001	0.754			
	N	106	106	106			
企业成功	皮尔逊相关系数	0.090	−0.301**	−0.035	0.273**		
	显著性（双尾）	0.359	0.002	0.722	0.005		
	N	106	106	106	106		
家族成功	皮尔逊相关系数	0.076	−0.344**	−0.080	0.300**	0.889**	
	显著性（双尾）	0.442	0.000	0.416	0.002	0.000	
	N	106	106	106	106	106	

*表示在 0.05 水平下相关系数显著（双尾）；**表示在 0.01 水平下相关系数显著（双尾）

通过对衡量家族文化维度与企业绩效的各指标进行相关性分析（表 11.8），我们得出如下结论：人情取向与企业成功具有负相关关系，相关系数为−0.301，$p<0.01$；人情取向与家族成功也具有负相关关系，相关系数为−0.344，$p<0.01$；信任度与企业成功正相关，相关系数为 0.273，$p<0.01$；信任度与家族成功也正相关，相关系数为 0.300，$p<0.01$。另外，家长权威与企业成功和家族成功都无相关关系，特殊主义与企业成功和家族成功也无相关关系，不满足 $p<0.05$ 的条件。从而我们得出，家族文化维度中的人情取向和信任度对企业绩效影响广泛，

对家族成功和企业成功都有显著影响。而家长权威与特殊主义对企业绩效并无显著影响。

2）偏相关性分析

表 11.9 表示企业成功、家族成功与家族文化维度中的每个家族控制性因素在控制了其他十三个家族控制性因素时的偏相关系数矩阵。从表中数据可以看出，家族文化中的人情取向对企业绩效的负向影响最为广泛，对企业成功、家族成功都有负向影响。而信任度与企业绩效具有正相关关系，对企业成功、家族成功都有正向影响。

表 11.9 家族文化维度与企业绩效的偏相关系数

变量名称		家长权威	人情取向	特殊主义	信任度
企业成功	相关性	0.202	-0.253^*	0.050	0.209^*
	显著性（双尾）	0.052	0.015	0.637	0.044
家族成功	相关性	0.190	-0.230^*	0.016	0.228^*
	显著性（双尾）	0.069	0.026	0.879	0.028

$*p<0.05$（双尾检验）

从上述相关性分析和偏相关性分析，我们可以得出人情取向与企业成功和家族成功具有负相关关系，说明企业的人情取向越弱，企业成功感越强，家族成功感也越强，正验证了本书的 H40a、H40b；信任度与企业成功和家族成功具有正相关关系，说明企业的信任度越高，企业成功感越强，家族成功感也越强，正验证了本书的 H42a、H42b；而家长权威、特殊主义与企业成功和家族成功均无明显相关性，这并不符合本书的 H39a、H39b、H41a、H41b。究其原因，一方面，可能是问卷调查范围的限制及数量的有限，导致数据的获取具有片面性，而不能代表全部家族企业；另一方面，可能是企业中的家族成员对所涉及的因素有所避讳，从而对问卷的填写有所保留。

2. 学习交流维度与企业绩效的分析

1）相关性分析

通过对衡量学习交流维度与企业绩效的各指标进行相关性分析（表 11.10），我们得出如下结论：组织学习培训与企业成功具有负相关关系，相关系数为 -0.235，$p<0.05$；组织学习培训与家族成功也具有负相关关系，相关系数为-0.206，$p<0.05$；对竞争对手信息的掌握与企业成功呈正相关关系，相关系数为 0.193，$p<0.05$；对竞争对手信息的掌握与家族成功也呈正相关关系，相关系数为 0.215，$p<0.05$；家族成员间的交流与企业成功呈正相关关系，相关系数为 0.268，$p<0.01$；

家族成员间的交流与家族成功也呈正相关关系，相关系数为 0.327，$p<0.01$；家族成员与非家族成员间的交流与企业成功呈正相关关系，相关系数为 0.243，$p<0.05$；家族成员与非家族成员间的交流与家族成功呈负相关关系，相关系数为-0.320，$p<0.01$。从而我们得出，家族成员间的交流对企业绩效的正向影响最大，对企业成功和家族成功都呈正向相关，其次是对竞争对手信息的掌握。而家族成员与非家族成员间的交流对企业绩效的负向影响最大，与家族成功具有负相关关系，其次是组织学习培训。

表 11.10 学习交流维度与企业绩效相关性系数

变量名称		组织学习培训	对竞争对手信息的掌握	家族成员间的交流	家族成员与非家族成员间的交流	企业成功	家族成功
组织学习培训	皮尔逊相关系数 显著性（双尾） N						
对竞争对手信息的掌握	皮尔逊相关系数 显著性（双尾） N	-0.348** 0.000 106					
家族成员间的交流	皮尔逊相关系数 显著性（双尾） N	0.016 0.873 106	0.339** 0.000 106				
家族成员与非家族成员间的交流	皮尔逊相关系数 显著性（双尾） N	0.197* 0.043 106	-0.391** 0.000 106	-0.393** 0.000 106			
企业成功	皮尔逊相关系数 显著性（双尾） N	-0.235* 0.015 106	0.193* 0.047 106	0.268** 0.005 106	0.243* 0.012 106		
家族成功	皮尔逊相关系数 显著性（双尾） N	-0.206* 0.035 106	0.215* 0.027 106	0.327** 0.001 106	-0.320** 0.001 106	0.889** 0.000 106	

*表示在 0.05 水平下相关系数显著；**表示在 0.01 水平下相关系数显著

2）偏相关性分析

表 11.11 表示企业成功、家族成功与学习交流维度中的每个家族控制性因素在控制了其他十三个家族控制性因素时的偏相关系数矩阵。从表中数据可以看出，在学习交流维度中，家族成员与非家族成员间的交流对企业绩效的影响最大，且为负向影响，与企业成功和家族成功都呈负相关关系；其次是家族成员间的交流，对企业绩效有正向影响，对企业成功和家族成功都有正向影响。

表11.11　学习交流维度与企业绩效偏相关系数

变量名称		组织学习培训	对竞争对手信息的掌握	家族成员间的交流	家族成员与非家族成员间的交流
企业成功	相关性	−0.195	0.017	0.187	−0.235*
	显著性（双尾）	0.870	0.870	0.072	0.023
家族成功	相关性	−0.190	−0.230*	0.237*	−0.292**
	显著性（双尾）	0.069	0.026	0.022	0.005

$**p<0.01$，$*p<0.05$（双尾检验）

　　从上述相关性分析和非相关性分析中，我们可以得出家族成员与非家族成员间的交流与家族成功呈负相关关系，与本书假设 H46b 不符；其对企业成功的相关性系数为正，偏相关系数为负，与本书假设 H46a 不符，可能是由受到其他变量的影响导致系数由正变负。在相关性分析中，组织学习培训对企业成功和家族成功均有负向影响，即家族企业中学习培训机会越少越有利于企业绩效提升，这与本书假设 H43a、H43b 不符。家族成员间的交流对企业成功和家族成功都具有正向影响，说明家族成员间亲密的关系对企业是有利的，这验证了本书的 H45a、H45b。在相关性分析中，对竞争对手信息的掌握与企业成功和家族成功均为正相关关系，说明熟悉整个行业及竞争对手的情况有利于企业更好地扬长避短，学习同行的优点，从而有利于企业绩效的提高，这验证了本书的 H44a、H44b。

　　3. 组织行为维度与企业绩效的分析

　　1）相关性分析

　　组织行为维度与企业绩效的相关性系数如表11.12所示。

表11.12　组织行为维度与企业绩效相关性系数

变量名称		用人模式	职业经理模式	柔性治理模式	企业成功	家族成功
用人模式	皮尔逊相关系数					
	显著性（双尾）					
	N					
职业经理模式	皮尔逊相关系数	−0.128				
	显著性（双尾）	0.192				
	N	106				
柔性治理模式	皮尔逊相关系数	0.249*	−0.075			
	显著性（双尾）	0.010	0.445			
	N	106	106			
企业成功	皮尔逊相关系数	−0.171	0.247*	−0.256**		
	显著性（双尾）	0.080	0.011	0.008		
	N	106	106	106		
家族成功	皮尔逊相关系数	−0.250**	0.256**	−0.277**	0.889**	
	显著性（双尾）	0.010	0.008	0.004	0.000	
	N	106	106	106	106	

$*$表示在 0.05 水平下相关系数显著；$**$表示在 0.01 水平下相关系数显著

通过对衡量组织行为维度家族控制性因素与企业绩效的各指标进行相关性分析，我们得出如下结论：用人模式与企业成功不相关，不满足条件 $p<0.05$，与家族成功呈负相关关系，相关系数为-0.250，$p<0.01$；职业经理模式与企业成功呈正相关关系，相关系数为0.247，$p<0.05$，与家族成功也呈正相关关系，相关系数为0.256，$p<0.01$；柔性治理模式与企业成功呈负相关关系，相关系数为-0.256，$p<0.01$，与家族成功也呈负相关关系，相关系数为-0.277，$p<0.01$。从而我们得出组织行为维度中的三个因素对企业绩效都有显著影响。首先柔性治理模式对企业绩效的影响最大，为负向影响；其次是职业经理模式，对家族成功具有显著影响，并且对企业成功也具有显著影响；最后是用人模式，对家族成功具有显著影响，而与企业成功无相关性。

2）偏相关性分析

组织行为纬度与企业绩效的偏相关系数如表11.13所示。

表 11.13　组织行为维度与企业绩效偏相关系数

变量名称		用人模式	职业经理模式	柔性治理模式
企业成功	相关性	0.023	0.227*	−0.204
	显著性（双尾）	0.823	0.029	0.049
家族成功	相关性	0.049	0.249*	−0.213*
	显著性（双尾）	0.638	0.016	0.040

*$p<0.05$（双尾检验）

表 11.13 表示企业成功、家族成功与组织行为维度中的每个家族控制性因素在控制了其他十三个家族控制性因素时的偏相关系数矩阵。从表中数据可以看出，在组织行为维度中，职业经理模式对企业绩效的影响最大，为正向影响，与企业成功和家族成功都呈正相关关系；其次是柔性治理模式，对企业绩效有负向影响，对企业成功和家族成功都有负向影响；最后为用人模式，与企业成功无相关性，与家族成功呈负相关关系。

从上述相关性分析，我们可以得出用人模式对家族成功具有正向影响，说明家族企业中用人模式越规范，家族的成功感越强，这验证了 H47b。而用人模式与企业成功并无显著相关性，这与 H47a 不符，其原因可能有以下两点：一是问卷调查时，企业家族成员为了说明其企业制度的规范性而对问卷的填写有所保留。二是无论是家族成员还是非家族成员，只要是优秀的人才，家族企业都可能不按制度招聘。职业经理模式与家族成功呈正相关关系，这验证了 H48b，而对企业成功并无显著影响，这与 H48a 不符合，其原因可能是在企业中，无论是企业主还是聘用的职业经理人，只要他们的决策对企业有效，都可以采用。因此，如果企业主具有丰富的经验及高明的决策能力，那么也可以不聘用职业经理人。柔性治理模式对企业绩效具有负向影响，说明柔性的治理模式不利于企业的发展，这与本书的 H49a、H49b 并不符。其原因可能是过于柔性的治理，使得企业只看重结果而不注重程序，进而容易使企业只看重短期的利益而忽略长期发展目标。没有刚性制度的限制，会使得员工恣意妄为，从而造成企业成本的增加。而且企业的决策并未经过董事会或者未考虑专家的意见，这容易导致决策的失误，从而不利于企业的绩效提高。

4. 战略决策维度与企业绩效的分析

1）相关性分析

战略决策维度与企业绩效的相关性系数如表 11.14 所示。

表 11.14　战略决策维度与企业绩效相关性系数

变量名称		经营偏好	风险偏好	愿景共享	企业成功	家族成功
经营偏好	皮尔逊相关系数					
	显著性（双尾）					
	N					
风险偏好	皮尔逊相关系数	0.291**				
	显著性（双尾）	0.003				
	N	106				
愿景共享	皮尔逊相关系数	−0.232*	−0.116			
	显著性（双尾）	0.017	0.235			
	N	106	106			
企业成功	皮尔逊相关系数	−0.201*	0.067	0.328**		
	显著性（双尾）	0.039	0.492	0.001		
	N	106	106	106		
家族成功	皮尔逊相关系数	−0.258**	−0.013	0.350**	0.889**	
	显著性（双尾）	0.008	0.897	0.000	0.000	
	N	106	106	106	106	

**$p < 0.01$，*$p < 0.05$（双尾检验）

通过对衡量战略决策维度家族控制性因素与企业绩效的各指标进行相关性分析，我们得出如下结论：经营偏好与企业成功呈负相关关系，相关系数为−0.201，$p < 0.05$，与家族成功也呈负相关关系，相关系数为−0.258，$p < 0.01$；愿景共享与企业成功呈正相关关系，相关系数为 0.328，$p < 0.01$，与家族成功也呈正相关关系，相关系数为 0.350，$p < 0.01$；风险偏好与企业成功和家族成功都无相关性，不满足 $p < 0.05$ 的条件。从而我们得出在组织战略决策维度中，愿景共享对企业绩效的影响最广泛，对企业成功具有正向影响，对家族成功也具有正向影响；其次是经营偏好，对家族成功有显著的负向影响，对企业成功的影响不大；最后是风险偏好，与企业成功和家族成功都无相关性。

2）偏相关性分析

表 11.15 表示企业成功、家族成功与战略决策维度中的每个家族控制性因素在控制了其他十三个家族控制性因素时的偏相关系数矩阵。从表中数据可以看出，战略决策维度中，风险偏好对企业绩效的影响最大，为正向影响，与企业成功和家族成功都呈正相关关系，风险偏好在控制了其他十三个因素时，对企业绩效的正向影响最广泛；其次是经营偏好，对企业绩效产生负向影响，具体来说，对企业成功和家族成功都产生负向影响；最后是愿景共享，与企业成功和家族成功都不显著相关。

表 11.15　战略决策维度与企业绩效偏相关系数

变量名称		经营偏好	风险偏好	愿景共享
企业成功	相关性	−0.205*	0.273**	0.203
	显著性（双尾）	0.049	0.008	0.051
家族成功	相关性	−0.257*	0.217*	0.188
	显著性（双尾）	0.013	0.037	0.071

**$p<0.01$，*$p<0.05$（双尾检验）

通过上述相关性分析和偏相关性分析，我们可以得出经营偏好与企业成功和家族成功都呈负相关关系，说明企业越追求多元化的经营，对企业越不利。这与本书的 H50a、H50b 不符。其原因可能有以下两点：一是我国家族企业管理者素质普遍不高，当企业发展到一定程度时，管理者的业务技能和管理技能跟不上企业的发展步伐，尤其对于想实现多元化经营的家族企业来说，更需要管理者有效地去配置资源，对管理者的素质要求更高。二是我国家族企业普遍缺乏一套真正行之有效的用人制度。目前在我国家族企业中，家长权威比较强，不重视社会上各种专业及管理人才的招聘，不能充分地发挥非家族成员的聪明才智，这使得企业不具有人力资源的优势。风险偏好对企业成功和家族成功都有正向影响，说明越追求高风险、高收益的项目，企业成功感和家族成功感越强，这验证了本书的 H51a、H51b。愿景共享对企业成功和家族成功都无明显影响，说明家族愿景在员工中共享程度越高，企业的绩效越好，这验证了本书的 H52a、H52b。

（四）家族控制性因素与企业绩效的回归分析

为了深入研究家族控制性因素是如何影响企业绩效的，我们运用样本数据，采用统计软件 SPSS 13.0 进行多元线性回归分析。本书采用后项逐步回归分析法，用 F 检验的概率值作为变量剔除出模型的判断。其中，Entry 值为 0.05，Removal 值为 0.10。

1. 家族控制性因素与企业成功的多元回归分析

企业成功对各个家族控制性因素的多元回归模型汇总和多元回归系数分别如表 11.16 和表 11.17 所示。

表 11.16　企业成功对各个家族控制性因素的多元回归模型汇总

模型	R 值	R^2	调整后的 R^2	估计的标准误差	DW	F 值
一	0.630	0.397	0.326	0.6820	2.325	5.617

表 11.17　企业成功对各个家族控制性因素的多元回归系数

模型	非标准化回归系数		标准化回归系数	t 值	显著性（Sig.）	共线性统计量	
	β 值	标准误差	β' 值			容许度	VIF
常数	2.271	0.978		2.322	0.022		
家长权威	0.213	0.102	0.190	2.083	0.040	0.774	1.292
人情取向	−0.285	0.115	−0.231	−2.472	0.015	0.736	1.359
信任度	0.293	0.140	0.191	2.097	0.039	0.770	1.298
组织学习培训	−0.190	0.094	−0.192	−2.011	0.047	0.706	1.417
家族成员间的交流	0.244	0.121	0.208	2.018	0.046	0.604	1.657
家族成员与非家族成员间的交流	−0.241	0.102	−0.223	−2.354	0.021	0.716	1.397
职业经理模式	0.137	0.060	0.199	2.284	0.025	0.847	1.181
柔性治理模式	−0.201	0.099	−0.175	−2.023	0.046	0.862	1.160
经营偏好	−0.162	0.081	−0.177	−2.002	0.048	0.822	1.217
风险偏好	0.231	0.085	0.243	2.711	0.008	0.798	1.254
愿景共享	0.261	0.130	0.188	2.004	0.048	0.729	1.371

预测变量：常数、家长权威、人情取向、信任度、组织学习培训、家族成员间的交流、家族成员与非家族成员间的交流、职业经理模式、柔性治理模式、经营偏好、风险偏好、愿景共享。

因变量：企业成功。

从回归效果来看，企业成功-家族控制性因素模型的 F 值为 5.617，达到了显著性的水平。从调整后的决定系数来看，回归方程能解释总体变异的 32.6%。从表 11.17 中的 VIF 值可以看出，该模型不存在多重共线性。表 11.16 中的 DW 值为 2.325，说明模型不存在序列相关性。

通过表 11.17 我们可以看出，用后项逐步回归分析法得到的模型中，企业成功是家长权威、人情取向、信任度、组织学习培训、家族成员间的交流、家族成员与非家族成员间的交流、职业经理模式、柔性治理模式、经营偏好、风险偏好、愿景共享的函数。被剔除的家族控制性因素有对竞争对手信息的掌握（Sig.为

0.925）、用人模式（Sig.为 0.717）、特殊主义（Sig.为 0.581），其显著性（Sig.）均大于 0.1。被引入的家族控制性因素的非标准化系数值分别为 0.213、-0.285、0.293、-0.190、0.244、-0.241、0.137、-0.201、-0.162，0.231、0.261。家族企业通过这些家族控制性因素来影响企业的成功。从非标准化系数值我们可以看出，家族控制性因素中家长权威、信任度、家族成员间交流、职业经理模式、风险偏好、愿景共享与企业成功均具有正相关关系。其中，信任度对企业成功的正向影响最大，系数值为 0.293。其次是愿景共享，系数值为 0.261。而人情取向、组织学习培训、家族成员与非家族成员间的交流、柔性治理模式、经营偏好与企业成功呈负相关关系。其中，人情取向对企业成功的负向影响最大，系数值为 -0.285；其次是柔性治理模式，系数值为 -0.201。

因此，得出家族控制性因素-企业成功的回归方程如下：企业成功=2.271+0.213 家长权威-0.285 人情取向+0.293 信任度-0.19 组织学习培训+0.244 家族成员间的交流-0.241 家族成员与非家族成员间的交流+0.137 职业经理模式-0.201 柔性治理模式-0.162 经营偏好+0.231 风险偏好+0.261 愿景共享。

2. 家族控制性因素与家族成功的多元回归分析

家族成功对各个家族控制性因素的多元回归模型汇总和多元回归系数分别如表 11.18 和表 11.19 所示。

表 11.18　家族成功对各个家族控制性因素的多元回归模型汇总

模型	R 值	R^2	调整后的 R^2	估计的标准误差	DW	F 值
二	0.648	0.419	0.365	0.5883	2.173	7.708

表 11.19　家族成功对各个家族控制性因素的多元回归系数

模型	未标准化回归系数		标准化回归系数	t 值	显著性（Sig.）	共线性统计量	
	β 值	标准误差	β 值			容许度	VIF
常数	2.356	0.819		2.879	0.005		
人情取向	-0.189	0.097	-0.172	-1.940	0.055	0.771	1.298
信任度	0.254	0.119	0.187	2.128	0.036	0.783	1.278
家族成员间的交流	0.255	0.102	0.244	2.499	0.014	0.635	1.574
家族成员与非家族成员间的交流	0.275	0.085	0.286	-3.222	0.002	0.765	1.307
职业经理模式	0.156	0.049	0.255	3.179	0.002	0.937	1.067
柔性治理模式	-0.176	0.084	-0.173	-2.087	0.040	0.884	1.131
经营偏好	-0.182	0.070	-0.224	-2.617	0.010	0.827	1.209
风险偏好	0.174	0.073	0.207	2.398	0.018	0.814	1.228
愿景共享	0.259	0.111	0.210	2.329	0.022	0.746	1.340

预测变量：常数、人情取向、信任度、家族成员间的交流、家族成员与非家族成员间的交流、职业经理模式、柔性治理模式、经营偏好、风险偏好、愿景共享。

因变量：家族成功。

从回归效果来看，家族成功-家族控制性因素模型的 F 值为 7.708，达到了显著性的水平。从调整后的决定系数来看，回归方程能解释总体变异的 36.5%。从表 11.19 中的 VIF 值可以看出，该模型不存在多重共线性。表 11.18 中的 DW 值为 2.173，说明模型不存在序列相关性。

通过表 11.19 我们可以看出，用后项逐步回归分析法得到的模型中，家族成功是人情取向、信任度、家族成员间的交流、家族成员与非家族成员间的交流、职业经理模式、柔性治理模式、经营偏好、风险偏好、愿景共享的函数。纳入模型的自变量均通过了显著性检验。被剔除的家族控制性因素有家长权威（Sig. 为 0.135）、组织学习培训（Sig. 为 0.387）、用人模式（Sig. 为 0.575）、特殊主义（Sig. 为 0.842）、对竞争对手信息的掌握（Sig. 为 0.772），其显著性（Sig.）均大于 0.1。被引入的家族控制性因素的非标准化系数值分别为：−0.189、0.254、0.255、0.275、0.156、−0.176、−0.182、0.174、0.259。家族企业通过这些家族控制性因素来影响家族的成功。从非标准化回归系数值我们可以看出，家族控制性因素中信任度、家族成员间的交流、家族成员与非家族成员间的交流、职业经理模式、风险偏好、愿景共享与家族成功具有正相关关系。其中，家族成员与非家族成员间的交流对家族成功的正向影响最大，其系数值为 0.275。其次是愿景共享，系数值为 0.259。而人情取向、柔性治理模式、经营偏好与家族成功呈负相关关系。其中，人情取向的负向影响最大，系数值为−0.189。其次是经营偏好，系数值为−0.182。

因此，得出家族控制性因素-家族成功的回归方程如下：家族成功=2.356−0.189 人情取向+0.254 信任度+0.255 家族成员间的交流+0.275 家族成员与非家族成员间的交流+0.156 职业经理模式−0.176 柔性治理模式−0.182 经营偏好+0.174 风险偏好+0.259 愿景共享。

第四节　研 究 结 论

通过实证分析，本章得出如下主要结论。

一、家族文化与企业绩效的关系

通过实证分析，我们得出家族文化维度中人情取向和信任度对企业成功与家族成功都具有重大的影响。

人情取向对企业绩效既有促进作用，又会抑制企业绩效。人情取向对企业成功具有显著的负向影响，从而对企业绩效也有负向作用。这表明企业越倾向于以人情关系来管理企业，对企业越不利。中国家族企业的管理人与家族雇员之间不仅是指挥与服从、命令与执行的关系，而且带有人情和关系的色彩。家族企业成员间的感情深厚、相处融洽，就能很好地调动家族成员的积极性，自然会对工作的开展起到极大的促进作用。但是一味地以"人治"为主、以"情"为重、以"理"为据，万不得已才用"法"，会使其他员工产生心理不平衡，没有工作动力，丧失积极性，从而对企业的绩效产生负向作用。

信任度对企业成功和家族成功都具有正向作用，从而对企业绩效也具有正向作用。这表明企业主对员工的信任度越高，越有利于企业绩效的提高。家族成员之间很自然地会产生一种信任，对自己家长或同族等关系密切的人会很信任，对关系比较疏远的人会有一种先天的隔阂。人都有很强烈的被承认、被肯定的欲望，所以他人的信任会对个人产生很大的动力。对企业内非家族成员的不信任，会使这些非家族成员缺乏动力，从而降低了他们的生产能力。因此，家族企业必须破除低信任的负面影响，打破纯家族化的信任范围。家族企业作为一个经济单位，追求利润是它最大的目的。这就要求家族企业必须围绕这一目标任命所有可能给企业带来高收益的人才，不管是来自家族内部还是来自家族外部的人才，都要对其给予充分信任。同时，要大力提倡以伦理道德为核心的社会诚信，优化家族企业信任的外部环境，实现其从家族信任到社会信任的转变。

二、学习维度与企业绩效的关系

通过实证分析得出，学习交流维度中的家族成员间的交流、家族成员与非家族成员间的交流对家族成功和企业成功都有显著的影响。

家族成员间的交流对企业成功和家族成功都具有正向作用，从而说明对企业绩效也具有正向作用。这表明企业家族成员间的交流越频繁，企业的绩效越高。家族成员间与生俱来的信任会使得他们关系密切、交流频繁，以及彼此间会出现经常性的拜访。这有助于形成较为和谐的关系，从而有利于企业的发展。而如果企业家族成员之间矛盾重重，互相不服，且不配合企业的决策，那么就可能使得企业主在对外进行管理的情况下还得先安内，这必然会造成企业主决策的失误，不利企业绩效的提高。

家族成员与非家族成员间的交流对企业成功和家族成功都具有正向作用，从而说明对企业绩效也具有正向作用。这表明家族企业中越不重视与非家族成员的沟通，越会阻碍企业的发展，进而影响企业的绩效。一般来讲，家族企业会忽略非家族成员的意见，对他们的建议表示怀疑，认为内外有别，这往往使得非家族成员无法参与企业目标的制定，即使有更优秀的想法和意见也无法与家族企业成员进行沟通，从而导致企业主在做决策时会产生片面性，即只代表家族成员的观点。有效的交流沟通能够建立健康的关系。在家族企业中，家族成员与非家族成员间的沟通能增强整个企业的凝聚力，有利于促进家族成员和非家族成员态度和目标的一致性，从而使他们共享家族目标。

三、组织行为与企业绩效的关系

通过实证分析，我们得出组织行为维度中的职业经理模式、柔性治理模式对家族成功和企业成功都有显著的影响。

职业经理模式对企业成功和家族成功都具有正向作用，从而对企业绩效也具有正向作用。这说明企业越赞同职业经理模式，职业经理模式的采用就越能提高企业的绩效。家族企业应该转变自身观念，树立一种互信、互惠的企业文化，由以往的认为职业经理人是外人的观念转变为更加信任职业经理人，给予职业经理人更多的人性化关怀。对职业经理人来说，他们也绝不愿意作为一个外来者，处处受到制约。树立互信、互惠的企业文化，以文化的力量来熏陶企业员工和职业经理人，从而建立一种良好的氛围，进而激励职业经理人更加努力地工作。

一方面，柔性治理模式对家族成功和企业成功都具有反向作用，从而对企业绩效也具有反向作用。这说明企业越倡导柔性的治理模式，对企业的绩效越不利。另一方面，柔性治理模式对家族成员具有正向作用，即家族企业允许柔性的治理模式使得家族领导者做出战略决策的速度较快，能够迅速地抓住市场机会。但如果家族领导者对自己作为领导者的角色比较自信，且对于自己做出的决策没有任何怀疑，就容易造成主观、片面、无端的错误，从而产生极大危害。而且柔性的治理模式容易形成非正式的协调，只注重结果而不看重过程，这容易使企业只看重短期的利益而忽略长期发展目标。没有刚性制度的限制，会使得员工恣意妄为，从而造成企业成本的增加。

四、战略决策维度与企业绩效的关系

通过实证分析，我们得出战略决策维度中的经营偏好、风险偏好、愿景共享对家族成功和企业成功都有显著的影响。

经营偏好对企业成功和家族成功都具有负向作用，从而对企业绩效也具有负向作用。这说明企业越追求多元化的经营方式，对企业绩效越不利。当今的市场环境发生了根本性的变化，大多数的商品不同程度地出现了供过于求或者相对过剩的状况。市场也已从卖方市场转变成现在的买方市场。家族企业为了生存，于是尽可能地寻找外部市场机会，拓展多元化的业务。然而拓展多元化业务对家族企业来说往往风险大于机会。涉及行业的不断多元化，会导致家族企业资源过度分散、平均，进而企业的管理变得越来越复杂，最终使得家族企业在原有的行业没有维持住竞争优势，而在新的行业又骑虎难下，处于半饥饿状态。从某种意义上说，多元化经营更像是一种投机或赌博。所以在目前阶段，家族企业应努力进行专业化生产，使自己的产品保持单一市场的集中化，做精、做深企业现有的业务，即实行我们通常所说的"小巨人"策略。因此，家族企业不要盲目走多元化道路。

风险偏好对企业成功和家族成功都具有正向作用，从而对企业绩效也具有正向作用。这说明企业越追求高风险、高收益的项目，越能提高绩效。但如果盲目地追求高风险、高收益投资就是对自己的不负责。要实现企业的理性投资行为，需要对环境进行全方位的分析，而且需要对未来市场进行预测，以及对即将进入的行业进行科学而合理的判断。一般来讲，家族企业的财务结构稳健，财务状况较好，具备投资高风险项目所必需的剩余资产，但要求企业经营者必须具有驾驭高风险的能力。只有这样，投资高风险的项目才能给企业带来高收益，从而提高企业的绩效。

愿景共享对企业成功和家族成功都具有正向作用，从而对企业绩效也具有正向作用。这说明企业愿景在员工中的共享程度越高，对企业的绩效越有利。拥有共同的愿景意味着目标的一致性，会减少冲突从而降低代理成本。企业愿景在家族企业中共享程度越高，越有利于企业战略决策质量的提高，从而提高企业的绩效。

第十二章 家族企业政治联系对传承绩效的影响研究

第一节 理 论 基 础

一、社会资本理论

皮埃尔·布尔迪厄认为社会资本是"社会联系、社会荣誉和社会尊敬的资本""是现实或潜在的资源的集合体"。科尔曼把社会资本定义为"个人拥有的社会结构资源"。边燕杰和丘海雄（2000）将企业社会资本定义为企业通过纵向联系、横向联系和社会联系获取稀缺资源的能力。虽然说法不同，但以上定义都一致提到了社会资本的资源获取能力。早期家族企业的成长对资源的依赖度很高，因此社会资本在家族企业的发展进程中是不可或缺的因素。

社会资本是个人社会网络关系带来的实际或潜在资源的总和（Lester et al.，2008）。社会网络关系是社会资本的重要组成部分，它对企业的成长具有重要影响，企业市场环境的不确定性越大，企业的交易越依赖管理层的社会网络关系（Acquaah，2007）。而管理层的社会网络关系至少包括两个重要维度：与其他企业管理层和政府官员的关系，因而代表与政府官员或政治人物良好关系的政治关系可以视为管理层网络关系的重要组成部分。Li 和 Zhang（2007）把企业管理层培养与政府官员关系定义为管理层的"政治网络"。

（一）家族企业社会资本特征

家族企业是一种特殊的组织形式，既有一般公司制企业属性，又有家族属性。因此，家族企业的社会资本是一个复杂的多层次系统，有学者将家族企业的社会资本分为三个层次、四个方面的情况，如图 12.1 所示。首先是宏观层次的社会资本，其次是组织层次的企业社会资本，包括企业内外部两方面。另外，由于家族企业具备家族属性，家族社会资本是家族企业拥有的一项独有资本，表现为创始人家族内部的高度信任、家族愿景等（杨玉秀，2014）。最后是个人层次的内部关键人员社会资本。对家族企业而言，即家族企业主的个人社会资本。

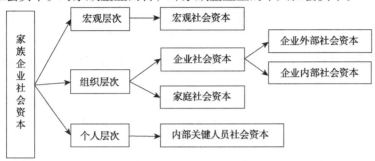

图 12.1 家族企业社会资本层次图

在早期家族企业中，所有权与控制权高度统一，企业主的利益与企业的利益保持完全一致，因此家族企业主的个人社会资本完全为企业所用，从而在家族企业的成长各阶段发挥了很大的作用。我国第一代家族企业的社会资本特征如下：①家族企业社会资本主要以企业主为核心，是一种以血缘、姻缘、地缘为纽带的"泛家族主义"的信任。②高度依赖于企业主个人的社会资本。企业主凭借独特的社交能力构建的关系网络可以为早期家族企业发展争取更多的有利资源，从而直接促进家族企业发展壮大。③更重视外部社会资本的构建。早期家族企业的成长对资源的依赖度很高，因此早期的家族企业更注重外部社会关系（如构建政治联系）。

（二）社会资本减少影响传承效果

家族企业接班人传承事件会引起家族企业社会资本的变动，传承前后企业可利用的社会资本的整体质量和效应都会有所改变。其中，企业内关键人员社会资本变化最大，对传承效果的影响也最大。

首先，企业传承导致企业可利用的创始人社会资本迅速减少，企业的交易费用增加。在企业创立发展的过程中，创始人凭借其过人的气魄、英明的领导才能、独到的见解及受人敬重的品质，吸引了一大批忠诚的员工、关系密切的合作者及互相扶持的人脉等，这种基于对创始人个人绝对信任而建立的个人社会资本依附于创始者个人。在创始人领导下的企业具有高度凝聚力，企业领导人在家族与企业内具有绝对权威。当企业内权利重新配置后，创始人离场，接班人无法迅速地在企业内部建立完全相互信任的机制，从而其作为管理者的权威受到质疑。管理者与企业员工之间的信任度下降必然导致企业管理决策的沟通和协调成本上升。

企业信任程度的下降还容易导致员工机会主义行为的出现，同时使得企业管理监督成本上升，企业凝聚力下降。

其次，相比于其他企业两权分离的情况，在创始人领导下的家族企业所有权与控制权都集中在创始人手中，企业经营中不存在信息不对称所导致的利益攫取、目标不一致等情况，因此企业代理成本低。当企业发生传承时，创始人将企业所有权与控制权在子女和家族成员中进行分配，企业管理决策层形成新格局。权力的分散必然导致信息不对称程度加剧，决策分歧情况增加，企业代理成本也随之增加。

从企业外部治理来说，企业主社会资本是家族企业获取外部资源的有利途径。通过企业主外部社会网络，谋求企业所需资源，促进企业快速发展，同时在企业实力增强的过程中不断地拓宽新的优质网络关系是企业外部网络治理的关键。当企业主退位时，企业的外部资源优势减小，这必然会影响到企业的经营业绩。

综上所述，家族企业代际传承中社会资本的影响路径如图 12.2 所示。当家族企业完成传承之后，创始人退位使得企业内个人社会资本下降幅度增加，这种改变将导致企业内部信任度降低，权力分散，信息不对称程度加剧，企业凝聚力降低，进而导致企业内部代理成本增加，同时还会导致企业外部可获得资源减少，最终导致企业绩效下降。而且创始人社会资本越丰富，这种影响越显著。企业传承前后企业家社会资本的变化越小，越有利于传承后企业业绩的稳定。

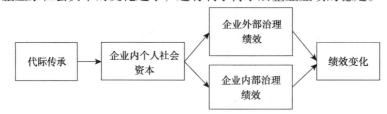

图 12.2　家族企业代际传承中社会资本的影响路径图

二、社会情感财富理论

家族企业是家族和企业双系统共同作用下的组织，企业的管理决策不仅受到企业各因素的影响，也受到家族控制人或家族成员之间情感因素的影响。鉴于家族企业的特殊性，Gómez-Mejía 等（2007）学者重点关注情感因素对家族企业管理决策的影响，并由此提出了社会情感理论。社会情感财富又称情感价值或情感基金，主要指家族凭借其所有者、决策者和管理者的身份从家族企业获得的非经济收益。社会情感财富的内容非常广泛，包括家族控制地位、家族社会影响力、家族成员认同感、家族基业的延续、家族社会资本的传递等。

（一）社会情感财富影响代际传承成功率

依据社会情感财富理论的主要观点，保护社会情感财富是家族企业进行主要战略选择和决策的首要参考依据。对于控制家族而言，保护社会情感财富是家族的首要目标。社会情感财富源于家族对企业的控制权，因此家族企业要保护社会情感财富并协调好家族与企业的关系，并通过代际传承巩固家族对企业的控制权。正如许永斌和惠男男（2013）提出，社会情感财富推动家族企业代际传承，并通过影响代际传承意愿、代际传承准备和家庭内情感氛围来影响代际传承成功率（图 12.3）。具体影响如下。

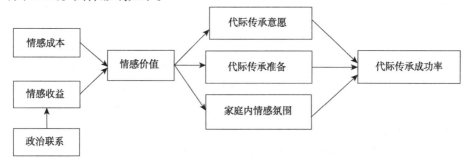

图 12.3 社会情感财富影响代际传承成功率

首先，社会情感财富影响代际传承意愿。家族企业创始人一代的传承意愿是代际传承的第一步，没有创始人的支持，家族企业传承根本无法进行。作为民营经济的创造者，民营企业家在推动我国经济快速发展的同时，自身的经济实力和社会地位也不断提高，越来越多的民营企业家当选人大代表或政协委员参政议政。民营企业家的政治身份为家族企业发展取得了持续的竞争优势，控制家族社会影响力不断增强，社会情感价值增大。家族企业为了最大限度地维持企业的社会影响力，家族内代际传承的意愿增强。

其次，社会情感财富影响代际传承准备。充分的传承准备是企业顺利完成交接的重要保证。前期的传承准备越充分、越全面，交接期就越稳定，交接成功的可能性就越大。为了能够更好地延续家族基业，做好家族社会资本的传递，创始人家族应提前规划传承计划，做好传承的准备。企业传承是一个长期的过程，预先做好全面的规划对企业的成功交接至关重要（Dyck et al.，2002）。传承准备越充分，企业内关键资源（如企业家默会知识）越不易丢失，两代人之间发生激烈冲突的可能性越小，继任者的经营能力也越有保障。因此，情感价值越高，家族成员越会积极地讨论家族和企业的传承问题，传承计划就越充分。

最后，社会情感财富影响传承时家庭内情感氛围。企业领导权的更换通常会给家族内部带来结构性的变革。权力和财富的重新配置往往会引发一系列的冲突。

研究发现，传承导致企业专有性资产的流失，再加上家庭成员对企业股权、资产和权力的重新分配进行破坏是大多数家族企业传承失败的原因。如果家族企业情感价值高，则基于情感价值的考量，家族成员会在企业传承的过程中团结一致，共渡传承难关。

（二）家族企业政治联系有利于社会情感财富增加

Berrone 等（2012）将社会情感财富划分为以下几方面内容，如家族控制和影响、家族成员对企业的认同、紧密的社会关系、家族成员的情感依恋、家族代际传承意愿等。根据 Berrone 的维度划分，家族企业政治联系可以从多个维度增益社会情感财富。

首先，家族企业政治联系有利于企业控制权传承的代际锁定。胡旭阳（2013）研究发现，实际控制人的政治关联度越高，实际控制人的后代介入上市公司（担任董事或总经理或副总经理）的可能性越大；何轩等（2014）研究发现不利的制度环境会影响退位者的传承意愿。例如，当企业的政治地位较高时，企业主对制度环境的不利感知会被适度地减弱。

其次，家族企业政治联系可以增强家族成员对企业的认同，增进家族内部情感。多位学者研究发现，民营企业的政治关联与社会责任的履行具有正相关关系，即政治关联级别越高，社会责任的履行越好（张萍和梁博，2012）。承担社会责任是民营企业积累社会资本的重要途径，家族企业为了获取和维护企业政治联系，必将积极响应政府号召，履行社会责任。家族企业履行社会责任不仅有助于维护家族企业的形象和声誉，也有利于实际控制人个人政治地位的提升。组织身份理论认为，当家族企业因承担社会责任而受到好评时，家族成员的企业归属感与家族归属感会相应提高，进而使得家族企业、家族成员与家族身份之间的关系更加紧密（Berrone et al., 2010）。

最后，政治联系可以巩固企业社会关系，并提高家族的控制力和社会影响力。企业承担社会责任同时体现在处理好与包括商业伙伴在内的企业各利益相关者的关系。民营企业因为履行社会责任而改善声誉时，企业更容易被社会公众所认可。企业在承担社会责任过程中，作为直接执行者的经理人也会获得良好的个人声誉（贾明和张喆，2010），这使得家族企业与家族经理人的声誉同时得到提高（陈凌和陈华丽，2014a），进而有助于家族保持对企业的控制与影响，使得家族企业的社会责任承担与其社会情感财富直接相关。

通过社会情感财富理论的分析，我们不难看到社会情感财富理论影响代际传承的成功率，而企业的政治资源则有助于通过提升企业情感收益来增加企业情感价值。因此，企业的政治资源可以间接影响家族企业代际传承成功率。

三、资源基础理论

本书把民营企业政治联系视为企业的资源，然后以资源基础理论为基础，分析民营企业政治联系与竞争优势之间的关系。资源基础理论的核心观点是资源的 VIRN 属性[①]与可持续竞争力（Barney，1991）。根据资源基础理论的观点，要使资源具有竞争优势，资源必须是稀缺并且有价值的，要想保证竞争优势的可持续性，资源必须是难以模仿和不可替代的。这 4 个属性构成了资源基础理论中资源VIRN 属性，如图 12.4 所示。

图 12.4　资源基础理论框架

1. 民营企业政治资源的 VIRN 属性分析

政治资源是民营企业的一项至关重要的外部社会资本，政治资源为民营企业的发展带来了直接的经济利益和间接的社会影响力。

1）民营企业政治资源的价值属性

在现阶段中国转型升级的过程中，民营企业拥有的政治资源可以为企业经营发展带来便利与新的机会。民营企业通过建立良好的政治联系，可以在很大程度上拓宽融资渠道、降低融资成本，并且良好的政企互动可以为企业带来各方面的政策支持，如税收优惠、为企业赢得研发支持、争取政府补助项目等。

2）民营企业政治关系的稀缺属性

在经济学领域，判定一项资源是否具有稀缺性的依据如下：拥有该项资源的公司，在其所能预料到的已经存在或者即将进入该行业的潜在竞争对手中，能获得该资源的公司数量。能获得该资源的竞争对手越少，资源越稀缺；反之，若竞争对手可以轻易获得该资源，则该资源就不具有稀缺性。现阶段中国的民营企业主要存在以下几种政治联系：企业的高层领导曾经具有政府官员背景，包括前政府官员在公司就职或者前政府官员自行创业；民营企业家为社会做出巨大的贡献，从而当选各级人大代表和政协委员（陈凌等，2010）；企业或企业家当选各级工商业联合会会员（胡旭阳，2013）。现阶段，最容易获得的政治联系为工商业联合会会员，因此最不具有稀缺性；企业高层管理者的政府官员背景次之，而担任人大代表或政协委员则最难。本书研究的政治联系指的是民营企业家通过当选各级人大代表或政协委员来参与政治的形式，符合资源的稀缺属性。

---

① 资源的 VIRN 属性是指资源的价值性、稀缺性、难以模仿性及不可替代性。

3）民营企业政治关系的难以模仿属性

资源的难以模仿性指的是，竞争企业通过相关途径无法获得同等的资源，或竞争企业必须通过更高额的成本才能获得相关资源。资源的难以模仿性是企业获得可持续竞争优势的关键条件。政企的互动关系需要长期的培养与维护，一旦双方互相认同，基于信任的关系达成，双方就可以形成长期的良好互动关系。这个过程需要花费大量的时间、精力和物力，一般的企业难以模仿。我国每五年公开投票选举人大代表和政协委员，对参选的人员也有严格的要求，因此并非每个民营企业家都可以获得人大代表或政协委员的政治荣誉。

4）民营企业政治关系的不可替代属性

一项有价值、稀缺和难以模仿的资源，如果存在等价替代品，并且该等价替代品可以轻易获得，且给企业带来相同的价值效果，那么企业的竞争对手完全可以通过寻找等价资源来摧毁企业的竞争优势。

根据资源基础理论，我们从资源的价值性、稀缺性、难以模仿性和不可替代性四个方面对民营企业政治关系这一资源进行了全面的分析。综合以上分析可知，民营企业的政治关系是一种具有价值性、稀缺性、难以模仿性并且短时间内无法替代的重要资源，而民营企业家当选人大代表或政协委员这种政治关系形式又是其中价值最高、最为稀缺、最难以模仿的形式。

2. 民营企业政治关系的动态分析

政治资源为企业创造了良好的外部环境，形成了现实的竞争优势，对民营企业的发展有重要影响。在位企业家是民营企业的创始人，其当选人大代表或政协委员的政治关系变动性较小，除非在位企业家退位或者离世。而本书研究的就是创始人退位、家族二代接班的传承事件。因此，结合我国民营企业代际传承的大背景，从动态角度分析民营企业政治关系与民营企业的竞争优势有何种变化。

在代际传承阶段，民营企业创始人由于年龄逐渐退出企业，在传承的过程中企业的政治联系也必然随之发生改变。民营企业主在改革开放的浪潮中善于抓住机遇、拼搏奋进，带动了地方经济快速发展，同时在一定程度上帮助政府解决了就业问题，从而与政府迅速建立起信任互助的模式，得到了政府的认可。因此，企业创始人普遍拥有高度的社会影响力和较高的政治荣誉，也更容易当选人大代表或政协委员，从而为企业发展创造良好的外部环境。然而这种基于创始人个人能力和声望的政治荣誉随着创始人逐渐淡出企业也逐步被弱化。同时，二代接班人多数在创始人的光环下成长，虽然更加年轻，教育程度更高，理论知识更加系统、全面，但绝大多数没有艰苦创业的经历，吃苦耐劳的品质也远不及父辈，对社会的贡献更是尚未体现出来，从而其社会认可度不高。虽然二代接班人可以通过家族关系更早地接触商业模式和父辈的政府关系，但这也只能为二代接班人获得政治资源提供条件。无法真正做出社会贡献的二代难以获得比父辈更高的政治荣誉。

民营企业家当选人大代表或政协委员这种价值最高、最稀缺、最难以模仿的政治关系依赖于创始人独特的人生阅历和社会影响力，但随着企业的代际传承，创始人逐渐退出管理，这就造成接班二代的政治荣誉降低。对比传承前后的企业，政治联系这项资源的不可模仿性和稀缺性两项属性在企业传承后呈现下降趋势，政治资源对企业竞争优势的支撑作用减弱。

四、小结

综合以上三个理论的分析研究，本章得出在家族企业代际传承之际，家族企业政治联系将通过影响企业的交易费用、代理成本、外部资源和制度环境等来综合影响家族企业传承业绩。具体途径如图 12.5 所示。

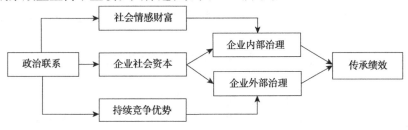

图 12.5　企业政治联系对传承绩效的影响途径

第二节　家族企业政治联系与传承绩效的假设提出

作为我国改革开放后成长起来的一个特殊社会群体，民营企业家们不但是财富的创造者，而且逐步成为积极的政治参与者。根据全国工商业联合的调查，近 1/3 的民营企业家认为争取当选人大代表或政协委员是最为迫切的要求（邓建平和曾勇，2009）。在中国经济转轨过程中，政治联系被民营企业家视为一项不可或缺的资源。民营企业家一方面可以通过参政议政，保持与政府良好的沟通，向政府反映和表达自己的想法；另一方面，民营企业家可以在各级人民代表大会、政协会议等正式场合与各级政府官员保持密切接触，从而与其建立并维持良好的关系。

民营企业寻求政治联系在我国具有高度普遍性。对于在中国经济转轨过程中成长起来的民营企业而言，政治联系主要表现为民营企业家通过当选人大代表或政协委员从而进行政治参与，这种参政议政的行为可以直接或间接地为企业带来经济收益。从政治联系的社会资本属性来说，民营企业的政治联系是企业家能力的体现，有助于企业家权威的形成。企业控制人个人权威越高，家族企业内部成员的认同感越强，家族氛围越和谐，凝聚力也就越强。企业成员之间的高度信任大大减少了沟通成本和代理成本，企业内部治理成本也随之减少。从资源属性来说，民营企业家政治联系本身就是一项有价值、稀缺、难以模仿和短期内无法替代的重要资源。民营企业家通过政治联系为企业赢得外部认可，并通过合理利用政治途径为企业争取稀缺资源，进而可以提高企业竞争力，使企业迅速崛起。民营企业发展的同时，社会贡献程度上升，企业获取政治资源的能力也不断提高，从而形成了良性的循环。民营企业家参议议政带来家族社会地位的提高、家族社会影响力和情感收益的增加。虽然现有不少家族企业已经具备了相当的规模，但在我国经济转型时期，市场体系不健全、市场基础制度不完善的情况仍将长期存在。创始人在位时家族企业拥有的政治联系为企业带来过诸多好处，然而在企业传承时，创始人的退出将导致企业政治联系减弱，也必将引起企业绩效的变动。因此，本书提出 H53。

H53：传承时家族企业政治联系（即离任者在位时的政治联系）与传承绩效正相关。

已有研究证明创始人的参政议政行为会直接影响二代接班人的参政议政行为（胡旭阳，2013）。一方面，在企业发展初期，父辈的政治关系曾为企业发展带来各方面的便利，父辈寻求政治联系取得的成效会激励企业继承人的参政议政行为。另一方面，企业创始人为了最大限度地延续政治联系为企业带来的竞争优势，会不断督促继承人参与政治活动。因此，本书认为企业继承人的政治联系对传承绩效变动有调节作用，当企业创始人和继承人都拥有政治联系时，传承绩效更稳定。因此，本书提出 H54。

H54：继承人政治联系对传承时家族企业政治联系与传承绩效下降之间的相关性起负向调节作用。

多数情况下，创始人退位和继承人接班会在同一时点发生。因此，家族企业代际传承事件实际上包括现任领导人淡出企业和新领导接管企业两个事件。因此，在企业发生传承时，现任企业家政治联系水平与新任企业家政治联系水平的差异将必然导致家族企业政治联系发生变化。

从企业内部治理出发，相比普通的民营企业，受到政府支持的民营企业往往对员工有更强的吸引力，企业内部凝聚力更高，情感投入更多，上下级之间信任程度更高。企业家通过积累政治资源为企业营造良好的外部环境。获取有利的稀缺资源是展现企业家能力、提升企业家权威的重要体现。从我国当前传承情况来看，当企业领导权发生变更时，代表权威的经营管理权虽然从一代企业家转移到二代企业家，但是基于企业家个人才能的绝对权威往往有所下降（陈凌和鲁莉劼，2009）。企业领导人变更导致的企业政治联系水平的差异使企业内信任、权威等发生改变。例如，企业家权威下降，企业凝聚力降低，信任程度减弱，沟通成本升高，导致企业花费更多的人力和时间在处理内部关系上，进而导致企业内部交易成本提高。

创始人从企业创建之初就开始不断积累的政治资源具有明显的个体依赖性。即使企业领导权的传递发生在最亲密的父子关系内，二代接班人也无法等价继承创始人在这方面的能力。创始人的退位导致企业部分优质资源流失，而新领导人的政商能力相对较弱，因此企业传承后获取外部稀缺资源的能力大幅度减弱，竞争优势下降，企业需要花费更多的精力寻求外部其他优势，从而使得企业外部治理成本提高。

从家族内情感财富情况来看，Zellweger 和 Astrachan（2008）提出创始人凭借经济实力和经济贡献为家族企业赢得政治地位。家族政治上的话语权及影响力越大，收获的社会情感财富就越多。领导权的更换使得企业政治地位下降，控制家族社会影响力减弱，企业与家族外部社会关系紧密度下降，家族情感收益降低。

家族领导权变更导致企业内政治联系改变，进而引发企业内外部治理成本加大，家族内情感价值减弱，企业绩效下滑。因此，本书提出 H55。

H55：家族企业传承后企业政治关联的弱化与传承绩效下降正相关。

第三节　研究设计

一、样本选择

本章以 2004~2013 年已经发生代际传承的上市家族企业为研究样本，样本的选取方式如下：首先，确定家族企业样本，从国泰安数据库获取民营企业数据，将实际控制人类型筛选为实际控制人为自然人或家族的情况，从民营企业中确定家族企业样本。其次，确定在研究区间内发生过高管或实际控制人变更的家族企业样本。通过国泰安数据库获取企业的高管变动数据和实际控制人变更数据，将样本范围缩小至研究期间内发生过高管或实际控制人变更的家族企业。最后，需要确定高管变更情况是否发生在家族内部，并且是否由父辈传给子辈，这就需要确定上市家族企业创始人成员的亲属关系情况。这些亲属关系可以从招股说明书中"发起人、持有发行人 5%以上股份的主要股东及实际控制人的基本情况""董事、监事、高级管理人员与核心技术人员相互之间存在的亲属关系情况"两部分获取。此外，年报中"前十名股东持股情况"的"上市股东关联关系或一致行动的说明""实际控制人产权及控制关系"这两部分同样也为本章提供了亲属关系情况说明。此外，本章还通过《新财富》《新财经》及新浪财经网站对上述亲属关系进行补充和验证，从而为其增加可信性。

二、数据来源

本章的绩效指标数据即家族企业传承前后的绩效数据主要来源于国泰安数据库。部分缺失值由年报数据补充。企业家的政治联系数据主要来自年报"董事、监事、高级管理人员和员工情况"一节，同时结合新浪财经、东方财富网、和讯网等国内专业财经网络手工收集而得。相关上市家族企业的年报及公告等都从巨潮资讯网下载，之后对其进行整理、分类、录入，最后利用 Excel 对数据进行初步录用和计算。此外，描述性统计、相关性分析、回归分析和稳健性检验等则采用SPSS 22.0 统计软件进行处理。

上市家族企业在 2004~2013 年发生子代传承的共计 72 家。福布斯 2014 年发布的《中国现代家族企业调查报告》显示，截至 2014 年 7 月 31 日，747 家民营上市的家族企业，完成二代接班的企业有 74 家，占比 9.9%。2004~2013 年发生子代传承的 72 家上市家族企业中，有 16 家为二代主导（即上市前已经完成二代接班）的上市家族企业，这导致传承前的绩效数据无法获得，因此选取剩余 56 家作为研究样本。在此期间发生多次传承的家族企业，以其首次发生传承的年份作为传承时间。

三、变量选择

1. 因变量：传承绩效

考虑到现阶段我国证券市场炒作投机现象频发，投资者短视情况严重，股价波动异常，本章选取财务会计指标进行后续研究。总资产收益率是反映公司资产收益能力最稳定可靠的指标，因此本章用家族企业传承前后总资产收益率的变动情况作为企业传承绩效的主要衡量方式。本章传承绩效代表家族企业传承前后绩效的变动情况。参照贾升华等（2010）的界定，本章用家族企业传承后两年与传承前两年总资产收益率的差异来表示家族企业传承绩效。

2. 自变量：家族企业政治联系

家族企业政治联系的主要表现形式为企业家的参政议政情况。因此，本章用企业家的政治联系代表家族企业的政治联系。企业家政治联系：当企业家担任各级人大代表或者政协委员时，我们就认为这家企业有政治联系。该变量为虚拟变量，满足定义为 1，否则为 0。

PC_LR 与 PC_JR 分别为离任企业家和继任企业家的政治联系。ΔPC 为家族企业政治联系变化（即离任企业家与继任企业家的政治联系变化）。本章首先采用赋值法表示企业家政治联系。当企业家当选全国人大代表（政协委员）时，取值为 4；当选省级人大代表（政协委员）时，取值为 3；当选地方级人大代表（政协委员）时，取值为 2；当选县级人大代表（政协委员）时，取值为 1；为非人大代表（政协委员）时，取值为 0。然后根据离任企业家和继任企业家的赋值情况判断家族企业政治联系的变化情况。离任者与继任者的政治联系变化（ΔPC），该变量为虚拟变量，若传承后企业政治联系有变动，则为 1；若传承后企业政治联系没有变化，则为 0。

3. 控制变量

企业年龄（Age）：本章采用企业上市年限的自然对数衡量企业年龄变量。学者们的研究表明，企业绩效变动趋势与企业所处的生命周期具有很大的相关性。处于不同生命周期的企业，其经营战略、风险管控能力也会有所不同，进而影响到企业价值。因此，本章引入企业年龄作为控制变量进行研究。

企业规模（Size）：本章采用企业总资产的自然对数来衡量企业规模变量。企业规模的大小是企业能力的一种体现。规模越大的企业其积累的资源越丰富，寻求新资源的能力越强。企业规模越大，其为当地政府做出的税收贡献越大，与政府的关系越密切。因此，本章引入企业规模作为控制变量进行研究。

家族所有权（Owne）：本章用家族所拥有的所有权比例来衡量家族所有权变量。家族企业最大的特征就是家族持股比例大。家族所有权表示家族对企业控制程度的高低。贺小刚和连燕玲（2009）等学者的研究表明，所有权的集中程度会影响企业价值。家族成员的所有权越集中，企业绩效越好。因此，本章引入家族所有权作为控制变量进行研究。

财务杠杆（Lev）：本章将企业的资产负债率水平加入控制研究。企业负债经营与企业财务风险相关，财务风险的大小又会影响企业业绩。

各变量的具体计算方法如表 12.1 所示。

表 12.1　变量的具体计算方法

变量名称	变量符号	变量说明
传承绩效	ΔROA	传承后企业绩效的平均值–传承前企业绩效的平均值
离任者政治联系	PC_LR	该变量为虚拟变量，当离任企业家担任各级人大代表或者政协委员时为 1，否则为 0
继任者政治联系	PC_JR	该变量为虚拟变量，当继任企业家担任各级人大代表或者政协委员时为 1，否则为 0
离任者与继任者的政治联系变化	ΔPC	该变量为虚拟变量，若传承后企业政治联系有变动，则为 1；若传承后企业政治联系没有变动，则为 0
企业年龄	Age	企业上市年限
企业规模	Size	企业总资产的自然对数
家族所有权	Owne	家族所拥有的所有权比例
财务杠杆	Lev	期末总负债/期末总资产

四、模型构建

本章用企业家政治联系代表家族企业政治联系。因此，家族企业传承阶段，企业政治联系的异质性不仅表现为不同公司之间继任或离任企业家政治联系的差异，还体现在同一公司企业家变更前后政治关系的变化（黄继承和盛明泉，2013）。因此，企业政治关系对传承绩效的影响应当表现在如下两个维度：一是从横向上看，不同公司的企业家政治关系会导致不同的传承绩效变化；二是从纵向上看，不同公司企业家政治关系的变化（即继任企业家与离任企业家政治关系的不同）也会影响传承绩效。实际上，以上两个维度分析的内在逻辑是一致的。从横向角度，本章设计了模型（12.1），检验传承时家族企业的政治联系与传承绩效的关系。考虑到一般情况下，企业家离任和继任是同时发生的，家族企业代际传承事件实际上包括现任企业家的退出。因此，模型（12.2）在模型（12.1）的基础上控制继任企业家政治联系，重新检验离任企业家政治联系对传承绩效的影响。模型（12.3）用来检验继任企业家和离任企业家的交叉影响。最后，用模型（12.4）检验家族企业传承前后政治联系的变化对传承绩效的影响。基于以上的研究设计思路，本章还设计横截面回归模型来解释企业家政治联系与家族企业传承绩效的关系。实证模型如下。

$$\Delta ROA = \beta_0 + \beta_1 \times PC\_LR + \beta_2 \times Age + \beta_3 \times Size + \beta_4 \times Owne + \beta_5 \times Lev + \varepsilon \quad (12.1)$$

$$\Delta ROA = \beta_0 + \beta_1 \times PC\_LR + \beta_2 \times PC\_JR + \beta_3 \times Age + \beta_4 \times Size \\ + \beta_5 \times Owne + \beta_6 \times Lev + \varepsilon \quad (12.2)$$

$$\Delta ROA = \beta_0 + \beta_1 \times PC\_LR + \beta_2 \times PC\_JR + \beta_3 \times PC\_LR \times PC\_JR \times \beta_3 \\ + \beta_4 \times Age + \beta_5 \times Size + \beta_6 \times Owne + \beta_7 \times Lev + \varepsilon \quad (12.3)$$

$$\Delta ROA = \beta_0 + \beta_1 \times \Delta PC + \beta_2 \times Age + \beta_3 \times Size + \beta_4 \times Owne + \beta_5 \times Lev + \varepsilon \quad (12.4)$$

第四节　家族企业政治联系对传承绩效影响的实证结果及分析

一、描述性统计分析

（一）样本企业的描述性分析

家族企业子代传承样本的地区分布呈现明显的东西不平衡情况（图 12.6）。这与我国的国情基本相符。我国经济整体发展迅速，但结构上存在着东部地区和中西部地区间的严重失衡。东部地区经济起步相对较早，经济发展更为成熟，沿海的地理优势和开放的政策为民营企业的创立与发展提供了条件。

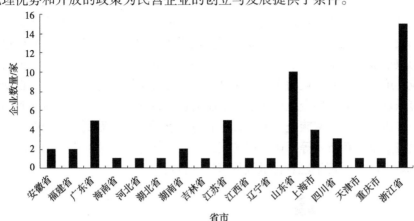

图 12.6　样本企业所在地区汇总

从图 12.6 中可以看出，到目前为止，浙江省已经有 15 家上市家族企业基本完成代际传承，占全部样本比例的 27%，开始全面进入家族企业传承阶段。第二个集体进入传承的省份为山东省，目前已有 10 家大型上市家族企业处于交接班的进程中，占全部样本的 18%。东部其他几个省份如广东省、江苏省发生传承的家族企业数量各为 5 家。不难推测，在东部省份的带动下，在未来的几年内，全国的家族企业将陆续迎来二代交接的关键时期。

另外，如图 12.7 所示，我们根据样本数据对上市家族企业在各年度发生传承的数量进行了汇总，从图 12.7 中我们可以看到，2008 年、2011 年、2012 年、2013 年上市家族企业发生传承的数量分别为 8 家、12 家、8 家、9 家，占比分别为 14%、21%、14%、16%，总占比达到 65%。可以认为，从 2008 年开始，我国发生传承的家族企业数量总体呈上升趋势。

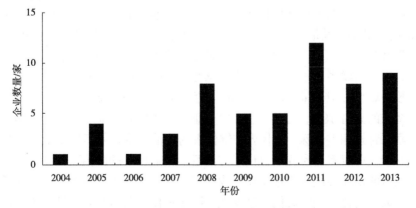

图 12.7　样本企业各年度发生传承的数量汇总

　　再从传承企业所在的行业分析，如图 12.8 所示，发生家族企业代际传承的样
本企业分布在农林牧渔业、制造业、建筑业、批发和零售业，以及交通运输、仓
储及邮政业和房地产业及综合行业。很明显制造业的上市公司进入家族企业传承
阶段的数量最多，不过这也是合情合理的事实，制造业是家族企业分布最为集中
的行业。虽然身处制造业的家族企业已经步入交接阶段，但交接班问题在制造业
中不容乐观。许多家族企业仍属于传统制造业，目前形势下，这类企业利润空间
被进一步压缩。许多家族企业的子女都有海外求学经验，看到了这样的形势，更
愿意投身金融、新技术等行业。据《接力》杂志估计，父辈从事制造业的子女中
有 65%以上的人，都不愿意再继续从事这一行业。

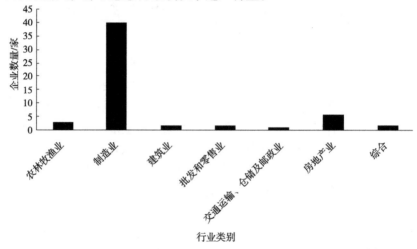

图 12.8　样本企业所在行业汇总分析

（二）主要变量的描述性统计分析

　　本章主要变量的描述性统计如表 12.2 所示，包括各个主要变量的样本数、均
值、标准差、最小值及最大值。离任者政治联系虚拟变量（PC_LR）的均值为 0.82，
标准差为 0.386，表示本书样本中，82%的家族企业离任者具有政治联系，这个比
例说明具有政治联系背景的第一代企业家在我国的家族企业样本中具有普遍性。
继任者政治联系虚拟变量（PC_JR）的均值为 0.18，表示接班二代企业家拥有政
治联系背景的只占 18%，远远低于一代企业家的比例（82%），可以看出两代企业
家政治联系背景相差悬殊。离任者与继任者的政治联系之差虚拟变量（ΔPC）的
均值为 0.79，可以看出家族企业代际传承后，企业拥有的政治联系整体变弱。从
主要自变量的描述性统计不难发现，我国家族企业在传承前后企业政治联系背景
发生了巨大的变化。同时我们不难发现，因变量传承前后绩效变动的衡量指标权
益净利率（ΔROE）的均值为-0.0227，标准差为 0.2258，最小值和最大值分别为

0.9790 与-0.5208，初步表明家族企业传承后企业绩效整体呈现下降趋势。

表 12.2　描述性统计资料

变量	样本数	最小值	最大值	均值	标准差
ΔROE（权益净利率）	56	-0.5208	0.9790	-0.0227	0.2258
ΔROA（传承绩效）	56	-0.3183	0.9136	0.0063	0.1874
PC_LR（离任者政治联系）	56	0	1	0.82	0.386
PC_JR（继任者政治联系）	56	0	1	0.18	0.386
ΔPC（离任者与继任者的政治联系变化）	56	0	1	0.79	0.414
Age（企业年龄）	56	0	20	6.41	5.294
Size（企业规模）	56	8.7857	10.4703	9.3244	0.3313
Owne（家族所有权）	55	14.3100	81.500	39.2075	16.3042
Lev（财务杠杆）	56	0.0805	1.1226	0.4309	0.1984
有效的样本数	55				

（三）家族企业传承绩效分析

本章借助 7 项会计指标衡量家族企业传承前后的财务与经营绩效变动，讨论家族企业在传承前后绩效变化的基本结果。相关结果总结在图 12.9、图 12.10 和表 12.3 中。

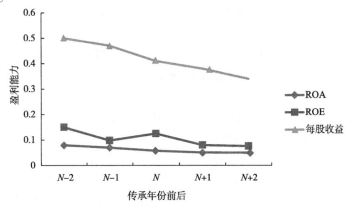

图 12.9　家族企业传承前后企业盈利能力变化

N 为传承当年

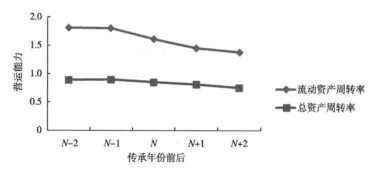

图 12.10　家族企业传承前后企业营运能力变化

N 为传承当年

表 12.3　家族企业代际传承前后绩效变动

反映能力	绩效指标	传承前两年中值	传承后两年中值	前后中值变化威尔科克森 符号秩检验（Sig.）
盈利能力	总资产收益率	0.0690	0.0500	−2.390**（0.0170）
	权益净利率	0.1129	0.0800	−3.092***（0.0020）
	每股收益	0.4767	0.3705	−1.998**（0.0460）
营运能力	总资产周转率	0.9674	0.7925	−2.237**（0.025）
	流动资产周转率	1.8390	1.4600	−2.497**（0.0130）
偿债能力	资产负债率	0.8104	0.4302	−6.314***（0.0000）
成长能力	所有者权益增长率	0.3661	0.1950	−2.346**（0.019）

、*分别表示在5%和1%水平上显著（双尾）

注：显著性检验采用威尔科克森符号秩检验；Sig.是双边检验结果

　　图 12.9 和图 12.10 大致描述了家族企业代际传承前后企业盈利能力和营运能力的变动情况。从图中可以清楚地看到，从企业传承前两年到企业传承后两年的5 年实践中，企业流动资产周转率和总资产周转率呈现稳步下降的趋势。同时企业的盈利指标也呈现总体趋势上的下滑现象，这初步表明了传承后企业绩效不佳的现象。

　　衡量营利性的指标有总资产收益率（ROA）、权益净利率（ROE）和每股收益（EPS）。从表 12.3 中可以看出，三项指标均呈现了不同程度的下滑趋势。总资产收益率从传承前的 6.9%下滑到传承后的 5%，下滑比例达到 27.5%。再看权益净利率指标，虽然中间有所上升，但总体趋势下降明显，且表 12.3 中现实权益净利率的下降趋势在 1%水平上显著。同理，每股收益指标的下降在 5%的水平上显著。三个指标共同说明，家族企业传承后企业的盈利能力不可避免地出现了下降。

　　我们采用总资产周转率和流动资产周转率两个指标来衡量公司的营运能力。表 12.3 显示总资产周转率和流动资产周转率在家族企业发生传承后都呈现出显著的下降趋势。比如，总资产周转率从传承前的 0.9674 下降到传承后的 0.7925，威尔科克森符号秩检验证实这一变动在 5%的水平上是显著的，显而易见，这样的大幅下降在经济上也是显著的。

本章采用资产负债率衡量财务杠杆的变动。表 12.3 显示传承后资产负债率从 81.04%下降到 43.02%，该下降幅度的威尔科克森符号秩检验在 1%水平上是显著的。在企业盈利能力、营运能力都下滑的情况下，企业资产负债率也出现下降，表明企业获得银行贷款的支持越来越少。从成长能力来看，股东最在意的就是所有者权益增长率。数据显示，家族企业传承后，所有者权益增长率下降了 46.7%，降幅明显，威尔科克森统计检验显示在 5%水平上显著。在企业盈利能力下滑的同时，企业的所有者权益增长率呈现更大幅度的下滑，表明所有者对企业资产的剩余索取权越来越小。

二、相关性分析

表 12.4 是本章主要变量的相关系数矩阵表。本章的自变量为 0-1 虚拟变量，因此研究采用 Spearman 相关分析。离任者政治联系与传承绩效的相关系数为 0.066，继任者政治联系与传承绩效的相关系数为 0.101。离任者与继任者的政治联系差异与传承绩效的相关系数为 0.113。初步显示三者与传承绩效变动均为正相关。离任者政治联系与企业规模的相关系数为 0.335，在 5%的水平上显著。企业规模越大，创造的社会财富越多，社会影响力越大，就越有利于企业家获取政治资源。

表 12.4　主要变量的 Spearman 相关系数矩阵

变量名称		ΔROA	PC_LR	PC_JR	ΔPC	Age	Size	Owne	Lev
ΔROA（传承绩效）	相关	1	0.066	0.101	0.113	0.105	−0.183	0.024	0.157
	显著性		0.627	0.459	0.407	0.441	0.176	0.864	0.248
PC_LR（离任者政治联系）	相关		1	−0.026	−0.666***	−0.187	0.335**	−0.074	−0.294**
	显著性			0.849	0.000	0.168	0.012	0.590	0.028
PC_JR（继任者政治联系）	相关			1	−0.097	0.258*	−0.063	−0.160	0.046
	显著性				0.475	0.055	0.642	0.242	0.736
ΔPC（离任者与继任者的政治联系变化）	相关				1	−0.179	−0.280**	0.080	0.035
	显著性					0.188	0.037	0.561	0.798
Age（企业年龄）	相关					1	0.186	−0.456***	0.214
	显著性						0.171	0.000	0.113
Size（企业规模）	相关						1	−0.024	0.084
	显著性							0.861	0.537

续表

变量名称		ΔROA	PC_LR	PC_JR	ΔPC	Age	Size	Owne	Lev
Owne（家族所有权）	相关							1	−0.222
	显著性								0.103
Lev（财务杠杆）	相关								1
	显著性								

*、**、***分别表示在 10%、5%和 1%水平上显著（双尾）

三、家族企业政治联系对传承绩效影响的回归分析

（一）传承时家族企业政治联系对传承绩效的影响

表 12.5 研究的是家族企业政治联系对传承绩效的影响。在模型（12.1）中，我们用创始人（即离任者）的政治联系表示企业传承时的政治联系水平。在加入了企业规模、家族所有权、财务杠杆和企业年龄等控制变量后，离任者的政治联系与传承绩效显著正相关，回归系数为 0.156，在 5%的水平上显著。模型的 R^2 为 37.9%，调整后的 R^2 为 31.6%，这说明被解释变量传承绩效 31.6%的变动可以由离任者政治联系这个自变量所解释。回归结果验证了 H53。传承前家族企业政治联系（即创始人在位时的政治联系水平）与传承绩效正相关。由于企业家政治联系具有个人依附性、不可传承或转移性，创始人在位时给企业带来的政治关联会在传承后引起企业传承绩效变动。这样的结果符合预期。创始人在家族企业中处于核心的位置，当创始人因为各种原因退出企业时，那些依附创始人个人而存在的政治资源就会中断，进而导致传承后企业绩效下滑。我国企业的创始人普遍拥有政治联系，企业发展对创始人政治联系依赖性强，发生传承时企业绩效波动大。

表 12.5　传承时家族企业政治联系对传承绩效的影响

变量	非标准化回归系数		标准化回归系数	t 值	显著性	共线性统计量	
	β 值	标准误差	β' 值			容许度	VIF
常数	1.587	0.636		2.495**	0.016		
PC_LR（离任者政治联系）	0.156	0.077	0.307	2.026**	0.048	0.552	1.813
Age（企业年龄）	0.009	0.005	0.261	1.757*	0.085	0.574	1.742
Size（企业规模）	−0.228	0.073	−0.402	−3.119***	0.003	0.762	1.313
Owne（家族所有权）	0.003	0.002	0.269	2.010**	0.050	0.708	1.412
Lev（财务杠杆）	0.554	0.119	0.585	4.635***	0.000	0.796	1.256
F 值	5.992						
模型 Sig.值	0.000						
R^2	0.379						

续表

变量	非标准化回归系数		标准化回归系数	t 值	显著性	共线性统计量	
	β 值	标准误差	β 值			容许度	VIF
调整后的 R^2	0.316						

*、**、***分别表示在 10%、5%和 1%水平上显著（双尾）

　　一般情况下，企业家离任和继任是同时发生的，家族企业代际传承事件实际上包括现任企业家的退出（任期终止）和新任企业家的上任（任职开始）两个事件。因此，绩效变动很可能是对上述两个事件的综合反映。因此，为了更好地说明企业政治联系对传承绩效的影响，增强研究结论的合理性和稳健性，本章将继任企业家政治联系作为控制变量重新检验传承前企业政治联系与传承绩效的关系。

　　如表 12.6 所示，在将继任者政治联系作为控制变量加入回归模型之后，研究再次发现，企业的政治联系与传承绩效仍然显著正相关，回归系数为 0.127，t 值为 2.346，在 5%的水平上通过显著性检验，并且模型的 R^2 为 44.3%，调整后的 R^2 为 37.4%，这说明被解释变量传承绩效 37.4%的变动可以由继任者政治联系这个自变量所解释，模型拟合程度较高。回归结果再次验证了 H53。所以传承前家族企业政治联系与传承绩效之间是比较相关的。

表 12.6　继任企业家政治联系与传承绩效的回归分析

变量	非标准化回归系数		标准化回归系数	t 值	显著性	共线性统计量	
	β 值	标准误差	β 值			容许度	VIF
常数	1.449	0.612		2.368**	0.022		
Age（企业年龄）	0.008	0.005	0.214	1.488	0.143	0.563	1.777
Size（企业规模）	−0.214	0.070	−0.376	−3.038***	0.004	0.756	1.323
Owne（家族所有权）	0.003	0.001	0.288	2.245**	0.029	0.705	1.418
Lev（财务杠杆）	0.530	0.115	0.559	4.616***	0.000	0.790	1.266
PC_JR（继任者政治联系）	0.127	0.054	0.261	2.346**	0.023	0.940	1.064
PC_LR（离任者政治联系）	0.145	0.074	0.286	1.971*	0.055	0.550	1.820
F 值	6.369						
模型 Sig.值	0.000						
R^2	0.443						
调整后的 R^2	0.374						

*、**、***分别表示在 10%、5%和 1%水平上显著（双尾）

（二）继任者政治联系对传承时家族企业政治联系与传承绩效关系的调节

模型（12.3）检验的是继任者政治联系对传承时家族企业政治联系与传承绩效关系的调节作用，需重点关注交互变量（PC_LR×PC_JR）的方向性和显著性。如表 12.7 所示，离任者政治联系与传承绩效的回归系数为 0.174，在 5% 的水平上显著。交互项的回归系数为−0.239，在 10% 的水平上显著。模型的 R^2 为 47.7%，调整后的 R^2 为 39.9%，模型拟合程度较高。说明继任者政治联系对传承时家族企业政治联系与传承绩效两者间关系起反向调节作用，验证 H54。交互项的意思是继任者和离任者同时拥有政治联系，实证结果显示，当继任者和离任者同时拥有政治联系时，可以缓解传承时传承绩效变动的情况，符合预期。

表 12.7　继任者政治联系对传承时家族企业政治联系与传承绩效关系的调节

变量	非标准化回归系数		标准化回归系数	t 值	显著性	共线性统计量	
	β 值	标准误差	β' 值			容许度	VIF
常数	1.228	0.613		2.005*	0.051		
PC_LR（离任者政治联系）	0.174	0.074	0.343	2.348**	0.023	0.522	1.914
PC_JR（继任者政治联系）	0.324	0.125	0.667	2.588**	0.013	0.167	5.971
PC_LR×PC_JR（离任者与继任者的政治联系变化）	−0.239	0.137	−0.449	−1.740*	0.088	0.167	5.990
Age（企业年龄）	0.007	0.005	0.186	1.311	0.196	0.555	1.801
Size（企业规模）	−0.189	0.070	−0.332	−2.679***	0.010	0.724	1.381
Owne（家族所有权）	0.003	0.001	0.266	2.109**	0.040	0.698	1.432
Lev（财务杠杆）	0.478	0.116	0.505	4.108***	0.000	0.738	1.356
F 值	6.122						
模型 Sig.值	0.000						
R^2	0.477						
调整后的 R^2	0.399						

*、**、***分别表示在 10%、5% 和 1% 水平上显著（双尾）

（三）家族企业传承前后企业政治关联的变动对传承绩效的影响

模型（12.4）从纵向维度入手，检验家族企业在传承前后政治关联的变动对传承绩效的影响。企业在传承前后政治关联的变动用离任者与继任者的政治关联度的差异表示。回归结果如表 12.8 所示，企业在传承前后政治关联的变动与传承绩效显著正相关，回归系数为 0.116，t 值为 1.842，在 10% 的水平上显著。模型的 R^2 为 37.1%，调整后的 R^2 为 30.7%，这说明被解释变量传承绩效 30.7% 的变动可以由企业在传承前后政治关联的变动所解释。回归结果验证了 H55。在本章中，企业控制权和决策权逐步进入代际传承的同时,第二代继承人也在建立政治关系,但由于对社会做出的贡献尚小,第二代继承人的政治荣誉普遍低于第一代创始人。家族企业代际传承之后,企业的政治关联度普遍减弱,离任者相关的政治资源中断,继任者相关的政治资源暂时无法继续为企业所用,这导致企业传承绩效在一定程度上出现下降的情况。

表 12.8　离任者和继任者的政治联系水平差异与传承绩效的回归分析

变量	非标准化回归系数		标准化回归系数	t 值	显著性	共线性统计量	
	β 值	标准误差	β'值			容许度	β 值
常数	1.551	0.640		2.423**	0.019		
Age（企业年龄）	0.008	0.005	0.228	1.582	0.120	0.616	1.623
Size（企业规模）	−0.210	0.071	−0.369	−2.963***	0.005	0.826	1.210
Owne（家族所有权）	0.002	0.001	0.183	1.474	0.147	0.833	1.201
Lev（财务杠杆）	0.429	0.116	0.452	3.684***	0.001	0.851	1.175
ΔPC（离任者与继任者的政治联系变化）	0.116	0.063	0.248	1.842*	0.072	0.710	1.409
F 值	5.779						
模型 Sig.值	0.000						
R^2	0.371						
调整后的 R^2	0.307						

*、**、***分别表示在 10%、5%和 1%水平上显著（双尾）

四、稳健性检验

为了使检验更具稳健性,以家族企业传承前后权益净利率的差异来表示传承绩效,对家族企业政治联系与传承绩效的影响做稳健性检验,以考察结论是否因所选用变量的不同而变化。最终得出,回归结果基本一致,研究结论基本一致。表 12.9 中,模型（12.1）显示传承时家族企业政治联系与传承绩效正相关,即离任者在位时家族企业拥有的政治联系会在企业传承时引起企业绩效的变动。H53得到验证。模型（12.2）将继任者的政治联系加入控制变量,再次得到离任者在位时的政治联系与传承绩效正相关,H53 再次得到验证。模型（12.3）显示,离任者政治联系与传承绩效的回归系数为 0.259,在 1%的水平上显著。交互项的回归系数为−0.349,在 5%的水平上显著。说明继任者政治联系对离任者在位时政治联系与传承绩效的正相关性起负向调节作用,验证 H54。模型（12.4）表明,传承前后离任者和继任者政治联系水平变动与传承绩效显著正相关,企业政治关联变动越大，传承绩效变动越明显，验证了 H55。与本章节回归结果一致。

表 12.9　稳定性检验汇总表

变量	模型（12.1）	模型（12.2）	模型（12.3）	模型（12.4）
常数	1.693** （2.113）	1.527* （1.972）	1.204 （1.571）	1.618* （1.996）
PC_LR（离任者政治联系）	0.230** （2.382）	0.218** （2.336）	0.259*** （2.802）	
PC_JR（继任者政治联系）		0.151** （2.215）	0.440*** （2.809）	
ΔPC（离任者与继任者的政治联系变化）				0.165** （2.065）
PC_LR×PC_JR（离任者与继任者政治联系交互）			−0.349** （−2.034）	
Age（企业年龄）	0.009 （1.410）	0.007 （1.139）	0.006 （0.939）	0.007 （1.137）
Size（企业规模）	−0.257*** （−2.790）	−0.240*** （−2.690）	−0.203** （−2.302）	−0.227** （−2.527）
Owne（家族所有权）	0.004** （2.132）	0.004** （2.352）	0.004** （2.215）	0.003 （1.467）
Lev （财务杠杆）	0.627*** （4.170）	0.599*** （4.119）	0.522*** （3.587）	0.444*** （3.016）
F 值	4.603	4.959	5.119	4.232
模型 Sig.值	0.002	0.001	0.000	0.003
R^2	0.32	0.383	0.433	0.302
调整后的 R^2	0.25	0.305	0.348	0.230

*、**、***分别表示在 10%、5%和 1%水平上显著（双尾）

第五节　研究结论

企业政治联系对公司发展具有重要的影响，尽管已有文献就企业政治联系对公司绩效的影响进行了大量探讨，但是多数研究主要关注在位企业家的政治背景与企业绩效的关系。从家族企业代际传承的角度，直接证明企业政治联系及其在传承中的变动对传承绩效影响的文献还非常罕见。本章在对家族企业、代际传承、企业政治联系等相关概念界定的基础上，梳理概括了相关领域的理论成果，以 2004~2013 年发生代际传承的中国上市家族企业为研究样本，综合运用了描述性统计分析、变量间相关性分析及多元回归分析等方法，对家族企业政治联系对传承绩效的影响进行了多维度的论证，从而得出以下几个重要结论。

第一，本章的研究对象为发生传承的家族企业上市公司，对样本企业传承情况进行的描述性统计表明，82%的家族企业创始人具有政治联系，接班二代企业家拥有政治联系背景的只占18%，远远低于一代企业家。创始人普遍具有很高的政治荣誉和影响力，二代继承人的政治荣誉普遍低于第一代创始人。虽然研究样本量偏小，但这一结果也可以从一定程度上说明政治资源在我国家族企业传承过程中的传承效果不是很理想。

第二，本章借助7项会计指标衡量家族企业传承前后的财务与经营绩效变动，运用威尔科克森符号秩检验家族企业在传承前后绩效变化的基本结果。实证检验结果表明，家族企业在发生代际传承之际，企业绩效不可避免地呈现显著下降的趋势。家族企业传承前后企业绩效的最大变动时点当属创始人的离任与接班人的继任。传承引起的权威下降及企业家才能的不可替代性将成为换代之后企业健康、快速成长的严重桎梏。

第三，本章从家族企业政治联系异质性角度探讨家族企业传承后企业绩效大幅下滑的原因。通过以上2个维度、4个回归的分析，本章得出家族企业政治联系将从以下三个方面影响传承绩效。其一，家族企业创始人的政治联系是引起家族企业传承绩效下降的原因之一。本章样本中，传承前82%的创始人拥有政治联系，创始人退位会引起企业政治关联改变，进而导致家族企业传承绩效下降。其二，家族企业领导权交接时，两代企业家政治联系的差异引起企业政治关联度普遍减弱，进而导致家族企业传承绩效下降。其三，同时综合考虑离任者政治联系和继任者政治联系交互项的作用，交互项的结果表示当继任者和离任者同时拥有政治联系时，可以缓解离任者退出企业对企业绩效的反向影响。综合以上三个结论可推出寻求政治联系有助于完成家族企业的顺利交接。

与已有研究主要关注在位企业家的政治背景与企业绩效的关系不同，本书同时考虑了继任者和离任者政治关联与传承前后企业政治关联度变化的情况，既保证了研究结论的稳定性，又丰富了家族企业代际传承、政治联系与企业绩效等相关文献。另外，本章的结论具有较强的理论意义和实践价值，可以为我国家族企业传承提供数据支持。家族企业接班人应注重取得政治联系以避免传承阶段企业绩效的大幅下降。

第十三章 家族超额控制对企业过度负债的影响研究

第一节 理 论 基 础

本章的理论基础主要包括社会资本理论、社会情感财富理论、声誉理论、双重委托代理理论、资本结构理论。其中，社会资本理论、社会情感财富理论可参照第十二章第一节，双重委托代理理论可参照第八章第一节，这里不再赘述。

一、声誉理论

声誉指的是荣誉或者名声，包括企业声誉和个人声誉两个类别。企业声誉的建立有赖于社会公众对企业本身社会价值的认可程度。类似地，个人声誉的实现取决于社会公众对个人社会价值的认可程度，也是个人社会综合资本的集中表现。Fama（1980）认为声誉是在利益相关者之间经过长期交易、相互感知而累积下来的一种认知，这种认知能够向人们传达声誉拥有者可以提供某些有价值信息的印象。

Kreps 和 Wilson 在博弈论研究基础上，于 1982 年正式提出了标准的声誉理论，该理论认为声誉作为利益相关者对对方的认知会影响到利益相关者的决策行为。在信息不对称的前提下，交易双方出于自身利益的考虑，可能会出现投机行为。因此，交易双方都会注重维护其良好的声誉，抑制机会主义行为的发生。Kreps 和 Wilson 为后续学者对声誉问题的研究提供了一个主要框架。因此，关于声誉在各个领域的探讨逐步兴起。Tadelis（1999）进一步提出声誉具有维持效应，Tadelis 认为与经营较差的企业相比，经营较好的企业基于获得长期利益的考虑，更加倾向于维护已树立的良好企业声誉，并愿意为此支付一定的费用。对企业而言，企业自身构建的声誉是一项重要的无形资产，能够潜在地激励企业合理权衡长期利益和短期利益。声誉越高，企业就越有动机提供更高质量的信息，以实现对其声誉的维护。出于长远发展的考虑，企业会为了维持长期交易关系而愿意主动放弃部分短期利益。Holmstrom（1982）研究发现，声誉机制可以有效地约束代理人行为，明显降低企业代理成本。对于个人而言，如企业家、独立董事建立的政治、金融和协会等社会网络，会在很大程度上决定着他们对于声誉维持意愿的强烈程度（周泽将和刘中燕，2015）。因为这种社会关系背景一旦受损，将会给合作关系造成较大的冲击。同时，个体建立丰厚的社会资本后，往往会处于社会网络的中心位置，因此声誉效应的传播会更加明显，社会网络关系中的其他成员对于声誉作用的反应也会更加敏感。所以，声誉在企业的发展过程中发挥着重要作用，企业或者个人均会十分注重对于其声誉的维护，从而降低经营风险，提升企业绩效。

二、资本结构理论

企业的资本由债务资本及权益资本这两个部分构成，对于二者的比例权衡，即资本结构问题长期以来都是学者们持续关注的焦点之一。企业是否存在一个最优资本结构、资本结构如何调整及其调整速度会受哪些因素影响，围绕这些问题学者们进行了大量的探讨，并随着时代的发展，资本结构理论的研究也日渐趋于完善和成熟。

1. MM 理论

1958 年，Modigliani 和 Miller 以创新的 MM 理论开辟了现代资本结构领域的研究。MM 理论是指在不考虑公司所得税，且企业经营风险相同而资本结构不同时，公司的资本结构与公司的市场价值无关。该理论的形成建立在一个近乎完美的资本市场假设基础上。在讨论公司价值与资本结构之间的关系时，所得税条件的考虑与否，对应于两种不尽相同的理论框架，即有税 MM 理论和无税 MM 理论。二者之间的区别主要在于债务利息的税前抵扣与否。后者在前者的基础上进一步考虑了所得税因素，由于债务利息可以在所得税前抵扣，这便会增加净利润，从而使得企业税后现金流增加。所以相对于无负债企业，有负债企业随着资产负债率上升带来的抵税效应会有助于提升其企业价值。但 MM 理论成立的条件极其苛刻，在现实的资本市场中，几乎无法达到该理论所要求的条件。因此，在后续的研究中，学者们都试图通过不断加入市场因素来完善 MM 理论，以使得该理论的研究更具有实际价值和意义。

2. 权衡理论

Myers 于 1984 年提出了权衡理论，该理论发展和完善了 MM 理论。Myers 认为负债融资一方面会降低加权资本成本，从而带来企业净利率的增加；但另一方面，随着企业负债水平的上升，负债融资的直接后果是会引发债务违约风险。而企业陷入债务危机也会导致其信用状况严重恶化，给企业持续经营带来威胁，最终造成企业价值下降。如果存在严重的资不抵债情况，甚至可能会造成企业破产。因此，权衡理论要求企业合理权衡负债经营带来的抵税效应和负债过高引发的债务危机及造成的其他一系列后果。该理论认为每个企业都存在着一个能够使企业价值最大化的最佳资产负债率，在综合考虑了负债经营带来的优势和后果之后，需要选择一个最适合企业发展的负债水平，充分发挥负债经营的抵税效应，从而提高企业价值。具体而言，当企业债务比率小于最优资本结构时，财务困境成本比较小，负债经营能够通过有效减少资本成本，推进企业价值的提升。当企业负债比率大于最优资本结构时，财务困境成本大幅提高，远远超过负债经营的抵税收益，此时，随着企业负债率的提高，企业的价值会严重受损。

3. 代理理论

根据代理理论，代理问题不仅会出现在股东与企业经理人之间，而且会发生在股东与外部债权人之间。企业的资本结构在很大程度上会受到作为公司的主要关联主体——股东、经理人和债权人这三者之间利益关系的影响，进而引起企业价值的变化。随着债务水平的大幅提高，企业的违约风险也会随之加剧，此时债权人便会要求提高资本成本，从而引起债务代理成本的增加。然而基于股东与债权人之间的代理冲突也会给企业带来一定的益处，即债务代理收益。例如，签订债权人保护条款可以在一定程度上抑制企业过度投资行为，债务还本付息的压力也可以有效地约束经理人员随意支配自由现金流行为。但是股东与债权人之间的代理冲突也会造成投资不足，尤其当企业处于财务困境时，股东在评价项目时会表现得更为保守和谨慎，投资不足的表现更为明显，从而造成企业价值的下降。还本付息和绩效考核机制会在一定程度上遏制经理人激进的投资策略，减少其在职消费等行为，从而带来代理收益。但经理人与股东不尽相同的利益诉求会使其有动机地进行过度投资，同时其也可能在股东的授意下进行其他激进的投资选择，债权人出于自己将承受更高风险的考虑便会进一步提高资本成本，从而引起代理成本的增加。该理论认为企业存在一个最优资本结构，除了考虑债务经营带来的抵税效应、隐性破产成本等财务困境成本，它还强调负债经营带来的代理收益与代理成本之间的有效平衡。所以，这种最优资本结构应该是抑制经理层的过度消费等行为带来的边际收益等于资本成本上升等带来的边际成本时的一种状态。因此，合理并有效地寻求二者的最佳平衡点，使企业处于最优资本结构中，才能进一步促进企业价值提升。

第二节　家族超额控制与过度负债的假设提出

一、家族超额控制与过度负债的研究假设

1. 股东会超额控制与企业过度负债

随着控制权与现金流权偏离程度的加大，大股东与中小股东这两者之间的代理问题逐渐凸显。终极控制人考虑到其能够以较小的所有权比例在项目投资失败后只承担少部分损失，因而会企图使用掌握的控制权对企业投资行为和战略选择施加影响，以寻求部分私人收益。此时控制股东基于私人收益的资源配置其实是一种股东会层面的家族超额控制，这种超额控制的实现是以股东手中的投票权作为基础的（严若森和叶云龙，2016）。相较于非家族股东，控股家族在获取信息资源上具有独特的主动性，也掌握着更高的话语权。控股家族拥有更强的能力通过"金字塔"结构、交叉持股及利用上市公司名义担保或恶意融资等机制实现私人收益的导向配置（Villalonga and Amit，2009；宋小保，2014；董梅生等，2017；洪昀等，2018）。另外，通过两权分离实现的股东会超额控制会致使大股东的风险偏好程度更高，控股股东为了寻求激进的发展战略对资金的需求也愈加明显。因此，在大股东控制下的企业，负债融资数量普遍会高于企业实际需求量，控股股东试图通过增加负债融资比例以寻求更多的控制权私有收益（Filatotchev and Mickiewicz，2001；冉茂盛和李文洲，2015）。股票融资可能会造成大股东控制权的稀释，特别是在两权分离度较高的情况下，控股股东会越发注重对其控制权的保护，而债务融资方式不会引发此类问题（苏坤和张俊瑞，2012）。同时，邹萍和厉国威（2016）通过研究表明，控股股东控制权和所有权分离程度越高，资本结构调整的速度就会越缓慢，进而企业的实际资本结构会愈加偏离最优资本结构。因此，两权分离下的股东会超额控制越严重，越容易引起家族企业过度负债。因此，本书提出 H56。

H56：家族股东会超额控制越强，企业过度负债水平越高，即家族股东会超额控制的强化会提高企业过度负债水平。

2. 家族董事会超额控制与企业过度负债

在家族企业中，家族成员普遍会积极参与企业的管理，且大多会在董事会中就职，从而获得董事会层面的超额控制权，这无疑是家族权威在企业中的重要体现，由此也会影响着家族企业发展和融资行为。一方面，家族成员参与企业经营可以降低企业的代理成本，增强家族董事会的信托责任关系（Maury，2006）；另一方面，随着更多家族成员任职于董事会，整个家族对董事会的控制力和影响力

会显著增强。控制家族利用对董事会席位的掌控有助于形成利益趋同效果，从而大大减少短期行为的发生，合理平衡企业经济利益追求与社会情感财富维护之间的关系。同时，在董事会超额控制下，家族声誉与企业声誉也密切联系在一起。此时会进一步促进控制家族与债权人之间利益的一致性，因此家族企业偏好于将企业经营风险维持在合理的范围内，减少对债权人利益的侵占。因此，随着更多优秀的家族成员任职于董事会，家族股东与董事的利益协同缓解了第二类代理问题，提高了决策和经营效率。同时，出于保护社会情感财富的考虑，企业倾向于降低过度负债的程度以避免债务违约事件的发生。因此，本书提出假设H57。

H57：家族董事会超额控制越强，企业过度负债水平越低，即家族董事会超额控制的强化能够降低企业过度负债水平。

3. 家族经理层超额控制与企业过度负债

随着家族企业规模的不断壮大，必然需要引入部分职业经理人参与企业的生产经营管理。职业经理人作为企业的代理人，有着与企业不尽相同的目标追求，从而容易引发代理冲突。经理人一般会凭借其信息优势寻求更高的私人利益，进而采取过度投资等高风险行为。此时，如果所有者与经理人之间的利益趋于一致，二者之间的代理成本就会大大降低。而家族成员进入企业参与管理，会形成经理层超额控制，能够在一定范围内缓解代理冲突，提升管理者的长期导向（王昊和陈凌，2013）。部分优秀的家族成员担任经理层职位，尤其是家族成员担任企业总经理，信息资源就会得到更加充分的利用，从而降低企业在发展战略决策和执行过程中的冲突。而这也会促使经理层更加谨慎地权衡项目投资与债务筹资之间的成本收益关系，从而有效制约其为了发展而盲目大规模举债的行为发生。同时，家族经理层超额控制实质上可以表现出家族成员与企业双方之间相互嵌入的程度。随着企业的发展，家族成员会在企业中获得归属感和亲密感，维护家族社会情感财富与顺利传承的意愿会促进经理层具备强烈的使命感，从而约束其机会主义行为。经理层出于保护情感财富的考虑，不愿意承担负债过高所潜伏的企业破产风险。因此，家族经理层超额控制有助于抑制过度负债的发生。因此，本书提出H58。

H58：家族经理层超额控制越强，企业过度负债水平越低，即家族经理层超额控制的强化能够降低企业过度负债水平。

二、创始人社会资本与企业过度负债的研究假设

在家族企业治理过程中，创始人无疑扮演着至关重要的角色（惠男男和许永斌，2016）。Coleman（1988）从功能角度出发，认为个体在社会结构中的资源可以作为重要的资本资产，即社会资本。所以社会资本可以理解为个体通过某些特定社会关系获取资源的一种能力（Burt，1992）。一方面，相对于没有政治联系的

创始人，有政治联系的创始人会更加注重企业的迅速扩张和多元化发展，因而在进行项目评价时容易表现得盲目乐观，从而造成过度投资等行为（Shleifer and Vishny，1994），且在市场化水平相对较低和政府干预力度较大的区域，这种表现更为严重（裴益政和刘彦，2013；王克敏等，2017）。企业寻求迅速发展的战略目标会对融资额度和效率提出更高的要求。另一方面，企业家通过构建企业与金融机构之间长期而稳定的联系，可以提升贷款额度、延长贷款期限等（乐菲菲和张金涛，2018；杨德明和赵璨　2015）。基于创始人丰厚的社会资本的考量，企业在投资失败时会得到来自政府等各方的隐性担保和财务支持，导致自身的财务危机感较低，因此控制负债水平以避免未来债务违约的动机相对较低，由此更可能过度消费政府、银行和行业协会信用，造成短期内负债水平过高甚至超过其目标负债率水平。创始人社会资本的高低直接影响企业发展战略的资源支持效应，所以创始人社会资本必然也会对家族超额控制与过度负债之间的关系产生一定程度的影响。进而本章认为创始人社会资本会调节家族超额控制与过度负债之间的影响关系。因此，我们提出 H59、H59a、H59b、H59c。

H59：创始人社会资本越丰富，家族企业过度负债水平越高，即创始人社会资本会加剧企业过度负债。

H59a：创始人社会资本会增强家族股东会超额控制对企业过度负债的加剧作用。

H59b：创始人社会资本会减弱家族董事会超额控制对企业过度负债的缓解作用。

H59c：创始人社会资本会减弱家族经理层超额控制对企业过度负债的缓解作用。

另外，在各种社会网络关系中，声誉作为一种相对隐性的激励机制，对于企业发展有着重要作用。Kreps 和 Wilson（1982）研究发现，声誉作为利益相关者对某组织的认知会影响其行为决策。考虑到民营企业往往都面临融资难的问题，那么建立政治、金融及业缘联系等各种私人关系就显得尤为重要。这些联系网络对企业来说就是一种重要的社会资本，能够对个人和企业声誉建立提供重要支持。而声誉具有维持效应，具体来说，与经营较差的企业相比较，经营较好的企业出于获得长期利益的考虑，更加倾向于维持企业的良好声誉。因此，创始人丰富的社会资本会使其更加关注和维持企业声誉，尽量减少高风险的投资行为，避免由企业不合理的负债融资而导致实际负债水平大幅度偏离目标负债率，引发债务违约风险，最终引起企业声誉破坏的情况。创始人社会资本关系到其对企业投资成败引起的声誉变化，因此创始人社会资本必然会影响家族超额控制与过度负债水平之间的关系。所以，本章认为创始人社会资本可以调节家族超额控制与过度负债之间的影响关系。因此，本章提出 H60、H60a、H60b、H60c。

H60：创始人社会资本越丰富，家族企业过度负债水平越低，即创始人社会资本有助于降低家族企业过度负债水平。

H60a：创始人社会资本可以减弱家族股东会超额控制对企业过度负债的加剧作用。

H60b：创始人社会资本可以增强家族董事会超额控制对企业过度负债的缓解作用。

H60c：创始人社会资本可以增强家族经理层超额控制对企业过度负债的缓解作用。

三、过度负债与企业绩效的研究假设

关于负债经营与企业绩效之间的影响关系，学者们众说纷纭，并在二者之间的正向、负向及倒"U"形等关系方面存在着争议（Jensen and Meckling，1976；张如山和师栋楷，2017；Simerly and Li，2000；周雪峰和兰艳泽，2011；Hart and Moore，1994；Margaritis and Psillaki，2010；马力和陈珊，2013）。本章聚焦于过度负债这一特殊状态下的资本结构，试图得出过度负债与企业绩效之间较为明确的关系。一方面，债务形成的利息在税前抵扣可使得企业税后的现金流量得以增加。但债务必须还本付息，如果企业经营状况不好，企业将会因为违约而降低信用。当公司的偿债能力不足时，过度负债可能会引发企业破产。企业实际上存在一个最佳资本结构（Kraus and Litzenberger，1973；Jensen and Meckling，1976）。因此，当企业处于过度负债状态时，财务风险的加剧将极大地抵消甚至超过抵税效应。另一方面，通过大规模负债方式筹集资金，会致使企业承受较高的负债利息，这样便会向市场传达该企业存在较高风险的信号，从而有损于企业价值（Baxter，1967）。而债权人与企业股东之间也面临着代理问题，企业股东会倾向于利用负债筹集的资金投向风险更高的项目。因此，债权人基于自身利益的维护，便会要求提高资本成本，这会进一步引起企业绩效下降。因此，本章提出 H61。

H61：过度负债越严重，家族企业绩效越低，即过度负债水平的提高会造成家族企业绩效下降。

进一步来说，家族超额控制对企业过度负债的影响也会引起企业绩效变化。股东会超额控制会激发控股股东实现私有收益的动机，同时会增强其风险偏好，进而导致负债水平过高，由此会对绩效产生不利影响。因此，提出 H61a。董事会超额控制会使得整个家族对董事会的控制力显著增强，从而促进家族情感财富的累积，出于维护情感财富和家族声誉的考虑，企业倾向于通过保持合理的债务水平来降低债务违约风险，从而有利于企业绩效的提高。因此，本章提出 H61b。随着家族企业的不断发展，不可避免地需要引入部分职业经理人。职业经理人倾向于通过过度投资等高风险行为来追求自身利益，进而导致企业为了寻求发展不得不大规模举

债。而家族成员任职于企业经理层参与经营能够在一定范围内降低代理冲突、减少短视行为，经理层会通过合理融资支持企业发展。因此，经理层超额控制给过度负债带来的缓解作用也将有利于企业绩效的提高。因此，本章提出H61c。

H61a：家族股东会超额控制和过度负债交互影响与企业绩效呈负相关关系。

H61b：家族董事会超额控制和过度负债交互影响与企业绩效呈正相关关系。

H61c：家族经理层超额控制和过度负债交互影响与企业绩效呈正相关关系。

第三节　研究设计

一、样本选择

本章选取2014~2017年四年间我国深圳证券交易所中小板的上市家族企业为研究样本。为研究需要，本章对样本进行如下筛选：①首先在国泰安数据库中获取家族企业数据库。鉴于本章要研究家族超额控制，因此选择了家族企业类型为多人的家族企业。②剔除ST类公司。③剔除在2014~2017年四年间创始人社会资本和家族成员任职信息等数据严重缺失的样本。最终得到2014~2017年226家家族企业作为本章展开对过度负债研究的样本，再将这四年间存在明显异常的数据删除，最后得到645个有效观测值。

二、数据来源

本章使用的数据主要来源于国泰安数据库和Wind数据库，并参考上市公司的招股说明书、2014~2017年四年的年报、新浪财经网站等进一步对其中的亲属关系加以确认。结合百度、新浪财经人物中披露的个人简历及企业年报中关于创始人的背景介绍，并手工补充和验证了创始人的社会资本信息。实证分析使用SPSS 22.0和Stata 14.0软件来进行处理。

三、变量选择

1. 过度负债

关于过度负债的衡量，本书首先参考陆正飞等（2015）、李世辉等（2017）的做法，用上期的样本数据对当期资产负债率进行回归，预测企业的目标负债率，回归模型如式（13.1）所示：

$$Levb_t = \alpha_0 + \alpha_1 Growth_{t-1} + \alpha_2 ROA_{t-1} + \alpha_3 Fata_{t-1} + \alpha_4 Inlev_{t-1} + \alpha_5 size_{t-1} + \alpha_6 CRI_{t-1} + \varepsilon \tag{13.1}$$

其中，Growth、ROA、Fata、Inlev、size、CRI 分别表示总资产增长率、总资产收益率、固定资产占比、行业负债率的中位数、企业规模及第一大股东持股比例。再用企业当期实际负债率减去模型（13.1）预测的目标负债率，即为过度负债率，用 Exdebt 表示，该指标越大，表明企业过度负债水平越高。

2. 家族超额控制

家族超额控制是本章主要的解释变量。本章采用陈德球等（2013）、严若森和叶云龙（2016）等学者的衡量方法，以股东会、董事会及经理层这三个维度的超额控制来具体衡量家族超额控制权配置情况。

1）家族股东会超额控制

本章首先参考 La Porta 等（1999）、Claessens（2000）的方法分别计算出控制权及现金流权，控制权即为实际控制人在企业控制链上不同环节持股比例最小值或者最小值之和，现金流权则为实际控制人在企业股权关系链上每层持股比例相乘或者持股比例相乘的总和。再利用控制权与现金流权之差衡量家族股东会超额控制，用 Soc 表示。

2）家族董事会超额控制

家族成员在董事会中任职是家族对整个企业保持控制权的一个重要条件。因此，参考角雪岭（2007）的做法，本章用董事会中家族成员董事人数占董事会总规模的比重与实际控制人的控制权之间的差额来衡量家族董事会层面的超额控制，用 Boc 表示。

3）家族经理层超额控制

本章用 Moc 表示家族经理层超额控制。鉴于总经理与经理层其他职位的权责差异较大，本章参考严若森和叶云龙（2016）的做法，在计算过程中纳入职位系数。具体而言，"Moc=家族高管人数占高管总人数的比例×系数–控制权"。其中，如果家族成员在企业中担任的是总经理一职，那么系数取为 1.5，除此之外的职位系数均取 1。

3. 创始人社会资本

关于创始人社会资本的衡量，本章参考边燕杰和丘海雄（2000）、沈逸君（2015）的做法，对创始人的政治关联、金融关系和业缘关系这三个方面的任职背景进行赋值加总来衡量其社会资本，用 SC 表示。具体赋值情况见表 13.1。

表 13.1　创始人社会资本衡量维度

维度分类	定义和赋值方式
政治关联	以创始人曾经或者现在是否担任人大代表或者政协委员等背景来衡量其政治联系，并按照全国或省级=3、市级或县级=2、区级=1，没有此背景=0 进行赋值
金融关系	创始人曾经或者现在任职于金融业监管部门=3，政策性银行或者商业银行=2，非银行类金融机构（如保险公司和证券公司等）=1，没有此身份=0
业缘关系	创始人曾经或现在担任行业协会会长=3，副会长=2，成员=1，没有此身份=0

4. 企业绩效

本书选取企业获利能力和发展能力等 5 个维度的 15 项基本指标,采用因子分析法计算出企业绩效综合得分,以期为过度负债引起的企业绩效变化提供更为全面的解释,企业综合绩效用 F 表示。

5. 控制变量

为保证本书所设计模型的有效性,本章借鉴研究该领域的国内外学者的一贯做法,加入相关的控制变量。具体而言,在研究过度负债时,本章加入固定资产占比(Fata)、总资产增长率(Growth)、管理费用率(Exp)、非债务税盾(Ndts)、所得税税率(Etr)及行业负债率的中位数(Inlev)作为控制变量;在研究过度负债引起的企业绩效变化时,本章加入企业规模(Size)、股权集中度(Jzd)、董事长与总经理是否两职兼任(Fm)及企业年龄(Age)作为控制变量。各变量的具体定义和计算方法如表 13.2 所示。

表 13.2　因变量、自变量和控制变量的定义及计算方法

变量	变量名称	代表符号	变量定义、计算
因变量	过度负债率	Exdebt	实际负债率减去目标资产负债率
	企业综合绩效	F	基于因子分析法计算出的综合指标
自变量	股东会超额控制	Soc	控制权与现金流权之差
	董事会超额控制	Boc	董事会中家族成员/董事会规模-控制权
	经理层超额控制	Moc	家族高管人数占高管总人数的比例×系数-控制权,若家族成员任总经理,则系数取 1.5,否则为 1
	创始人社会资本	SC	将政治关联、金融关系及业缘关系赋值加总
控制变量	总资产增长率	Growth	(本期末总资产-上期末总资产)/上期末总资产
	固定资产占比	Fata	固定资产/期末总资产
	管理费用率	Exp	管理费用率=管理费用/营业收入
	非债务税盾	Ndts	非债务税盾=折旧费用/总资产
	所得税税率	Etr	所得税税率=所得税/利润总额
	行业负债率的中位数	Inlev	行业资产负债率的中位数
	企业规模	Size	期末总资产
	第一大股东持股比例	CRI	第一大股东持股比例
	股权集中度	Jzd	$Jzd = \sum P_i$, $i=1\sim10$, P_i 代表第 i 大股东持股比例
	董事长与总经理是否两职兼任	Fm	若兼任,则 Fm=1,否则为 0
	企业年龄	Age	统计截止日期减去企业上市日期

四、模型构建

根据以上思路分析，本章设计了如下五个模型。

检验家族超额控制对企业过度负债影响的模型如式（13.2）所示：

$$Exdebt = \alpha_0 + \alpha_1 Soc + \alpha_2 Boc + \alpha_3 Moc + \alpha_4 Growth + \alpha_5 Exp + \alpha_6 Fata + \alpha_7 Inlev \\ + \alpha_8 Ndts + \alpha_9 Etr + \varepsilon \tag{13.2}$$

检验创始人社会资本对企业过度负债影响的模型如式（13.3）所示：

$$Exdebt = \alpha_0 + \alpha_1 SC + \alpha_2 Growth + \alpha_3 Exp + \alpha_4 Fata + \alpha_5 Inlev + \alpha_6 Ndts \\ + \alpha_7 Etr + \varepsilon \tag{13.3}$$

检验创始人社会资本对家族超额控制与过度负债关系的调节作用的模型如式（13.4）所示：

$$Exdebt = \alpha_0 + \alpha_1 Soc + \alpha_2 Boc + \alpha_3 Moc + \alpha_4 SC \times Soc + \alpha_5 SC \times Boc + \alpha_6 SC \times Moc \\ + \alpha_7 Growth + \alpha_8 Exp + \alpha_9 Fata + \alpha_{10} Inlev + \alpha_{11} Ndts + \alpha_{12} Etr + \varepsilon \tag{13.4}$$

检验过度负债对企业综合绩效影响的模型如式（13.5）所示：

$$F = \alpha_0 + \alpha_1 Exdebt + \alpha_2 Jzd + \alpha_3 Fm + \alpha_4 Size + \alpha_5 Age + \varepsilon \tag{13.5}$$

检验家族超额控制与过度负债的交互作用对企业综合绩效影响的模型如式（13.6）所示：

$$F = \alpha_0 + \alpha_1 Exdebt + \alpha_2 Soc \times Exdebt + \alpha_3 Boc \times Exdebt + \alpha_4 Moc \times Exdebt \\ + \alpha_5 Jzd + \alpha_6 Fm + \alpha_7 Size + \alpha_8 Age + \varepsilon \tag{13.6}$$

第四节　家族超额控制对企业过度负债影响的实证结果及分析

一、描述性统计

（一）家族企业过度负债水平分析

本章根据证监会发布的 2012 年行业分类标准，将家族企业过度负债水平进行分行业统计分析，表 13.3 为具体的行业分类汇总情况。

表 13.3　2014~2017 年各行业过度负债描述性统计

行业分类	2014 年			2015 年			2016 年			2017 年		
	平均值	最大值	最小值	平均值	最大值	最小值	平均值	最大值	最小值	平均值	最大值	最小值
农、林、牧、渔业	0.34	0.52	0.31	0.36	0.58	0.32	0.37	0.56	0.31	0.37	0.58	0.22
采矿业	0.31	0.47	0.28	0.35	0.53	0.28	0.38	0.53	0.26	0.39	0.52	0.23
制造业	0.33	0.78	0.06	0.34	0.88	0.02	0.35	0.67	0.05	0.36	0.80	0.12
电力、热力、燃气及水生产和供应业	0.40	0.59	0.22	0.43	0.58	0.23	0.42	0.58	0.25	0.44	0.66	0.27
建筑业	0.42	0.57	0.26	0.41	0.59	0.29	0.42	0.61	0.22	0.44	0.61	0.25
批发和零售业	0.32	0.76	0.28	0.41	0.76	0.33	0.39	0.76	0.16	0.42	0.81	0.18
交通运输、仓储和邮政业	0.29	0.39	0.24	0.33	0.41	0.27	0.36	0.43	0.29	0.40	0.64	0.22
信息传输、软件和信息技术服务业	0.31	0.43	0.19	0.33	0.46	0.11	0.33	0.50	0.10	0.34	0.54	0.22
房地产业	0.39	0.77	0.13	0.54	0.80	0.14	0.55	0.84	0.15	0.64	0.88	0.54
租赁和商务服务业	0.36	0.54	0.16	0.25	0.58	0.22	0.30	0.63	0.25	0.36	0.68	0.20
水利、环境和公共设施管理业	0.33	0.41	0.25	0.37	0.44	0.24	0.39	0.46	0.33	0.42	0.53	0.31
文化、体育和娱乐业	0.12	0.29	-0.06	0.27	0.33	0.20	0.28	0.52	0.28	0.39	0.57	-0.08

　　由表 13.3 可知，从最大值来看，2014 年、2016 年、2017 年这三年中，房地产行业的最大值一直处于领先位置，均在 80%左右。从最小值来看，文化、体育和娱乐业的最小值在四年之中均处于比较低的水平。从平均值来看，房地产业过度负债水平在 2015~2017 年都是最高的，2015 年和 2017 年上升幅度较大。截至2017 年底，房地产业过度负债平均值已达 64%。电力、热力、燃气及水生产和供应业与建筑业四年间的过度负债水平平均值均维持在 40%及以上。同时，批发和零售业、交通运输及仓储和邮政业等行业的过度负债水平平均值在 2017 年也均达到 40%及以上。而文化、体育和娱乐业的过度负债平均值在 2014 年最低，只有

12%，但 2015~2017 年上升幅度比较明显。

本章进一步统计分析了 2014~2017 年不同行业过度负债的平均值及企业总体过度负债平均值的增长趋势，具体结果如图 13.1 和图 13.2 所示。

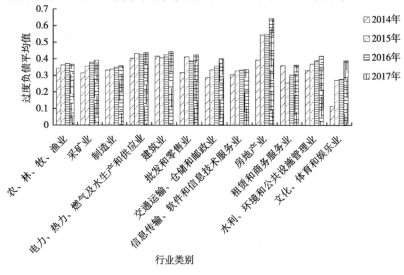

图 13.1　2014~2017 年各行业过度负债平均值

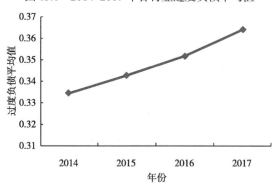

图 13.2　2014~2017 年企业总体过度负债平均值增长趋势

由图 13.2 可以更加直观地看出，各个行业过度负债水平均值都比较高，基本均在 30%以上，且 2014~2017 年四年间各个行业的过度负债平均值大体上都呈现出不断上升的趋势，说明近几年我国上市家族企业过度负债已呈普遍现象。由图 13.2 可知，从整体上来看，四年间所有行业的家族企业总体过度负债的平均值在不断上升，过度负债水平已经处于相当高的位置，这与家族企业近几年来寻求多元化发展、扩张速度明显加快有着十分密切的联系，需要引起各行各业的高度重视。

（二）主要变量的描述性统计

本章用 Stata 14.0 软件针对研究创始人社会资本与家族超额控制对过度负债影响中涉及的主要变量进行了描述性分析，应用的是 2014~2017 年的 645 个样本数据。具体结果如表 13.4 所示。

表 13.4　主要变量的描述性统计

变量	平均值	最大值	最小值	标准差
Exdebt（过度负债）	0.38	0.88	−0.08	0.10
Soc（股东会超额控制）	0.04	0.35	0.00	0.07
Boc（董事会超额控制）	−0.19	0.44	−0.69	0.17
Moc（经理层超额控制）	−0.07	0.75	−0.70	0.23
SC（创始人社会资本）	2.60	8.00	0.00	1.78
Growth（总资产增长率）	0.24	10.21	−0.29	0.44
Exp（管理费用率）	0.11	0.96	0.00	0.07
Fata（固定资产占比）	0.21	0.69	0.00	0.13
Inlev（行业负债率的中位数）	0.37	0.42	0.18	0.01
Ndts（非债务税盾）	0.02	0.07	0.00	0.01
Etr（所得税税率）	0.15	4.14	−3.82	0.30

由表 13.4 可知，过度负债（Exdebt）率最大值达 88%之高，最小值为-8%，平均值为 38%，标准差为 0.10，波动较小，这说明家族企业过度负债已经呈普遍现象，且整体上过度负债水平比较高。家族股东会超额控制（Soc）的最大值为 35%，最小值为 0，平均值为 4%，标准差为 0.07，这表明大部分家族企业通过两权分离实现了股东会超额控制。董事会超额控制（Boc）的最大值为 44%，最小值仅为-69%，平均值为-19%，标准差为 0.17，这说明家族董事会超额控制的现象并不是十分常见，大部分家族企业可能并没有通过引入过多的家族成员进入企业董事会而实现董事会超额控制。经理层超额控制（Moc）的最大值为 75%，最小值为-70%，平均值为-7%，标准差为 0.23，波动较大，这说明家族企业在经理层超额控制方面存在较大差异。综合来看，我国家族企业在不同维度上的超额控制差距较大。但是相对于股东会超额控制，董事会与经理层超额控制之间呈现出的差异性并不是十分显著，可能是董事兼任高管在我国上市家族企业中较为普遍的原因。创始人社会资本（SC）的最大值为 8，最小值为 0，平均值为 2.60，标准差为 1.78，这说明各个家族企业的创始人社会资本分布比较不均匀，存在较大的差异。其他变量的分布均在合理的范围内。

二、相关性分析

本章对研究创始人社会资本与家族超额控制对过度负债影响中涉及的主要变量之间的相关性进行检验。表 13.5 为各个主要变量之间的相关性分析结果。

表 13.5　主要变量的相关系数

变量	Exdebt	Soc	Boc	Moc	SC	Growth	Fata	Inlev	Exp	Ndts	Etr
Exdebt（过度负债）	1.000										
Soc（股东会超额控制）	0.298***	1.000									
Boc（董事会超额控制）	−0.202***	−0.128***	1.000								
Moc（经理层超额控制）	−0.187***	−0.075*	0.435***	1.000							
SC（创始人社会资本）	0.114***	0.050	0.032	0.058	1.000						
Growth（总资产增长率）	0.166***	0.004	0.052	0.011	0.001	1.000					
Fata（固定资产占比）	0.062	0.140***	0.129***	0.075*	0.078**	−0.198***	1.000				
Inlev（行业负债率的中位数）	0.044	0.018	0.033	−0.076	0.049	−0.041	0.129***	1.000			
Exp（管理费用率）	−0.256***	−0.164***	0.055	0.002	−0.016	0.089**	−0.038	−0.012	1.000		
Ndts（非债务税盾）	0.139***	0.213***	0.083**	0.052	0.027	−0.203***	0.404***	0.086**	−0.121***	1.000	
Etr（所得税税率）	−0.074*	−0.060	0.036	0.055	−0.001	0.034	−0.014	0.004	−0.027	−0.007	1.000

***、**、*分别表示在 1%、5%、10%水平上显著相关

注：表内相关系数为 Pearson 系数

从表 13.5 可以看出，企业过度负债（Exdebt）与股东会超额控制（Soc）的相关系数为 0.298,初步显示股东会超额控制与过度负债之间的关系是正向的且相关性显著；企业过度负债与董事会超额控制（Boc）、经理层超额控制（Moc）的相关系数分别为−0.202、−0.187，表明企业过度负债水平与董事会超额控制、经理层超额控制的相关关系均为负向且相关性显著，符合预期结果。家族企业过度负债与创始人社会资本（SC）之间的相关系数为 0.114，在 1%的置信水平上显著,初步判断二者间的关系为显著正相关。各个变量之间的相关系数主要分布在−0.256~0.435，均小于 0.5。因此，在后续研究中须考虑多重共线性问题。

三、家族超额控制对企业过度负债影响的实证分析

（一）家族超额控制对企业过度负债影响的回归分析

为研究家族超额控制对企业过度负债的具体影响，本书进行了回归分析，回归分析的具体结果见表 13.6。

表 13.6　家族超额控制对企业过度负债影响的回归结果

过度负债			
变量	系数	t 值	显著性
Soc（股东会超额控制）	0.187	6.20	0.000
Boc（董事会超额控制）	−0.048	−2.41	0.016
Moc（经理层超额控制）	−0.022	−3.28	0.001
Growth（总资产增长率）	0.017	3.69	0.000
Fata（固定资产占比）	0.033	1.02	0.307
Inlev（行业负债率的中位数）	1.351	1.79	0.075
Ndts（非债务税盾）	0.592	1.80	0.073
Etr（所得税税率）	−0.011	−1.41	0.158
Exp（管理费用率）	−0.166	−5.33	0.000
常量	0.846	3.02	0.003
R^2	20.1%		
调整后的 R^2	19.0%		

如表 13.6 所示，股东会超额控制与企业过度负债的回归系数为 0.187，在 1% 的置信水平上呈显著正相关，H56 得到验证。这意味着控股家族利用现金流权优势促使控股股东有动机通过过度投资等高风险项目而盲目举债，进而导致企业负债水平大幅度上升，造成过度负债的局面。董事会超额控制与企业过度负债显著负相关，回归结果验证了 H57。这表明更多的家族成员进入董事会形成董事会超额控制后，增强了董事会的信托关系，家族董事出于维护社会情感财富的考虑，更加具有长期发展意愿，倾向于使企业处于较低的风险承担水平下，因而会降低企业过度负债水平。经理层超额控制与企业过度负债在 1% 的水平上显著负相关，H58 成立。说明随着职业经理人员的引入，适当增加部分家族成员并使其任职于经理层，形成经理层的超额控制，可以产生利益趋同效果，从而抑制职业经理人为了提高自己的薪酬而选择激进的发展策略。据此，可以有效减少企业的负债融资行为，从而降低企业过度负债水平。

（二）创始人社会资本对企业过度负债影响的回归分析

为具体研究创始人社会资本对企业过度负债的影响，本章进行了回归分析，结果如表 13.7 所示。

表 13.7　创始人社会资本对企业过度负债影响的回归结果

变量	过度负债		
	系数	t 值	显著性
SC（创始人社会资本）	0.004	3.20	0.001
Growth（总资产增长率）	0.016	3.49	0.001
Fata（固定资产占比）	0.067	1.99	0.047
Inlev（行业负债率的中位数）	1.222	1.55	0.122
Ndts（非债务税盾）	1.015	2.97	0.003
Etr（所得税税率）	−0.016	−2.05	0.041
Exp（管理费用率）	−0.196	−6.08	0.000
常量	0.809	2.78	0.006
R^2	11.9%		
调整后的 R^2	11.0%		

从表 13.7 中可以得知，创始人社会资本与企业过度负债的回归系数为 0.004，在 1%的显著性水平上呈正相关，H59 得到验证，H60 不成立。这说明创始人建立起政治联系后，会更加注重企业的扩张和快速发展。同时，考虑到与政府、金融和行业协会建立的紧密联系能够有效缓解融资约束，使得企业扩张或者过度投资战略得到资金支持，这可能会促使企业通过大幅负债融资进行发展，进而导致企业负债水平明显偏离目标资产负债率，即过度负债水平显著提高。另外，从权衡迅速扩张带来的收益与出于保护企业声誉而选择稳健的发展模式来看，企业更倾向于充分利用社会资本带来的融资便利，因为其可以产生更多的直接效益。

（三）创始人社会资本调节家族超额控制与企业过度负债的回归分析

为进一步研究创始人社会资本调节家族超额控制与企业过度负债关系的作用，本章进行了回归检验，回归分析的具体结果见表 13.8。

表 13.8　创始人社会资本调节家族超额控制与企业过度负债关系的回归结果

变量	过度负债		
	系数	t 值	显著性
Soc（股东会超额控制）	0.161	5.23	0.000
Boc（董事会超额控制）	−0.044	−2.18	0.030
Moc（经理层超额控制）	−0.018	−2.63	0.009
SC×Soc（创始人社会资本与股东会超额控制交互）	0.040	2.55	0.011

续表

	过度负债		
变量	系数	t 值	显著性
SC×Boc（创始人社会资本与董事会超额控制交互）	0.047	1.71	0.089
SC×Moc（创始人社会资本与经理层超额控制交互）	0.054	0.58	0.564
Growth（总资产增长率）	0.299	6.96	0.000
Fata（固定资产占比）	0.025	3.41	0.001
Inlev（行业负债率的中位数）	0.286	0.37	0.714
Exp（管理费用率）	−0.003	1.56	0.119
Ndts（非债务税盾）	−0.001	−1.29	0.198
Etr（所得税税率）	−0.012	−1.61	0.108
常量	0.379	1.30	0.193
R^2	21.9%		
调整后的 R^2	20.4%		

由表 13.8 可知，将检验调节作用的变量引入模型（13.4）后，股东会超额控制（Soc）仍与过度负债呈显著正相关关系，并且创始人社会资本与股东会超额控制的交互项（SC×Soc）在 5% 的水平上与企业过度负债水平呈正相关关系，这表明创始人社会资本通过对企业扩张提供资源支持效应，会进一步增强家族股东会超额控制对企业过度负债的加剧作用，支持 H59a，H60a 不成立。家族董事会超额控制（Boc）仍与过度负债呈显著负相关关系，并且创始人社会资本与家族董事会超额控制的交互项（SC×Boc）在 10% 的水平上与企业过度负债水平呈正相关关系，这表明创始人社会资本会减弱董事会超额控制对企业过度负债的缓解作用，H59b 成立，H60b 不成立。创始人社会资本与经理层超额控制的交互项（SC×Moc）的系数为正，但不显著，H59c 和 H60c 均不成立，表明创始人社会资本会在一定程度上减弱经理层超额控制对企业过度负债的缓解作用，但作用效果不明显。这可能是因为在我国家族企业中，普遍存在让更多的家族成员进入企业经理层管理而外部职业经理人所占比例比较小的现象，所以经理层形成的超额控制对于企业过度负债的影响作用比较显著，以至于创始人社会资本难以削弱其对过度负债的抑制作用。

（四）过度负债对企业绩效影响的回归分析

考虑到学术上关于企业负债率与绩效之间的关系研究还存在较大的分歧，本书着眼于企业过度负债这一特殊状态下的资本结构，进一步研究企业过度负债与绩效之间的关系，为家族企业深入认识过度负债给企业带来的经济后果提供部分解释。

在进行因子分析之前，本章先对所有基本指标数据统一做无量纲化处理。

1. KMO 检验和 Bartlett's 球状检验

采用 KMO 检验和 Bartlett's 球状检验对本章选取的 15 个绩效指标是否具有相关性进行分析。如表 13.9 所示，KMO 检验值为 0.729（大于 0.5），同时 Bartlett's 球状检验的 Sig. 值为 0，表明变量之间的相关性很显著。因此，本章所选取衡量绩效的 15 个基本指标均适用于因子分析法。

表 13.9　KMO 检验和 Bartlett's 球状检验

取样足够度的 KMO 度量		0.729
Bartlett's 球状检验	近似 χ^2	5654.948
	df	105
	Sig.	0.000

2. 提取主成分

表 13.10 列示了采用主成分分析法对 15 个指标提取公共因子的结果。从表 13.10 可以看出，依据旋转后的特征值应大于 1 的准则选取公共因子，可以选取 5 个因子，累计方差贡献率在 68.077%，说明这 5 个因子提取样本信息的效果较好。

表 13.10　解释的总方差

成分	初始特征值			提取平方和载入			旋转平方和载入		
	合计	方差贡献率	累积方差贡献率	合计	方差贡献率	累积方差贡献率	合计	方差贡献率	累积方差贡献率
1	4.912	32.750%	32.750%	4.912	32.750%	32.750%	2.576	17.174%	17.174%
2	1.628	10.852%	43.602%	1.628	10.852%	43.602%	2.481	16.538%	33.712%
3	1.326	8.842%	52.445%	1.326	8.842%	52.445%	2.141	14.272%	47.984%
4	1.209	8.058%	60.503%	1.209	8.058%	60.503%	1.693	11.288%	59.271%
5	1.136	7.574%	68.077%	1.136	7.574%	68.077%	1.321	8.806%	68.077%
6	1.109	7.392%	75.469%						
7	0.791	5.276%	80.745%						
8	0.759	5.061%	85.806%						
9	0.536	3.571%	89.376%						
10	0.464	3.096%	92.472%						
11	0.424	2.825%	95.298%						
12	0.343	2.284%	97.582%						
13	0.211	1.406%	98.987%						
14	0.138	0.920%	99.907%						
15	0.014	0.093%	100%						

注：提取方法为主成分分析法

3. 旋转后的因子载荷矩阵

表 13.11 是对 15 个原始指标在 5 个公共因子上旋转后的因子载荷矩阵，通过使用最大方差法将因子载荷度较高的纳入一组，并根据各个指标在每个因子上的载荷对这 5 个公共因子进行命名。由表 13.11 中的因子载荷值可以清晰地看出，因子 1 上的总资产增长率、净利润增长率及营业收入增长率载荷值较高，这些指标能够体现出企业经营状况增长的能力，因此，本书将因子 1 定义为成长能力因子。类似地，将因子 2、因子 3、因子 4、因子 5 分别命名为盈利能力因子、偿债能力因子、营运能力因子、现金流质量因子。

表 13.11　旋转后因子载荷矩阵

指标	因子				
	1	2	3	4	5
总资产增长率	0.712	−0.145	0.106	0.137	−0.289
净利润增长率	−0.429	0.586	−0.183	−0.162	0.195
营业收入增长率	0.774	−0.093	0.095	0.029	−0.142
应收账款周转率	0.358	−0.221	0.275	0.629	0.033
存货周转率	0.580	−0.275	0.289	0.395	0.031
总资产周转率	0.115	−0.023	−0.013	0.838	0.104
每股收益	−0.126	0.458	−0.037	0.068	−0.471
净资产收益率	−0.086	0.913	−0.150	−0.043	−0.024
营业净利率	−0.292	0.800	−0.084	−0.260	−0.146
营业收入现金含量	−0.197	−0.139	0.107	0.545	0.653
营业利润现金净含量	−0.114	−0.185	−0.032	0.040	0.643
每股经营活动产生的现金流量净额	−0.431	0.418	−0.115	−0.009	0.163
流动比率	0.068	−0.119	0.973	0.094	−0.060
速动比率	0.149	−0.169	0.960	0.096	−0.054
利息保障倍数	0.659	−0.171	−0.054	0.039	0.224

在确定 5 个主要因子之后，即可得到成分得分系数矩阵，具体见表 13.12。

表 13.12　成分得分系数矩阵

指标	因子				
	1	2	3	4	5
总资产增长率	0.333	0.124	−0.039	−0.012	−0.178
净利润增长率	−0.062	0.204	0.021	0.017	0.092
营业收入增长率	0.403	0.149	−0.019	−0.095	−0.059

指标	因子				
	1	2	3	4	5
应收账款周转率	0.057	0.050	0.038	0.359	0.063
存货周转率	0.199	0.046	0.053	0.151	0.083
总资产周转率	−0.038	0.099	−0.109	0.597	0.072
每股收益	0.068	0.218	0.077	0.107	−0.382
净资产收益率	0.183	0.511	0.025	0.098	−0.080
营业净利率	0.054	0.383	0.080	−0.053	−0.173
营业收入现金含量	−0.247	−0.035	−0.040	0.407	0.485
营业利润现金净含量	−0.077	−0.171	0.010	0.013	0.511
每股经营活动产生的现金流量净额	−0.129	0.127	0.021	0.104	0.077
流动比率	−0.068	0.066	0.526	−0.067	0.031
速动比率	−0.032	0.054	0.507	−0.080	0.042
利息保障倍数	0.347	0.041	−0.081	−0.072	0.219

4. 计算因子值

根据表 13.12 的成分得分系数矩阵，能够分别算出 5 个因子得分，具体计算公式为

$$S_1 = 0.333X_1 - 0.062X_2 + 0.403X_3 + 0.057X_4 + 0.199X_5 - 0.038X_6 + 0.068X_7 \\ + 0.183X_8 + 0.054X_9 - 0.247X_{10} - 0.077X_{11} - 0.129X_{12} - 0.068X_{13} \quad (13.7) \\ - 0.032X_{14} + 0.347X_{15}$$

$$S_2 = 0.124X_1 + 0.204X_2 + 0.149X_3 + 0.05X_4 + 0.046X_5 + 0.099X_6 \\ + 0.218X_7 + 0.511X_8 + 0.383X_9 - 0.035X_{10} - 0.171X_{11} + 0.127X_{12} \quad (13.8) \\ + 0.066X_{13} + 0.054X_{14} + 0.041X_{15}$$

$$S_3 = -0.039X_1 + 0.021X_2 - 0.019X_3 + 0.038X_4 + 0.053X_5 - 0.109X_6 \\ + 0.077X_7 + 0.025X_8 + 0.08X_9 - 0.04X_{10} + 0.01X_{11} + 0.021X_{12} \quad (13.9) \\ + 0.526X_{13} + 0.507X_{14} - 0.081X_{15}$$

$$S_4 = -0.012X_1 + 0.017X_2 - 0.095X_3 + 0.359X_4 + 0.151X_5 + 0.597X_6 \\ + 0.107X_7 + 0.098X_8 - 0.053X_9 + 0.407X_{10} + 0.013X_{11} + 0.104X_{12} \quad (13.10) \\ - 0.067X_{13} - 0.08X_{14} - 0.072X_{15}$$

$$S_5 = -0.178X_1 + 0.092X_2 - 0.059X_3 + 0.063X_4 + 0.083X_5 + 0.072X_6 \\ - 0.382X_7 - 0.08X_8 - 0.173X_9 + 0.485X_{10} + 0.511X_{11} + 0.077X_{12} \quad (13.11) \\ + 0.031X_{13} + 0.042X_{14} + 0.219X_{15}$$

5. 计算企业绩效综合得分

根据上面计算出的 5 组因子值，将各个方差贡献率分别作为各因子的权重进行加权平均，再除以累积方差贡献率，即可算出家族企业 2014~2017 年的综合绩效得分值 F。具体计算过程见式（13.12）：

$$F = \frac{17.174\%S_1 + 16.538\%S_2 + 14.272\%S_3 + 11.288\%S_4 + 8.806\%S_5}{68.077\%} \quad (13.12)$$

为进一步研究过度负债对企业绩效的影响，本章针对上述内容展开多元回归分析，回归分析的具体结果见表 13.13。

表 13.13　过度负债对企业绩效影响的回归分析结果

企业绩效			
变量	系数	t 值	显著性
Exdebt（过度负债）	−0.081	−8.99	0.000
Jzd（股权集中度）	0.001	0.43	0.669
Fm（董事长与总经理是否两职兼任）	−0.0003	−0.90	0.368
Size（企业规模）	0.008	8.13	0.000
Age（企业年龄）	−0.001	−0.58	0.565
常量	0.092	5.08	0.000
R^2	12.3%		
调整后的 R^2	11.6%		

由表 13.13 可知，企业过度负债与企业绩效的回归系数为−0.081，在 1% 的水平上显著负相关。回归结果验证了 H61。这表明过度负债一方面可能会引发企业的各项经营风险。另一方面，随着债务的不断上升，企业更加偏好于投资高风险的项目。然而债权人基于对自身利益的保护，会相应要求提高资本成本，从而导致企业股东与债权人之间的代理冲突加剧，进而导致企业价值下降。

（五）家族超额控制与过度负债交互作用对企业绩效影响的回归分析

为进一步研究家族超额控制与过度负债的交互作用对企业绩效的影响，本章对该部分内容展开了多元回归分析，回归分析的具体结果见表 13.14。

表 13.14　家族超额控制与过度负债交互作用对企业绩效影响的回归结果

变量	系数	t 值	显著性
	企业绩效		
Exdebt（过度负债）	−0.074	−8.04	0.000
Soc×Exdebt（股东会超额控制与过度负债交互）	−0.001	−2.09	0.037
Boc×Exdebt（董事会超额控制与过度负债交互）	0.019	2.71	0.007
Moc×Exdebt（经理层超额控制与过度负债交互）	0.001	0.08	0.939
size（企业规模）	0.007	7.48	0.000
Jzd（股权集中度）	0.004	1.38	0.169
Age（企业年龄）	−0.001	−0.70	0.487
Fm（董事长与总经理是否两职兼任）	−0.002	−0.65	0.514
常量	0.102	15.33	0.000
R^2	14.2%		
调整后的 R^2	13.1%		

由表 13.14 可知，股东会超额控制与过度负债的交互影响在 5%的显著性水平上与企业绩效呈负相关关系，验证了 H61a。这说明在股东会超额控制下，控股股东考虑到自己承担的风险较小，倾向于选择过度投资等高风险项目来获取私利，由此会造成企业实际资产负债率明显高于目标负债率，进一步地导致企业陷入财务困境，引起绩效下降。董事会超额控制与过度负债的交互项在 1%的显著性水平上与企业绩效呈正相关，H61b 得以验证。这说明在董事会超额控制下，家族董事出于保护企业情感财富的考虑，投资等发展策略较为保守以避免企业负债水平过高，负债水平的降低缓解了企业还本付息的压力，也降低了企业股东与债权人的代理成本，从而有助于提高企业绩效。经理层超额控制与过度负债的交互作用与企业绩效的回归系数为正，但不显著，H61c 不成立。这可能是由于股东会超额控制对过度负债的加剧作用比较明显，从而弱化了经理层超额控制对过度负债的降低作用，进而无法显著地缓解过度负债引起的绩效下降，即不能明显提高家族企业绩效。

四、稳健性检验

为确保研究更加稳健，本章用实际负债率减去行业负债率的平均值代替实际负债率减去拟合的目标负债率来计算过度负债，对模型（13.2）、模型（13.3）、模型（13.4）的回归分析做稳健性检验，稳健性结果见表 13.15。采用托宾 Q 来替换因子分析法计算出企业综合绩效，并以此对模型（13.5）与模型（13.6）的回归分析做稳健性检验，具体结果见表 13.16。由表 13.15 和表 13.16 可知，稳健性分析结果与之前结论基本一致，再次验证了前面的相关结论。

表 13.15　模型（13.2）、模型（13.3）、模型（13.4）的稳健性检验结果

变量	过度负债		
	模型（13.2）	模型（13.3）	模型（13.4）
Soc（股东会超额控制）	0.185**		0.161**
	（2.43）		（2.16）
Boc（董事会超额控制）	−0.015**		−0.012*
	（−2.17）		（−1.76）
Moc（经理层超额控制）	−0.036***		−0.030**
	（−3.56）		（−2.08）
SC（创始人社会资本）		0.010***	
		（6.55）	
SC×Soc（创始人社会资本与股东会超额控制交互）			0.083***
			（4.53）
SC×Boc（创始人社会资本与董事会超额控制交互）			0.122***
			（4.82）
SC×Moc（创始人社会资本与经理层超额控制交互）			0.005
			（0.95）
Growth（总资产增长率）	0.010	0.007	0.011
	（0.88）	（0.75）	（0.98）
Fata（固定资产占比）	−0.001	0.024	0.025
	（−1.19）	（0.61）	（−0.30）
Inlev（行业负债率的中位数）	0.698	−0.224	−0.230
	（0.35）	（−0.42）	（−0.12）
Exp（管理费用率）	0.001***	−0.075*	0.348
	（5.12）	（−1.75）	（−4.41）
Ndts（非债务税盾）	−0.013	0.171	0.932
	（−0.67）	（0.41）	（1.10）
Etr（所得税税率）	1.186**	−0.001*	−0.012
	（2.25）	（−1.70）	（−0.61）
常量	−0.408	0.079	−0.035
	（−0.56）	（0.40）	（−0.05）
R^2	9.21%	8.56%	10.5%
调整后的 R^2	7.92%	7.54%	8.8%

***、**和*分别表示在 1%、5%和 10%水平上显著

注：括号内为 t 值

表 13.16　模型（13.5）、模型（13.6）的稳健性检验

变量	企业绩效	
	模型（13.5）	模型（13.6）
Exdebt（过度负债）	−3.373***	−3.176***
	（−6.34）	（−5.95）
Soc×Exdebt（股东会超额控制与过度负债交互）		−1.202**
		（−2.13）
Boc×Exdebt（董事会超额控制与过度负债交互）		0.455*
		（1.83）
Moc×Exdebt（经理层超额控制与过度负债交互）		−0.473
		（−1.59）
Jzd（股权集中度）	0.312**	0.501***
	（2.18）	（3.06）
Fm（董事长与总经理是否两职兼任）	0.075**	0.008
	（2.18）	（1.03）
Size（企业规模）	0.086	0.076
	（1.53）	（1.35）
Age（企业年龄）	0.004	0.065*
	（0.51）	（1.88）
常量	0.771	0.836
	（0.74）	（0.80）
R^2	22.9%	24.3%
调整后的 R^2	22.2%	23.3%

***、**和*分别表示在 1%、5%和 10%水平上显著

注：括号内为 t 值

第五节　研究结论

本书以 2014~2017 年在深圳证券交易所上市的中小板家族企业为样本，研究得出以下几个重要结论。

第一，家族股东会超额控制的强化会提高企业过度负债水平。家族控股股东通过两权分离实现股东会超额控制后，考虑到仅就其所拥有的所有权比例承担项目投资失败的风险，会产生通过从事高风险的投资项目来获得控制权私利而盲目举债发展的强烈动机，从而会造成家族企业过度负债水平明显上升。家族董事会超额控制的强化有助于降低企业过度负债水平。控制性家族通常会让一部分家族

成员在董事会任职，从而实现董事会超额控制。这样会显著提升整个家族维护企业情感财富的意愿，因此家族企业倾向于保守的投资策略，从而可避免通过大规模举债来寻求企业快速发展，有助于降低企业过度负债水平。此外，经理层超额控制越强，家族企业过度负债水平越低。通过让部分家族成员任职高管形成经理层超额控制，可以有效地缓解代理问题，产生利益趋同效果，同时可以降低外部职业经理人因其激进的投资偏好而要求的充足资金支持。因此，经理层超额控制有利于降低家族企业过度负债水平。

第二，创始人在建立其政治联系、金融联系及业缘联系后，会更加注重企业迅速扩张，并且这些丰富的社会资本缓解了融资约束，进而容易导致企业过度负债水平上升，并且创始人社会资本会进一步增强股东会超额控制对企业过度负债的加剧效应，削弱董事会超额控制对企业过度负债的缓解作用，但创始人社会资本对经理层超额控制与企业过度负债之间的关系影响不显著。可能是由于家族企业的外部职业经理人较少及家族企业经理层超额控制比较明显，创始人社会资本无法明显地改变经理层超额控制引起的过度负债水平的降低。

第三，家族企业过度负债水平的提高会造成绩效下降，并且股东会超额控制和过度负债交互与企业绩效呈负相关关系；家族董事会超额控制和企业过度负债交互与企业绩效呈正相关关系。这意味着控股股东在通过让一部分家族成员进入董事会实现董事会超额控制后，基于家族情感财富的考虑家族企业倾向于避免激进的投资策略。这种相对保守的发展战略会降低企业过度负债水平，进而缓解过度负债对家族企业绩效增长的抑制效应；家族经理层超额控制和过度负债交互与企业绩效呈正相关关系，但不显著。原因可能在于家族股东会超额控制引起的企业发展战略较为激进，大大加重了企业过度负债程度，从而弱化了经理层超额控制的治理作用。

第三篇　政策建议篇

第十四章　完善家族企业管理控制模式及提升企业绩效的建议

第一节　完善家族企业管理控制模式

家族企业管理控制能否成为一个有效率的控制模式，关键在于能否根据家族企业所处的不同发展阶段，让家族企业的制度控制和关系控制协调发展，各自发挥作用，优化家族企业的控制行为。二者发挥作用的范围和强度，取决于公司内部的治理状况、组织结构和规模及家族企业所处的外部环境变化。要实现家族企业管理控制模式的协调发展，一般需要采取以下措施。

一、建立管理控制模式的协调机制

首先建立制度控制与关系控制协调机制，特别是随着家族企业规模的扩大，尤其需要二者的协调发展。

其次建立相机治理管理机制，即当企业战略实施出现偏离设计目标和路径的情况时，甚至出现危机时，企业通过建立一套有效的制度安排和改变管理控制结构来有效约束与激励企业的控制行为，确保企业战略的有效实施。具体来讲，主要有以下三点。

（1）根据企业自身状况和外部环境，合理调整家族企业的治理模式。

（2）扩大和完善权威、信任与利他主义在企业内部的作用机制，以此引导家族企业文化建设，将关系控制和制度控制的建设密切结合起来。

（3）要弱化家族控制的强度，既要充分发挥企业主和家族成员集中决策的快速、权威的特点，又要增强企业内非家族成员参与企业控制的广度和强度。

二、根据企业发展阶段调整管理控制模式

在家族企业发展的不同阶段和不同区域，由于家族企业的产权制度、企业文化的不同，管理控制模式会呈现出不同的特点，因此企业要根据不同的特点制定不同的控制策略。

具体来说，在企业竞争生存阶段，由于刚起步，生产管理较为简单，企业基本都采用家族管理控制方式。在制度控制方面，由于家族成员和非家族成员的地位、经济利益不同，相对来说家族内部成员间的沟通更为顺利。而非家族成员间的信息沟通往往比较困难，信息交换效率低下。所以家族企业主必须意识到制度控制的重要性，重视制度控制的建设。而在关系控制方面，家族企业初期主要以亲缘关系建立控制系统，这样可以有效地提升信息沟通和决策执行力。但随着企业的发展，外部职业经理人的引入将会明显降低这种以亲缘为导向的关系控制效能。因此，企业须建立以家族控制为主，同时兼顾"情、理、法"的管理控制体系。

随着企业逐步进入成长和高速发展时期，在制度控制方面，企业应该逐步健全并完善其治理结构，明确各个职能部门的权责，并且需要完善信息沟通对象选择和具体方式制度设计。让部门之间各司其职，从而创造出提升信息沟通质量的硬件条件。而在关系控制方面，该阶段企业需要加强文化构建，形成积极向上的企业文化，让企业文化深入员工心中，激励公司上下齐心协力，共同为企业发展做出努力。

而当企业进入稳步发展的成熟期时，家族已经逐步退出了企业核心的经营管理。在该阶段的制度控制方面，企业基本已经从创立时的集团管理逐步走向了分权式管理，因此企业应该主动适应分权管理，可以通过采用事业部制、矩阵制等进行经营管理，同时要加强对企业高管监督机制的完善。在关系控制方面，进入成熟期的企业创新能力可能会出现瓶颈。此时企业内部需要加强对创新精神塑造的重视，提升迎接外部竞争环境挑战的能力。

三、家族企业要高度重视信息交换的重要性

官僚化管理模式由于其以单一管理为核心，可能会使得企业下级部门及员工产生恐惧心理，员工工作热情降低，更为严重的是可能出现内部斗争，从而使得员工无法积极主动地朝着企业共同发展的目标努力。而相比较而言，关系控制更强调灵活和自由，鼓励员工积极参与企业的各项决策，信息能够更为自由而顺畅地在企业内部传递和交换，从而有助于提升企业全体员工的工作热情和凝聚力。从本书的研究结果中可以看到，管理控制模式中的关系控制对信息交换有正向影响，制度控制对信息质量的影响也是正向的。关系控制作用大于制度控制的作用。

因此，通过加强家族企业的信息交换和组织沟通能力，可以增强企业员工的凝聚力，激发大家的潜能，营造高度合作的工作氛围；可以拓展企业进入新的竞争领域的资源平台，从而对家族企业的可持续性发展产生正向影响。

第二节　调整所有权结构，保持合理风险承担水平

一、按发展阶段调整所有权结构，保持适当的两权分离程度

目前家族企业普遍存在"一股独大"的股权结构现状，许多人认为这种高度集中的股权结构会严重制约企业的持续发展，这种看法是片面的，这种独特的股权结构对企业治理的影响会随着企业规模的变化而变化。尤其是在家族企业的发展初期，这种高度集中的股权结构有利于提高企业生产经营活动的持续性，同时为管理层决策的有效执行提供强大的制度保障。因此，应在企业创立初期对这种股权结构予以保护和鼓励。随着企业的不断发展并进入高速成长期，资本的大量需求及管理的规范性要求企业应当采用科学、清晰的股权结构，这时候应适度分散公司的控制权，让更多的大股东参与企业的管理和日常生产经营活动的监督，从而可以有效地降低由控股股东造成的决策失误；适度分散控股家族的控制权，合理增加控股股东的现金流权（所有权），防止未来控制权与现金流权的进一步分离而带来不合理的企业风险承担水平，从而可避免企业价值的下滑。

二、调整高管薪酬结构，实行长短期结合的薪酬激励机制

家族企业应该打破"高管激励就是货币薪酬激励"的狭隘概念，建立货币薪酬等短期薪酬激励与高管持股等长期薪酬激励相结合的薪酬激励机制，改善高层管理人员薪酬结构不合理和形式单一等现状。在当前的业绩薪酬体制下，公司高管的货币薪酬水平与企业经营绩效密切相关，增强管理人员的业绩薪酬敏感度可极大地提高企业管理人员的创新积极性，从而加大对创新研发支出的投入，为企业的发展提供良好的技术支持，同时还能调节因控股股东过于保守的投资决策而带来的过低的企业风险承担水平。高管持股作为一种长期薪酬激励方式，授予管理层一定的股权比例不仅有利于提高管理层的创新积极性，同时还能制约控股股东过激的投资行为。因此，实行长短期结合的薪酬激励机制有利于将企业的风险承担水平控制在合理范围，从而为企业的持续发展提供强大的制度保障。

三、完善股东对高管的约束机制

完善各大股东对高管的约束机制是货币薪酬激励和股权激励发挥作用的必要

前提。随着家族企业规模的不断发展壮大，为了满足企业日益增长的治理需求，必然会引入一部分家族成员以外的职业经理人。不同于家族成员，职业经理人未必对企业有着同样的忠诚度和认同度。此时若股东失去对管理层的有效监督，管理层可能为了私利而做出有损企业价值的行为，增加企业的经营风险，制约企业的长期健康发展。因此，让控股股东拥有对高管决策的一票否决权，能在一定程度上制约企业管理层谋取私利的行为。只有建立起完善、可行的约束机制，管理层的履职情况才能被有效监管，从而使企业的风险承担水平被控制在合理范围，进而促进企业健康、持续发展。

第三节　优化家族企业内外部所有权结构

家族企业所有权结构决定了其最终控制权的分配、股权结构及企业的治理结构，因此所有权结构的安排、变动及比例配置也将必然引起各个大股东利益取向的改变和行为决策的调整，且其中也会伴随着小股东的利益得失，这些改变都将作用于企业绩效。本书基于国内外研究成果及公司治理的实际运作经验，并结合我国家族上市公司所有权结构的特点及实际情况，提出如下几点建议。

一、保持适当的两权分离度，实现股权适当制衡

鉴于目前我国大多数的上市家族企业都或多或少存在着环境制度不完善等问题引发的投机主义，即企业主或各大持股者可能会采用一些手段侵害中小股东利益，并给企业整体绩效带来极大的负面影响。但两权不分离也会产生诸多问题。其实，过高或过低的两权分离度，都不利于绩效提高。因此，从保护投资者的角度出发，首先，应逐步完善上市家族企业的信息披露制度，让广大投资者更为及时、准确和清晰地了解企业最新的发展方向和未来的战略目标。其次，加大企业的监管力度，制定一套适合各企业自身特点的内外监管相结合的制度，从而使企业活动更加的合法化、体系化，以降低因大型突发事件给企业带来的不利影响。最后，构建一套完善的惩罚机制，从根本上约束和惩治企业大股东对中小股东的掠夺行为，逐步减少掠夺行为的出现，从而使他们为企业绩效做出更多的贡献。

一定的股权集中度比股权高度集中和高度分散的上市家族企业总体上更有利于公司治理。当然，在这样的股权结构下，公司绩效也是最佳的。因此产生了由若干个利益相互独立的大股东互相制衡的局面，这不仅能充分发挥股权相对集中的优点，同时还能对大股东侵害行为进行有效的遏制。此外，大力发展资本市场及增加国有企业的直接融资比例，可以充分发挥股东的积极作用。

二、加强对企业最终控制人的监管力度

首先，明确终极控制人的持股情况及关系说明是非常重要和关键的。因为在对样本数据的搜集和处理过程中我们发现，多数上市家族企业并未披露最终控制人之间的关联关系，尤其当最终控制人为整个家族时，多数上市家族企业对该家族集团的持股比例只字未提，只披露了家族代理人的相应持股额。这在无形中给科研带来了极大的不确定性，降低了企业的信息透明度，阻碍了企业的外部投资者和其他利益相关者对家族上市公司的深入了解。因此，我们希望相关的证券监管部门能够统一终极控制人的控制权、现金流权和两权分离系数的计算方法，以使各企业均能按照统一的口径来披露这些信息，以便相关研究人员或利益相关者进行对比分析。另外，证监会要特别重视通过间接途径上市的终极控制人相关信息的披露，这样有助于降低终极控制人通过"金字塔"结构来转移资产的机会。

其次，要拓展中小股东了解家族上市企业的途径，对终极控制人可能侵害公司利益的渠道进行严格监管。另外，可以通过增加企业信息的透明度，赋予中小股东更多的知情权，实现终极控股股东与中小股东间的信息对称，从而起到遏制终极控股股东违规行为的作用。同时，通过注重提高终极控制人的违规成本，也可以加强对终极控制人违规行为的监管，一旦发生违规行为，绝不轻饶，从而加大惩处力度。

最后，要加大对外部中小投资者的法律保护。因此，应完善相关法律制度，当终极控制人发生掏空上市公司行为的时候，外部中小股东可以通过合法的法律途径要求终极控制人承担连带责任，而不是只承担有限责任。尤其是对那些通过借壳收购等方式达到上市目的的公司，更要严格监控其内部的关联交易行为。

三、保持集中的家族内部权力制度，防止其分布不对称性

家族内部的矛盾问题和代理现象等必然会随家族成员所有权的分配而随之增加，且所有权越分散，获得家族成员对重要决策的支持难度越大，从而对企业绩效影响越不利。若通过让家族成员持有较高家族企业的所有权，以使其感觉到对企业财富享有法定的索取权，可以在一定程度上缓解家族企业内部成员间的冲突和斗争。本书认为，家族成员出于自身利益最大化的目的而引发的代理问题是无法避免的。因此，我们更应通过对家族上市企业内部所有权结构的合理构建及权力适当分配等措施和方法来降低负面影响，提高家族治理效率。

家族企业中利他主义的普遍存在会在一定程度上削弱对家族成员行为的有效监督和规范。此外，假设所有成员都参与企业经营决策，那么必定会加大协调统一的难度且延长时间，甚至高度不集中的管理权会导致家族企业难以做出决策。若在家族企业中确立企业主权威，即可在一个紧急情况下进行一锤定音型的战略

决策制定，这样就能在必要关头解决严重的决策冲突问题。此外，相对集中的管理权结构也容易杜绝家族成员为获取更多的权利而进行拉帮结派的现象。因此，相对集中的管理权结构会促进企业的发展；提高经营决策的效率；降低管理成本；降低严重权力争夺所带来的损失。

本书主要以家族成员为研究对象，突出不同家族成员之间存在的个性和差异性。然而，在现实情形中，家族企业的内部冲突可能更多地以核心家庭成员与非核心家庭成员之间的集团对立等形式出现。因此，家族内部应保持集中的权利制度，防止其分布不对称。

四、采用核心家庭成员主导型的组合模式有利于提高治理效率

贺小刚等（2010）提出家族治理安排的重要内容包括家族内部成员的组合模式，即不同组合会对绩效有不同的效果。实证检验得出的结论是家族成员内部若采用核心家庭成员主导型的组合模式所创造的绩效都将优于远亲家族成员型和复合家族成员型模式所创造的绩效，此观点与本书内部所有权结构的实证结果完全相同。本书认为内部所有权集中度与管理权集中度越高，越有利于企业绩效的提升，越能降低两者的两权偏离程度。

家族企业内部的家族成员共同治理企业有一定的优势，如趋同性与行为一致性，这都对企业绩效起到促进作用，但自利的驱使，也会使家族成员表现出目标和偏好的差异性，从而导致家族成员为了私利不择手段地危害企业利益。所以，不同的家族内部成员组合，会创造不同的公司治理效率和绩效。家族内部成员若拥有高度的所有权和管理权，则普遍会为了家族利益最大化及家族更好的发展，采用一致对外的态度，更好地监督其他股东和高管，防止利益分散。因此，采用核心家庭成员主导型的组合模式有利于取得最优治理效率。

五、适度的家族和谐及较高的内部权力配置有利于企业的持续发展

家族企业可持续发展影响因素包括家族和谐。换言之，若家族企业的经营和发展中充满矛盾与斗争，最终将不利于企业绩效的提高，甚至可能导致企业倒闭。贺小刚等（2010）通过实证研究，检验了家族和谐和亲缘关系的交互与绩效的关系，即企业利益最大化源于家族内部集权的和谐机制。若家族内部出现不和谐的状况，则会阻碍企业的发展。

但是，过度要求权力平等分配的和谐其实并不利于企业的成长，适度的家族和谐及较高的内部权力配置有利于企业的持续发展。若不采取较高的内部权力配置即采取平均主义，将所有权平均分配给所有家族成员，则会使家族内部的冲突日趋激烈，代理问题也随之增加。所以，首先，采取相对较高的企业所有权容易

抑制家族成员间的均等主义思想，杜绝相关利益团体谋取私利。其次，在所有权集中的情况下，家族成员之间的协调成本无疑就会降低。最后，所有权的集中度代表每位家族成员会因职位和效用存在差异性，就不会导致家族企业的剧烈内耗，从而可以节约家族企业的有限资源。因此，本书认为，家族成员中存在的所有权集中现象有利于企业绩效的提高。

现今社会中，参与家族企业经营的家族成员越来越多，家族企业的治理结构和管理活动难度增大，故而企业的可持续发展与和谐较难把握。所以，不能再将所有家族成员视为无差异个体，他们其实存在着利益和偏好的差别，这些差别导致矛盾和冲突无法避免。此外，还应当考虑到家族成员的亲缘关系会影响家族和谐状态。一般而言，当至亲及近亲的所有权和管理权集中度较高时，即核心家族成员掌握较高的分配权力时，企业主更关注家族企业中家族权利的配置问题。因此，适度的家族和谐及较高的内部权力配置有利于企业的持续发展。

第四节　优化"金字塔"类公司股权结构

综上所述，我国家族企业普遍呈现股权比较集中、一股独大的现象，影响了企业绩效的提高。因此，本书结合国内外研究成果及公司治理的实际运作经验，就我国家族上市公司股权结构的完善，特提出如下几点建议。

一、保持适当的股权集中度，实现股权制衡

本书通过实证检验后得出，我国"金字塔"类家族上市公司的股权集中度与企业绩效之间呈显著倒"U"型的相关关系，即相对集中或分散的股权结构都不利于家族企业绩效的提升，只有一定的股权集中度才可以使企业的绩效最大化。由于我国目前还处于经济转轨时期，并没有健全的外部法律监督机制去保护投资者，只能靠内部的公司结构去降低成本，股权相对集中形成的股东机制可以在内部监督管理者行为、保护投资者。股权集中度的高低也会影响股东监督的积极性。当股权集中度相对较高时，控股股东就会把个人利益和公司利益联系得更紧密，会拿出更多资源和资金支持公司的发展。而当股权集中度没有达到一定水平时，控股股东积极性不高，同时可能容易在管理决策权方面与其他持股股东发生矛盾和冲突，导致公司业绩下降。因此，保持一定的股权集中度，有利于公司经营绩效的提高。

所以，有一定集中度和相互制衡的控股股东存在的股权结构是最有利于公司治理的，而这种股权结构也最容易达到最优的公司绩效。这既能有效限制"一股

独大"的控制行为，又能保留股权相对集中的优点。在企业中要充分利用股东的积极作用，提高国有企业在资本市场上的直接融资比例。

二、大力发展机构投资者

在当前环境下，鼓励机构投资者参与家族企业的经营管理对提高企业绩效具有较大帮助。机构投资者无论是在专业知识储备上，还是在实践经验上都具有较为明显的优势。因此，机构投资者不仅可以为企业提供有效的监督，同时能通过知识分享极大地降低公司治理成本。在我国，机构投资者主要包括投资基金、信托投资公司及其他企业法人等。在优化我国"金字塔"类公司股权结构的作用效果方面，投资基金的入市可以激励投资者主动关注企业日常的经营管理。企业法人投资者的进入则能够通过对公司董事会的改组，不断提高公司治理效率。在众多机构投资者中，这两者相对来说能够发挥出更为明显的作用。然而，现实中我国目前的机构投资者仍比较少，对公司经营管理的参与还不够深入。有鉴于此，为更好地优化"金字塔"类上市公司股权结构，提高企业绩效，需要加快机构投资者的发展，同时积极引导其参与公司治理。

三、进一步加强对终极控制人的监督和制约

首先，目前众多公司并没有完整地披露所有权结构图及各条控制链上详细的持股比例，这对家族企业的研究带来了不便，因此家族企业中整个家族详细的持股比例信息有待完善。因此，我们希望相关的证券监管部门能够统一终极控制人控制权、现金流权和两权分离系数的计算方法，以使各企业均能按照统一的口径来披露这些信息，以便相关研究人员或利益相关者进行对比分析。另外，证监会要特别重视通过间接途径上市的终极控制人相关信息的披露，这样有助于降低终极控制人通过"金字塔"结构来转移上市公司资产的机会，从而从根本上保护广大中小投资者的利益不受损害。

其次，需要拓宽中小股东对于公司经营管理信息的获取渠道，防范终极控制人为获取私利而做出掏空公司等行为。同时，完善公司信息披露内容及频率等方面的要求，真正实现公司股价变化可以有效地反映出公司经营状况，从而让市场成为公司治理的有力监督工具。由于公司大股东与中小股东之间存在信息不对称问题，若中小股东享有足够的知情权，则他们可以通过"用脚投票"的方式来遏制终极控股股东的违规行为，并且要注重提高终极控制人的违规成本，并加强对终极控制人违规行为的监管，一旦发生违规行为，绝不轻罚。

最后，要加大对外部中小投资者的法律保护力度，应完善相关法律制度，当终极控制人发生掏空上市公司行为的时候，外部中小股东可以通过合法的法律途

径要求终极控制人承担连带责任，而不是只承担有限责任。尤其是对那些通过借壳等方式达到上市目的的上市公司，更要严格监控其内部的关联交易行为。

四、鼓励家族企业直接上市和整体上市

如果家族企业能够实行整体上市，不但可以简化"金字塔"股权结构，还可以降低控制权和现金流权的分离程度，进而统一集团和上市公司的利益，能够一定限度地减少集团终极控制人剥削企业的行为，保护上市公司的利益。此外，家族企业整体上市还能够在一定程度上减少企业间的关联交易、资金占用、担保等利益输送行为。

我们在鼓励家族企业整体上市的同时，还要鼓励家族企业通过发行新股直接上市，因为通过买壳等间接方式上市的家族企业往往具有更复杂的"金字塔"股权结构，其控股股东的最终目的是通过"金字塔"结构不断地掠夺上市公司的利益来获取控制权私人收益。而直接上市的家族企业，具有明确的终极控制人，在企业运行过程中也比较规范，因为其终极控制人与上市公司之间具有特殊的感情，他们会注重企业长期的运营和发展，而不是时刻想着如何掏空上市公司。我们通过对家族上市公司的考察发现，直接上市的家族企业绩效优于间接上市的家族企业，因此家族企业的直接上市能够弱化家族集团的终极控制人和其他外部中小股东的利益矛盾，保护了上市公司的利益，提高了企业效益。

第五节 合理利用家族控制性因素，提高家族企业绩效

结合本书的研究成果，我们认为家族企业要真正地通过家族控制性因素的管控来提高企业的绩效，应该采取以下措施。

一、提高对非家族成员的公平性

本书研究分析得出，人情取向和信任度对企业绩效有明显的作用。这表明家族企业应该公平对待企业中的每一位员工，不应有特殊性。只有这样，企业的运作效率才会明显地提高。内外有别的企业氛围会使得家族以外的员工没有归属感，会挫伤他们的积极性，而当这类企业成长到一定规模后其弱点就会非常明显。人都有很强烈的被承认、被肯定的欲望，所以获得他人高度的评价和信任，会成为个人发展的很大动力。因此，企业员工与家族成员之间，必须要有一个客观公正的标准，只有用统一的制度和纪律来约束全体成员的行为，才能形成有效的管理机制和良好的组织秩序。企业主在做决策时可以充分地参考、借鉴非家族成员的

意见；在人员选拔上，按照能者优先的机制，任用非家族成员，并对其给予充分的信任。对犯错误的员工，要不加区别地实施惩罚。

二、在企业中营造良好的学习交流氛围

本书研究分析得出，企业良好的学习交流氛围能促进绩效的提高。组织学习水平的提升可以帮助企业员工获得进步，然而家族企业现有学习培训活动的形式和内容都比较单一。因此，企业应该努力搜集和借鉴外部的有效培训信息与经验，通过各种渠道了解自身的学习培训需求，丰富自身的培训形式和内容，从而提高培训的效果。对企业产生的效益及对竞争对手信息的掌握可以帮助家族企业总结别人成功或失败的经验，搜集对企业发展有利的信息，学习借鉴其他企业有效的管理方式和经验并做出有意义的尝试，从而能使家族企业扬长避短，规避一些不利的因素，促进企业的发展。企业还应该促进员工之间的交流，交流能促进信息的交换，并且能提高成员之间的凝聚力，使得他们能共享企业目标，有利于促进他们目标和态度的一致性。因此，在企业内应该建立良性的沟通机制，如定期举办月会、周会、座谈会，或者周末聚会等，尽量增进员工之间的交流。企业管理者无论多么繁忙，都应该在百忙中抽空表达对员工的关心，而且当与员工沟通时，要把自己放在与员工同等的位置上，彼此间进行开诚布公的沟通。

三、促进职业经理人模式的发展

本书研究分析得出，职业经理人模式对企业的绩效有正向作用。随着企业规模的扩大和专业化的深入，家族成员受教育水平的限制，其经营能力相对落后，企业的管理方式和治理结构没有得到一定的重视，大多数的企业仍然处于较低的管理水平，治理结构也不合理。面对日益严峻的市场形势，要想在激烈的竞争环境中生存并发展壮大，家族企业相对单一的使用内部人进行管理的方式已经不再适合企业的发展需要。在当今人才最为重要的口号下，家族企业应突破血缘关系的限制，在外部人力资本市场上尤其是职业经理人市场上寻求机会，聘请优秀的经理人参与企业的管理，从而建立一套规范的现代企业制度。

在当今经理人代理能力不足及缺乏市场竞争力的形势下，企业有必要建立、健全职业经理人市场，通过市场来约束非家族管理者的行为。职业经理人市场的建立和健全可以从以下几个方面入手。首先是储备职业经理人，通过培育、发展职业经理人的技能、知识，组成人力资源库，通过这些储备力量对在职经理人施加被替换的压力；其次是建立和完善职业经理人的信息系统，即诚信系统的建立和信息公告的发布；最后是建立职业经理人的社会惩罚机制，惩罚其败德行为。

四、提高企业愿景的共享程度

对家族企业而言，企业员工在决定企业发展的关键决策问题上如果存在意见分歧，则对企业的顺利发展将会造成致命的威胁。因此，对于家族企业员工来说，必须形成对企业发展的一致认识，才能上下同心，提高企业的决策效率，并保证企业朝着符合家族利益的战略方向发展。正因为这一点，应该努力提高所有成员对企业的信心、认可度和使命感，从而使得他们以更饱满的热情为企业的快速发展做出更多的努力，并通过营造团结、和睦、积极的企业氛围，保证成员之间的目标一致性，从而提高家族企业的决策效率，并整合家族资源，提高资源的利用效率，以企业整体的凝聚力促进企业的顺利发展。

第六节　注重家族企业政治联系传承

一、完善传承计划，确保政治资源在家族中的顺利传承

政治联系是我国家族企业的一项重要社会资本，家族企业寻求政治联系有助于完成家族企业的平稳交接。政治联系的传递不同于有形资产的简单交接，是建立在信任之上的一个长期的循序渐进的过程。因此，企业应该将政治资源的传递加入到传承计划中，确保企业政治资源在家族中得到最大程度的传递。政治联系的传递可以划分为以下三个阶段。

第一阶段，创始人培养继任者政治联系意识。由于年龄、成长环境和教育背景不同，继任者建立政治联系的意识并不强烈，这就成了阻碍政治关系在代际间有效传递的一个重要因素。因此，创始人在培养接班人的过程中，首先应该通过家庭间交流将政治联系的重要性及自己对政治联系的认识和体会传达给接班人，帮助接班人合理把握国内政治环境，引导接班人正确认识并合理利用政治联系的优势，正视建立政治联系的必要性。

第二阶段，继承人构建自己的政治联系。继承人政治联系的建立与维持是政治联系传递最关键的步骤。继承人建立政治联系主要有两种方式。第一种是继承人先接触企业经营。继承人跟随创始人处理公司事务，在这个过程中，继承人通过创始人的介绍结识人脉，在此基础上构建和拓展自己的政治联系。第二种方式是继承人先通过政治领域发展自己的人脉，然后再考虑接管家族企业。现阶段，继承人通过第一种方式构建自己政治联系的情况更为普遍。

第三阶段，创始人逐渐放手，继承人发挥作用。继承人逐步建立起自己的政治联系之后，创始人应该有意识地淡出企业经营。企业政治联系不同于企业间建

立的合约关系，其构建、发挥作用和维系都是建立在认同和信任的基础之上。继承人应通过公司经营管理，加强与政治关系的互动与沟通，获得另一方的认可，进而巩固其政治网络中心的位置。信任的建立是一个长期的过程，在这个过程中，创始人应重点辅助继承人进入核心位置，避免传承导致企业内可利用的政治资源下降影响企业业绩。待到继承人的政治网络关系开始发挥作用之后，政治联系才算完成传递。

二、注重建立非人格化的政治联系

除了完善传承计划确保政治资源在家族中的顺利传承之外，家族企业也应该注重建立公司非人格化的政治关系。其实更稳健的政治联系应该建立在民营企业对社会发展和地方建设所做的贡献上。现如今民营企业快速发展，许多民营企业（特别是大型民营企业）对地方经济的支撑作用巨大。民营企业发展为地方政府解决了就业难题，带来了税收收入，甚至提高了一个地区的社会发展水平。在这种情况下，政府会自觉运用其各种可动用资源帮助企业快速发展，企业发展之后进而可以帮助政府解决民生和社会发展问题，政府和企业之间会形成良性的互动。在这种良性互动的基础上，政商关系的价值不会因创始人的退位而大幅贬值，家族继承后的经营绩效也就不会出现明显下降。

第七节　优化家族超额控制权配置，保持合理负债水平

一、优化家族超额控制权配置

家族企业必须充分意识到家族超额控制与企业过度负债水平之间存在的相应联系，合理配置股东会、董事会及经理层这三个维度的超额控制权，以保持适当的负债水平、维持企业健康持续发展。通过保持适当的两权分离度，将企业风险承担水平控制在合理范围内，从而避免控股股东对企业的掏空行为，在一定程度上弱化股东会超额控制对过度负债的加剧作用。同时，有必要推荐部分优秀的家族成员任职董事会和经理层，参与经营管理，从而强化董事会和经理层的超额控制。此举有利于形成利益趋同效果，降低代理成本并保护家族情感财富，避免激进战略带来的过高资金需求，保持家族企业合理的负债水平，以此促进其稳定发展。

二、合理运用企业社会资本

创始人作为一个企业对外联系的最关键人物，其丰富的社会资本扮演着积极

的角色，对企业融资、信息等资源的获取有着举足轻重的作用。但紧密的政治关联往往使企业更容易趋向于政府和相应领导人的政治目标，这在一定程度上是对企业扩张的一种激励。同时创始人建立起的金融联系和业缘联系较多，这无疑为迅速扩张的发展目标提供了充分的融资便利和信息资源优势，也必然会进一步提高企业以负债形式融资的可能，进而引发企业杠杆治理失效。首先，从政府角度来说，政府应适当减少对企业的干预，降低对具有政治联系的企业施加的经济压力。其次，从企业自身角度出发，家族企业应该合理运用创始人建立起的社会资本，避免滥用社会资本导致企业过度负债水平大幅升高、偏离正常运营轨道，努力通过这些社会资本所带来的税收优惠、融资便利为企业发展提供必要支持，充分发挥创始人社会资本给企业带来的正面溢出效应。

三、保持合理的负债水平，优化企业资本结构

家族企业应该合理预期项目投资收益与风险，重新审视内部资本结构、自身产能结构合理性及人员知识结构和经验技能的匹配性，避免盲目乐观地进军不太熟悉的领域，并适时放弃给企业带来过高负债预期的经营项目。例如，对于一些经营效益不太好的项目，企业可以通过出售资产来减少企业负债，或者通过吸引部分资产管理公司进行企业内部债权与股权置换，实行债转股。考虑到企业与债权人之间信息不对称问题会造成较高的资本成本，企业有必要强化其经营、投资等信息披露状况，以改善企业与债权人之间的信息不对称状况，从而有效地降低其资本成本。此外，企业应在一定程度上主动增加股权融资，利用资本市场直接融资。同时，政府应该建立多元化的融资平台，或者与金融机构合作开发更多的金融工具，打造公平、规范的金融环境，拓宽企业融资渠道，以使企业降低对负债融资的依赖，进一步降低过度负债水平。

参 考 文 献

白云霞，林秉旋，王亚平，等．2013．所有权、负债与大股东利益侵占——来自中国控制权转移公司的证据[J]．会计研究，（4）：66-72．

白重恩，刘俏，陆洲，等．2005．中国上市公司治理结构的实证研究[J]．经济研究，（2）：81-90．

边燕杰，丘海雄．2000．企业的社会资本及其功效[J]．中国社会科学，（2）：87-99．

蔡卫星，赵峰，曾诚．2011．政治关系、地区经济增长与企业投资行为[J]．金融研究，（4）：100-112．

曹廷求，钱先航．2011．公司治理与风险管理：基于治理风险视角的分析[J]．会计研究，（7）：73-77．

陈德萍，曾智海．2012．资本结构与企业绩效的互动关系研究——基于创业板上市公司的实证检验[J]．会计研究，（8）：66-71．

陈德萍，陈永圣．2011．股权集中度、股权制衡度与公司绩效关系研究——2007-2009年中小企业板块的实证检验[J]．会计研究，（1）：38-43．

陈德球，肖泽忠，董志勇．2013．家族控制权结构与银行信贷合约：寻租还是效率?[J]．管理世界，（9）：130-143．

陈佳俊．2003a．企业战略、管理控制与业绩评价的权变分析[D]．厦门大学博士学位论文．

陈佳俊．2003b．企业战略与业绩评价指标的选择：权变理论的观点[J]．审计理论与实践，（12）：81，82．

陈良民．2004．论完善国有企业内部控制制度[J]．社会科学辑刊，（5）：80-83．

陈凌，陈华丽．2014a．家族企业主的政治联系、制度环境与慈善捐赠——基于全国私营企业调查的实证研究[J]．华东经济管理，（1）：1-6．

陈凌，陈华丽．2014b．家族涉入、社会情感财富与企业慈善捐赠行为——基于全国私营企业调查的实证研究[J]．管理世界，（8）：90-101，188．

陈凌，鲁莉劼．2009．家族企业、治理结构与企业绩效——来自于浙江省制造业的经验证据[J]．中山大学学报（社会科学版），49（3）：203-212．

陈凌，郭萍，叶长兵．2010．非家族经理进入家族企业研究：以山西票号为例[J]．管理世界，（12）：28，29．

陈任如，赖煜. 2010. 高管政治背景与民营企业盈利能力的实证研究[J].南方经济，（5）：45，60-68.

陈胜蓝，卢锐. 2018. 卖空压力与控股股东私利侵占——来自卖空管制放松的准自然实验证据[J]. 管理科学学报，21（4）：67-85.

陈爽英，井润田，龙小宁，等. 2010. 民营企业家社会关系资本对研发投资决策影响的实证研究[J].管理世界，（1）：88-97.

陈伟，张旭梅. 2011. 供应链伙伴特性、知识交易与创新绩效关系的实证研究[J]. 科研管理，32（11）：7-17.

陈信元，汪辉. 2004. 股东、制衡与公司价值：模型及经验证据[J]. 数量经济技术经济研究，（11）：102-110.

程晨. 2018. 家族企业代际传承：创新精神的延续抑或断裂?[J]. 管理评论，30（6）：83-94.

程仲鸣. 2011. 终极控制人、隧道行为与企业投资——来自我国资本市场的经验证据[J].经济与管理研究，（1）：40-47.

池国华. 2005. 内部管理业绩评价系统设计研究[M]. 大连：东北财经大学出版社.

池国华，邹威. 2015. 关于全面预算管理的若干认识[J]. 财务与会计，（1）：17-20.

储小平. 2000. 家族企业研究：一个具有现代意义的话题[J]. 中国社会科学，（5）：51-58.

储小平. 2003. 社会关系资本与华人家族企业的创业及发展[J]. 南开管理评论，（6）：8-12.

储小平，罗头军. 2001. 信任与中美家族企业演变的比较及其启示[J]. 学术研究，（5）：9-11.

崔萍. 2006. 中国上市公司投资不足和过度投资研究[D]. 暨南大学博士学位论文.

德鲁克 P. 2006. 公司的概念[M]. 慕凤丽译. 北京：机械工业出版社.

党力，刘诚，杨思瑶. 2017. 反腐败影响了企业捐赠吗?——基于政治关联视角的微观解释[J]. 中央财经大学学报，（1）：115-128.

邓建平，曾勇. 2005. 上市公司家族控制与股利决策研究[J]. 管理世界，（7）：139-147.

邓建平，曾勇. 2009. 政治关联能改善民营企业的经营绩效吗[J]. 中国工业经济，（2）：98-108.

邓建平，曾勇. 2011. 金融生态环境，银行关联与债务融资——基于我国民营企业的实证研究[J]. 会计研究，（12）：33-40，96，97.

邓建平，曾勇，李金诺. 2006. 最终控制、权力制衡和公司价值研究[J]. 管理工程学报，（3）：26-32.

邓新明，张婷，王惠子. 2016. 政治关联、多点接触与企业绩效——市场互换性的调节作用[J]. 管理科学，29（6）：83-92.

丁寅寅. 2017. 股权集中度、股权制衡度对公司绩效的影响研究——基于中小板上市公司的实证检验[J]. 经营与管理，（12）：26-29.

董梅生，陈东，洪敏. 2017. 终极控制人性质、资金占用与非效率投资——是融资约束还是资金浪费[J]. 当代经济科学，39（6）：91-103.

董有德, 宋芳玉. 2017. 银企关系、政治联系与民营企业对外直接投资——基于我国民营上市企业的经验研究[J]. 国际贸易问题, （10）: 132-142.

窦军生. 2008. 家族企业代际传承中企业家默会知识和关系网络的传承机理研究[D]. 浙江大学博士学位论文.

窦军生, 张玲丽, 王宁. 2014. 社会情感财富框架的理论溯源与应用前沿追踪——基于家族企业研究视角[J]. 外国经济与管理, （12）: 64-71, 80.

窦炜, 马莉莉, 刘星. 2016. 控制权配置、权利制衡与公司非效率投资行为[J]. 管理评论, 28（12）: 101-115.

杜莹, 刘立国. 2002. 股权结构与公司治理效率: 中国上市公司的实证分析[J]. 管理世界, （11）: 124-133.

段云, 国瑶. 2012. 政治关系、货币政策与债务结构研究[J]. 南开管理评论, 15（5）: 84-94.

樊行健, 肖光红. 2014. 关于企业内部控制本质与概念的理论反思[J]. 会计研究, （2）: 4-11.

范博宏, 罗绮萍. 2009. 家族企业价值为何在继承中蒸发六成?[J]. 新财富, （12）: 52-55.

范作冰, 王婷. 2018. 代际传承对家族企业绩效影响研究[J]. 杭州电子科技大学学报（社会科学版）, （6）: 14-21.

方玲玉. 2010. 家族理性视角下家族企业内涵及特点谈[J]. 湖南行政学院学报, （3）: 77-81.

冯根福, 温军. 2008. 中国上市公司治理与企业技术创新关系的实证分析[J]. 中国工业经济, （7）: 91-101.

冯业栋, 宋增基. 2019. 社会责任、政治关联与公司多元化发展——来自中国民营上市公司的证据[J]. 重庆大学学报（社会科学版）, 25（2）: 59-74.

盖尔西克 K E. 1998. 家族企业的繁衍: 家庭企业的生命周期[M]. 贺敏译. 北京: 经济日报出版社.

甘丽凝, 丛男, 张奇峰. 2016. 产权性质、市场化程度与资本结构非对称调整[J]. 会计与经济研究, （1）: 90-106.

干胜道, 杨微, 王虹. 2019. 产权性质、政治关联与税费粘性[J]. 现代财经（天津财经大学学报）, （2）: 43-56.

辜胜阻, 张昭华. 2006. 家族企业治理模式及其路径选择[J]. 中国人口科学, （1）: 33-41.

谷祺, 邓德强, 路倩. 2006. 现金流权与控制权分离下的公司价值——基于我国家族上市公司的实证研究[J]. 会计研究, （4）: 30-36.

谷祺, 于东智. 2001. 公司治理、董事会行为与经营绩效[J]. 财经问题研究, （1）: 58-65.

谷祺, 张相洲. 2003. 内部控制的三维系统观[J]. 会计研究, （11）: 10-13.

郭瑾, 刘志远, 彭涛. 2017. 银行贷款对企业风险承担的影响: 推动还是抑制?[J]. 会计研究, （2）: 42-48.

郭胜. 2011. 我国上市公司大股东行为、非效率投资与公司治理研究[D]. 西北大学博士学位论文.

郭跃进. 2002. 论家族企业家族化水平的测定原理与方法[J]. 中国工业经济,（12）: 87-91.

韩俊华, 干胜道, 王宏昌. 2015. 控制权与资本结构调整效率——兼论股权激励的调节效应[J]. 山西财经大学学报, 37（12）: 26-37.

韩俊华, 韩贺洋, 王宏昌. 2017. 控制权与资本结构调整特征——国有与民营控股企业比较研究[J]. 经济体制改革,（6）: 146-152.

韩亮亮, 李凯. 2008. 控制权、现金流权与资本结构—— 一项基于我国民营上市公司面板数据的实证分析[J]. 会计研究,（3）: 66-73.

韩亮亮, 李凯, 徐业坤. 2008. 金字塔结构、融资替代与资本结构——来自中国民营上市公司的经验证据[J]. 南开管理评论, 11（6）: 74-78.

韩亮亮, 吕翠玲. 2013. 控制权防守、利益侵占与终极股东资本结构决策[J]. 软科学, 27（9）: 38-42.

韩志丽. 2007. 民营金字塔上市公司的股权结构与绩效[J]. 经济研究,（12）: 23-30.

何轩, 宋丽红, 朱沆, 等. 2014. 家族为何意欲放手?——制度环境感知、政治地位与中国家族企业主的传承意愿[J]. 管理世界,（2）: 90-101.

贺小刚, 李婧, 陈蕾. 2010. 家族成员组合与公司治理效率: 基于家族上市公司的实证研究[J]. 南开管理评论,（6）: 149-160.

贺小刚, 李新春. 2003. 家族企业的信任机制——以广东中山市家族企业为例[J]. 华南农业大学学报（社会科学版）,（2）: 28-34.

贺小刚, 李新春, 连燕玲. 2011. 家族成员的权力集中度与企业绩效——对家族上市公司的研究[J]. 管理科学学报,（5）: 86-96.

贺小刚, 连燕玲. 2009. 家族权威与企业价值: 基于家族上市公司的实证研究[J]. 经济研究,（4）: 90-104.

贺小刚, 连燕玲, 余冬兰. 2010. 家族和谐与企业可持续成长——基于家族权力配置的视角[J]. 工商管理,（1）: 50-60.

贺志锋. 2004. 论家族企业的定义[J]. 当代财经,（6）: 57-62.

洪昀, 李婷婷, 姚靠华. 2018. 融资融券、终极控制人两权分离与大股东掏空抑制[J]. 财经理论与实践, 39（4）: 67-72, 79.

侯剑平, 姚关琦, 庞媛. 2013. 控制权、现金流权分离与企业经营风险关系研究[J]. 工业技术经济,（5）: 33-40.

胡建雄, 茅宁. 2015. 债务来源异质性对企业投资扭曲行为影响的实证研究[J]. 管理科学, 28（1）: 47-57.

胡旭阳, 史晋川. 2008. 民营企业的政治资源与民营企业多元化投资——以中国民营企业 500强为例[J]. 中国工业经济,（4）: 5-14.

胡旭阳, 吴一平. 2016. 中国家族企业政治资本代际转移研究——基于民营企业家参政议政的实证分析[J]. 中国工业经济,（1）: 146-160.

胡旭阳. 2006. 民营企业家的政治身份与民营企业的融资便利——以浙江省民营百强企业为例[J]. 管理世界,（5）: 107-113.

胡旭阳. 2013. 政治关系与民营企业的竞争优势——基于战略管理视角[M]. 杭州: 浙江大学出版社.

黄登仕, 许维, 杨惠. 2018. 政治关联与机构持股对高管变更的影响研究[J]. 软科学, 32（10）: 80-83.

黄国良, 罗旭东, 施亭宇. 2010. 管理防御对上市公司资本结构的影响[J]. 商业研究,（5）: 53-58.

黄海杰, 吕长江, 朱晓文. 2018. 二代介入与企业创新——来自中国家族上市公司的证据[J]. 南开管理评论,（1）: 6-16.

黄继承, 盛明泉. 2013. 高管背景特征具有信息含量吗?［J]. 管理世界,（9）: 144-153, 171.

黄俊荣. 2013. 高管控制权对公司资本结构的影响——来自国有控股上市公司的经验证据[J]. 新疆财经大学学报,（3）: 33-42.

黄琼宇, 程敏英, 黎文靖, 等. 2014. 上市方式、政治支持与盈余质量——来自中国家族企业的证据[J]. 会计研究,（7）: 43-49, 96.

黄新建, 王婷. 2011. 政治关联、经营业绩与贷款续新——基于中国上市公司的实证研究[J]. 系统工程理论与实践, 31（5）: 889-897.

黄新建, 张会. 2011. 地区环境、政治关联与审计师选择——来自中国民营上市公司的经验证据[J]. 审计与经济研究,（3）: 44-52.

惠男男, 许永斌. 2014. 代际传承与控制家族股权稀释: 社会情感财富理论视角[J]. 现代财经（天津财经大学学报）,（11）: 71-81.

惠男男, 许永斌. 2016. 代际传承、创始人特征与家族企业长期投资[J]. 财经论丛（浙江财经大学学报）,（12）: 46-55.

纪敏, 严宝玉, 李宏瑾. 2017. 杠杆率结构、水平和金融稳定——理论分析框架和中国经验[J]. 金融研究,（2）: 11-25.

任启哲, 贾钢, 李婉丽. 2008. 上市公司超额派现的利益转移功能分析[J]. 开发研究,（5）: 149-153.

贾明, 张喆. 2010. 高管的政治关联影响公司慈善行为吗?[J]. 管理世界,（4）: 99-113.

贾升华, 窦军生, 王晓婷. 2010. 家族企业代际传承研究——基于过程观的视角[M]. 北京: 科学出版社.

江雅雯, 黄燕, 徐雯. 2011. 政治联系、制度因素与企业的创新活动[J]. 南方经济,（11）: 3-15.

姜付秀, 马云飙, 王运通. 2015. 退出威胁能抑制控股股东私利行为吗?[J]. 管理世界,（5）: 147-159.

姜付秀, 屈耀辉, 陆正飞, 等. 2008. 产品市场竞争与资本结构动态调整[J]. 经济研究,（4）: 99-110.

蒋弘, 刘星. 2012. 股权制衡对并购中合谋行为经济后果的影响[J]. 管理科学, 25（3）: 34-44.

角雪岭. 2007. 金字塔持股、终极控制权配置与公司绩效——基于中国上市公司的实证研究[D]. 暨南大学博士学位论文.

乐毕君, 辛金国. 2014. 上市家族企业所有权结构与绩效: 基于双重委托代理理论的分析[J]. 生产力研究, (7): 18-21.

乐菲菲, 张金涛. 2018. CEO政治关联会增加企业银行贷款的财务风险吗?——基于贷款方式多样化的视角[J]. 中南大学学报 (社会科学版), 24 (2): 109-116.

李成. 2016. 区域税收环境差异、金字塔结构与企业避税[J]. 厦门大学学报 (哲学社会科学版), (3): 147-156.

李成, 秦旭. 2008. 银行股权集中度与经营绩效的相关性分析[J]. 金融理论与实践, (1): 29-32.

李春琦. 2005. 影响我国家族企业绩效的经验证据——基于对家族上市公司控股比例和规模的考察[J]. 统计研究, (11): 55-58.

李大鹏, 周兵. 2014. 家族企业终极控制权、现金流量权与公司绩效的实证分析[J]. 管理世界, (9): 180-181.

李丰也, 孙丹. 2015. 金字塔股权结构与上市公司风险承担——来自中国的经验证据[J]. 南方金融, (12): 49-54.

李刚, 侯晓红. 2015. 控制权强化机制与终极控制权两权分离度计量方法[J]. 统计与决策, (4): 90-92.

李健, 陈传明. 2010. 家族企业何以长青——基于企业家社会资本传承的研究[J]. 现代经济探讨, (7): 20-24.

李健, 陈传明, 孙俊华. 2012. 企业家政治关联、竞争战略选择与企业价值——基于上市公司动态面板数据的实证研究[J]. 南开管理评论, (6): 147-157.

李婧, 贺小刚. 2012. 股权集中度与创新绩效: 国有企业与家族企业的比较研究[J]. 商业经济与管理, (10): 40-51.

李连发, 辛晓岱. 2012. 银行信贷、经济周期与货币政策调控: 1984-2011[J]. 经济研究, (3): 102-114.

李璐, 孙俊奇. 2013. 独立董事背景特征对企业信贷融资的影响研究——基于我国上市民营企业的经验证据[J]. 投资研究, (8): 138-152.

李前兵, 颜光华, 丁栋虹. 2006. 家族企业引入职业经理后的内部治理模式与企业绩效——来自中小家族企业的证据[J]. 经济科学, (2): 55-63.

李世辉, 胡江峰, 何绍丽. 2018. 资本结构决策的"同伴效应"与国有企业过度负债——基于我国A股上市公司经验证据的分析[J]. 商业研究, (1): 105-111.

李世辉, 林勇, 贺勇, 等. 2017. 控股股东担保、债务融资与资金侵占[J]. 财经理论与实践, 38 (4): 77-82.

李姝, 谢晓嫣. 2014. 民营企业的社会责任、政治关联与债务融资——来自中国资本市场的经验证据[J]. 南开管理评论, 17 (6): 30-40.

李维安，武立东. 2002. 公司治理教程[M]. 上海：上海人民出版社.

李先耀. 2013. 企业家特异资源、代际传承和家族企业成长关系研究[J]. 对外经贸，（8）：108-110.

李小荣，张瑞君. 2014. 股权激励影响风险承担：代理成本还是风险规避?[J]. 会计研究，（1）：57-63.

李心合，王亚星，叶玲. 2014. 债务异质性假说与资本结构选择理论的新解释[J]. 会计研究，（12）：3-10.

李新春，何轩，陈文婷. 2008. 战略创业与家族企业创业精神的传承——基于百年老字号李锦记的案例研究[J]. 管理世界，（10）：127-140.

李新春. 2002. 信任、忠诚与家族主义困境[J]. 管理世界，（6）：87-93.

李新春，陈灿. 2005. 家族企业的关系治理：一个探索性研究[J]. 中山大学学报（社会科学版），45（6）：107-115，140.

李新春，刘莉. 2008. "家族性"影响因素、战略决策质量与竞争优势关系探析[J]. 外国经济与管理，30（1）：52-58.

李新春，任丽霞. 2004. 民营企业的家族意图与家族治理行为研究[J].中山大学学报（社会科学版），（6）：239-248.

李新春，苏琦，董文卓. 2006. 公司治理与企业家精神[J]. 经济研究，（2）：57-68.

李永壮，张博，夏鸿义. 2014. 领导者过度自信、公司债务融资偏好与企业绩效[J]. 中央财经大学学报，1（6）：89-96.

李元旭，吉祥熙. 2017. 控股股东控制权与现金流权两权偏离——基于第二类代理问题视角的研究综述[J]. 技术经济，36（7）：128-133.

李增泉，辛显刚，于旭辉. 2008. 金融发展、债务融资约束与金字塔结构——来自民营企业集团的证据[J]. 管理世界，（1）：123-135.

栗战书. 2003. 中国家族企业发展中面临的问题与对策建议[J]. 中国工业经济，（3）：87-93.

连军，刘星，杨晋渝. 2011. 政治联系、银行贷款与公司价值[J]. 南开管理评论，（5）：48-57.

廖理，方芳. 2004. 管理层持股、股利政策与上市公司代理成本[J]. 统计研究，21（12）：27-30.

廖子华. 2015. 家族企业代际传承的控制权配置——基于"新希望联席董事长制"的案例研究[J]. 广东开放大学学报，（1）：106-112.

林峰国，郭葆春. 2005. 控制权收益的经济学分析[J]. 财会通讯，（12）：29-32.

刘国亮，王加胜. 2000. 上市公司股权结构、激励制度及绩效的实证研究[J]. 经济理论与经济管理，（5）：40-45.

刘立亚. 2008. 国有上市公司金字塔股权结构与公司价值关系研究[D]. 湖南大学硕士学位论文.

刘丽娜，马亚民. 2018. 实体企业金融化、过度负债与股价崩盘风险——基于上市公司投资视角的检验[J]. 云南财经大学学报，34（3）：41-55.

刘林. 2018. 企业家多重政治联系与企业绩效关系：超可加性、次可加性或不可加性[J]. 系统管理学报，27（3）：433-451.

刘祺阳. 2018. 内部控制对股权结构与公司绩效的中介作用机制研究[J]. 统计与决策，34（2）：176-181.

刘芍佳，孙霈，刘乃全. 2003. 终极产权论、股权结构及公司绩效[J]. 经济研究，（4）：51-93.

刘炜. 2019. 新时期企业全面预算管理与业绩评价体系的结合运用[J]. 财会学习，（5）：188，189.

刘鑫，薛有志，严子淳. 2014. 公司风险承担决定因素研究——基于两权分离和股权制衡的分析[J]. 经济与管理研究，（2）：47-55.

刘益. 1999. 波特五力模型的缺陷及其改进[J]. 管理工程学报，12（13）：13-18.

刘运国，吴小云. 2009. 终极控制人、金字塔控制与控股股东的"掏空"行为研究[J]. 管理学报，6（12）：1661-1669.

陆嘉玮，陈文强，贾生华. 2016. 债务来源、产权性质与房地产企业过度投资[J]. 经济与管理研究，37（9）：126-136.

陆正飞，高强. 2003. 中国上市公司融资行为研究——基于问卷调查的分析[J]. 会计研究，（10）：16-24.

陆正飞，何捷，窦欢. 2015. 谁更过度负债：国有还是非国有企业?[J]. 经济研究，（12）：54-67.

罗党论，陈艳艳. 2012. 地方官员更替与企业投资[J]. 经济研究，（2）：18-30.

罗党论，黄琼宇. 2008. 民营企业的政治关系与企业价值[J]. 管理科学，（6）：21-28.

罗党论，刘晓龙. 2009. 政治关系、进入壁垒与企业绩效——来自中国民营上市公司的经验证据[J].管理世界，（5）：97-106.

罗进辉，万迪昉. 2010. 大股东持股对公司价值影响的区间特征[J]. 数理统计与管理，29（6）：1084-1095.

罗军. 2018. 融资约束与民营企业技术创新类型选择[J]. 软科学，（1）：73-77.

吕怀立，李婉丽. 2010. 控股股东自利行为选择与上市公司股权制衡关系研究——基于股权结构的内外生双重属性[J]. 管理评论，（3）：19-28.

吕炜，高帅雄，周潮. 2016. 投资建设性支出还是保障性支出——去杠杆背景下的财政政策实施研究[J]. 中国工业经济，（8）：5-22.

马华锋，殷官林. 1999. 企业价值综合指标体系研究[J]. 贵州财经大学学报，（3）：47-50.

马力，陈珊. 2013. 我国新兴中小企业债务融资治理效应研究——以创业板上市公司为例[J]. 南京审计大学学报，10（6）：1-9.

马连福，陈德球，高丽. 2007. 投资者关系管理、现金流权与公司价值——基于中国家族上市公司的实证研究[J]. 山西财经大学学报，（12）：72-79.

马庆国. 2002. 管理统计——数据获取、统计原理、SPSS工具与应用研究[M]. 北京：科学出版社.

马庆国. 2004. 管理科学研究方法与研究生学位论文的评判参考标准[J]. 管理世界，（12）：99-108，145.

马云飙，石贝贝，蔡欣妮. 2018. 实际控制人性别的公司治理效应研究[J]. 管理世界，（7）：136-150.

马忠. 2007. 金字塔结构下终极所有权与控制权研究[M]. 沈阳：东北财经大学出版社.

毛世平, 吴敬学. 2008. 金字塔结构控制与公司价值——来自于中国资本市场的经验证据 [J]. 经济管理,（14）: 34-44.

宁宇新, 柯大钢. 2005. 控制权转移和资产重组: 掏空抑或支持——来自中国资本市场的经验证据[J]. 中国会计评论,（2）: 277-290.

潘红波, 夏新平, 余明桂. 2008. 政府干预、政治关联与地方国有企业并购[J]. 经济研究,（4）: 41-52.

潘红波, 余明桂. 2010. 政治关系、控股股东利益输送与民营企业绩效[J]. 南开管理评论,（4）: 14-27.

潘清, 李猛. 2011. 控制权与现金流权分离对企业投资影响研究——基于制造类上市公司的实证分析[J]. 财会通讯,（1）: 12, 13.

潘越, 戴亦一, 吴超鹏, 等. 2009. 社会资本、政治关系与公司投资决策[J].经济研究,（11）: 82-94.

彭方平, 展凯. 2018. 过度负债、金融压力与经济下滑理论与证据[J]. 经济学（季刊）,（4）: 1409-1426.

彭文伟, 刘恋. 2013. 终极控制权、现金流权与企业投资的关系[J]. 财会月刊,（2）: 14-17.

彭熠, 徐业傲, 徐国锋. 2014. 企业债务融资财务成本效应、治理作用与绩效反应分析[J]. 中央财经大学学报, 1（1）: 64-71.

齐朝顺, 杜晓君. 2018. 政治关联对中国企业国际并购绩效影响研究[J]. 当代财经,（1）: 68-77.

裘益政, 刘彦. 2013. 政治关系、金字塔结构与过度投资——基于中国民营上市公司的实证研究 [C]. 中国会计学会学术年会.

裘益政, 游旭平. 2004. 上市家族企业利益分配体制研究[J]. 福建论坛,（9）: 30-33.

瞿宝忠. 2003. 公司控制权配置: 模型、特征与效率性选择研究[J]. 南开管理评论, 6（3）: 26-31.

曲红宝. 2018. 腐败治理与财政补贴效率: 基于政治联系视角的分析[J]. 财贸研究, 29（11）: 71-80.

权小锋, 吴世农. 2010. CEO 权力强度、信息披露质量与公司业绩的波动性——基于深交所上市公司的实证研究[J]. 南开管理评论, 13（4）: 142-153.

冉茂盛, 李文洲. 2015. 终极控制人的两权分离、债务融资与资金侵占——基于家族上市公司的样本分析[J]. 管理评论, 27（6）: 197-208.

冉秋红. 2007. 知识导向的管理控制系统: 基本框架与具体运作[J]. 会计研究,（9）: 60-66.

申明浩. 2008. 治理结构对家族股东隧道行为的影响分析[J]. 经济研究,（6）: 135-144.

沈艺峰, 况学文, 聂亚娟. 2008. 终极控股股东超额控制与现金持有量价值的实证研究[J]. 南开管理评论, 11（1）: 15-23, 38.

沈永建, 新夫, 齐祥芹, 等. 2014. 家族传承、专用性资产与企业价值——基于"天通股份"家族传承的案例研究[J]. 当代会计评论,（1）: 28-50.

盛明泉，张敏，马黎珺，等. 2012. 国有产权、预算软约束与资本结构动态调整[J]. 管理世界，
　　（3）：151-157.

石本仁，毕立华. 2018. 家族涉入对企业多元化战略的影响——基于中国家族上市公司的实证研
　　究[J]. 暨南学报（哲学社会科学版），40（4）：61-73.

石本仁，石水平. 2009. 家族企业治理与信息传递机制：一个理论分析框架[J]. 珞珈管理评论，
　　（1）：68-76.

史煜筠. 2010. 家族企业社会资本传承和传承绩效关系研究[C]. 第五届（2010）中国管理学年会.

宋小保. 2014. 最终控制人、负债融资与利益侵占：来自中国民营上市公司的经验证据[J]. 系统
　　工程理论与实践，34（7）：1633-1647.

宋永春. 2006. 我国民营中小企业内部控制模式研究[J]. 中国市场，（17）：32，33.

宋哲，于克信. 2017. 资本结构、动态能力与企业绩效——基于西部资源型上市公司数据的研
　　究[J]. 经济问题探索，（10）：57-63.

沈逸君. 2015. 家族企业总经理更替、社会资本与企业绩效研究[D]. 浙江工商大学硕士学位
　　论文.

苏坤，张俊瑞. 2012. 终极控制权与资本结构决策[J]. 管理学报，9（3）：466-472.

苏坤. 2015. 管理层股权激励、风险承担与资本配置效率[J]. 管理科学，28（3）：14-25.

苏坤. 2016. 国有金字塔层级对公司风险承担的影响——基于政府控制级别差异的分析[J]. 中
　　国工业经济，（6）：127-143.

苏启林. 2004. 上市公司家族控制与公司治理：基于契约理论的研究[D]. 暨南大学博士学位
　　论文.

苏启林，朱文. 2003. 上市公司家族控制与企业价值[J]. 经济研究，（8）：36-46.

孙健. 2008a. 终极控制权与超额现金持有[J]. 经济与管理研究，（3）：72-78.

孙健. 2008b. 终极控制权与资本结构的选择——来自沪市的经验证据[J]. 管理科学，21（2）：
　　18-25.

孙晓琳. 2010. 终极控制、内部现金流与投资支出[J]. 商业研究，（6）：154-161.

孙永祥，黄祖辉. 1999. 上市公司的股权结构与绩效[J]. 经济研究，（12）：23-30，39.

孙治本. 1995. 家族主义与现代台湾企业[J]. 社会学研究，（5）：56-65.

唐国琼，胡茂莉. 2012. 高管薪酬、公司治理与薪酬业绩敏感性研究[C]. 中国会计学会 2012 年
　　学术年会.

唐建新，卢剑龙，余明桂. 2011. 银行关系、政治联系与民营企业贷款——来自中国民营上市公
　　司的经验证据[J]. 经济评论，（3）：51-58，96.

唐清泉，甄丽明. 2009. 管理层风险偏爱、薪酬激励与企业 R&D 投入——基于我国上市公司的
　　经验研究[J]. 经济管理，（5）：56-64.

唐清泉，解维敏. 2013. 公司治理与风险承担——来自中国上市公司的经验证据[J]. 财经问题研
　　究，（1）：91-97.

唐睿明. 2005. 中国家族上市公司股权集中度与公司绩效的实证分析[J]. 会计之友,（11）: 47-49.

唐洋, 宋平, 唐国平. 2014. 企业生命周期、债务融资与企业绩效——来自我国制造业上市公司的经验证据[J]. 财经论丛, 187（11）: 49-56.

唐跃军, 宋渊洋, 金立印, 等. 2012. 控股股东卷入、两权偏离与营销战略风格——基于第二类代理问题和终极控制权理论的视角[J]. 管理世界,（2）: 82-95.

佟岩, 陈莎莎. 2010. 生命周期视角下的股权制衡与企业价值[J]. 南开管理评论,（1）: 108-115.

涂国前, 刘峰. 2010. 制衡股东性质与制衡效果——来自中国民营化上市公司的经验证据[J]. 管理世界,（11）: 132-142.

万丛颖. 2014. 控制权结构、政府层级与公司绩效——以中国战略性新兴产业为例[J]. 经济管理,（5）: 13-23.

汪金爱. 2016. 创始人初始社会地位与社会资本对创业绩效的影响研究[J]. 管理科学, 29（5）: 45-56.

王化成. 2006. 民营上市公司金字塔股权结构与公司价值研究: 基于代理理论与当家理论的经验分析[C]. 中国会计学会财务成本分会.

王明琳, 周生春. 2006. 控制性家族类型、双重三层委托代理问题与企业价值[J]. 管理世界,（8）: 83-93, 103.

王丹, 彭晨宸. 2018. 股权集中度、投资者保护与财务绩效——基于国家层面创新型企业的经验证据[J]. 财会通讯,（12）: 35-40, 129.

王德华, 杨湘豫. 2003. 企业内在价值评价指标选择与评价方法设计[J]. 当代财经,（12）: 130, 131.

王棣华, 张擎. 2015. 资本结构对企业绩效的影响——基于制造业上市公司的实证检验[J]. 湖南财政经济学院学报,（5）: 30-40.

王昊, 陈凌. 2013. 家族涉入、政治联系与制度环境——以中国民营企业为例[J]. 管理世界,（10）: 130-141.

王红建, 杨筝, 阮刚铭, 等. 2018. 放松利率管制、过度负债与债务期限结构[J]. 金融研究,（2）: 100-117.

王化成, 刘俊勇, 孙薇. 2004. 企业业绩评价[M]. 北京: 中国人民大学出版社.

王克敏, 刘静, 李晓溪. 2017. 产业政策、政府支持与公司投资效率研究[J]. 管理世界,（3）: 113-124.

王力军. 2006. 金字塔控制、关联交易与公司价值——基于我国民营上市公司的实证研究[J]. 证券市场导报,（2）: 18-24.

王满, 姜洪涛. 2018. 管理会计控制系统理论的演进趋势、机制与功能[J]. 东岳论丛, 39（2）: 77-85.

王明琳. 2007. 支持、掏空与家族控制的金字塔结构[J]. 财经论丛,（1）: 97-102.

王明琳，陈凌，叶长兵. 2010. 中国民营上市公司的家族治理与企业价值[J]. 南开管理评论，13（2）：61-67.

王明琳，周生春. 2006. 控制性家族类型、双重三层委托代理问题与企业价值[J]. 管理世界，（8）：83-103.

王清刚. 2014. 论企业内部控制的灵魂——从制度建设到道德与文化建设[J]. 中南财经政法大学学报，（1）：119-125.

王少飞，周国良，孙铮. 2011. 政府公共治理、财政透明与企业投资效率[J]. 审计研究，（4）：58-67.

王艳，阚铄. 2014. 企业文化与并购绩效[J]. 管理世界，（11）：146-157.

王燕妮，胡振江. 2010. 高管激励对研发投入的影响研究——基于我国制造业上市公司的实证检验[C]. 中国科技政策与管理学术年会.

王艺明，刘一鸣. 2018. 私营企业家的时间配置与企业研发创新[J]. 财贸经济，39（10）：107-119.

王永进，盛丹. 2012. 政治关联与企业的契约实施环境[J]. 经济学（季刊），11（3）：1193-1218.

王重鸣，刘学方. 2007. 高管团队内聚力对家族企业继承绩效影响实证研究[J]. 管理世界，（10）：84-98.

王竹泉，韩星佳. 2018. 企业的政府社会资本禀赋对融资约束的影响研究——资源配置中政府作用的资本市场证据[J]. 当代财经，407（10）：68-79.

魏春燕，陈磊. 2015. 家族企业CEO更换过程中的利他主义行为——基于资产减值的研究[J]. 管理世界，（3）：137-150.

魏炜，朱青元，林桂平. 2017. 政治关联、多元化并购与企业并购绩效[J]. 管理学报，14（7）：998-1005.

吴炯，刘阳，邢修帅. 2017. 家族企业传承的权威基础与权威冲突——合法性的中介作用[J]. 经济管理，（2）：54-67.

吴水澎，陈汉文，邵贤弟. 2000. 企业内部控制理论的发展与启示[J]. 会计研究，（5）：2-8.

吴文锋，吴冲锋，刘晓薇. 2008. 中国民营上市公司高管的政府背景与公司价值[J]. 经济研究，（7）：130-141.

吴文锋，吴冲锋，芮萌. 2009. 中国上市公司高管的政府背景与税收优惠[J]. 管理世界，（3）：134-142.

肖东生，高示佳，谢荷锋. 2014. 高管——员工薪酬差距、高管控制权与企业成长性——基于中小板上市公司面板数据的实证分析[J]. 华东经济管理，28（5）：117-122.

肖翔，权忠光. 2004. 企业价值评估指标体系的构建[J]. 中国软科学，（10）：167-176.

肖作平. 2012. 终极所有权结构对资本结构选择的影响——来自中国上市公司的经验证据[J]. 中国管理科学，20（4）：167-176.

解维敏，唐清泉. 2013. 高管持股与企业创新——来自中国上市公司的经验证据[J]. 现代管理科学，（3）：6-8.

辛金国. 2005. 论家族文化对家族企业控制环境的影响[J]. 审计与理财，（4）: 9-10.

辛金国. 2010. 家族企业治理结构对代理成本的影响研究——基于上市家族企业数据的实证研究[C].中国会计学会审计专业委员会学术年会.

辛金国，丛蓓蓓. 2009. 家族企业业绩评价存在的不足及解决对策[J]. 经济论坛，（3）: 119-121，130.

辛金国，韩秀春. 2014. 上市方式、股权结构与企业绩效的实证研究——基于上市家族企业数据的分析[J]. 技术经济与管理研究，（1）: 86-90.

辛金国，吴雪婷. 2016. 家族企业政治联系与传承绩效实证研究——基于社会情感财富理论的分析[J]. 浙江社会科学，（10）: 72-80.

辛金国，吴燕虾. 2012. 家族企业的绩效评价指标体系实证研究[J]. 中国管理科学，（2）: 726-732.

辛金国，郑明娜. 2006. 浙江省家族企业内部控制实证调查研究[J]. 审计研究，（5）: 85-91.

熊风华，黄俊. 2016. 股权集中度、大股东制衡与公司绩效[J]. 财经问题研究，（5）: 69-75.

徐晋，张祥建，郭岚. 2005. 大股东终极控制权增长模式与隐性收益[J]. 中国软科学，（1）: 41-45.

徐莉萍，辛宇，陈工孟. 2006. 股权集中度和股权制衡及其对公司经营绩效的影响[J]. 经济研究，（1）: 90-100.

徐细雄，刘星. 2012. 金融契约、控制权配置与企业过度投资[J]. 管理评论，24（6）: 20-26.

徐业坤，钱先航，李维安. 2013. 政治不确定性、政治关联与民营企业投资——来自市委书记更替的证据[J]. 管理世界，（5）: 116-130.

许年行，江轩宇，伊志宏，等. 2013. 政治关联影响投资者法律保护的执法效率吗[J]. 经济学，（1）: 373-406.

许永斌，惠男男. 2013. 家族企业代际传承的情感价值动因分析[J]. 会计研究，（7）: 77-81.

许永斌，惠男男，郑秀田. 2014. 家族企业代际传承与债务特征[J]. 商业经济与管理，（12）: 56-65.

许永斌，彭白颖. 2007. 控制权、现金流权与公司业绩——来自中国民营上市公司的经验研究[J]. 商业经济与管理，（4）: 74-79.

许永斌，郑金芳. 2007. 中国民营上市公司家族控制权特征与公司绩效实证研究[J]. 会计研究，（11）: 50-57.

薛爽，肖星. 2011. 捐赠：民营企业强化政治关联的手段?[J].财经研究，（11）: 102-112.

严若森，姜潇. 2019. 关于制度环境、政治关联、融资约束与企业研发投入的多重关系模型与实证研究[J]. 管理学报，（1）: 72-84.

严若森，肖莎. 2019. 政治关联、制度环境与家族企业创新绩效——社会情感财富理论视角的解释[J]. 科技进步与对策，（6）: 75-84.

严若森，叶云龙. 2016. 家族超额控制与家族企业创新：激励效应?抑制效应?——基于中国的经验证据[J]. 人文杂志，（7）: 25-34.

杨德明，赵璨. 2015. 民营上市公司的政治关联与融资研究——基于货币政策和媒体监督的视角[J]. 审计与经济研究，（2）: 93-102.

杨继东，赵文哲，赵奇锋. 2018. 政治关联促进还是抑制企业创新? [J]. 经济学报，（4）：136-176.

杨楠. 2015. 资本结构、技术创新与企业绩效——基于中国上市公司的实证分析[J]. 北京社会科学，（7）：113-120.

杨淑娥，苏坤. 2009. 终极控制、自由现金流约束与公司绩效——基于我国民营上市公司的经验证据[J]. 会计研究，（4）：78-86.

杨玉秀. 2014. 家族企业代际传承中的家族社会资本[J]. 当代经济管理，（8）：23-29.

姚贝贝，林爱梅. 2018. 股权结构、代理成本与企业绩效[J]. 财会通讯，（27）：56-59.

叶银华. 1999. 家族控股集团、核心企业与报酬互动之研究——台湾与香港证券市场之比较[J]. 管理评论（台湾），（2）：36-39.

易靖韬，张修平，王化成. 2015. 企业异质性、高管过度自信与企业创新绩效[J]. 南开管理评论，18（6）：101-112.

游家兴，刘淳. 2011. 嵌入性视角下的企业家社会资本与权益资本成本——来自我国民营上市公司的经验证据[J]. 中国工业经济，（6）：109-119.

于东智. 2005. 股权结构、公司治理与公司绩效[J]. 改革与战略，（2）：98-100.

于蔚，汪淼军，金祥荣. 2012. 政治关联和融资约束：信息效应与资源效应[J]. 经济研究，（9）：125-139.

余汉，杨中仑，宋增基. 2017. 国有股权、政治关联与公司绩效——基于中国民营控股上市公司的实证研究[J]. 管理评论，29（4）：196-212.

余立智，金祥荣. 2002. 控制权市场缺失与家族制企业成长中的产权障碍[J]. 温州论坛，（1）：32-36.

余明桂，回雅甫，潘红波. 2010. 政治联系、寻租与地方政府财政补贴有效性[J]. 经济研究，（3）：65-77.

余向前，张正堂，张一力. 2013. 企业家隐性知识、交接班意愿与家族企业代际传承[J]. 管理世界，（11）：77-88，188.

俞红海，徐龙炳，陈百助. 2010. 终极控股股东控制权与自由现金流过度投资[J]. 经济研究，（8）：103-114.

袁建国，后青松，程晨. 2015. 企业政治资源的诅咒效应——基于政治关联与企业技术创新的考察[J]. 管理世界，（1）：139-155.

苑德军，郭春丽. 2005. 股权集中度与上市公司价值关系的实证研究[J]. 财贸经济，（9）：62-67.

张程，李文雯，张振新. 2010. 公司规模与资产负债率：来自上市公司的证据[J]. 财经问题研究，（11）：43-49.

张德. 2006. 学习型组织与育才型领导[J]. 中外企业文化，（1）：11，12.

张敦力，李四海. 2012. 社会信任、政治关系与民营企业银行贷款[J]. 会计研究，（8）：17-24.

张海龙，李秉祥. 2010. 经理管理防御假设下的企业融资决策研究[J]. 科技管理研究，30（23）：229-231.

张海龙，李秉祥. 2012. 公司价值、资本结构与经理管理防御[J]. 软科学，26（6）：111-114.

张会丽，陆正飞. 2013. 控股水平、负债主体与资本结构适度性[J]. 南开管理评论，16（5）：
　　142-151.

张敏，黄继承. 2009. 政治关联、多元化与企业风险——来自我国证券市场的经验证据[J]. 管理
　　世界，（7）：156-164.

张敏，林爱梅，魏麟欣. 2017. 政治关联与企业财务绩效：基于内部控制的中介传导效应检验[J].
　　财会通讯，（27）：36-39.

张敏，张胜，王成方，等. 2010. 政治关联与信贷资源配置效率——来自我国民营上市公司的经
　　验证据[J]. 管理世界，（11）：143-153.

张萍，梁博. 2012. 政治关联与社会责任履行——来自中国民营企业的证据[J]. 会计与经济研究，
　　（5）：14-23.

张奇峰，戴佳君，樊飞. 2017. 政治联系、隐性激励与企业价值——以民营企业在职消费为例[J].
　　会计与经济研究，（3）：58-73.

张如山，师栋楷. 2017. 资本结构、员工收入与企业绩效——基于企业专用性人力资本投资的分
　　析[J]. 经济问题，（2）：117-121.

张瑞君，李小荣. 2012. 金字塔结构、业绩波动与信用风险[J]. 会计研究，（3）：62-71.

张瑞君，李小荣，许年行. 2013. 货币薪酬能激励高管承担风险吗[J]. 经济理论与经济管理，（8）：
　　84-100.

张胜，张珂源，张敏. 2017. 银行关联与企业资本结构动态调整[J]. 会计研究，（2）：49-55.

张文龙. 2009. 中国民营上市公司金字塔结构成因及经济后果研究[D]. 华中科技大学博士学位
　　论文.

张先治. 2003. 建立企业内部管理控制系统框架的探讨[J]. 财经问题研究，（11）：67-71.

张相洲. 2003. 管理控制论[D]. 东北财经大学博士学位论文.

张小茜，孙璐佳. 2017. 抵押品清单扩大、过度杠杆化与企业破产风险——动产抵押法律改革的
　　"双刃剑"效应[J]. 中国工业经济，（7）：175-192.

张玉明，李荣，闵亦杰. 2015. 家族涉入、多元化战略与企业研发投资[J]. 科技进步与对策，32
　　（23）：72-77.

张远飞，贺小刚，连燕玲. 2013. 危机冲击、损失规避与家族大股东支持效应[J]. 财经研究，（7）：
　　122-133.

张正峰. 2005. 家族性资源与家族企业中的假性和谐[J]. 特区经济，（11）：98，99.

赵冬青，朱武祥. 2006. 上市公司资本结构影响因素经验研究[J]. 南开管理评论，9（2）：11-18.

赵国宇，禹薇. 2018. 大股东股权制衡的公司治理效应——来自民营上市公司的证据[J]. 外国经
　　济与管理，40（11）：60-72.

赵景文，于增彪. 2005. 股权制衡与公司经营业绩[J]. 会计研究，（12）：59-64.

赵曼，赵德志，綦颖. 2018. 高管的政治关联对民营企业并购绩效的影响研究[J]. 技术经济与管理研究，266（9）：52-56.

赵向莉. 2010. 行业协会转型与企业声誉研究[J].西南农业大学学报（社会科学版），8（1）：18-21.

赵新荣. 2002. 我国家族企业内部控制模式研究[D]. 西安交通大学硕士学位论文.

赵选民，刘海斌，张立民. 2004. 我国企业内部控制现状研究[J]. 陕西行政学院 陕西省经济管理干部学院学报，（2）：57-59.

赵岩，李四能，郑开焰. 2015. 政治联系、过度投资与公司治理水平研究[J]. 宏观经济研究，（7）：129-138.

赵勇，李新春. 2018. 家族企业传承期抑制了研发投入吗?——基于家族企业多重目标的调节效应[J]. 研究与发展管理，30（5）：85-95.

赵自强，吴敏茹. 2018. 政策不确定性与企业资本结构决策——来自中国 A 股市场的经验证据[J]. 南京审计大学学报，（6）：55-63.

郑曼妮，黎文靖，柳建华. 2018. 利率市场化与过度负债企业降杠杆：资本结构动态调整视角[J]. 世界经济，（8）：149-170.

郑文哲. 2003. 家族制企业的制度适用边界研究[J]. 贵州财经大学学报，（6）：33-37.

郑文哲，夏凤. 2006. 家族制企业控制权转换路径探讨[J]. 现代管理科学，（1）：61，62.

郑毅，张雪微，孙赫. 2016. 家族和谐、股权集中度与家族企业绩效[J]. 当代会计评论，9（1）：104-121.

钟宁桦，刘志阔，何嘉鑫，等. 2016. 我国企业债务的结构性问题[J]. 经济研究，（7）：102-117.

周嘉南，黄登仕. 2006. 上市公司高级管理层报酬业绩敏感度与风险之间关系的实证检验[J]. 会计研究，（4）：44-50.

周杰，薛有志. 2008. 公司内部治理机制对 R&D 投入的影响——基于总经理持股与董事会结构的实证研究[J]. 研究与发展管理，20（3）：1-9.

周立新，黄洁. 2012. 家族企业社会责任与企业绩效：内部能力与外部关系的调节效应[J]. 商业经济与管理，（5）：5-15.

周雪峰，兰艳泽. 2011. 债务融资对非效率投资行为的影响作用——基于中国民营上市公司的实证研究[J]. 暨南学报（哲学社会科学版），33（3）：23-30.

周颖，武慧硕，方索琴，等. 2012. 金字塔持股结构与资本结构——基于中国上市企业面板数据的研究[J]. 管理评论，24（8）：21-28.

周泽将，刘中燕. 2015. 中国独立董事声誉机制的有效性研究——基于违规处罚市场反应视角的经验证据[J]. 中央财经大学学报，（8）：102-112.

朱红军，汪辉. 2004. "股权制衡"可以改善公司治理吗?——宏智科技股份有限公司控制权之争的案例研究[J]. 管理世界，（10）：114-123.

朱荣恩，贺欣. 2003. 内部控制的新发展——企业风险管理框架[J]. 审计研究，（6）：11-15.

朱松. 2006. 最终控制人、政府控制与公司价值[J]. 中大管理研究，（1）：98-119.

朱卫平. 2004. 论企业家与家族企业[J]. 管理世界，（7）：100-107.

朱武祥，宋勇. 2001. 股权结构与企业价值——对家电行业上市公司实证分析[J]. 经济研究，（12）：66-72.

朱玉杰，蒋汇. 2016. 银企关系、所有制形式与银行贷款[J]. 投资研究，（12）：108-124.

邹平，付莹. 2007. 我国上市公司控制权与现金流权分离——理论研究与实证检验[J]. 财经研究，（9）：135-143.

邹萍，厉国威. 2016. 法制环境、两权分离与资本结构动态调整[J]. 财经论丛（浙江财经大学学报），（9）：63-71.

Acharya V V, Gale D, Yorulmazer T. 2011. Rollover risk and market freezes[J]. The Journal of Finance, 66（4）：1177-1209.

Acquaah M. 2007. Managerial social capital, strategic orientation and organizational performance in an emerging economy[J]. Strategic Management Journal, 28（12）：1235-1255.

Adhikari A, Derashid C, Zhang H. 2006. Public policy, political connections and effective tax rates: longitudinal evidence from Malaysia[J]. Journal of Accounting and Public Policy, 25（5）：574-595.

Aghion P, Bolton P. 1992. Distribution and growth in models of imperfect capital markets[J]. European Economic Review, 36（2-3）：603-611.

Almeida H V, Daniel W. 2006. A theory of pyramidal ownership and family business groups[J]. Journal of Finance, （6）：2637-2680.

Anderson E, Gatignon H. 2005. Firms and the creation of new markets[C]. Handbook of New Institutional Economics.

Anderson J C, Gerbing D W. 1992. Assumptions and comparative strengths of the two-step approach: comment on fornell and yi[J]. Sociological Methods & Research, 20（3）：321-333.

Anderson R C, Fraser D R. 2000. Corporate control, bank risk taking and the health of the banking industry[J]. Journal of Banking & Finance, 24（8）：1383-1398.

Ansoff H. 1965. Corporate Strategy[M]. Newyork: MeGraw Hill.

Anthony R N. 1965. Planning and Control System: A Framework for Analysis Boston: Graduate School of Business Administration[M]. Boston: Harvard University.

Anthony R N. 1989. Reminiscences about management accounting[J]. Journal of Management Accounting Research, 1（1）：1-20.

Anthony R N, Govindarajan V. 1998. Management Control Systems[M]. Berlin: Irwin & MacGraw. Hill.

Archer S, Otley D T. 1991. Strategy, structure, planning and control systems and performance evaluation[J]. Management Accounting Research, 2（4）：263-303.

Arrow K J. 1963. Social Choice and Individual Values[M]. Berlin: Yale University Press.

Arrow K J. 1964. The role of securities in the optimal allocation of risk-bearing[J]. Review of Economic Studies, 31（2）: 91-96.

Astrachan J H, Shanker M C. 2003. Family businesses, contribution to the US economy a close look [J]. Family Business Review, 16（3）: 211-219.

Astrachan J H, Rau S B, Smyrnios K X. 2002. The F-PEC scale of family influence: a proposal for solving the family business definition problem[J]. Family Business Review, 15（1）: 45-58.

Attig N, Fischer K P, Gadhoum Y. 2004a. On the determinants of pyramidal ownership: evidence on dilution of minority interests[J]. Social Science Electronic Publishing, 18（5）: 123-136.

Attig N, Fischer K P, Gadhoum Y. 2004b. On the determinants of pyramidal ownership: evidence on dilution of minority interests[J]. SSRN Working Paper, （3）: 1-35.

Audretsch D B, Hülsbeck M, Lehmann E E. 2010. The benefits of family ownership, control and management on financial performance of firms[J]. SSRN Electronic Jaurnal, 10: 1-34.

Bae K-H, Kang J, Kim J. 2002. Tunneling or value added? Ecidence from merges by Korean business groups[J]. Journal of Finance, （57）: 2695-2740.

Bagozzi R P, Yi Y. 1988. On the evaluation of structural equation models[J]. Journal of the Academy of Marketing Science, 14（1）: 33-46.

Barnes L B, Hershon S A. 1976. Transferring power in the family business [J]. Harvard Business Review, 54（4）: 105-114.

Band D C, Scanlan G. 1995. Strategic control through core competencies[J]. Long Range Planning, 28（2）: 102-114.

Barney J. 1991. Firm resources and sustained competitive advantage[J]. Journal of Management, 17（1）: 3-10.

Baxter N D. 1967. Leverage, risk of ruin and the cost of capital [J]. The Journal of Finance, 22（3）: 395-403.

Becker S, Green D. 1962. Budgeting and employee behavior[J]. The Journal of Business, 35（4）: 392.

Bennedsen M, Wolfenzon D. 2000. The balance of power in closely held corporation[J]. Journal of Finance, 22（3）: 395-403.

Berle A, Means G. 1932. The Modern Corporation and Private Property[M]. New York: Harcourt, Brace and World, Inc.

Berrone P, Cruz C, Gomez-Mejia L R, et al. 2010. Socioemotional wealth and corporate responses to institutional pressures: do family-controlled firms pollute less?[J]. Administrative Science Quarterly, 55（1）: 82-113.

Berrone P, Cruz C, Gomez-Mejia L R. 2012. Socioemotional wealth in family firms theoretical dimensions,assessment approaches and agenda for future research[J]. Family Business Review, 25（3）: 258-279.

Bertrand M, Mehta P, Mullain S. 2003. Ferreting out tunneling: an application to Indian business groups[J].Quarterly Journal of Economics,（118）: 121-148.

Bianchi M, Bianco M, Enriques L. 1999. Pyramidal Groups and the Separation Between Ownership and Control in Italy[M]. Oxford: Oxford University Press.

Boubakri N, Cosset J C, Saffar W. 2008. Political connections of newly privatized firms[J]. Journal of Corporate Finance, 14（5）: 654-673.

Braney J B.1991. Firm resources and sustained competitive advantage[J]. Journal of Management, 17（1）: 3-10.

Brenner S, Schwalbach J. 2009. Legal institutions, board diligence, and top executive pay [J]. Corporate Governance: An International Review, 17（1）: 1-12.

Brockhaus R H. 2004. Family business succession: suggestions for future research[J]. Family Business Review, 17（2）: 165-177.

Brownell P, Hirst M. 1986. Reliance on accounting information, budgetary participation and task uncertainty: test of a three-way interaction [J]. Journal of Accounting Research, 24（2）: 241-249.

Bruns W J, Waterhouse J H. 1975. Budgetary control and organization structure [J]. Journal of Accounting Research, 13（2）: 177-203.

Bryan J F, Locke E A. 1967. Goal setting as a means of increasing motivation [J]. Journal of Applied Psychology, 51（3）: 274-277.

Burkart M C, Panunzi F, Shleifer A. 2003. Family firms[J]. Journal of Finance, 58（5）: 2167-2200.

Burns T, Stalker G M. 1961. The Management of Innovation[M]. London: Tavistock.

Burt R. 1992. Structural Holes: The Social Structure of Competition[M]. Cambridge: Harvard University Press.

Cadieux L, Lorrain J, Hugron P. 2002. Succession in women-owned family businesses: a case study[J]. Family Business Review, 15（1）: 17-30.

Carney M. 2005. Corporate governance and competitive advantage in family controlled firms[J]. Entrepreneurship: Theory and Practice, 29（3）: 249-266.

Carney M, Gedajlovic E. 2002. The co-evolution of institutional environments and organizational strategies: the rise of family business groups in the ASEAN region[J]. Organization Studies, 23（1）: 1-29.

Caskey J, Hughes J, Liu J. 2011. Leverage, excess leverage, and future returns[J]. Review of Accounting Studies, 17（2）: 443-471.

Chapman C S, Christopher S. 2005. Not because they are new: developing the contribution of enterprise resource planning systems to management control research[J]. Accounting, Organizations & Society, 30（7）: 685-689.

Chen C R, Mohan N J, Steiner T L. 1999. Discount rate changes, stock market returns, volatility, and trading volume: evidence from intraday data and implications for market efficiency[J]. Journal of Banking & Finance, 23（6）: 897-924.

Chapman R, Sidrauski C, Walter P. 1998. Intracellular signaling from the endoplasmic reticulum to the nucleus[J]. Annual Review of Cell and Developmental Biology, 14（1）: 459-485.

Cho M H. 1998. Ownership structure, investment, and the corporate value: an empirical analysis[J]. Journal of Financial Economics, 47（1）: 7-9.

Chrisman J J, Chua J H, Litz R A. 2003. Unified systems perspective of family firm performance: an extension[J]. Journal of Business Venturing, 18（4）: 451-465.

Chrisman J J, Chua J H, Steier L P. 2002. The influence of national culture and family involvement on entrepreneurial perceptions and performance at the state level[J]. Entrepreneurship: Theory and Practice, 26（4）: 113-130.

Chrisman J J, Chua J H, Steier L P. 2003. An introduction to theories of family business[J]. Journal of Business Venturing, 18（4）: 441-448.

Chrisman J J, Chua J H, Sharma P. 2005. Trends and directions in the development of a management theory of the family firm[J]. Entrepreneurship: Theory and Practice, 29（5）: 555-575.

Churchill N C, Hatten K J. 1987. Non-market-based transfers of wealth and power: a research framework for family business[J]. American Journal of Small Business, 11（3）: 53-66.

Claessens S, Djankov S, Fan J R H, et al. 2002. Disentangling the incentive and entrenchment effects of large shareholders[J]. Journal of Finance, 57（6）: 2741-2771.

Claessens S, Djankov S, Lang L H P. 2000. The separation of ownership and control in east Asian corporations[J]. Social Science Electronic Publishing, 58（1-2）: 81-112.

Claessens S, Feijen E, Laeven L. 2008. Political connections and preferential access to finance: the role of campaign contributions[J]. Journal of Financial Economics, 88（3）: 554-580.

Coleman J S. 1988. Social capital in the creation of human capital[J]. American Journal of Sociology, 94（2）: 95-120.

Corbetta G, Salvato C A. 2004. The board of directors in family firms: one size fits all?[J]. Family Business Review, 17（2）: 119-134.

Core J E, Guay W R. 1999. The use of equity grants to manage optimal equity incentive levels[J]. Journal of Accounting & Economics, 28（2）: 151-184.

Courtright J A, Fainhurst G T, Ragers L E. 1989. Interaction patterns in organic and mechanistic systems[J]. Academy of Management Journal, 32（4）: 773-802.

Covin J G, Slevin D A. 1991. A conceptual model of entrepreneurship as firm behavior[J]. Entrepreneurship: Theory and Practice, 16（1）: 7-25.

Craig J, Moores K. 2005. Balanced scorecards to drive the strategic planning of family firms[J]. Family Business Review, 18（2）: 105-121.

Cromie S, Stephenson B, Montieth D. 1995. The management of family firm: an empirical investigation[J]. International Small Business Journal, 13（4）: 11-34.

Cronbach L J. 1951. Coefficient alpha and the internal structure of tests[J]. Psychometrika, 16（3）: 297-334.

Cronqvist H, Nilsson M. 2003. Agency costs of controlling minority shareholders[J]. The Journal of Financial and Quantitative Analysis, 38（4）: 695-719.

Cronqvist H, Nilsson M. 2003. Agency costs of controlling minority shareholders[J]. The Journal of Financial and Quantitative Analysis, 38（4）: 695-719.

Crozier M. 1964. The Bureaucratic Phenomenon[M].Chicago: The University of Chicago Press.

Cubbin J, Leech D. 1983. The effect of shareholding dispersion on the degree of control in British companies: theory and measurement[J]. The Economic Journal, 93（370）: 351-369.

DeVellis R F. 1991. Scale Development: Theory and Applications[M]. London: SAGE Publications.

Daft R L. 2002. Essentials of Organization Theory & Design[M]. Beijing: Mechanical Publishing House.

Daniel D, Lief C, Ward J L. 2004. Culture in family-owned enterprises: recognizing and leveraging Unique Strengths[J]. Family Business Review, 17（1）: 61-70.

David S G, Hitt M A. 2003. Managing resources: linking unique resources, management, and wealth creation in family firms[J], Entrepreneurship Theory and Practice, 27（4）: 339-358.

Davidsson P, Honig B. 2003. The role of social and human capital among nascent entrepreneurs[J]. Journal of Business Venturing, 18（3）: 301-331.

Davis J A, Tagiuri R. 1989. The influence of life-stage on father son work relationships in family companies[J].Family Business Review, 2（1）: 47-74.

Davis P S, Harveston P D. 2001. The phenomenon of substantive conflict in the family firm: across generational study[J]. Journal of Small Business Management, 39（1）: 14-30.

Davis P. 1983. Realizing the potential of the family business[J]. Organizational Dynamics, 12（1）: 47-56.

Demsetz H, Villalonga B. 2001. Ownership structure and corporate performance[J]. Journal of Corporate Finance, 7（3）: 209-233.

Dension D R, Mishra A K. 1995. Toward a theory of organizational culture and effectiveness[J]. Organization Science, 6（2）: 204-223.

Deshpande R，Webster F E. 1989. Organizational culture and marketing：defining the research agenda[J]. Journal of Marketing，（1）：3-15.

Dombrovsky L A，Dinh T N. 2008. The effect of thermal radiation on the solidification dynamics of metal oxidemelt droplets[J]. Nuclear Engineering and Design，238（6）：1421-1429.

Donckels R，Fröhlich E. 1991. Are family businesses really different? European experiences from stratos[J]. Family Business Review，4（2）：149-160.

Dunbar R L M. 1971. Budgeting for control[J]. Administrative Science Quarterly，16（1）：88-96.

Dyck B，Mauws M，Starke F A，et al. 2002. Passing the baton：the importance of sequence，timing，technique and communication in executive succession[J]. Journal of Business Venturing，17（2）：143-162.

Dyer W G. 1988. Culture and continuity in family firm[J]. Family Business Review，（1）：37-50.

Dyer W G，Mortensen S P. 2005. Entrepreneurship and family business in a hostile environment：the case of Lithuania[J]. Family Business Review，18（3）：247-258.

Doh J P，Luthans F. 1997. International Management：Culture，Strategy and Behavior[M]. New York：McGrawhill.

Emmanuel C，Otley D，Merchant K. 1992. Readings in Accounting for Management Control[M]. Berlin：Springer.

Ensley M D，Pearson A W. 2005. An exploratory comparison of the behavioral dynamics of top management teams in family and non-family new ventures：cohesion，conflict，potency and consensus[J].Entrepreneurship Theory and Practice，29（3）：267-284.

Erramilli M K，Rao C P. 1993. Service firms'international entry-mode choice：a modified transaction-cost analysis approach[J]. Journal of Marketing，57（3）：19-38.

Faccio M，Lang H P L. 2002. The ultimate ownership of western European corporations[J]. Journal of Financial Economics，（65）：365-395.

Faccio M，Masulis R W，Mcconnell J J. 2006. Political connections and corporate bailouts[J]. The Journal of Finance，61（6）：2597-2635.

Faccio M. 2002. Politically-connected firms：can they squeeze the state?[J]. Social Science Research Network，（96）：369-386.

Fama E F. 1980. Agency problems and the theory of the firm[J]. Journal of Political Economy，88（2）：288-307.

Fan J P H，Wong T J，Zhang T. 2007. Politically connected CEOs, corporate governance，and Post-IPO performance of China's newly partially privatized firms[J]. Journal of financial economics，84（2）：330-357.

Fan J P H，Wong T J，Zhang T. 2012. Founder succession and accounting properties[J]. Contemporary Accounting Research，29（1）：283-311.

Fenn M, Head G. 1965. Upward communication: the subordinate's viewpoint[J]. California Management Review, 7 (4): 75-80.

Ferner A. 2000. The underpinning of bureaucratic control system: HRM in European multination[J]. Journal of Management Studies, 37 (4): 521-540.

Filatotchev L, Mickiewicz T. 2001. Ownership concentration, private benefits of control and debt financing[J]. Social Science Research Network, (4): 159-176.

Fisman R. 2001. Estimating the value of political connections[J]. The American Economic Review, 91 (4): 1095-1102.

Fisman R, Wang Y. 2015. The mortality cost of political connections[J]. The Review of Economic Studies, 82 (4): 20-44.

Flannery M J, Rangan K P. 2006. Partial adjustment toward target capital structures[J]. Journal of Financial Economics, 79 (3): 469-506.

Friedlander F, Pickle H. 1968. Components of effectiveness in small organizations[J]. Administrative Science Quarterly, 13 (2): 289-304.

Friedman S D. 1991. Sibling relationships and intergenerational succession in family firms[J]. Family Business Review, 4 (1): 3-20.

Frone M R, Russell M, Cooper M L. 1992. Antecedents and outcomes of work-family conflict: testing a model of the work-family interface[J]. Journal of Applied Psychology, 77 (1): 65-78.

Gallucci C, Santulli R, Calabro A. 2015. Does family involvement foster or hinder firm performance? The missing role of family-based branding strategies[J]. Journal of Family Business Strategy, 6 (3): 155-165.

Gao L. 2005. Managerial wealth, behavioural biases and corporate monitoring: impact on managerial risk taking and value creation in UK high-tech and low-tech acquisitions[D]. Doctoral Dissertation of Cranfield University, 52: 125-142.

Garves C, Thomas J. 2008. Determinants of the internationalization pathways of family firms: an examination of family influences[J]. Family Business Review, 21 (2): 151-167.

Gencturk E F, Aulakh P S. 1995. The use of process and output controls in foreign markets[J]. Journal of International Business Studies, 26 (4): 755-786.

Gillan S L. 2006. Recent developments in corporate governance: an overview[J]. Journal of Corporate Finance, 12 (3): 381-402.

Goldman E, Rocholl J, So J. 2009. Do politically connected boards affect firm value?[J]. Review of Financial Studies, 22 (6): 2331-2360.

Gómez-Mejía L R, Haynes K T, Núñez-Nickel M, et al. 2007. Socioemotional wealth and business risks in family-controlled firms: evidence from Spanish olive oil mills[J]. Administrative Science Quarterly, 52 (1): 106-137.

Govindarajan V, Gupta A K. 1985. Linking control systems to business unit strategy: impact on performance[J]. Accounting, Organizations and Society, 10（1）: 51-66.

Graham J R. 2000. How big are the tax benefits of debt?[J]. The Journal of Finance, 55（5）: 1901-1941.

Graham J R, Harvey C R, Rajgopal S. 2005. The economic implications of corporate financial reporting[J]. Journal of Accounting and Economics, 40（1-3）: 3-73.

Grossman S J, Hart O D. 1986. The costs and benefits of ownership: a theory of vertical and lateral intergrationl[J]. Journal of Political Economy, （4）: 691-719.

Gulbrandsen T. 2005. Flexibility in Norwegian family-owned enterprises[J]. Family Business Review, 18（1）: 20-27.

Habbershon T G, Williams M L. 1999. A resource-based framework for assessing the strategic advantages of family firms[J].Family Bus Review, 12（1）: 1-22.

Habbershon T G, Williams M, MacMillan I A. 2003. A Unified systems perspective of family firm performance[J]. Journal of Business Venturing, 18（4）: 451-465.

Hackman J R, Lawler E E. 1971. Employee reactions to job characteristics[J]. Journal of Applied Psychology, 55（3）: 259-286.

Hall E T. 1976. Beyond Culture, Garden City[M]. New York: Anchor.

Hambrick D C, Mason P A. 1984. Upper echelons: the organization as a reflection of its top managers[J]. Academy of Management Review, 9（2）: 193-206.

Handler W C. 1989a. Methodological issues and considerations in studying family business[J]. Family Business Review, 2（3）: 257-276.

Handler W C. 1989b. Managing the Family Firm Succession Process: the Next Generation Family Member's Experience[M]. Boston: Boston University Press.

Handle W C. 1994. Succession in family business: a review of the research[J]. Family Business Review, 7（2）: 133-157.

Harrison G L. 1992. The cross-cultural generalizability of the relation between participation, budget emphasis and job-related attitude[J]. Accounting, Organizations, and Society, （17）: 1-15.

Hart O, Moore J. 1994. A theory of debt based on the inalienability of human capital[J]. Social Science Electronic Publishing, 109（4）: 841-879.

Hedlund G, Nonaka I. 1993. Model of Knowledge Management in the West and Japan[M]. London: Basil Blackwell, 117-144.

Hickson D J, Pugh D S, Pheysey D C. 1969. Operations technology and organization structure: an empirical reappraisal[J]. Administrative Science Quarterly, 14（3）: 378-397.

Higgins R B, Diffenbach J. 1989. Communicating corporate strategy: the payoffs and the risks[J]. Long Range Planning, 22（3）: 133-139.

Hofstede G. 1983. The cultural relativity of organizational practices and theories[J]. Journal of International Business Studies, 14（2）: 75-89.

Holland P G, Oliver J E. 1992. An empirical examination of stages of development of family business[J]. Journal of Business & Entrepreneurship, 4（3）: 27-38.

Holderness C G, Sheehan D P. 2003. The role of majority shareholders in publicly held corporations: an exploratory analysis[J]. Journal of Financial Economics, 20（3-4）: 317-346.

Hollander B S, Elman N S. 1988. Family owned business: an emerging field of inquiry[J].Family Business Review, （1）: 145-165.

Holloway D A. 2004. Strategic planning and habermasian informed discourse: reality or rhetoric[J]. Critical Perspectives on Accounting, 15（5）: 469-483.

Holmstrom B. 1982. Moral hazard in teams[J]. Bell Journal of Economics, 13（2）: 324-340.

Hopwood A G. 1972. An empirical study of the role of accounting data in performance evaluation[J]. Journal of Accounting Research, 10: 156-182.

Hunt J M. 1999. The practices of effective family firm leaders[J]. Journal of Development Entrepreneurship, 4（2）: 135-151.

Huson M R, Malatesta P H, Parrino R. 2004. Managerial succession and firm performance[J]. Journal of Financial Economics, 74（2）: 237-275.

Jensen M C, Meckling W H. 1976. Theory of the firm: managerial behavior, agency costs and ownership structure[J]. Journal of Financial Economics, 3（4）: 305-360.

Johnson S, la Porta R, Lopez-de-Silanes F, et al. 2000. Tunneling[J]. American Economic Review, 90（2）: 22-27.

Johnson S, Mitton T. 2003. Cronyism and capital controls: evidence from Malaysia[J]. Journal of Financial Economics, 67（2）: 351-382.

Kaplan R S, Norton D P. 2008. Mastering the management system[J]. Harvard Business Review, 86（1）: 62-77, 136.

Kellermanns F W. 2005. Family firm resource management: comments and extensions[J]. Entrepreneurship Theory and Practice, 29（3）: 313-319.

Kenis I. 1979. Effects of budgetary goal characteristics on managerial attitudes and performance[J]. The Accounting Review, 54（4）: 707-721.

King S. 2003. Organizational performance and conceptual capability: the relationship between organizational performance and successors' capability in a family-owned firm[J]. Family Dusiness Review, 16（3）: 173-182.

Klaus G, Burcin Y. 2003. Corporate governance and dividend pay-out policy in Germany[J]. European Economic Review, 47（4）: 731-758.

Klein B. 1988. Vertical integration as organized ownership: the fisher body-general motors relationship revisited[J]. Journal of Law, Economics and Organization, (4): 199-213.

Klein S, Astrachan J, Smyrnios K. 2010. The F-PEC scale of family influence: construction, validation and further implication for theory[J]. Entrepreneurship Theory & Practice, 29 (3): 321-339.

Kotter J P, Heskett J L. 1992. Corporate Culture and Performance[M]. New York: The Free Press.

Kraus A, Litzenberger R H. 1973. A state-preference model of optimal financial leverage[J]. Journal of Finance, 28 (4): 911-922.

Kreps D M, Wilson R. 1982. Reputation and imperfect information[J]. Journal of Economic Theory, 27 (2): 253-279.

La Porta R, LoPez-de-Silanes F, Shleifer A, et al. 1999. Corporate ownership around the world[J]. Journal of Finance, 54 (2): 471-517.

La Porta R, LoPez-de-Silanes F, Shleifer A, et al. 2002. Investor protection and corporate valuation[J]. Journal of Finance, (3): 1147-1170.

La Porta R, LoPez-de-Silanes F, Shleifer A. 1998. Corporate ownership around the world[J]. NBER Working Paper, (5): 100-123.

Lambrecht J. 2005. Multigenerational transition in family businesses: a new explanatory model[J]. Family Business Review, 18 (4): 267-282.

Langfield-Smith K. 1997. Management control systems and strategy: a critical review[J]. Accounting, Organizations and Society, (22): 207-232.

Lansberg I S. 1983. Managing human resources in family firm: the problem of institutional overlap[J]. Organizational Dynamics, 12 (1): 39-46.

Lansberg I S, Porrow E L, Rogolsky S. 1988. Family business as an emerging field[J]. Family Business Review, 1 (1): 1-8.

Latham G P, Yukl G A. 1975. A review of research on the application of goal setting in organizations[J]. Academy of Management Journal, 18 (4): 824-845.

Lawrence P R, Lorsch J W. 1967. Differentation and integration in complex organizations[J]. Administrative Science Quarterly, 12 (1): 1-47.

Lederer A L, Sethi V. 1991. Guidelines for strategic information planning[J]. Journal of Business Strategy, 12 (6): 38-43.

Lee K S, Lim G H, Lim W S. 2003. Family business succession: appropriation risk and choice of successor[J]. Academy of Management Review, 28 (4): 657-666.

Lefebvre M, Vieider F M. 2013. Reining in excessive risk-taking by executives: the effect of account ability[J]. Theory & Decision, 75 (4): 497-517.

Lester R H, Hillman A, Zardkoohi A, et al. 2008. Former government officials as outside directors: the role of human and social capital[J]. Academy of Management Journal, 51 (5): 999-1013.

Lewis J D, Weigert A J. 1985. Social atomism, holism and trust[J]. Sociological Quarterly, 26 (4): 455-471.

Li H, Meng L, Wang Q, et al. 2008. Political connections, financing and firm performance: evidence from chinese private firms[J]. Journal of Development Economics, 87 (2): 283-299.

Li H, Zhang Y. 2007. The role of managers political net working and functional experience in new venture performance: evidence from China's transition economy[J]. Strategic Management Journal, 28 (8): 791.

Li H, Meng L, Zhang J. 2006. Why do entrepreneurs enter politics? Evidence from China[J]. Economic Inquiry, 44 (3): 559-578.

Littunen H, Hyrsky K. 2000. The early entrepreneurial stage in finish family and nonfamily firms[J]. Family Business Review, 13 (1): 41-54.

Lock E A. 1968. Towards a theory of task motivation and incentives[J]. Organizational Behavior and Human Performance, 3 (2): 157-189.

Lowe E A. 1971. On the idea of a management control system: integrating accounting and management control[J]. Journal of Management Studies, 8 (1): 1-12.

Lowe E A, Machin J L J. 1983. New Perspectives in Management Control[M]. London: St, Martin's Press.

Luthans F. 1973. The contingency theory of management: a path out of the Jungle[J]. Business Horizons, 16 (3): 67-72.

Luthans F. 1976. Introduction to Management: A Contingency Approach[M]. New York: McGraw-Hill.

Luthans F, Koester R. 1976. The impact of computer generated information on the choice activity of decision-makers[J]. Academy of Management Journal, 19 (2): 328-332.

Mansfield A F. 1977. Semantic organization in the young child: evidence for the development of semantic feature systems[J]. Journal of Experimental Child Psychology, 23 (1): 57-77.

Margaritis D, Psillaki M. 2010. Capital structure, equity ownership and firm performance[J]. Journal of Banking & Finance, 34 (3): 621-632.

Mark Y T, Li Y. 2001. Determination of corporate ownership and board structure: evidence from singapore[J]. Journal of Corporate Finance, 7 (3): 235-256.

Marginson D E W. 1999. Beyond the budgetary control system: towards a two-tiered process of management control[J]. Management Accounting Research, 10 (3): 203-230.

Maury B. 2006. Family ownership and firm performance: empirical evidence from western European corporations[J]. Journal of Corporate Finance, 12 (2): 321-341.

McConaughy D L, Matthews C H, Fialko A S. 2001. Founding family controlled firms: performance, risk and value[J]. Journal of Small Business Management, 39 (1): 31-49.

McConndll J, Servaes H. 1990. Additional evidence on equity ownership and corporate value[J]. Journal of Financial Economic, 27 (2): 595-612.

McDermott C, Boyer K K. 1999. Strategic consensus in operations strategy[J]. Journal of Operations Management, 17 (3): 289-305.

Merchant K A. 1985. Budgeting and the propensity to create budgetary slack[J]. Accounting, Organizations and Society, 10 (2): 201-210.

Milani K. 1975. The relationship of participation in budget-setting to industrial supervisor performance and attitudes: a field study[J]. The Accounting Review, 50 (2): 274-284.

Miller D, Breton-Miller I L, Lester R H. 2011. Family and lone founder ownership and strategic behaviour: social context, identity, and institutional logics[J]. Journal of Management Studies, 48 (1): 1-25.

Miller D, Le Breton-Miller I. 2006. Family governance and firm performance: agency stewardship and capabilities[J]. Family Business Review, 19 (1): 73-87.

Miller D, Le Breton-Miller I, Lester R H. 2011. Family and lone founder ownership and strategic behaviour: social context, identity and institutional logic[J]. Journal of Management Studies, 48 (1): 1-25.

Miller D, Steier L, Le Breton-Miller I. 2003. Lost in time: intergenerational succession, change and failure in family business[J]. Journal of Business Venturing, 18 (4): 513-531.

Mishra C S, Randoy T, Jenssen J I. 2001. The effect of founding family influence on firm value and corporate governance[J]. Journal of International Financial Management & Accounting, 12(3): 235-259.

Mishra N K, Bura N, Kidwai M. 2011. ChemInform abstract: niobium (V) pentachloid-catalyzed efficient and highly rapid synthesis of bis (indolyl) methanes under Mild Conditions[J]. ChemInform, 42 (23): 229-232.

Moores K, Yuen S. 2001. Management accounting systems and organizational configuration: a life-cycle perspective[J]. Accounting, Organizations and Society, 26 (4-5): 351-389.

Morck R K, Yeung B Y. 2004. Family control and the rent-seeking society[J]. Entrepreneurship Theory and Practice, 28 (4): 391- 409.

Morse N C, Reimer E. 1956. The experimental change of a major organizational variable[J]. The Journal of Abnormal and Social Psychology, 52 (1): 120-129.

Motowidlo S J, Scotter J R V. 1994. Evidence that tast performance should be distinguished from contextual performance[J]. Journal of Applied Psychology, 79 (4): 475-480.

Mustakallio M, Autio E, Zahra S A. 2002. Relational and contractual governance in family firms: effects on strategic decision making [J]. Family Business Review, 15 (3): 205-222.

Myers S C. 1977. Determinants of corporate borrowing[J]. Journal of Financial Economics, 5 (2): 147-175.

Nahapiet J, Ghoshal S. 1998. Social capital, intellectual capital and the organizational advantage[J]. Academy of Management Review, 23 (2): 242-266.

Narayanan R, Avanessian N G V. 1984. Elastic buckling of perforated plates under shear[J]. Thin-Walled Structures, 2 (1): 51-73.

Nikoskelainen E, Wright M. 2007. The impact of corporate governance mechanisms on value increase in leveraged buyouts[J]. Journal of Corporate Finance, 13 (4): 511-537.

Nunnally J C. 1978. Psychometric Theory[M]. New York: McGraw Hill.

Olson P D, Zuiker V S, Danes S M, et al. 2003. The impact of the family and the business on family business sustainability[J]. Journal of Business Venturing, 18 (5): 639-666.

Otley D T. 1994. Management control in contemporary organizations: a wider perspective[J]. Management Accounting Research, (5): 289-299.

Ouchi W G. 1979. A Conceptual framework for the design of organizational control mechanisms[J]. Management Science, 25 (9): 833-848.

Ouchi W G. 1980. Market, bureaucracies and clans[J]. Administrative Science Quarterly, 25 (1): 129-141.

Ouchi W G. 1977. The relationship between organizational structure and organizational control[J]. Administrative Science Quarterly, 22 (1): 95-112.

Ouchi W G, Maguire M A. 1975. Organizational control: two functions[J]. Administrative Science Quarterly, 20 (4): 559-569.

Paligorova T. 2010. Corporate risk taking and ownership structure bank of Canada work[J]. NBER Working Paper, (3): 57-82.

Pedersen T, Thomsen S. 2003. Ownership structure and value of the largest European firms: the importance of owner identity[J]. Journal of Management & Governance, 7 (1): 27-55.

Perrow C. 1967. A framework for the comparative analysis of organization[J]. American Sociological Review, 32 (2): 194-208.

Pindado J, Chabela D L T. 2005. A complementary approach to the financial and strategy views of capital structure: theory and evidence from the ownership structure[J]. SSRN Electronic Journal, 102-114.

Redding S G. 1995. Overseas Chinese networks: understanding the enigma[J]. Long Range Planning, 28 (1): 61-69.

Riyanto Y E, Toolsema L A. 2008. Tunneling and propping: a justification for pyramidal ownership[J]. Journal of Banking & Finance, 32（10）: 2178-2187.

Roberts I, Zurawski A. 2016. Changing patterns of corporate leverage in China: evidence from listed companies[J]. Reform, Resources and Climate Change, 5: 271-312.

Rosenblatt P C, Mik L D, Anderson R M, et al. 1985. The Family in Business: Understanding and Dealing with the Challenges Entrepreneurial Family Face[M]. San Francisco: Jossey Bass.

Saffold G S. 1988. Culture trait, strength and organizational performance: moving beyond strong culture[J]. Academy of Management Review, 13（4）: 546-580.

Schulze W S, Lubatkin M H, Dino R N. 2003. Exploring the agency consequences of ownership dispersion among the directors of private family firms [J]. The Academy of Management Journal, 46（2）: 179-194.

Scott W R. 1981. Developments in Organization Theory: 1960-1980[M]. American Behavior Scientist.

Scotter J R, Motowidlo S J. 1996. Interpersonal facilitation and job dedication as separate facets of contextual performance[J]. Journal of Applied Psychology, 81（5）: 525-531.

Sharma P, Chrisman J J, Chua J H. 2003. Succession planning as planned behavior: some empirical results[J].Family Business Review, 16（1）: 1-15.

Sharma P, Manikutty S. 2005. Strategic divestments in family firms: role of family structure and community culture[J]. Entrepreneurship Theory and Practice, 29（3）: 293-311.

Shleifer A, Vishny R W. 1994. The politics of market socialism[J]. Journal of Economic Perspectives, 8（2）: 165-176.

Simerly R L, Li M. 2000. Environmental dynamism, capital structure and performance: a theoretical integration and an empirical test[J]. Strategic Management Journal, 21（1）: 31-49.

Smith C W, Stulz R M. 1985. The determinants of firms' hedging policies[J]. Journal of Financial & Quantitative Analysis, 20（4）: 391-405.

Smith F, Amoako B. 1999. Management succession and financial performance of family controlled firms[J]. Journal of Corporate Finance, 5（4）: 341-368.

Stafford K, Dunean K A, Dane S, et al. 1999. A research modelof sustainable family business[J]. Farnily Business Review, 12（3）: 197-208.

Stedry A C. 1960. Budget Control and Cost Behavior[M]. New Jersey: Prentice-Hall.

Steers R M. 1976. Problem in the measurement of organizational effectiveness[J]. Administrative Science Quarterly, 20（4）: 546-558.

Steier L. 2001. Next-generation entrepreneurs and succession: an exploratory study of modes and means of managing social capital[J]. Family Business Review, 14（3）: 259-276.

Steven J R. 2002. Beyond COSO: Internal Control to Enhance Corporate Governance [M]. New York: John Wiley & Sons, Inc.

Sugase K, Dyson H J, Wright P E. 2007. Mechanism of coupled folding and binding of an intrinsically disordered protein[J]. Nature, 447 (7147): 1021-1025.

Tadelis S. 1999. What's in a name reputation as a tradeable asset[J]. The American Economic Review, 89 (3): 548-563.

Tagiuri R, Davis J A. 1992. On the goals of successful family companies[J]. Family Business Review, 5 (1): 43-62.

Thaler R H, Shefrin H M. An economic theory of self-control[J]. Journal of Political Economy, 1981, 89 (2): 392-406.

Tingley G A, Anderson R M. 1986. Environmental sex determination and density-dependent population regulation in the entomogenous nematode Romanomermis culicivorax[J]. Parasitology, 92 (2): 431-449.

Titman S, Tsyplakov S. 2007. A dynamic model of optimal capital structure[J]. Social Science Electronic Publishing, 11 (3): 401-451.

Upton N, Teal E J, Fean J T. 2001. Strategic and business planning practices of fast growth family firms[J]. Journal of Small Business Management, 39 (1): 60-72.

Vaill P B. 1982. The purposing of high-performing systems[J]. Organizational Dynamics, 11 (2): 23-29.

Villalonga B, Amit R. 2009. How are US family firms controlled?[J]. The Review of Financial Studies, 22 (8): 3047-3091.

VolPin P F. 2002. Governance with poor investor protection: evidence from top executive turnover in Italy[J]. Journal of Financial Economics, 64: 61-90.

Westhead P, Cowling M. 1998. Family business research: the need for a methodological rethink[J]. Entrepreneurship Theory and Practice, 23: 31-57.

Westhead P, Howorth C, Cowling M. 2002. Ownership and management issues in first generation and multi-generation family firms[J]. Entrepreneurship & Regional Development, 14 (3): 247-269.

Williamson O E. 1985. The Economic Institution of Capitalism: Firm, Markets, Relationship Contracting[M]. New York: The Fress Press.

Yeh Y. 2005. Do controlling shareholders enhance corporate value?[J]. Corporate Governance, 13 (2): 313-325.

Zahra S A. 2003. International expansion of US manufacturing family businesses: the effect of ownership and involvement[J]. Journal of Business Venturing, 18 (4): 495-512.

Zeckhauser R J, Pound J. 2009. Are Large Shareholders Effective Monitors? An Investigation of Share Ownership and Corporate Performance[M]. Chicago: University of Chicago Press.

Zellweger T M, Astrachan J H. 2008. On the emotional value of owning a firm[J]. Family Business Review, 21 (4): 347-363.